# COMPROMISSO DE COMPRA E VENDA

Grupo
Editorial
Nacional

O GEN | Grupo Editorial Nacional - maior plataforma editorial brasileira no segmento científico, técnico e profissional - publica conteúdos nas áreas de concursos, ciências jurídicas, humanas, exatas, da saúde e sociais aplicadas, além de prover serviços direcionados à educação continuada.

As editoras que integram o GEN, das mais respeitadas no mercado editorial, construíram catálogos inigualáveis, com obras decisivas para a formação acadêmica e o aperfeiçoamento de várias gerações de profissionais e estudantes, tendo se tornado sinônimo de qualidade e seriedade.

A missão do GEN e dos núcleos de conteúdo que o compõem é prover a melhor informação científica e distribuí-la de maneira flexível e conveniente, a preços justos, gerando benefícios e servindo a autores, docentes, livreiros, funcionários, colaboradores e acionistas.

Nosso comportamento ético incondicional e nossa responsabilidade social e ambiental são reforçados pela natureza educacional de nossa atividade e dão sustentabilidade ao crescimento contínuo e à rentabilidade do grupo.

VALTER FARID **ANTONIO JUNIOR**

# COMPROMISSO DE COMPRA E VENDA

**COLEÇÃO DIREITO PRIVADO**

ORGANIZADOR

FLÁVIO **TARTUCE**

2ª edição revista e atualizada

gen

Editora FORENSE

- Fechamento desta edição: *08.08.2025*



- **Atendimento ao cliente: (11) 5080-0751 | faleconosco@grupogen.com.br**


  *Uma editora integrante do GEN | Grupo Editorial Nacional*
  Travessa do Ouvidor, 11
  Rio de Janeiro – RJ – 20040-040
  www.grupogen.com.br



- Capa: Guilherme Henrique

- **CIP – BRASIL. CATALOGAÇÃO NA FONTE.**
  **SINDICATO NACIONAL DOS EDITORES DE LIVROS, RJ.**

S578c

2. ed.

Antonio Junior, Valter Farid

Compromisso de compra e venda / Valter Farid Antonio Junior ; organização da série Flávio Tartuce. – 2. ed., rev. e ampl. – Rio de Janeiro : Forense, 2026.

(Direito privado)

ISBN 978-85-3099-824-0

1. Direito imobiliário – Brasil. 2. Compra e venda de bens imóveis – Brasil. 3. Mercado imobiliário – Brasil. I. Tartuce, Flávio, 1976-. II. Título. III. Série.

25-100361.0 CDU: 347.451:347.214.2(81)

Meri Gleice Rodrigues de Souza – Bibliotecária – CRB-7/6439

*“De repente, eu vejo se transformar num menino igual a mim,*
*Que vem correndo me beijar quando eu chegar lá de onde eu vim,*
*Um menino sempre a me perguntar um porquê que não tem fim,*
*Um filho a quem só queira bem e a quem só diga que sim”.*

(O filho que eu quero ter, Toquinho)

*Ao meu filho, meu querido filho, Pedro. É uma alegria*
*enorme na minha vida esse menino.*
*À minha esposa, D’avilla de Lourdes, que me deu*
*o maior presente da minha vida.*
*Meu amor pertence a vocês.*

# SOBRE O ORGANIZADOR

**Flávio Tartuce**

- Pós-Doutor, Doutor em Direito Civil e Graduado pela Faculdade de Direito da USP.
- Mestre em Direito Civil Comparado e Especialista em Direito Contratual pela PUC-SP.
- Relator-Geral da Comissão de Juristas nomeada para a Reforma do Código Civil, pelo Senado Federal.
- Coordenador-Geral e Professor Titular permanente do Programa de Mestrado da Escola Paulista de Direito (EPD).
- Foi Diretor-Geral da Escola Superior da Advocacia da Ordem dos Advogados do Brasil em São Paulo, entre os anos de 2022 e 2024.
- Conselheiro Federal da OAB, eleito pela OAB-SP, para os anos de 2025 a 2027.
- Coordenador e Professor dos cursos de pós-graduação *lato sensu* em Direito Civil e Processual Civil, Direito Contratual, Direito Notarial e Registral, Direito Privado e Empresarial, Direito de Família e das Sucessões da Escola Paulista de Direito (EPD).
- Patrono regente e Professor do curso de pós-graduação *lato sensu on-line* em Advocacia do Direito Negocial e Imobiliário da Escola Brasileira de Direito (EBRADI).
- Professor convidado em outros cursos de pós-graduação *lato sensu* pelo País, em Escolas da Magistratura, na ESA da OAB-SP, na ESA Nacional e na Associação dos Advogados de São Paulo (AASP).
- Fundador e Primeiro Presidente do Instituto Brasileiro de Direito Contratual (IBDCONT).
- Presidente do Instituto Brasileiro de Direito Contratual em São Paulo (IBDCONTSP).
- Diretor Nacional do Instituto Brasileiro de Direito de Família (IBDFAM), sendo Presidente da Comissão de Direito das Sucessões.
- Colunista do *Portal Migalhas*.

- Palestrante em cursos, congressos e seminários jurídicos no Brasil e no exterior.
- Atua como advogado, parecerista, consultor jurídico e árbitro nas principais Câmaras Arbitrais do Brasil.

**Site:** www.flaviotartuce.adv.br
**Blogs:** www.professorflaviotartuce.blogspot.com
http://flaviotartuce.jusbrasil.com.br
**Instagram:** @flavio.tartuce
**Currículo lattes:** http://lattes.cnpq.br/7182705988837779

# SOBRE O AUTOR

**Valter Farid Antonio Junior**

- Procurador do Estado de São Paulo (desde 1998).
- Ex-Secretário Executivo da Justiça e Cidadania do Estado de São Paulo (2020).
- Doutor em Direito Civil pela Universidade de São Paulo (USP).
- Mestre em Direito Civil Comparado pela Pontifícia Universidade Católica de São Paulo (PUC-SP).
- Professor universitário e autor de livros e artigos jurídicos.

# APRESENTAÇÃO GERAL DA COLEÇÃO

Com muita alegria e júbilo acadêmico, apresento esta coleção, sob minha coordenação geral, que congrega livros e trabalhos monográficos de Direito Privado, pelos selos do Grupo Editorial Nacional e da *clássica* Editora Forense.

Seu objetivo é difundir ainda mais os trabalhos técnicos, sobretudo os produzidos no âmbito das faculdades de Direito de todo o Brasil, fomentando o contínuo debate do Direito Privado brasileiro e a *civilística* nacional.

Por certo que, além da publicação de coleções, obras coletivas, cursos e manuais, há a necessidade de um contínuo lançamento de livros específicos de Direito Civil, com todas as suas temáticas vistas de forma mais aprofundada, da Parte Geral ao Direito das Sucessões, para que o seu debate continue vivo e intenso, não só no âmbito acadêmico como também perante toda a sociedade brasileira.

Feliz e realizado, portanto, com o lançamento deste novo projeto, agradecendo ao sempre parceiro Grupo Editorial Nacional, por nele acreditar, e também aos autores que compõem essa nova série bibliográfica, visando ao crescimento do Direito Civil brasileiro.

Boa leitura! Bons estudos! É o que eu sempre desejo.

**Flávio Tartuce**

Coordenador da Coleção Direito Privado,
pelo Grupo GEN/Forense.

# PREFÁCIO À PRIMEIRA EDIÇÃO

É com honra e satisfação que apresentamos ao grande público esta excelente obra de Valter Farid Antonio Junior. Com este livro, o autor, defendendo com brilho e seriedade suas ideias, conquistou, na PUC-SP, o título de mestre em Direito.

Neste trabalho, o autor, com seu fluente estilo redacional, além de analisar, cuidadosa e cientificamente, o contrato de compromisso de compra e venda em todos os seus aspectos, teve como núcleo central da sua pesquisa o direito real do compromissário comprador e delimitou seus contornos e efeitos jurídicos, sem olvidar as questões a ele pertinentes, como: condições da ação de adjudicação compulsória; reconhecimento da usucapião ordinária; responsabilidade pelo pagamento das cotas condominiais; legitimidade do compromissário comprador para propor embargos de terceiro e para figurar no polo passivo da ação de desapropriação etc.

O roteiro seguido por este autor e a reflexão profunda sobre o tema demonstram a relevância desta obra e revelam a cultura jurídica do seu elaborador. Realmente, tendo por base sólidos e selecionados argumentos doutrinários e jurisprudenciais, enfrentou o autor, com firmeza, ciência e arte, os pontos mais cruciais desta complexa temática e apontou conclusões logicamente concatenadas.

Pela simples leitura desta obra percebe-se que, sob a "pena" deste talentoso autor, nada passou *in albis*.

A publicação deste livro, portanto, traz inegável contribuição à comunidade jurídica e à literatura jurídica brasileira pelo seu valioso conteúdo, que ampliará os horizontes dos que militam na área contratual.

**Maria Helena Diniz**

9/12/2008

# APRESENTAÇÃO

Muito me honra apresentar a segunda edição desta obra sobre o Compromisso de Compra e Venda, de autoria do Professor e Procurador do Estado de São Paulo Valter Farid Antonio Junior. Fomos contemporâneos na graduação na Faculdade de Direito da USP e no mestrado na Pontifícia Universidade Católica de São Paulo (PUCSP), onde surgiu este livro, fruto de sua dissertação, que sempre foi um referencial teórico para mim. Tanto isso é verdade que o cito constantemente nos meus escritos e obras sobre a temática. Fico, assim, muito feliz e honrado em poder publicar a sua segunda edição na minha nova coleção de Direito Privado pelo Grupo GEN.

Como se extrai de sua leitura e estudo, em um mercado imobiliário em que convivem operações sofisticadas e litígios cotidianos, persiste um equívoco dogmático com efeitos práticos relevantes, qual seja o de tratar o compromisso de compra e venda como se fosse um "pré-contrato frágil", mera promessa destinada, ao final, à conversão em perdas e danos nos casos de seu inadimplemento.

Este livro, já consagrado desde a sua primeira edição, desfaz esse engano com rigor conceitual e vocação pragmática. O jurista demonstra que, no Direito Privado Brasileiro, o compromisso de compra e venda é um negócio jurídico preliminar impróprio, de conteúdo exauriente, irretratável e orientado à execução específica. A partir daí, recoloca no lugar certo a chamada escritura definitiva, não como novo negócio, mas como ato devido de formalização e de ingresso no registro imobiliário.

Esse deslocamento, aparentemente sutil, tem consequências profundas, uma vez que o autor reconstrói o instituto em dois planos complementares e coerentes com a prática forense e registral. Antes do registro, o compromisso produz efeitos meramente obrigacionais e, após ele, converte-se em um direito real de aquisição do compromissário comprador, com oponibilidade *erga omnes*, sequela e reforço do princípio da prioridade.

Desde a sua primeira edição, um dos méritos centrais do livro é não se contentar com enunciações gerais e superficiais. Cada tese é traduzida em consequências operacionais que interessam diretamente a quem contrata, registra e julga. Alguns assuntos merecem destaque: quando é indispensável a notificação prévia para se constituir em mora o adquirente; em que medida a cláusula resolutiva cede diante da teoria do adimplemento substancial; como se mede a fruição na resolução do negócio; quando cabem arras confirmatórias e quando são incompatíveis as penitenciais; o que deve constar do quadro-resumo previsto na Lei do Distrato; como instrumentalizar a adjudicação compulsória judicial e a extrajudicial, com documentos, notificações, prazos e recursos; em que hipóteses o compromissário responde por cotas condominiais; quando o compromisso quitado serve de justo título para usucapião ordinária; como funcionam os embargos de terceiro do compromissário comprador sem registro; qual o alcance da Súmula 308 do Superior Tribunal de Justiça; entre outras questões de enorme relevo.

Como o leitor poderá perceber, do ponto de vista institucional, a obra dialoga com o movimento contemporâneo de *extrajudicialização* do Direito Privado, do qual sou adepto e defensor. Metodologicamente, o livro reconcilia a autonomia privada com a função social e a governança registral, premissas que ganham cada vez mais força na nossa realidade jurídica.

Por isso, este é um livro que deve ser lido por quem decide, registra, contrata e pesquisa, ou seja, por magistrados, membros do Ministério Público, das Procuradorias e da Defensoria Pública; por registradores, tabeliães e suas equipes; por advogados e profissionais do mercado imobiliário; por estudantes, pesquisadores e docentes.

Em quatro capítulos – do contrato ao efeito real, dos remédios aquisitivos às controvérsias do cotidiano –, a obra entrega o que o bom Direito precisa entregar, com destaque para a segurança com justiça, a técnica com propósito e os princípios com resultados.

Trata-se, portanto, de um estudo capaz de influenciar decisões, melhorar práticas e, acima de tudo, restaurar a confiança que sustenta o meio imobiliário e a própria eficácia das políticas públicas de moradia e infraestrutura.

Bons Estudos, portanto, é o que eu sempre desejo.

São Paulo, setembro de 2025.

**Flávio Tartuce**

# SUMÁRIO

# INTRODUÇÃO

Apesar de muito difundido no mercado imobiliário brasileiro, o contrato de compromisso de compra e venda ainda não conta com regulação própria pela lei geral. A exemplo do diploma de 1916, o Código Civil de 2002 não dedicou uma linha sequer ao contrato, limitando-se a prever o direito real que dele decorre (art. 1.225, VII) e o direito à adjudicação compulsória (arts. 1.417 e 1.418), além de inseri-lo na disciplina genérica dos contratos preliminares (art. 462).

A falta de regulação específica impõe ao intérprete a difícil tarefa de conjugar as muitas normas esparsas no ordenamento jurídico pátrio que tratam do compromisso de compra e venda, fator que contribui decisivamente para a falta de compreensão da sua verdadeira natureza jurídica.

As especiais peculiaridades do compromisso de compra e venda não permitem sua inserção no conceito tradicional de contrato preliminar, já que seu objeto não é a celebração de um novo contrato dito definitivo, mas a prestação de um *ato devido* materializado pelo dever de outorgar escritura, conclusão fundamental para a perfeita distinção entre os direitos pessoais e reais que dele decorrem.

Por corresponder à causa do direito real, a análise da natureza jurídica do contrato de compromisso de compra e venda constitui medida imprescindível para compreender os efeitos derivados do seu registro e separá-los daqueles que derivam da relação contratual. Embora pertençam à mesma categoria, porquanto são direitos subjetivos, os direitos real e pessoal oriundos do compromisso de compra e venda guardam diferenças que implicam importantes consequências práticas, a exemplo da questão de necessidade ou não do registro para propositura de ação de adjudicação compulsória e para interposição de embargos de terceiro.

Além dessas questões práticas, o presente trabalho também se ocupa de outras pertinentes à resolução do contrato de compromisso de compra e venda, devolução de quantias pagas pelo adquirente em mora, uso pelo compromitente comprador das ações de imissão na posse, reivindicatória e publiciana para a retomada do imóvel, justo título, legitimidade *ad causam* na ação de desapropriação, responsabilidade do compromissário comprador pelo pagamento das despesas condominiais e proteção do compromissário comprador de unidade habitacional submetida ao regime jurídico das incorporações imobiliárias.

1

# CONTRATO DE COMPROMISSO DE COMPRA E VENDA

## 1.1 CONTRATO DE COMPROMISSO DE COMPRA E VENDA COMO CAUSA DE DIREITO REAL

Os direitos reais, assim como os pessoais, inserem-se na categoria dos direitos subjetivos que fazem dos seus sujeitos titulares de poderes, obrigações e faculdades, estabelecendo entre eles relações[1]. Têm sujeito, objeto e causa próprios e se originam no direito objetivo, ou seja, no ordenamento jurídico composto por um conjunto de normas responsáveis pela regulação da conduta humana[2].

Todos os direitos reais são adquiridos a partir de um fato jurídico que lhe serve de causa[3], entendida essa como a justificação econômico-social da vontade voltada a criação, modificação ou extinção de direitos[4]. No caso do direito real decorrente do compromisso de compra e venda, corresponde ao negócio jurídico nele retratado, voltado à transferência futura da propriedade imóvel após o pagamento integral do preço acertado pelas partes.

Ante essa relação de causalidade, impende traçar os contornos do contrato de compromisso de compra e venda para depois compreender, com exatidão, o conteúdo do direito real que proporciona ao adquirente de bem imóvel.

---

1 FERRAZ JÚNIOR, Tércio Sampaio. **Introdução ao estudo do direito:** técnica, decisão, dominação. São Paulo: Atlas, 1991, p. 139.

2 BOBBIO, Norberto. **Teoria do ordenamento jurídico**. Trad. Maria Celeste Cordeiro Leite dos Santos. 10. ed. Brasília: UnB, 1999, p. 31.

3 GOMES, Orlando. **Direitos reais**. 19. ed. Rio de Janeiro: Forense, 2006, p. 23.

4 GALGANO, Francesco. **Diritto privato**. 9. ed. Milano: CEDAM, 1996, p. 237.

## 1.2 IMPORTÂNCIA PRÁTICA DO COMPROMISSO DE COMPRA E VENDA

O acesso à moradia digna passa necessariamente pela questão dos meios de aquisição previstos no direito positivo. Em tempos em que os elevados preços das unidades imobiliárias se contrapõem aos baixos rendimentos de grande parte da população brasileira, o contrato de compromisso de compra e venda assume enorme importância, por permitir aos menos abastados a compra facilitada do imóvel próprio.

Sua utilização não se limita às camadas mais pobres e se espraia por todos os setores da sociedade. José Osório de Azevedo Junior ressalta que "o compromisso de compra e venda teve e ainda tem enorme aplicação nos negócios imobiliários, sejam eles relativos a imóveis loteados ou não. Seja pela liberdade de sua forma, seja por facilidade de ordem tributária, seja pela engenhosidade intrínseca – que permite garantias sólidas ao transmitente, ao mesmo tempo em que concede poderes ao adquirente –, o certo é que esse contrato parece ter encontrado entre nós seu *habitat* natural, sendo utilizado e trabalhado com incrível frequência por todos os interessados, como corretores, empresários, advogados, juristas juízes, políticos e administradores"[5].

Muitos são os motivos que levam as partes a optar pelo compromisso de compra e venda.

De início, podem-se indicar razões socioeconômicas. Com o alargamento das periferias e a proliferação dos loteamentos e incorporações imobiliárias, muitos se valem do compromisso de compra e venda para, no futuro, tornarem-se proprietários de um bem imóvel. A incapacidade orçamentária para pagamento do preço à vista, das despesas para lavratura da escritura definitiva de compra e venda, do Imposto de Transmissão de Bens Imóveis (ITBI) e do seu registro obriga muitos adquirentes a optarem por essa modalidade contratual. Há também aqueles que, apesar de terem disponibilidade financeira para pagar o preço à vista, preferem o parcelamento pela via do compromisso de compra e venda e empregar seu capital em outros investimentos, dentre outras inúmeras hipóteses.

Razões jurídicas também são determinantes. A impossibilidade de transmissão imediata da propriedade imobiliária por insuficiência documental, necessidade de expedição de alvará judicial ou de aguardar a conclusão de

---

[5] AZEVEDO JUNIOR, José Osório de. **Compromisso de compra e venda**. 4. ed. São Paulo: Malheiros, 1998, p. 17.

inventário em caso de proprietário falecido e a falta de pagamento integral do preço constituem correntes exemplos que influenciam essa opção.

Não obstante se tratar de importante modalidade contratual bastante difundida no mercado imobiliário brasileiro, o contrato de compromisso de compra e venda continua a não ser regulado pela legislação civil geral. A exemplo do Código Civil 1916, o atual diploma não dedicou uma linha sequer ao instituto, inserindo-o, a toda evidência, na disciplina genérica dos contratos preliminares regulados pelos arts. 462 a 466. As únicas menções que a ele são feitas dizem respeito ao direito real e constam nos seus arts. 1.225, VII, 1.417 e 1.418.

Apesar de ser uma espécie de contrato preliminar, o compromisso de compra e venda encerra peculiaridades que impedem sua inserção na tradicional concepção dada pela doutrina e legislação a essa modalidade contratual. Sua aptidão para ser causa de constituição de direito real e o fato de comportar execução específica, atributos inerentes à sua essencial irretratabilidade, repelem a ideia de que seu objeto é a celebração de um novo contrato, pois uma vez cumpridas as obrigações nele contempladas, impõe ao alienante o dever de simplesmente reiterar, em escritura pública de compra e venda que representa *ato devido*, sua intenção de transferir a propriedade imóvel em favor do adquirente.

## 1.3 CONTRATO PRELIMINAR

### 1.3.1 Conceito tradicional

Relata Darcy Bessone de Oliveira Andrade que coube a Thöl, no direito alemão, a criação da expressão *Vovertrag* para designar o contrato produtivo da obrigação de celebrar, no futuro, outro contrato[6], termo que deu origem às designações *contratto preliminare* (Itália), *avant-contrat* (França), *precontrato* (Espanha), *contrato-promessa* (Portugal) e contrato preliminar (Brasil).

Muitas críticas foram tecidas ao conceito ínsito na expressão de origem germânica. Carlo Francesco Gabba salienta que da sua tradução não resultaria a expressão "contrato preliminar", mas sim *contrato anterior*, que poderia confundi-lo com a fase da *puntuazione*[7]. Melhor seria que o pacto

---

6 OLIVEIRA ANDRADE, Darcy Bessone de. **Da compra e venda, promessa e reserva de domínio**. Belo Horizonte: Bernardo Álvares, 1960, p. 93.

7 As negociações preliminares visam à celebração de um contrato futuro que, para ser formado, depende de conversações, entendimentos e reflexões sobre a oferta, até se encontrar uma solução satisfatória. Nessa fase, "os contraentes tão somente

fosse denominado "promessa de contrato", enquanto tradução mais precisa da expressão *pactum de contrahendo*[8].

Fato é que, como bem aponta Ana Prata, todas essas expressões não gozam de perfeita adequação semântica. Apesar de revelarem a essência do negócio jurídico preliminar – a celebração futura de um outro contrato dito *definitivo* –, pecam por permitirem a inserção, no seu conceito, de qualquer convenção situada na fase de formação contratual, que com ele não se confunde. Por essa razão, a autora portuguesa entende que as expressões

---

trocam impressões, formulam hipóteses, indagam sobre a mútua situação econômico-financeira, mas nada realizam" (DINIZ, Maria Helena. **Curso de direito civil brasileiro:** teoria das obrigações contratuais e extracontratuais. 17. ed. São Paulo: Saraiva, 2002, v. 3, p. 46). À medida que as negociações avançam, podem se valer de anotações, minutas e cartas de intenção voltadas a preestabelecer algumas condições que poderão vir a ser reproduzidas no contrato almejado, que pode ou não vir a ser celebrado. O primeiro ponto de distinção entre as negociações preliminares e o contrato preliminar diz respeito ao conteúdo obrigacional deste. Ao contrário das negociações preliminares, o contrato preliminar encerra no seu âmago verdadeiro negócio jurídico preordenado ao nascimento de outro futuro e definitivo, pelo que não pode ser confundido com atividade meramente pré-negocial (MESSINEO, Francesco. **Il contratto in genere**. Milano: Giuffrè, 1973, v. 1, p. 528). E, como bem aduz Enzo Roppo, "com o contrato-promessa, na verdade, as partes não se obrigam simplesmente a prosseguir as negociações (permanecendo firmes os eventuais acordos já alcançados), mas obrigam-se, sem mais, a concluir um contrato com certo conteúdo" (ROPPO, Enzo. **O contrato**. Coimbra: Almedina, 1988, p. 102). Diferem também quanto aos *efeitos* que produzem. Vicenzo Vitalone salienta que, na Itália, as tratativas expressas em *minuta, puntuazione* ou em *lettera di intenti* ainda não vinculam as partes e são capazes de gerar apenas responsabilidade civil extracontratual, nos termos do art. 1.337 do Código Civil italiano (SERRAO, Eugenia. **Il contratto preliminare**. Torino: Giapicchelli, 2005, p. 2). O mesmo sucede no direito brasileiro, no qual o rompimento abusivo das negociações preliminares com violação aos deveres de boa-fé e probidade prescritos no art. 422 do atual Código Civil enseja reparação civil dos danos sofridos pela parte inocente, a exemplo das despesas geradas pelas conversações preliminares (LOPES, Miguel Maria de Serpa. **Curso de direito civil:** fonte das obrigações, contratos. 2. ed. Rio de Janeiro: Freitas Bastos, 1957, v. 3, p. 76), além de eventual dano moral, sendo oportuno consignar que não é todo e qualquer rompimento que enseja o dever de reparação, sob pena de violação da garantia da autonomia da vontade, conforme bem assevera Sílvio de Salvo Venosa (VENOSA, Sílvio de Salvo. **Direito civil:** teoria geral das obrigações e teoria geral dos contratos. 5. ed. São Paulo: Atlas, 2005, p. 513).

8 GABBA, Carlo Francesco. **Nuove questioni di diritto civile**. Torino: Fratelli Bocca, 1905, v. 1, p. 153.

"contrato-promessa de contrato" ou "contrato-promessa de negócio" seriam mais apropriadas[9].

Sem embargo da divergência doutrinária acerca do *nomen juris* desse instituto jurídico, impende traçar seu conceito tradicional.

Em Portugal, João Calvão da Silva define o contrato-promessa como "convenção pela qual alguém se obriga a celebrar certo negócio jurídico"[10], linha de pensamento também seguida por Antunes Varela, que acrescentou ao conceito a possibilidade da sua celebração na forma unilateral[11]. Essas definições coadunam com a constante no art. 410º, *caput*, do Código Civil

---

9 PRATA, Ana. **O contrato-promessa e o seu regime civil**. Coimbra: Almedina, 2001, p. 281.

10 SILVA, João Calvão da. **Sinal e contrato promessa**. 11. ed. Coimbra: Almedina, 2006, p. 15-17. No mesmo sentido, Ana Prata conceitua contrato-promessa como a "convenção pela qual alguém se obriga a futuramente celebrar um outro contrato" (PRATA, Ana. **O contrato-promessa e o seu regime civil**. Coimbra: Almedina, 2001, p. 69).

11 VARELA, Antunes. **Das obrigações em geral**. 10. ed. Coimbra: Almedina, 2000, v. 1, p. 308-309. O contrato preliminar será unilateral quando produzir efeitos vinculativos a apenas uma das partes. É o caso da *opção*, que impõe ao promitente uma obrigação de comprar ou vender, enquanto a outra parte fica com a liberdade de contratar de acordo com sua conveniência (PEREIRA, Caio Mário da Silva. **Instituições de direito civil:** contratos, declaração unilateral de vontade, responsabilidade civil. 10. ed. Rio de Janeiro: Forense, 2000, v. 3, p. 49). No mesmo sentido: IZQUIERDO, Beatriz Verdera. **Los elementos definitorios de las arras em el derecho patrimonial**. Madrid: Colegio de Registradores de la Propiedad y Mercantiles de España, 2005, p. 40. Não obstante, cabe registrar opiniões contrárias que negam à opção caráter de contrato preliminar. Andrea Torrente e Piero Schlesinger aduzem que "a opção não se confunde com o contrato preliminar, porque deste último deriva uma obrigação recíproca de estipular o contrato definitivo, ao passo que com a opção o beneficiário é livre para aceitar ou não a proposta, mas, se aceita, o contrato se aperfeiçoa e prescinde de posterior consenso da parte contrária" (MESSINEO, Francesco. **Manuale di diritto privato**. 15. ed. Milano: Giuffrè, 1997, p. 489). Antunes Varela também distingue a promessa unilateral do pacto de opção: "Nos pactos de opção (caso típico do comerciante que insiste com o cliente para que leve consigo, comprado, certo produto, ficando o cliente com a faculdade de devolver a coisa, desistindo da contratação, se ela lhe não convier), uma das partes emite logo a declaração correspondente ao contrato que pretende celebrar (venda, locação, mútuo, etc.), enquanto a outra parte se reserva a faculdade de aceitar ou declinar do contrato, dentro de certo prazo: aceitando, o contrato aperfeiçoa-se sem a necessidade de qualquer nova declaração da contraparte, ao contrário do que sucede na promessa unilateral, onde se torna necessário um acordo posterior para dar vida ao contrato definitivo. Da promessa unilateral deriva para o não promitente uma verdadeira *pretensão* à celebração do contrato prometido; do pacto de opção deriva um *direito potestativo* à aceitação da

português, no sentido de que o contrato-promessa corresponde "à convenção pela qual alguém se obriga a celebrar certo contrato".

Na Itália, Francesco Messineo refere-se ao contrato preliminar como instrumento destinado a obrigar as partes à celebração de estipular um contrato futuro dito definitivo[12]. Da mesma forma, Andrea Torrente e Piero Schlesinger, para quem "se diz preliminar o contrato pelo qual as partes se obrigam a estipular um sucessivo contrato definitivo"[13], no qual já devem fazer constar os elementos essenciais do contrato projetado.

No direito brasileiro, Silvio Rodrigues o conceitua como modalidade *de pacto de contrahendo* que sempre terá como objeto a realização de um contrato definitivo[14]. No mesmo sentido, Maria Helena Diniz, para quem "o contrato preliminar, portanto, é aquele em que uma ou ambas as partes se comprometem a celebrar mais tarde outro contrato, gerando, portanto, o dever de concluir outro contrato"[15].

Todos os conceitos indicados têm um ponto comum: o objeto do contrato preliminar será sempre uma *obrigação de fazer* representada pela celebração de um contrato definitivo[16], destinado a complementar o conteúdo negocial ainda não exauriente do *pacto de contrahendo*, que conserva uma *reserva típica* que permite às partes acrescentar conteúdo negocial ao pacto definitivo[17].

Com efeito, como bem conclui Antunes Varela, "o contrato-promessa cria a obrigação de contratar, ou, mais concretamente, a obrigação de emitir a declaração de vontade correspondente ao contrato prometido. A obrigação assumida por ambos os contratantes, ou por um deles se a promessa é apenas

---

proposta contratual emitida e mantida pela outra parte" (VARELA, Antunes. **Das obrigações em geral**. 10. ed. Coimbra: Almedina, 2000, v. 1, p. 310).

12 MESSINEO, Francesco. **Il contratto in genere**. Milano: Giuffrè, 1973, p. 527.

13 No original: "Si dice preliminare il contratto con cui le parti si obbligano a stipulare um successivo contratto definitivo, di cui, peraltro, devono avere già determinato nel preliminares il contenuto essenziale" (TORRENTE, Andréa; SCHLESINGER, Piero. **Manuale de diritto privato**. 15. ed. Milano: Giuffrè, 1997, p. 472).

14 RODRIGUES, Silvio. **Direito civil:** dos contratos e das declarações unilaterais da vontade. 24. ed. São Paulo: Saraiva, 1997, v. 3, p. 37.

15 DINIZ, Maria Helena. **Curso de direito civil brasileiro:** teoria das obrigações contratuais e extracontratuais. 17. ed. São Paulo: Saraiva, 2002, v. 3, p. 49.

16 ANDRADE, Darcy Bessone de Oliveira. **Da compra e venda, promessa e reserva de domínio**. Belo Horizonte: Bernardo Álvares, 1960, p. 99.

17 MAGALHÃES, Vilobaldo Bastos de. Compromisso de compra e venda. **Revista dos Tribunais**, São Paulo, ano 76, v. 625, nov. 1987, p. 34.

unilateral, tem assim por objeto uma prestação de fato positivo, um *facere oportere*. E o direito correspondente atribuído à outra parte traduz-se numa verdadeira pretensão"[18].

A existência do contrato preliminar tem por fundamento a autonomia privada das partes contratantes[19]. Sua atipicidade, que se mostra presente, *v.g.*, nos Códigos Civis italiano, português, espanhol e brasileiro não constitui óbice à sua celebração. Desde que as partes observem as normas de ordem pública vigentes, os requisitos gerais de validade do negócio jurídico (capacidade das partes, licitude do seu objeto e forma prescrita na lei, quando exigida) e específicos do contrato projetado gozam de legitimidade para autorregulamentar seus interesses, de acordo com suas necessidades negociais[20]. Baseadas na liberdade de contratar, poderão estabelecer pactos obrigatórios voltados à celebração de um futuro negócio jurídico que, pelas mais variadas razões, não pode ser celebrado naquele dado momento.

### 1.3.2 Conteúdo do contrato preliminar

É dever das partes, quando da confecção do pacto preliminar, fazer constar todos os elementos essenciais do contrato definitivo, requisito de validade exigido não só no direito brasileiro, como em outros ordenamentos. A exigência, de acordo com João Manuel de Carvalho Santos, tem por

---

18 VARELA, Antunes. **Das obrigações em geral**. 10. ed. Coimbra: Almedina, 2000, v. 1, p. 309.

19 Nesse sentido, RODRIGUES, Silvio. **Direito civil:** dos contratos e das declarações unilaterais da vontade. 24. ed. São Paulo: Saraiva, 1997, v. 3, p. 37-38: "Ele se fundamenta na autonomia privada e decorre, assim, da possibilidade conferida pela lei a qualquer pessoa capaz de avençar o que lhe bem aprouver, contanto que obedeça às condições de forma e liceidade por ela impostas".

20 Para Antonio Román García, referindo-se à legislação civil espanhola: "Por otra parte, esta atipicidad del precontrato problematizará más aún aproximación a su estudio; pero afortunadamente esta cuestión ha sido felizmente resuelta en nuestro Derecho, entendiéndose siempre que las partes son libres para elegir por sí mismas aquel esquema negocial que estimen que puede cumplir mejor la función armonizadora de la regulación de sus respectivos intereses en la negociación. Así, en virtud de lo preceptuado en el artículo 1.255 del Código Civil, los particulares podrán efectuar válida y eficaz precontratos, cuidando de no extralimitarse, em la búsqueda de sus respectivas finalidades negociales, de las faculdades que les son conferidas, en este sentido, por nuestro ordenamiento jurídico" (ROMÁN GARCÍA, Antonio. **El precontrato:** estudio dogmático y jurisprudencial. Madrid: Montecorvo, 1982, p. 132).

finalidade não só fixar termo para sua celebração, como também impedir o surgimento de dificuldades ou dúvidas[21].

Por força da expressa disposição do art. 462 do Código Civil, sem correspondência no Código Civil de 1916, a indicação pelas partes dos requisitos essenciais do contrato definitivo é medida obrigatória, sob pena de nulidade.

A mesma exigência se faz presente no art. 1.346 do Código Civil italiano, que impõe a todos os contratos, dentre eles o preliminar, o dever de conterem objeto determinado ou, ao menos, determinável. Com base nessa norma, Giorgio Cian e Alberto Trabucchi destacam a necessidade de o contrato preliminar prever os elementos essenciais da futura convenção, sob pena de nulidade[22], conclusão referendada por Pietro Rescigno, que destaca a necessidade de individualização de todos os elementos substanciais do futuro contrato definitivo, ou, ao menos, de indicação do modo para individualizá-lo, prescindindo-se apenas dos pontos secundários reservados ao negócio projetado[23].

Em Portugal, por força do *princípio da equiparação*, que encontra base no art. 410º, § 1º, do seu Código Civil, o contrato-promessa deve conter todas as disposições pertinentes ao contrato definitivo, dentre elas a necessidade de indicação do seu conteúdo essencial, exceto quanto à forma, que somente deverá ser escrita quando a lei exigir documento público ou particular (§ 2º). O princípio da equiparação, segundo definição de Antunes Varela, "consiste em aplicar, como regra, aos requisitos e aos efeitos do contrato-promessa as disposições relativas ao contrato prometido. Valem, assim, para a promessa de venda, por exemplo, além das regras comuns aos contratos em geral (capacidade, vícios da vontade, resolução, excepção do não cumprimento etc.), as normas específicas da compra e venda quanto à capacidade dos contraentes, quanto às proibições de aquisição (cf. arts. 876º e 877º), quanto à interpretação e integração do negócio (*v.g.*, os arts. 883º, 884º e 887º e segs.), quanto à disponibilidade dos direitos etc."[24].

---

21 SANTOS, João Manuel de Carvalho. **Código Civil brasileiro interpretado principalmente do ponto de vista prático**. 12. ed. Rio de Janeiro: Freitas Bastos, 1989, v. 15, p. 128.

22 CIAN, Giorgio; TRABUCCHI, Alberto. **Commentario breve al Codice Civile**. 4. ed. Padova: CEDAM, 1996, p. 1425.

23 RESCIGNO, Pietro. **Tratatto di diritto privato:** obligazioni e contratti, 2. ed. Torino: UTET, 1995, v. 10, p. 479.

24 VARELA, Antunes. **Das obrigações em geral**. 10. ed. Coimbra: Almedina, 2000, v. 1, p. 315.

Vê-se, portanto, que a indicação dos elementos essenciais do negócio jurídico projetado constitui condição de validade do contrato preliminar, exigência voltada a impedir a instauração de eventuais conflitos por falta de delimitação prévia e suficiente dos direitos e obrigações que tocam às partes contratantes.

### 1.3.3 Autonomia do contrato preliminar

Segundo seu conceito tradicional, o contrato preliminar tem por finalidade a celebração de contrato futuro e deve encerrar todos os elementos essenciais do negócio projetado. Vale dizer: as partes, no ajuste preliminar, desde logo determinam o conteúdo essencial do contrato definitivo.

Porém, conforme bem salienta Ana Prata, "se as partes já alcançaram e exprimiram um acordo imediatamente vinculante quanto ao contrato ulterior, coloca-se inevitavelmente aqui a questão da razão de ser do novo acordo para a celebração daquele, ou seja, põe-se o problema da justificação da autonomia funcional de dois contratos, que, substancialmente, integram um mesmo acordo de vontades"[25].

De fato, é de se questionar a autonomia do contrato preliminar se ele, por si só, vier a encerrar todos os elementos constitutivos do contrato definitivo. Nesse caso, bastaria a sua existência para que o contrato definitivo fosse considerado celebrado, evitando, com isso, o *circuitus inutilis*.

Sob esse prisma, coloca-se a questão da autonomia do contrato preliminar em relação ao definitivo.

O direito francês nega autonomia ao contrato preliminar *bilateral* e reconhece apenas a promessa unilateral de venda. Sob a linha do *consensualismo*, no qual basta a convenção das partes sobre o objeto e o preço do contrato para a transferência das propriedades móvel e imóvel, o *avant contrat* bilateral de venda equivale a uma autêntica venda. Nesse sentido, o art. 1.589 do Código Civil francês: "La promesse de vente vaut vente, lorsqu'il y a consentement réciproque des deux parties sur la chose et sur le prix"[26].

A recusa à autonomia do contrato preliminar bilateral de compra e venda no direito francês é bem ressaltada por Jacques Guestin e Bernard Desché que, de forma enfática, afirmam que "a promessa de contrato nada mais re-

---

[25] PRATA, Ana. **O contrato-promessa e seu regime civil**. Coimbra: Almedina, 2001, p. 71.

[26] "A promessa de venda vale venda quando existe o consentimento recíproco das duas partes sobre a coisa e sobre o preço."

presentaria do que uma venda mal qualificada"[27], haja vista sua inutilidade prática diante do disposto no art. 1.589 do Código de Napoleão.

Porém, com a evolução das relações comerciais, notadamente no âmbito imobiliário, o legislador francês passou a perceber a grande importância prática do contrato-promessa. Apesar de não o admitir expressamente no âmbito dos contratos bilaterais de compra e venda, a lei francesa de 13 de julho de 1979 instituiu a figura do "contrato de arrendamento com cláusula de opção de compra em favor do arrendatário", no qual somente após a quitação do preço é que se abriria ao adquirente o direito de optar pela celebração da compra e venda. Enquanto não pago o preço integral, ter-se-á mero arrendamento, garantindo-se, com isso, segurança ao alienante de que somente poderá ser compelido a proceder à venda do imóvel após o integral recebimento do preço[28]. E, inegavelmente, ambos os negócios são autônomos, a exemplo do que sucede com o contrato preliminar, em face do definitivo[29].

Atualmente, não mais se questiona a autonomia do contrato preliminar em face do definitivo, à exceção do direito francês[30]. Há incoerência em se admitir que as partes, sem razão alguma, optassem por duas modalidades contratuais sucessivas para atingir um mesmo objetivo. Podem acertar a alienação de um direito sem transferi-lo imediatamente pelas mais variadas razões, dentre elas a necessidade de recebimento integral do preço para posterior transferência da propriedade, de forma que, se decidem pela celebração de dois contratos, é porque têm razões suficientes para exercer essa opção.

### 1.3.4 Contrato preliminar e definitivo

Assente a ideia da autonomia do contrato preliminar em face do definitivo, cumpre agora pontuar suas diferenças essenciais.

O primeiro ponto de diferença diz respeito ao seu *objeto*. Darcy Bessone de Oliveira Andrade ressalta que enquanto o objeto do contrato preliminar é a obrigação de contratar, no definitivo são as prestações próprias do con-

---

27 GHESTIN, Jacques; DESCHE, Bernard. **Traitté des contrats:** la vente. Paris: Librairie Générale de Droit et de Jurisprudence, 1990, p. 179.

28 GARCÍA, Antonio Román. **El precontrato:** estudio dogmatico y jurisprudencial. Madrid: Montecorvo, 1982, p. 84.

29 GARCÍA, Antonio Román. **El precontrato:** estudio dogmatico y jurisprudencial. Madrid: Montecorvo, 1982, p. 84.

30 Nesse sentido, dentre outros: GOMES, Orlando. **Contratos**. 17. ed. Rio de Janeiro: Forense, 1997, p. 135; e PEREIRA, Caio Mário da Silva. **Instituições de direito civil:** contratos, declaração unilateral de vontade, responsabilidade civil. 10. ed. Rio de Janeiro: Forense, 2000, v. 3, p. 49.

trato principal, como, por exemplo, as que derivam da compra e venda[31]. O primeiro contempla um *facere* e o segundo uma obrigação de *dar* a coisa que lhe serve de objeto.

Diferem, também, quanto aos seus *efeitos*. No direito brasileiro, o contrato preliminar é inapto a gerar os efeitos jurídicos típicos do contrato definitivo almejado, ainda que concentre grande parte ou todo o conteúdo do negócio projetado. Como exemplo, pode-se mencionar a compra e venda precedida de promessa *retratável*, típico contrato preliminar na sua concepção tradicional, no qual a transferência da propriedade só se opera depois da quitação do preço mediante a outorga de escritura pública definitiva a ser levada a registro, sem o que o direito de propriedade não se constitui, à luz dos arts. 108 e 1.245 do Código Civil. Tal não sucede no direito civil francês que, por força do seu art. 1.589, equipara a promessa de compra e venda à venda propriamente dita (*la promesse de vente vaut vente*).

A *função* de cada contrato também não é coincidente. O preliminar tem finalidade claramente preparatória e, sobretudo, de garantia. Degenkolb, referido por Antonio Román García, reputa o pré-contrato "como um útil instrumento negocial nas mãos dos particulares e estabelece que em certas situações o pré-contrato facilita efetivamente o acordo negocial entre as partes contratantes, porque o pré-contrato, no seu juízo, é um negócio de segurança"[32], à medida que as partes se comprometem de antemão a celebrar um contrato futuro e aquele que se dispõe a se desfazer de um bem ou direito somente o fará após receber integralmente a contraprestação devida pela parte contrária.

A cisão entre o negócio preliminar com efeitos obrigacionais e o negócio de execução com eficácia real corresponde à exigência, particularmente no setor imobiliário, que em toda parte se verifica, especialmente no que diz respeito à garantia que se reserva ao promitente vendedor de transferir a propriedade imóvel apenas depois da integral quitação do preço[33]. As partes ainda não pretendem se vincular definitivamente quanto ao objeto da avença definitiva e prorrogam no tempo a celebração de um negócio jurídico futuro, desde que cumpram, reciprocamente, os deveres contratuais que estabeleceram[34].

---

31 ANDRADE, Darcy Bessone de Oliveira. **Da compra e venda, promessa e reserva de domínio**. Belo Horizonte: Bernardo Álvares, 1960, p. 99.

32 GARCÍA, Antonio Román. **El precontrato:** estudio dogmático y jurisprudencial. Madrid: Montecorvo, 1982, p. 97.

33 PRATA, Ana. **O contrato-promessa e seu regime civil**. Coimbra: Almedina, 2001, p. 93.

34 SERRAO, Eugenia. **Il contratto preliminare**. Padova: CEDAM, 2002, p. 15.

Vê-se, portanto, que a não celebração imediata do contrato definitivo se dá por razão de *segurança* das partes, que aguardarão a normal execução do contrato preliminar para que, só depois da sua extinção pelo adimplemento, venham a cumprir suas obrigações e exigir seus direitos correspondentes.

É inegável, portanto, a autonomia entre os contratos. Não há entre eles coincidência lógica quanto ao objeto, efeitos e função ante a diversidade de vínculo em torno do qual as partes pretendem se unir.

### 1.3.5 Distinção entre contrato preliminar próprio e impróprio

Os contratos preliminares, por sua vez, apresentam dois matizes: a) quando as partes, apesar de fixarem o objeto do negócio definitivo, reservam a prerrogativa do arrependimento; e b) quando as partes fixam, *irretratavelmente*, todos os pontos que se farão presentes no contrato definitivo projetado.

Na primeira hipótese, a celebração de um novo contrato, dito definitivo, é imprescindível para que as partes procedam à constituição ou transferência de direitos prometida, enquanto forma de expressarem que não se arrependeram da celebração do novo negócio. Insere-se, destarte, no conceito tradicional conferido ao instituto.

Todavia, há situações em que as partes, por desejarem de antemão a celebração do negócio definitivo, cuidam de acertar todos os detalhes do contrato projetado, a ponto de esgotar todo o seu conteúdo. E se for *irretratável* por vontade das partes ou por imposição legal, a concretização do negócio definitivo constitui consequência inevitável do cumprimento de todas as obrigações constantes no contrato preliminar.

Uma vez cumpridas essas obrigações, a eficácia do negócio projetado não dependerá de novo contrato, mas de simples *ratificação* do conteúdo e da vontade já externados no contrato preliminar em documento previsto na lei para que a transferência ou constituição do direito ali negociado se efetive, sob pena de suprimento judicial, em caso de recusa da parte obrigada.

Por se tratar de mera ratificação, o objeto do contrato preliminar não será a celebração de novo contrato reputado definitivo, mas de uma *obrigação de fazer* materializada pela prestação de um *ato devido* materializado pelo dever de reproduzir consentimento já prestado no contrato preliminar, no documento previsto na lei como necessário à transferência do direito.

Decerto, a ideia de *ato devido* se contrapõe ontologicamente à de contrato, que pressupõe manifestação autônoma da vontade destinado à criação, modificação ou extinção de direitos[35]. O elemento *volitivo* é essencial à ideia de contrato, sem o qual não se cogita da sua existência. A autonomia da vontade contratual constitui, segundo Léon Duguit, o poder de desejar juridicamente e para si que um direito seja socialmente protegido[36]. Com base nessa prerrogativa, as partes podem pactuar livremente os negócios jurídicos necessários à regulação dos seus interesses privados mediante acordo de vontades, observadas as normas de ordem pública e princípios que norteiam as relações contratuais (*v.g.*, boa-fé objetiva e função social).

Por contemplarem prestações distintas, doutrina estrangeira e nacional noticiam a existência de duas modalidades inconfundíveis de contrato preliminar: os *próprios* e *impróprios*.

Alberto Trabucchi aduz que o contrato preliminar próprio regulado pela lei italiana é distinto de um outro muito mais difundido, denominado *compromesso*, que não constitui promessa recíproca de contratar. Trata-se de negócio por ele qualificado como *preliminar impróprio*, dotado de imediata eficácia e que contempla o dever das partes de reproduzir o consenso ali prestado em uma forma particular prevista na lei como necessária à transferência de um direito[37].

Francesco Messineo também distingue o contrato preliminar próprio do impróprio, inserindo-o na gama dos *contratos obrigatórios*, entendidos esses como os que são impostos pela lei e que independem da vontade das partes contratantes para se efetivarem. O *compromesso*, expressão utilizada pelo autor para diferenciá-lo do contrato preliminar próprio, pactuado de forma irrevogável e dotado de todos os elementos essenciais do contrato definitivo, prescinde de um novo contrato para produzir seus efeitos, bastando que seu conteúdo seja traduzido na forma prevista na lei para que se opere a constituição ou transferência do direito nele contemplado. A ratificação pelas partes do compromisso constitui, segundo o autor, *uma condição de eficácia* do negócio jurídico projetado[38].

Vicenzo Vitalone pondera que o contrato definitivo apenas reproduz o que já foi estabelecido no contrato preliminar e "prescinde, por isso, de

---

35 Nesse sentido: PRATA, Ana. **O contrato-promessa e o seu regime civil**. Coimbra: Almedina, 2001, p. 77.

36 DUGUIT, Léon. **Les transformations générales du droit privé despuis le Code Napoléon**. 10. ed. Paris: Félix Alcan, 1920, p. 53.

37 TRABUCCHI, Alberto. **Istituzioni di diritto civile**. 39. ed. Padova: CEDAM, 1999, p. 654.

38 MESSINEO, Francesco. **Il contratto in genere**. Milano: Giuffrè, 1973, v. 1, p. 531.

espontânea manifestação da vontade", motivo que justifica seu suprimento por decisão judicial em execução específica[39].

Na Espanha, Beatriz Verdera Izquierdo, lastreada nas lições de De Castro y Bravo, salienta que se deve descartar a teoria que considerava o contrato preliminar algo que demandasse a celebração de outro negócio dito definitivo. A vertente mais acertada, segundo a autora, é aquela que estabelece que não seria preciso realizar uma nova oferta, nova aceitação e nem um novo consentimento contratual, de forma a não haver dois contratos, mas o desenvolvimento de uma complexa relação contratual[40].

No Brasil, Orlando Gomes atesta a existência da teoria que reputa o pré-contrato "um negócio jurídico pelo qual as partes estipulam a faculdade de exigir a eficácia imediata de outro contrato já delineado em seus elementos fundamentais. Entende-se desnecessária nova declaração de vontade, pois, ao celebrarem o pré-contrato, tudo o que é necessário ao estabelecimento do vínculo contratual definitivo já foi estipulado. Basta providenciar sua execução"[41].

E, uma vez irretratável por vontade das partes ou por imposição legal, não poderá a parte obrigada a prestar o ato devido se recusar a fazê-lo. Cumpridas as obrigações acertadas no contrato preliminar impróprio, em especial o pagamento do preço, não resta alternativa à outra parte senão reproduzir seu consentimento no instrumento previsto na lei como apto à transferência do direito prometido.

Constata-se, portanto, a existência de duas espécies de contrato preliminar: o *próprio*, essencialmente retratável, que tem por objeto a celebração de um contrato definitivo como forma das partes expressarem que não exerceram o direito de retratação; e o *impróprio*, sempre irrevogável e dotado de conteúdo exauriente, que impõe não a celebração de um novo contrato, mas a prestação de um *ato devido* materializado pelo dever de ratificação, no instrumento determinado pela lei, da manifestação de vontade já externada pelas partes no contrato preliminar, com o escopo de lhe conferir eficácia.

Quando se decide pela celebração de um contrato preliminar impróprio, busca-se sobretudo postergar a produção dos *efeitos* do contrato principal pretendido para um momento futuro, em regra após o cumprimento pelas

---

39 VITALONE, Vicenzo. **Il contratto preliminare**. Padova: CEDAM, 2002, p. 19.

40 IZQUIERDO, Beatriz Verdera. **Los elementos definitorios de las arras en el derecho patrimonial**. Madrid: Colegio de Registradores de la Propiedad y Mercantiles de España, 2005, p. 43.

41 GOMES, Orlando. **Contratos**. 17. ed. Rio de Janeiro: Forense, 1997, p. 137.

partes dos deveres contratuais que a elas incumbem. A concretização do negócio definitivo constitui *ato devido* em que apenas ratificam os direitos e obrigações assumidos no contrato preliminar, sendo-lhes defeso exigir a modificação do conteúdo contratual preestabelecido, sob o argumento de lhes ser economicamente desvantajoso[42].

São essas peculiaridades que permitem o reconhecimento judicial da sua eficácia por meio de execução específica, nos termos do art. 464 do Código Civil[43] e, modernamente, pela via extrajudicial (art. 216-B da Lei 6.015/1973). Afinal, como bem pontifica Orlando Gomes, a noção de contrato repele evidentemente a figura do suprimento judicial[44], admissível apenas quando se tratar de contrato preliminar irretratável pelo fato do seu objeto não ser outro contrato, mas a prestação de um ato devido em que as partes simplesmente reproduzem, no instrumento previsto na lei, consentimento já prestado em momento anterior.

Nesse contexto, insere-se o instituto jurídico do contrato de *compromisso de compra e venda* que, a toda evidência, constitui modalidade de contrato preliminar impróprio. Essencialmente irretratável e dotado de conteúdo exauriente, reclama para ser executado simples reiteração da sua causa no instrumento previsto na lei como meio de transferência, via registro, do direito de propriedade – a escritura pública de compra e venda (arts. 108 e 1.245 do CC/2002) –, efeito que, por conveniência das partes (*v.g.*, razões

---

42 Nesse sentido: RESCIGNO, Pietro. **Tratatto di diritto privato: obligazioni e contratti**. 2. ed. Torino: UTET, 1995, v. 10, p. 480.

43 Há impropriedade técnica na redação do art. 464 do Código Civil brasileiro de 2002. A sentença judicial não substitui a vontade da parte inadimplente, já que a noção de contrato, pautada no princípio da autonomia contratual, repele evidentemente a figura do suprimento judicial para a sua formação (GOMES, Orlando. **Contratos**. 17. ed. Rio de Janeiro: Forense, 1997, p. 137). O ato judicial confere eficácia ao contrato preliminar pactuado em caráter irrevogável e que concentre os elementos essenciais do negócio definitivo, de forma a se equiparar ao negócio projetado e ser apto à constituição ou transferência de direitos. Por isso, o conteúdo dos arts. 2.932 do Código Civil italiano e 830º, § 1º, do Código Civil português, expressos em dizer que a finalidade da sentença é conferir eficácia ao contrato preliminar, mostra-se tecnicamente mais adequado. Neste passo, a proposta de nova redação ao art. 464 do Código Civil, constante do Projeto de Lei 4/2025 (reforma do Código Civil), mostra-se mais adequada, por permitir à parte "pedir ao juiz ou ao tabelião de notas que ateste o cumprimento das obrigações contratadas e confira caráter definitivo ao contrato preliminar, cabendo, em qualquer dos casos, indenização por perdas e danos", ou seja, para conferir eficácia ao contrato preliminar.

44 GOMES, Orlando. **Contratos**. 17. ed. Rio de Janeiro: Forense, 1997, p. 137.

fiscais, recebimento integral do preço, regularização documental etc.), é protraído no tempo.

## 1.4 CONTRATO DE COMPROMISSO DE COMPRA E VENDA

### 1.4.1 *Nomen juris*

A falta de univocidade acerca da denominação do compromisso de compra e venda é bem ressaltada por Darcy Bessone de Oliveira Andrade. Aduz o autor que "ainda não se descobriu o *nomen juris* satisfatório para a figura de que nos ocupamos. Coviello, em sua famosa contribuição, esquivou-se de uma opção definitiva, revelando-se hesitante entre as expressões *pactum de contrahendo* e contrato preliminar, para afirmar que passaria a usar indiferentemente as duas, à falta de outra melhor, capaz de evitar os defeitos de ambas"[45].

O mesmo autor salienta que a legislação brasileira não foi rigorosa quanto à denominação do instituto. "Se o Decreto-Lei n. 58, de 10 de dezembro de 1937, aludiu sempre ao *compromisso de venda* ou ao *contrato de compromisso* (art. 19), o Código de Processo Civil referiu-se indistintamente ao *compromisso* (arts. 346 e 347[46]), à *promessa de contratar* e ao *contrato preliminar* (art. 1.006) e o Decreto n. 4.857, de 9 de novembro de 1939, modificado pelo Decreto n. 5.318, de 19 de fevereiro de 1940, regulando os registros públicos, falou em *promessa de compra e venda* (arts. 178, 'a', XIV, e 'c', VI, e 237, 'b'). O anteprojeto do Código das Obrigações, elaborado, em 1941, por Orozimbo Nonato, Filadelfo Azevedo e Hahnemann Guimarães, civilistas do mais alto conceito, preferiu a denominação de contrato preliminar". E, por essas razões, optou, a exemplo de outros autores do quilate de Coviello, pela utilização indiscriminada dessas expressões no corpo da sua obra.

Serpa Lopes, no mesmo sentido, entende não haver inconveniente em se aplicar indistintamente as expressões compromisso ou promessa de compra e venda, por serem equivalentes[47].

Outros instrumentos legais vieram e, ainda assim, não se observou o desejado rigor terminológico. A Lei 4.591/1964, no seu art. 32, § 2º, denominou-o como *promessa de venda*; a Lei 6.766/1979 (art. 25 e ss.) e a Lei 6.015/1973

---

45 ANDRADE, Darcy Bessone de Oliveira. **Da compra e venda, promessa e reserva de domínio**. Belo Horizonte: Bernardo Álvares, 1960, p. 98.

46 Artigos do Código de Processo Civil de 1973, hoje revogado.

47 LOPES, Miguel Maria de Serpa. **Tratado dos registros públicos**. 6. ed. Brasília: Brasília jurídica, 1997, v. 4, p. 187.

(art. 167, I, 9) fazem menção à expressão *compromisso de compra e venda*; e o art. 1.417 do Código Civil o rotula como *promessa de compra e venda*.

Não obstante a advertência feita por esses renomados autores de que haveria indiferença quanto à denominação do contrato, no presente trabalho a expressão *promessa de compra e venda* será empregada aos contratos que contenham cláusula de arrependimento, e *compromisso de compra e venda* nas hipóteses em que for irretratável, características que impõem diferenças essenciais entre os institutos.

### 1.4.2 Diferença entre compromisso de compra e venda e promessa

Apesar de tratados como sinônimos pela doutrina, o compromisso de compra e venda não se confunde com a figura da simples promessa. Ambos são contratos preliminares, mas diferem quanto ao seu objeto e efeitos.

Barbosa Lima Sobrinho ressalta que a expressão "compromisso" revela "um grau mais adiantado de obrigatòriedade que a simples promessa", sendo mais firme e mais forte do que essa. Prometer, que vem do latim *pro* (adiante) e *mittere* (lançar longe), traz ínsita a ideia de um pacto dotado de maior fragilidade, que pode ser ou não ser celebrado no futuro, de acordo com a conveniência das partes[48].

Durante a tramitação do projeto de lei que redundou na edição do Decreto-Lei 58/1937, muito se debateu no Congresso Nacional sobre a designação desse instituto jurídico. E a opção pela expressão *compromisso* teve por escopo diferenciá-lo dos contratos que comportassem retratação[49].

Orlando Gomes também diferencia os institutos da promessa do compromisso de compra e venda sob o prisma do direito de retratação. De acordo com o autor, a promessa de compra e venda tem ínsita a ideia de retratação e remete as partes às perdas e danos no caso de inexecução culposa, sem direito à execução específica. Se, por exemplo, pactuado o arrependimento através das arras penitenciais, quem as deu perde-as em proveito da outra parte, e quem as recebeu fica obrigado a devolvê-las em dobro[50].

O compromisso de compra e venda, por sua vez, contempla duas particularidades que o distinguem da simples promessa: a) *a possibilidade*

---

48 LIMA SOBRINHO, Barbosa. **As transformações da compra e venda**. Rio de Janeiro: Borsoi, 1956, p. 67.

49 LIMA SOBRINHO, Barbosa. **As transformações da compra e venda**. Rio de Janeiro: Borsoi, 1956, p. 66.

50 GOMES, Orlando. **Contratos**. 17. ed. Rio de Janeiro: Forense, 1997, p. 241.

*de substituição do contrato definitivo por uma sentença constitutiva*; e b) *a atribuição ao compromissário comprador de direito real mediante registro no cartório de imóveis*[51], sem olvidar da moderna possibilidade de *adjudicação compulsória extrajudicial*, instituída pela Lei 14.382/2022, que inseriu o art. 216-B na Lei de Registros Públicos. Segundo Orlando Gomes, "concluído o compromisso, não pode qualquer das partes arrepender-se. Ele é irretratável. Levando-o ao registro de imóveis, impede-se que o bem seja alienado a terceiro. Imite-se na posse do imóvel e se comporta como se fora seu dono. Preenchidas as condições que o habilitam a pedir o título translativo da propriedade, obtém-se, através da sentença, se a outra parte não quiser ou não puder firmá-lo. Admite-se a execução coativa sob a forma específica, ocorrendo, nesse caso, a adjudicação compulsória"[52].

As características supra-apontadas – cabimento da execução específica, judicial e extrajudicial, e a atribuição de direito real – decorrem do caráter essencialmente *irrevogável* do compromisso de compra e venda e do fato de a outorga da escritura definitiva, responsável pela mera reiteração do consentimento dado anteriormente, constituir mero *ato devido*. Se fosse revogável, impediria a intervenção judicial destinada a conferir eficácia à manifestação da vontade já externada no contrato preliminar e se resolveria apenas em sede de perdas e danos[53].

Com efeito, o que diferencia a promessa do compromisso é a *possibilidade de retratação* de uma das partes. Se houver direito ao arrependimento, por meio da pactuação das arras penitenciais ou cláusula contratual

---

51 GOMES, Orlando. **Contratos**. 17. ed. Rio de Janeiro: Forense, 1997, p. 243.

52 GOMES, Orlando. **Contratos**. 17. ed. Rio de Janeiro: Forense, 1997, p. 242.

53 Nesse sentido, PEREIRA, Altino Portugal Soares. **A promessa de compra e venda de imóveis no direito brasileiro**. 2. ed. Curitiba: Juruá, 1997, p. 21-22: "A promessa de compra e venda de imóveis é um contrato preliminar porque tem como objeto um futuro contrato (...). Se se tratar, porém, da chamada promessa irretratável, sem direito de arrependimento, com os requisitos necessários para a constituição de um direito real, teremos um contrato preliminar, porém, com peculiaridades que lhe conferem autonomia, e por isso mesmo seus efeitos, em caso de inadimplemento, ultrapassarão os da simples indenização de perdas e danos, para assegurar a execução específica da obrigação, de que resultará, necessariamente, no futuro, a entrega da coisa prometida ao promitente comprador. De fato, uma vez cumpridas as formalidades legais atinentes a esse contrato, dele se originará um direito real de prioridade para a aquisição da propriedade da coisa prometida, que se converterá no direito de propriedade, quer mediante ato voluntário de ambas as partes, quer de uma delas, através da execução compulsória".

específica[54], ter-se-á simples promessa, contrato preliminar próprio. Todavia, se irretratável por vontade das partes ou imposição de norma de ordem pública, ter-se-á compromisso[55].

Isso não implica, contudo, afirmar que a denominação atribuída ao contrato determinará os efeitos que irá produzir à luz do direito posto. Pode ocorrer dos contratantes incorretamente nomeá-lo como "promessa de compra e venda" e, não obstante, pactuarem a irretratabilidade. Nesse caso, por decorrência da regra prescrita no art. 112 do Código Civil brasileiro de que "nas declarações de vontade se atenderá mais à intenção nelas consubstanciada do que ao sentido literal da linguagem", há de se concluir que as partes se uniram em torno de verdadeiro compromisso, apto a ensejar execução específica e constituição de direito real mediante registro no cartório de imóveis. O mesmo sucede quando a irretratabilidade decorre de norma de ordem pública e as partes rotulam o contrato como promessa de compra e venda.

### 1.4.3 Conceito tradicional de compromisso de compra e venda

Grande parte da doutrina considera o compromisso de compra e venda uma espécie do gênero contrato preliminar e, com base no seu conceito tradicional – contrato que tem por objeto a celebração de um negócio definitivo –, busca delinear esse instituto jurídico.

Caio Mário da Silva Pereira, com base na lição de Von Tuhr, define-o como contrato "por via do qual ambas as partes ou uma delas se comprometem a celebrar mais tarde outro contrato, que será contrato principal"[56]. O autor distingue o contrato preliminar do definitivo ao asseverar que "pelo nosso direito, a promessa de venda nunca pode operar a transferência do domínio, dada a distinção rigorosa entre o contrato definitivo e o contrato preliminar. Cria este a obrigação de prestar um fato, e seu objeto é a outorga do contrato definitivo. Em contraposição, o contrato definitivo de compra e venda gera uma obrigação de dar, e seu principal

---

54 Eduardo Espínola esclarece que o direito ao arrependimento, quando não proibido pela lei, pode ser exercido não só pela pactuação de arras penitenciais, como também por meio de cláusula contratual expressa (ESPÍNOLA, Eduardo. **Dos contratos nominados no direito civil brasileiro**. Campinas: Bookseller, 2002, p. 94).

55 GOMES, Orlando. **Contratos**. 17. ed. Rio de Janeiro: Forense, 1997, p. 242.

56 PEREIRA, Caio Mário da Silva. **Instituições de direito civil:** contratos, declaração unilateral de vontade, responsabilidade civil. 10. ed. Rio de Janeiro: Forense, 2000, v. 3, p. 48.

efeito é obrigação de transferir o domínio, mediante da tradição da coisa ou a inscrição do título"[57].

Na mesma linha, Silvio Rodrigues: "O compromisso de venda e compra, como contrato preliminar que é, tem por objeto um contrato futuro de venda e compra. Assim sendo, pode ser definido como ajuste de vontades, por meio do qual os contratantes prometem, reciprocamente, levar a efeito uma compra e venda". Prossegue o autor: "Na compra e venda, o vendedor se obriga a transferir o domínio e este efetivamente se transfere, com a transcrição do título no Registro de Imóveis. Todavia, na mera promessa bilateral de venda e compra, o promitente vendedor apenas promete que, no futuro, e se receber o preço, venderá o imóvel prometido. De modo que continua titular do domínio, o qual será de futuro transferido"[58].

Ambas as definições têm como ponto de partida o conceito tradicional de contrato preliminar e reputam o compromisso de compra e venda como fonte de obrigação de fazer materializada pelo dever de celebrar, no futuro, o contrato definitivo de compra e venda por meio de escritura pública.

Todavia, procedentes críticas têm sido feitas por doutrinadores modernos em torno do verdadeiro objeto do compromisso de compra e venda. Atentos ao fato de que, desde a celebração do compromisso de compra e venda, as partes cuidam de pactuar todos os direitos e obrigações dele decorrentes, além de anuírem com a transferência imediata da posse do bem, entendem que o real objeto desse contrato não é um futuro *contrahere*, mas a prestação de um *ato devido* materializado pela simples reiteração do consentimento, por meio da outorga da escritura pública de compra e venda.

### 1.4.4 Compromisso de compra e venda como contrato preliminar impróprio: crítica ao conceito tradicional

Rompendo com o conceito tradicional de compromisso de compra e venda, José Osório de Azevedo Junior aduz que "não nos parece que esta forma de encarar o problema tenha sido muito feliz e que tenha produzido bons frutos. Faltou, com a devida vênia e salvo melhor juízo, uma análise mais concreta e realista do fato econômico e jurídico tal como efetiva e comumente ocorrido entre as partes e regulado pelo compromisso de compra e venda. Para

---

57 PEREIRA, Caio Mário da Silva. **Instituições de direito civil:** contratos, declaração unilateral de vontade, responsabilidade civil. 10. ed. Rio de Janeiro: Forense, 2000, v. 3, p. 123.

58 RODRIGUES, Silvio. **Direito civil:** dos contratos e das declarações unilaterais da vontade. 24. ed. São Paulo: Saraiva, 1997, v. 3, p. 160.

a análise mais abrangente do caso, é pouco dizer que o objetivo das partes ao contratar é celebrar outro contrato. É preciso ter sempre presente que uma das partes quer vender seu imóvel e garantir-se do pagamento do preço; e a outra parte quer adquirir esse imóvel e dele se utilizar logo"[59].

Com a mesma lucidez, Agathe Elsa Schmidt da Silva distancia o contrato preliminar típico do compromisso de compra e venda. Segundo ela, "bifurca-se o caminho a ser trilhado na busca de uma conceituação para a figura jurídica do compromisso de compra e venda. Tradicionalmente, é ele encarado como sendo um contrato preliminar que firmam as partes, objetivando a realização do contrato definitivo de compra e venda. Mais modernamente, em face da corriqueira utilização dos compromissos pela população, do aprimoramento da legislação e sensíveis manifestações jurisprudenciais, o instituto foi tomando uma nova feição e passa a ser encarado na doutrina não mais como um contrato preliminar e autônomo, desvinculado do contrato de compra e venda; este último passa a ser um ato de execução do primeiro. Assim, como o compromissário normalmente imite-se na posse e pode usar, gozar e de certa forma dispor do imóvel, mediante cessão de direitos que possui sobre ele, falta-lhe tão-somente completar o *ius abutendi* para que estejam presentes os três elementos do direito de propriedade e o objeto do compromisso; aquilo a que as partes se obrigam é dar eficácia à compra e venda compromissada"[60].

As especiais peculiaridades do compromisso de compra e venda também são ressaltadas pela doutrina estrangeira. Antunes Varela o diferencia do contrato preliminar próprio, pois ali "há já uma declaração de vender e comprar (correspondentes ao contrato prometido), embora por forma provisória, insuficiente ou inidônea, que os pactuantes se comprometem a renovar ou reproduzir futuramente em forma idônea, definitiva ou bastante, no instrumento documental próprio"[61].

É inegável que, por meio do compromisso de compra e venda, aliena-se desde logo o *ius utendi* e *fruendi* que recai sobre o imóvel. O adquirente toma posse do imóvel e o emprega de acordo com as suas conveniências,

---

59 AZEVEDO JUNIOR, José Osório de. **Compromisso de compra e venda**. 4. ed. São Paulo: Malheiros, 1998, p. 19-21.

60 SILVA, Agathe Elsa Schmidt da. **Compromisso de compra e venda no direito brasileiro**. 2. ed. São Paulo: Saraiva, 1989, p. 8.

61 VARELA, Antunes. **Das obrigações em geral**. 10. ed. Coimbra: Almedina, 2000, v. 1, p. 311.

observado o princípio da função social da propriedade que o obriga a dar a coisa destinação socialmente útil[62].

Pode-se dizer que até mesmo o *ius abutendi*, ainda que em parte, é transferido, já que não se nega a possibilidade de alienação dos direitos decorrentes do compromisso de compra e venda por meio de *cessão*, haja vista seu indiscutível conteúdo patrimonial. A conservação da propriedade em mãos do proprietário limita-se à condição de *mera garantia* de recebimento integral, pelo promitente vendedor, do preço pactuado[63].

Apesar de não se tratar da compra e venda propriamente dita, já que por imposição legal o registro do *titulus adquirendi* - entenda-se, escritura pública de compra e venda - é indispensável à tradição de bem imóvel (art. 1.245 do CC), é certo que o compromisso de compra e venda dela muito se aproxima. Não fosse a conservação da propriedade nas mãos do promitente vendedor como garantia pelo recebimento do preço, o compromitente comprador poderia ser desde logo considerado dono da coisa prometida.

Diante desses atributos especiais, tem-se que o conceito de compromisso de compra e venda lastreado no tradicional conceito de contrato preliminar não atende às peculiaridades realísticas ínsitas a essa modalidade contratual. É difícil conceber que as partes, após terem acertado exaustivamente os requisitos do contrato de compra e venda por meio da fixação do objeto, preço, forma de pagamento, índices de reajuste e a transferência imediata da posse, pretendam após sua conclusão a celebração de novo negócio jurídico destinado à efetivação da compra e venda. O que elas buscam, desde o primeiro contato, é a transferência da propriedade, que só não se opera imediatamente por conveniência das partes, em especial da necessidade de quitação integral do preço pactuado.

---

62 Nesse sentido, MELLO, Celso Antônio Bandeira de. Novos aspectos da função social da propriedade no direito público. **Revista dos Tribunais**, São Paulo, ano 20, n. 84, out./dez. 1987, p. 43: "Função social da propriedade consiste em que esta deve cumprir um destino economicamente útil, produtivo de maneira a satisfazer as necessidades sociais preenchíveis pela espécie tipológica do bem. (...) É tomada como necessidade de que o uso da propriedade responda a uma plena utilização, otimizando-se ou tendendo-se a otimizar os recursos disponíveis em mãos dos proprietários ou, então, impondo-se que as propriedades em geral não possam ser usadas, gozadas e suscetíveis de disposição em contradita com estes mesmos propósitos de proveito coletivo".

63 AZEVEDO JUNIOR, José Osório de. **Compromisso de compra e venda**. 4. ed. São Paulo: Malheiros, 1998, p. 21.

Por essas razões, Orlando Gomes considera o compromisso de compra e venda espécie de *contrato preliminar impróprio*, por materializar negócio jurídico diferente do contrato propriamente preliminar e se distinguir da simples promessa de venda por não comportar arrependimento. O compromisso de compra e venda caracteriza-se pela subordinação de sua eficácia plena à mera reprodução do consentimento das partes no título translativo próprio exigido como de sua substância, no caso, a escritura pública, cuja outorga corresponde à ratificação, sob forma pública, do primeiro negócio. Por essa razão, não tem o cunho preliminar próprio dos autênticos pré-contratos[64].

O caráter impróprio do contrato preliminar de compromisso de compra e venda decorre da sua irretratabilidade e do seu conteúdo exauriente. Se a subscrição da escritura pública tem por única finalidade ratificar manifestação firme da vontade já externada no compromisso de compra e venda, a prestação desse ato após o pagamento do preço é inafastável. Trata-se de *ato devido* voltado a conferir eficácia ao intento das partes, presente desde a celebração do compromisso, de ver transferida a propriedade quando da quitação do seu preço, sob pena de suprimento judicial em sede de execução específica.

Vale dizer que, para Orlando Gomes, o compromisso de compra e venda não é modalidade de venda condicional, sob o argumento de que o dever de reiterar o consentimento em escritura pública não poderia ser classificado como condição e, se o fosse, seria meramente potestativa e, portanto, proibida por lei[65]. Respeitadas as opiniões em sentido contrário, dentre as quais se destaca a de Maria Helena Diniz[66], não se pode entender que o dever de

---

64 GOMES, Orlando. **Contratos**. 17. ed. Rio de Janeiro: Forense, 1997, p. 243.

65 GOMES, Orlando. **Contratos**. 17. ed. Rio de Janeiro: Forense, 1997, p. 244. No mesmo sentido, ESPÍNOLA, Eduardo. **Dos contratos nominados no direito civil brasileiro**. Campinas: Bookseller, 2002, p. 91: "Não é uma venda condicional, porque a condição, acepção técnica, é simples modalidade acessória de contrato, não podendo ter esse caráter um elemento essencial do contrato sinalagmático, como é o consentimento de uma das partes". Confira-se também: LOPES, Miguel Maria de Serpa. **Tratado dos registros públicos.** 6. ed. Brasília: Brasília Jurídica, 1997, v. 3, p. 225; e LIMA SOBRINHO, Barbosa. **As transformações da compra e venda**. Rio de Janeiro: Borsoi, 1956, p. 58.

66 Em sentido contrário, Maria Helena Diniz considera o compromisso de compra e venda espécie de *venda condicional* e não contrato preliminar, pois este não comportaria adjudicação compulsória, atributo específico das obrigações de dar e não de fazer ínsita ao *pactum de contrahendo*: "O compromisso contém os elementos da compra e venda, mas os contratantes, por conveniência ou oportunidade ou por falta de algum documento necessário, não efetuam, de imediato, o contrato definitivo, não tornando, de logo, efetiva a venda. Não passa de uma venda condicional, em que

outorga da escritura pública definitiva constitua espécie de condição, por se tratar de prescrição *acessória* ao negócio jurídico que subordina sua eficácia a evento futuro e incerto[67]. E se é acessória, não integra a essência do negócio que, apenas *acidentalmente*, pode vir a se submeter à ocorrência de um evento futuro e incerto.

E não é compra e venda, pois, apesar de obrigar a reiteração do consentimento e encerrar todo o conteúdo do negócio translativo da propriedade, ainda assim permanece distinto da compra e venda, por terem objetos não coincidentes[68].

Por essas razões, o melhor conceito dado a esse instituto jurídico é dado por Orlando Gomes – "compromisso de compra e venda é contrato típico pelo qual as partes se obrigam reciprocamente a tornar eficaz compra e venda de um bem imóvel, mediante a reprodução do consentimento no título hábil"[69] –, por revelar o verdadeiro objeto do contrato: dar eficácia ao seu conteúdo mediante ratificação, em escritura pública, do consentimento já prestado enquanto *ato devido*, em reconhecimento ao seu exauriente conteúdo negocial.

---

a conclusão do contrato definitivo poderia ser uma condição jurídica da promessa de venda no sentido de habilitar o promitente comprador à aquisição do direito real de propriedade. Pois, se a escritura definitiva não for assinada ou suprida por uma sentença constitutiva, o compromissário comprador não terá título hábil para levar à transcrição, mas, nem por isso, se pode afirmar a inexistência dos efeitos da promessa. Deveras, tem o compromissário-comprador o direito de se tornar dono do bem que lhe foi prometido irretratavelmente à venda, sem que haja necessidade de nova declaração de vontade do compromitente. Basta pedir ao magistrado a adjudicação compulsória, assim que tiver pago o preço estipulado. Logo, o compromisso ou promessa irrevogável de venda não é um contrato preliminar, porque a adjudicação compulsória só será possível nas obrigações de dar, e o contrato preliminar gera tão-somente uma obrigação de fazer o contrato definitivo, nem o juiz teria o condão de converter tal obrigação de celebrar contrato em obrigação de dar ou entregar alguma coisa. Se ordena o compromisso a adjudicação do imóvel ao compromissário é porque está a dar, coativamente, execução específica à obrigação de dar que nasce do contrato de compra e venda. Daí ser o compromisso uma nova modalidade de compra e venda, desaparecendo do cenário jurídico a promessa de compra e venda como contrato preliminar, em que as partes, tão somente, assumem a obrigação recíproca de estipular o contrato definitivo da compra e venda" (DINIZ, Maria Helena. **Curso de direito civil brasileiro:** direito das coisas. 17. ed. São Paulo: Saraiva, 2002, v. 4, p. 529).

67 FRANÇA, Rubens Limongi. **Manual de direito civil**. 4. ed. São Paulo: Revista dos Tribunais, 1980, v. 1, p. 269.

68 GOMES, Orlando. **Contratos**. 17. ed. Rio de Janeiro: Forense, 1997, p. 244.

69 GOMES, Orlando. **Contratos**. 17. ed. Rio de Janeiro: Forense, 1997, p. 244.

### 1.4.5 Irretratabilidade como requisito específico do compromisso de compra e venda

A irretratabilidade constitui o traço característico do compromisso de compra e venda. Ausente esse atributo, ter-se-á mera promessa que não comportará execução específica e tampouco a constituição de direito real mediante registro no cartório de imóveis.

Pode ela ser pactuada por vontade das partes ou imposta pela lei, a exemplo do que sucede com os imóveis loteados (art. 25 da Lei 6.766/1979) e com as unidades autônomas inseridas nas incorporações imobiliárias (art. 32, § 2º, da Lei 4.591/1964), de forma a tornar os negócios jurídicos mais seguros e, sobretudo, firmes.

No entanto, houve época em que o adquirente não contava com proteção legislativa voltada a lhe garantir o direito de aquisição de imóvel compromissado. Com base no antigo princípio da intangibilidade da vontade humana (*nemo cogi potest ad factum*), muitos foram os empreendedores que se valeram do direito ao arrependimento para não concretizar a transferência do imóvel compromissado, em especial quando da apresentação superveniente de propostas economicamente mais vantajosas formuladas por terceiros. Ao comprador, desprovido de qualquer tutela estatal, restava se contentar com a devolução das parcelas por ele pagas.

Não obstante, o direito ao arrependimento no âmbito da compra e venda de imóveis em prestações sofreu sensível mitigação, em razão das muitas iniquidades decorrentes do exercício desse direito francamente potestativo. Movido pela necessidade de adequar a vontade das partes ao interesse comum, como reflexo da socialidade do direito, doutrina e jurisprudência brasileiras, ao longo do século XX, foram responsáveis pelo temperamento do exercício desse direito que, apesar de ainda contar com respaldo legal, sofreu profunda mitigação.

#### *1.4.5.1 Histórico do direito ao arrependimento no direito brasileiro*

A exemplo do atual diploma civil, o Código Civil brasileiro de 1916 não dedicou regulação específica ao contrato de compromisso de compra e venda. A ele se aplicava a regra geral prevista no seu art. 1.088, que permitia o exercício do direito ao arrependimento, enquanto o instrumento público necessário à transferência da propriedade não fosse assinado pelas partes[70].

---

[70] Redação do art. 1.088 do Código Civil de 1916: "Quando o instrumento público for exigido como prova do contrato, qualquer das partes pode arrepender-se, antes de o

O arrependimento, à luz da norma acima transcrita, poderia ser exercido por qualquer das partes, enquanto não houvesse outorga da escritura pública de compra e venda. Sob a égide do hoje já superado princípio *nemo cogi potest ad factum*, valorizava-se a intangibilidade da vontade humana, remetendo-as à seara da reparação dos prejuízos derivados do exercício da retratação. Por contar com respaldo legal, o exercício dessa prerrogativa mostrava-se apto a mitigar o princípio da força obrigatória dos contratos[71].

Fato é que tal norma se prestou a inúmeras iniquidades e serviu de aparato a muitos loteadores inescrupulosos que, diante da valorização dos lotes outrora prometidos a venda, arvoravam-se no direito ao arrependimento para retomá-los e aliená-los novamente, mediante a cômoda alternativa do ressarcimento das perdas e danos experimentados pela outra parte, que em regra se resumiam à devolução das parcelas pagas pelo adquirente.

Urgia conferir ao promissário comprador proteção legislativa. O exercício da autonomia da vontade em desconformidade com os princípios da boa-fé e da estabilidade das relações jurídicas fizeram com que o legislador, aos 10 de dezembro de 1937, editasse o Decreto-Lei 58, responsável pela disciplina do loteamento e da venda de terrenos para pagamento em prestações. A regulação se inspirou na figura da *promessa de alienação* prevista no art. 1º da Lei 8.733, de 17 de junho de 1931, da República Uruguaia, *in verbis*: “La promesa de enajenación de inmuebles a plazos es un contrato por el cual una de las partes se obliga a transferir el dominio y la otra a adquirirlo por prestaciones pagaderas en cuotas sucesivas o periódicas”[72].

No preâmbulo do Decreto-Lei 58/1937, há expressa menção à necessidade de se conferir maior proteção aos promitentes compradores que, praticamente sem amparo, tinham por exclusiva garantia a seriedade, a boa-fé e a solvabilidade das empresas vendedoras, já que o cenário até então vigente autorizava, a qualquer momento, a retratação por iniciativa do loteador antes de assinada a escritura pública de compra e venda[73].

---

assinar, ressarcindo à autora as pardas e danos resultantes do arrependimento, sem prejuízo do estatuído nos artigos 1.095 e 1.097”.

71 LOPES, Miguel Maria de Serpa. **Curso de direito civil:** fonte das obrigações, contratos. 2. ed. Rio de Janeiro: Freitas Bastos, 1957, v. 3, p. 204.

72 GOMES, Orlando. **Direitos reais**. 19. ed. Rio de Janeiro: Forense, 2006, p. 359.

73 A exposição de motivos do Decreto-Lei 58, de 10 de dezembro de 1937, é a seguinte: “Considerando o crescente desenvolvimento da loteação de terrenos para a venda mediante o pagamento do preço em prestações; Considerando que as transações assim realizadas não transferem o domínio ao comprador, uma vez que o artigo 1.088 do Código Civil permite a qualquer das partes arrepender-se antes de assinada

Para tanto, previu no seu art. 15 o direito do compromissário comprador de exigir a outorga de escritura pública definitiva após o pagamento integral do preço e dos tributos incidentes sobre o imóvel, sendo que, no caso de recusa, a ele caberia a propositura de ação de *adjudicação compulsória* destinada ao cumprimento dessa obrigação. Porém, como o Decreto-Lei 58/1937 em nenhum momento estabeleceu a irretratabilidade como regra, permitia-se, a princípio, o exercício do direito de retratação enquanto o preço não fosse quitado na íntegra, ainda que o adquirente pagasse pontualmente as parcelas pactuadas no contrato.

Com o escopo de corrigir essa distorção, doutrina e jurisprudência passaram a não admitir o direito de retratação, acaso não fosse exercido dentro do prazo estipulado pelas partes ou, na falta desse, do início do pagamento das parcelas. A partir da interpretação teleológica do Decreto-Lei 58/1937, o arrependimento só poderia se dar de forma lícita antes do recebimento de qualquer parcela componente do preço devida pelo compromissário comprador, porquanto sua finalidade foi justamente impedir o exercício impune e desarrazoado do direito ao arrependimento.

Serpa Lopes, apesar de salientar que o arrependimento constitui direito e não infração contratual, faz a ressalva de que "seu exercício deve ter lugar dentro do prazo estipulado, ou, se tal não houver sido previsto, antes da execução do contrato, pois o adimplemento deste importa em renúncia tácita o arrependimento"[74].

No mesmo sentido, Arnaldo Rizzardo assevera que "a interpretação do Decreto-Lei n. 58 conduziu a impedir o arrependimento do loteador, seja na hipótese de já haver início de pagamento, seja quando, e com maior razão, as prestações vinham sendo efetuadas normalmente. Buscava-se ampliar e desenvolver as garantias da parte mais fraca, tornando irreversível a promessa de aquisição"[75].

---

a escritura de compra e venda; Considerando que esse dispositivo deixa praticamente sem amparo numerosos compradores de lotes, que têm assim por exclusiva garantia a seriedade, a boa-fé e a solvabilidade das empresas vendedoras; Considerando que, para a segurança das transações realizadas mediante contrato de compromisso de compra e venda de lotes, cumpre acautelar o compromissário contra futuras alienações ou oneração dos lotes comprometidos; Considerando ainda que a loteação e venda de terrenos urbanos e rurais se opera frequentemente sem que aos compradores seja possível a verificação dos títulos de propriedade dos vendedores; Decreta: (...)".

[74] LOPES, Miguel Maria de Serpa. **Curso de direito civil:** fonte das obrigações, contratos. 2. ed. Rio de Janeiro: Freitas Bastos, 1957, v. 3, p. 204.

[75] RIZZARDO, Arnaldo. **Contratos**. Rio de Janeiro: Aide, 1988, v. 3, p. 373.

De fato, o recebimento ou a simples exigência das parcelas pactuadas no contrato constitui ato que exprime, ainda que tacitamente, a vontade do promitente vendedor no sentido de torná-lo obrigatório e irretratável e, portanto, incompatível com o direito de arrependimento. Afinal, conforme arremata Arnaldo Rizzardo, "se é permitido antecipar o pagamento, não há lugar para o arrependimento"[76], entendimento posteriormente pacificado pelo Supremo Tribunal Federal, ao editar a Súmula 166: "É inadmissível o arrependimento do compromisso de compra e venda sujeito ao regime do Decreto-Lei 58, de 10.12.1937".

A 1ª Câmara do 1º Tribunal de Alçada Civil do Estado de São Paulo, em acórdão proferido na Apelação Cível 239.825, de 20 de dezembro de 1977, relatado pelo Desembargador Carlos Ortiz, reconheceu a preclusão do direito ao arrependimento no caso do promitente vendedor exigir o recebimento das parcelas em atraso por meio de notificação: "Se a parte que poderia arrepender-se optou pela exigência à outra, de que cumprisse o avençado, não poderá mais arrepender-se, agora, de não se ter arrependido antes. Esse é o ensinamento, sempre preciso, de Pontes de Miranda: 'O direito de arrependimento do interessado que pediu o cumprimento já precluíra com o pedido mesmo. Também preclui o direito ao arrependimento de quem iniciou o cumprimento (não bastam, porém, simples atos de aprontamento do cumprimento, ou exigir do credor a prática do ato, positivo ou negativo, necessário ao adimplemento)' (ob. e vol. cits., § 2.928, n. 2, p. 180)[77]. No mesmo sentido Frutuoso Santos (*Promessa de compra e venda*, p. 151). Assim, precluso o direito de arrepender-se, a autora já não poderia consignar a devolução em dobro do sinal para liberar-se do contrato, ou extingui-lo, só lhe restando a alternativa de voltar a juízo para requerer sua rescisão, caso a ré, a final, não proceda à solução do saldo do preço, quer por via de financiamento e quer pelo pagamento direto"[78].

---

[76] RIZZARDO, Arnaldo. **Contratos**. Rio de Janeiro: Aide, 1988, v. 3, p. 373.

[77] O acórdão se refere à obra: PONTES DE MIRANDA, Francisco Cavalcanti. **Tratado de direito civil**. Max Limonad, t. II/622, v. 4, n. 542, 3, mencionada em outro trecho da decisão.

[78] No mesmo sentido: "Compromisso de compra e venda. Imóvel não loteado. Arrependimento do promitente vendedor após o pagamento total do preço do imóvel. Inadmissibilidade. Cominatória procedente. Se foi pago totalmente o preço do compromisso não pode o promitente comprador exercitar o direito ao arrependimento" (TJMT, AC 3.806, Rel. Des. Antonio de Arruda, j. 05.06.1962, *RT* 346/496-504); "Compromisso de compra e venda. Imóvel prometido à venda, em prestações. Existência de cláusula de arrependimento. Contrato cumprido, até final, com o

Por essa razão, José Osório de Azevedo Junior conclui que a execução do compromisso, ainda que parcial, elimina a eficácia do direito de arrependimento inerente à promessa que, por sua vez, passa a ser verdadeiro compromisso irretratável. Nesse sentido, o autor, lastreado nos ensinamentos de Pontes de Miranda, aduz que "iniciada a execução com o pagamento de parcela restante, ou com a prática de qualquer ato inequívoco de cumprimento do contrato, entende-se que houve renúncia tácita ao direito de arrependimento, as arras penitenciais convertem-se em princípio de pagamento e o contrato torna-se definitivo e irretratável"[79].

A grande importância de se garantir a firmeza dos contratos preliminares de compra e venda de imóveis, ante as deletérias consequências decorrentes do arrependimento, fizeram com que o legislador criasse instrumentos destinados à limitação da autonomia da vontade das partes contratantes e, consequentemente, melhor tutelar o adquirente.

Sob esse espírito, foi editada a Lei 4.591/1964, que impôs aos compromissos de compra e venda de unidades inseridas em incorporação imobiliária a irretratabilidade como regra, no seu art. 32, § 2º. Da mesma forma, a Lei 6.766/1979, responsável pela regulação do parcelamento do solo urbano pela via do desdobro ou loteamento que, por expressa determinação do seu art. 25, dispõe que todos os compromissos de compra e venda que tenham por objeto parcela de imóvel serão irretratáveis, sendo nula qualquer cláusula em sentido contrário.

Tal mitigação à liberdade de contratar repousa no princípio da função social dos contratos, hoje expressamente positivado no art. 421 do atual Código Civil brasileiro, responsável pela conformação do arbítrio das partes aos interesses socialmente relevantes, dentre eles a conservação das relações

---

pagamento de todas as prestações. Pretendido direito do vendedor arrepender-se, com os ressarcimentos previstos, na oportunidade da escritura definitiva. Inadmissibilidade. Em todas as convenções vigora o princípio de que o contrato se fez para ser cumprido. Assim, a faculdade de arrependimento, como condição excepcional, deve ser exercida dentro de um prazo que, segundo a doutrina, há de ser o da própria execução do contrato, se outra coisa não tiverem as partes estipulado, de modo expresso ou implícito. Embora o contrato contenha cláusula de arrependimento, dela não poderá valer-se qualquer das partes uma vez cumprido, integralmente, o ajuste" (TAC-SP, AC 88.832, Rel. Medeiros Jr., j. 14.04.19670, *RT* 384/202-203. Ver também: *RT* 387/185-186 e *RT* 399/142-143).

79 AZEVEDO JUNIOR, José Osório de. **Compromisso de compra e venda**. 4. ed. São Paulo: Malheiros, 1998, p. 251.

contratuais e a segurança jurídica dos adquirentes[80]. Contempla também o princípio da boa-fé objetiva, que impõe às partes o dever de retidão e, por consequência, proíbe o exercício arbitrário do direito ao arrependimento, postura que favorece exageradamente uma parte em detrimento da outra. Abandonou-se a visão tipicamente individualista que pautou a edição do Código Civil de 1916 e seu art. 1.088, fonte de tantas amarguras por muitos anos, para abraçar o princípio da socialidade que, segundo Miguel Reale, constitui "preceito fundamental, dispensável talvez sob o enfoque de uma estreita concepção positivista do Direito, mas essencial à adequação das normas particulares à concreção ética da experiência jurídica"[81].

A única exceção à irretratabilidade dos compromissos de compra e venda celebrados no âmbito das incorporações imobiliárias e loteamentos refere-se ao exercício unilateral, pelo consumidor adquirente, do direito ao arrependimento previsto no art. 49 da Lei 8.078/1990, no prazo de 7 dias contados do ato aquisitivo, nos casos de contratos firmados em estandes de vendas e fora da sede do incorporador/loteador ou do estabelecimento comercial do loteador, nos termos do art. 67-A, § 10, da Lei 4.591/1964 e do art. 26-A, VII, da Lei 6.766/1979, inseridos pela Lei 13.786/2018 ("Lei do Distrato"), com consequente devolução integral do preço, incluída a comissão de corretagem. Todavia, de se notar que o espírito da norma não é fragilizar a força obrigatória do contrato, mas permitir ao consumidor proteção em face de *compras por impulso* em ambientes em que não tem contato direto com a coisa. Para situações como essas, o art. 49 do Código de Defesa do Consumidor garante ao adquirente um *prazo de reflexão* de 7 dias, contados da celebração do compromisso de compra e venda.

#### *1.4.5.2 Arras e o direito ao arrependimento*

Arras ou sinal, segundo Carvalho Santos, constituem "a prestação de uma coisa como prova da conclusão de um contrato"[82]. Consubstancia-se "em uma quantia em dinheiro, ou outra coisa móvel, dada por um dos contratantes ao

---

80 DINIZ, Maria Helena. **Curso de direito civil brasileiro:** teoria das obrigações contratuais e extracontratuais. 17. ed. São Paulo: Saraiva, 2002, v. 3, p. 36-39.

81 Trecho extraído da exposição de motivos do Código Civil de 2002. Mensagem 160, de 10 de junho de 1975 (BRASIL. Código Civil. **Novo Código Civil comparado**: Lei 10.406, de 10 de janeiro de 2002. Norberto Oya (org.). São Paulo: Centro de Estudos da Procuradoria Geral do Estado, 2002, p. 58).

82 SANTOS, João Manuel de Carvalho. **Código Civil brasileiro interpretado principalmente do ponto de vista prático**. 12. ed. Rio de Janeiro: Freitas Bastos, 1989, v. 15, p. 266.

outro, a fim de concluir o contrato e, excepcionalmente, assegurar o pontual cumprimento da obrigação"[83].

Beatriz Verdera Izquierdo assevera que as arras encontram âmbito de aplicação na seara dos contratos cujo cumprimento se encontre diferido no tempo, ou seja, nos contratos de execução prolongada[84]. Aplicam-se, segundo Aura Esther Vilalta Nicuesa e Rosa M. Méndez Tomás, aos denominados "contratos imperfeitos", ou seja, "aqueles que ainda não alcançaram a perfeição jurídica", no sentido de carecerem ainda de integral e correta execução[85].

No Brasil, as arras constituem instituto jurídico que gozam de larga aplicação nos contratos de promessa e compromisso de compra e venda. Contratos de execução diferida, contemplam em regra pagamento a prazo, iniciado pela entrega de uma quantia em dinheiro, nominada *sinal*.

Duas são as finalidades das arras. A primeira e principal delas, segundo Clovis Bevilaqua, é indicar que o contrato está definitivamente concluído, pelo que aduz que elas são essencialmente *confirmatórias*[86]. Nesse sentido, o art. 1.094 do Código Civil brasileiro de 1916 dispunha que "o sinal, ou arras, dado por um dos contraentes firma a presunção de acordo final, e torna obrigatório o contrato", e, como tal, passa a constituir garantia para o cumprimento do contrato projetado, qual seja, a compra e venda propriamente dita[87].

Todavia, o mesmo autor aponta uma segunda e excepcional função das arras, qual seja, de dar ensejo ao direito de arrependimento às partes contratantes: "Convém não perder de vista que as arras, de que trata o Código Civil, neste capítulo, são as dadas em sinal de estar definitivamente concluído o contrato (*arrha in signum, consensus interpositi data*) e não as dadas em sinal de que os contraentes se reservam a faculdade de se arrepender (*arrha*

---

83 DINIZ, Maria Helena. **Curso de direito civil brasileiro:** teoria das obrigações contratuais e extracontratuais, 17. ed. São Paulo: Saraiva, 2002, v. 3, p. 135.

84 IZQUIERDO, Beatriz Verdera. **Los elementos definitorios de las arras en el derecho patrimonial**. Madrid: Colegio de Registradores de la Propiedad y Mercantiles de España, 2005, p. 30-31.

85 NICUESA, Aura Esther Vilalta; TOMÁS, Rosa M. Méndez. **Acciones sobre arras**. 2. ed. Barcelona: Bosch, 2002, p. 7.

86 BEVILAQUA, Clovis. **Código Civil dos Estados Unidos do Brasil commentado**. Rio de Janeiro: Francisco Alves, 1953, v. 4, p. 256-257.

87 ROMÁN, Felipe Sanches. **Estudios de derecho civil**. 2. ed. Madrid: Estudio Tipográfico Sucesores de Rivadeneyra, 1899-1912, v. 4, p. 576, apud IZQUIERDO, Beatriz Verdera. **Los elementos definitorios de las arras en el derecho patrimonial**. Madrid: Colegio de Registradores de la Propiedad y Mercantiles de España, 2005, p. 41.

*quae ad jus poenitendi pertinet*), de que se encontra vestígio no artigo 1.095, e que são as do Código francês"[88].

Trata-se da figura das *arras penitenciais*, que têm por precípua finalidade proporcionar aos contraentes a faculdade de não executar sua obrigação. Como o arrependimento não constitui consequência natural das arras, já que a regra é a sua natureza confirmatória, tal prerrogativa deve ser prevista de forma expressa[89]. Nesse sentido, o texto expresso do art. 1.095 do Código Civil de 1916, regra que foi repetida pelo art. 420 do diploma de 2002.

Anote-se que o direito ao arrependimento é instituto jurídico exclusivo das *promessas de compra e venda*, já que o compromisso é sempre irretratável, seja por vontade das partes, seja por imposição de norma de ordem pública[90]. Portanto, não se cogita da sua pactuação em sede de compromisso de compra e venda, sob pena de nulidade, quando a lei expressamente impuser a irrevogabilidade, ou sob pena de se tratar de mera promessa de contratar.

#### *1.4.5.3 Arras no direito comparado*

Em Portugal, vigora a regra de que o sinal tem por escopo tornar a avença definitiva e constituir início do adimplemento contratual, nos termos do art. 442º do seu Código Civil. João Calvão da Silva salienta que a entrega do sinal tem por finalidade "confirmar o contrato, dando para o exterior uma prova ou sinal (*signum*) da sua celebração e existência, e garantir ou reforçar o vínculo negocial e o cumprimento das obrigações assumidas, sendo inclusive princípio de pagamento"[91].

O fundamento da irretratabilidade se funda no princípio da força obrigatória dos contratos prescrita no art. 406º, § 1º, do Código Civil português, que determina que "o contrato deve ser pontualmente cumprido, e só pode modificar-se ou extinguir-se por mútuo consentimento dos contraentes ou nos casos admitidos na lei".

Tratando-se de contrato-promessa de compra e venda, o art. 441º do Código Civil português estabelece que toda quantia entregue pelo promitente

---

88 BEVILAQUA, Clovis. **Código Civil dos Estados Unidos do Brasil commentado**. Rio de Janeiro: Francisco Alves, 1953, v. 4, p. 208.

89 BEVILAQUA, Clovis. **Código Civil dos Estados Unidos do Brasil commentado**. Rio de Janeiro: Francisco Alves, 1953, v. 4, p. 258.

90 Sobre a distinção entre promessa e compromisso de compra e venda, vide item 1.4.2 *supra*.

91 SILVA, João Calvão da. **Sinal e contrato promessa**. 11. ed. Coimbra: Almedina, 2006, p. 94.

comprador ao promitente vendedor, ainda que a título de antecipação ou princípio de pagamento, será presumido como entrega de sinal ou arras. Trata-se de regra especial não aplicável a outros contratos como, *v.g.*, troca, cessão de quotas e trespasse, em que o adiantamento de quantia é reputado mera antecipação de pagamento, nos termos do art. 440º do mesmo diploma legal[92].

Podem as partes convencionar o direito ao arrependimento, conforme permite o art. 830º, §§ 1º e 2º, do Código Civil português. Tal prerrogativa repousa no princípio da autonomia da vontade, porquanto os contraentes podem moldar os caracteres do sinal de acordo com sua conveniência, observadas as normas de ordem pública[93].

Mas há na doutrina controvérsia acerca da forma pela qual o arrependimento pode ser validamente pactuado. Mário Julio de Almeida Costa aduz ser desnecessária cláusula expressa nesse sentido, bastando que as partes pactuem sinal ou arbitrem pena para o não cumprimento da promessa. As arras, portanto, presumir-se-iam penitenciais e, uma vez acertadas, dão direito a retratação, presunção *juris tantum* passível de ser elidida nos termos do art. 350º, § 2º, do Código Civil português[94].

Todavia, em sentido contrário leciona João Calvão da Silva, para quem o sinal, ainda que constituído como antecipação ou princípio de pagamento, "traduzirá por regra uma vontade de sinal confirmatório". Apenas no caso das partes previrem o direito ao arrependimento de forma clara e inequívoca é que essa prerrogativa poderá ser exercida, de forma que adotar o *dedit* como regra "não se coaduna com os princípios fundamentais do nosso direito das obrigações, como o são o *pacta sunt servanda* e a irrenunciabilidade prévia ao direito de exigir o cumprimento das obrigações (art. 809º)", posição que, segundo o autor, tem predominado nos tribunais portugueses[95].

Anote-se que, em se tratando de contrato-promessa oneroso que tenha por objeto a transmissão ou constituição de direito real sobre edifício ou fração autônoma dele, já construído, em construção ou a construir, a irretratabilidade é a regra, por força da norma de ordem pública prescrita no art. 830º,

---

92 SILVA, João Calvão da. **Sinal e contrato promessa**. 11. ed. Coimbra: Almedina, 2006, p. 93.

93 SILVA, João Calvão da. **Sinal e contrato-promessa**. 11. ed. Coimbra: Almedina, 2006, p. 150-151.

94 COSTA, Mário Julio de Almeida. **Contrato-promessa:** uma síntese do regime vigente. 8. ed. Coimbra: Almedina, 2004, p. 56.

95 SILVA, João Calvão da. **Sinal e contrato-promessa**. 11. ed. Coimbra: Almedina, 2006, p. 150-151.

§ 3º, do Código Civil português. Qualquer convenção em contrário não terá validade e o contrato, portanto, comportará execução específica.

Na Itália, vigora sistema semelhante ao brasileiro. O art. 1.385 do Código Civil italiano estabelece como regra a natureza confirmatória das arras que, nesse caso, devem ser restituídas ou inseridas na prestação devida como princípio de pagamento. As arras penitenciais, destinadas a possibilitar o arrependimento, dependem de expressa pactuação, conforme exige o art. 1.386 do mesmo diploma.

Assim também é na Espanha, mas com algumas particularidades. O Código Civil espanhol limita-se a prever a figura das arras penitenciais no seu art. 1.454, o que poderia levar à conclusão de que, naquele país, a pactuação de sinal viabiliza, como regra, o direito de retratação das partes. Contudo, esse não é o entendimento da doutrina e tampouco da jurisprudência espanhola.

Aura Esther Vilalta Nicuesa e Rosa M. Méndez Tomás apontam a existência de três espécies de arras: a) *confirmatórias*, também rotuladas como *entrega a cuenta*, que não facultam o arrependimento das partes e serve de prova da celebração definitiva de um contrato; b) *penais ou ressarcitórias*, como espécie de compensação no caso de descumprimento e que outorgam a possibilidade de reclamar que a obrigação pactuada seja cumprida; e c) *penitenciais*, que facultam o direito ao arrependimento[96].

Não obstante as arras penitenciais serem as únicas que contam com expressa previsão do Código Civil espanhol, as autoras concluem não ser correta a conclusão de que o direito ao arrependimento consistiria em efeito direto do sinal. Tal prerrogativa somente pode ser exercitada desde que as partes, de maneira evidente, pactuem a intenção de se retratarem.

Com efeito, se o contrato for pactuado de forma irrevogável ou com ausente previsão expressa do direito de retratação, as arras são confirmatórias e, como tal, não admitem arrependimento; este somente poderá ser exercido nos casos em que o contrato for revogável por expressa determinação das partes.

### 1.4.6 Caracteres do contrato de compromisso de compra e venda

O contrato preliminar impróprio de compromisso de compra e venda regulado pelo direito brasileiro deve encerrar no seu conteúdo todos os elementos da compra e venda, dele diferindo em razão de não ser apto, por si só, a operar a transferência imediata da propriedade, efeito postergado pelas

---

96 NICUESA, Aura Esther Vilalta; TOMÁS, Rosa Méndez. **Acciones sobre arras**. 2. ed. Barcelona: Bosh, 2002, p. 13.

partes por questões de sua conveniência, com destaque ao cumprimento do dever de pagamento integral do preço por iniciativa do adquirente. Ao contrário do sistema francês, em que basta o consenso das partes sobre o preço e a coisa para a transferência da propriedade, a outorga da escritura pública definitiva é indispensável para que se proceda, via registro, a transferência da propriedade do imóvel que serve de objeto do compromisso de compra e venda, nos termos dos arts. 108 e 1.245 do Código Civil.

*1.4.6.1 Bilateralidade*

Assim como a compra e venda, o compromisso é necessariamente *bilateral*, por gerar a ambas as partes direitos e obrigações correlatos. Ao compromitente comprador incumbe essencialmente pagar o preço, enquanto ao compromitente vendedor cabe outorgar escritura pública definitiva quando da sua quitação, por se tratar de ato devido.

*1.4.6.2 Onerosidade*

É *oneroso*, já que ambas as partes se submetem a ressentimento econômico para obter uma determinada vantagem. O compromitente comprador se obriga a pagar o preço para só depois ser contemplado com o título de aquisição da propriedade imóvel mediante outorga voluntária de escritura pública de compra e venda ou, havendo recusa, mediante execução judicial específica. Por sua vez, o compromitente vendedor se desfaz de um bem imóvel de sua propriedade em troca do recebimento do equivalente em dinheiro.

*1.4.6.3 Solenidade*

É *solene* em razão da lei exigir forma específica para sua celebração, o que não implica na equivocada conclusão de que deva sempre obedecer à forma pública, em razão do negócio almejado – compra e venda de imóvel – reclamar escritura lavrada por tabelião. Nesse sentido, adverte Serpa Lopes que, "em primeiro lugar, força é não confundir o problema da forma especial e o da forma livre com a natureza do instrumento público ou privado. Se a lei prescreve uma determinada forma, ela deixa de ser livre para ser especial, mesmo que se trate de um instrumento particular"[97].

---

97 LOPES, Miguel Maria de Serpa. **Curso de direito civil:** fonte das obrigações, contratos. 2. ed. Rio de Janeiro: Freitas Bastos, 1957, v. 3, p. 235.

No direito brasileiro, admite-se a celebração do compromisso de compra e venda tanto por instrumento público como particular, esta mais difundida, em razão do menor custo e maior simplicidade. Nesse sentido o art. 26, *caput*, da Lei 6.766/1979, que trata dos loteamentos urbanos[98]. A Lei 4.591/1964, das incorporações imobiliárias, apesar de não fazer menção expressa, não proíbe a celebração de compromisso de compra e venda sob a forma particular, inclusive com a desnecessidade de menção a condições padronizadas comuns a todos os adquirentes, sendo obrigatória a presença apenas das denominadas variáveis ou específicas, nos termos do seu art. 67[99].

A regra é referendada pelo disposto no art. 462 do Código Civil brasileiro, que impõe ao contrato preliminar o dever de observância dos requisitos essenciais do negócio definitivo a ser celebrado, exceto quanto à sua forma. E sendo o compromisso de compra e venda modalidade de contrato preliminar, ainda que impróprio, tal comando é a ele aplicável quando tiver por objeto imóvel não loteado ou não inserido em incorporação imobiliária.

Em Portugal, vigora a mesma orientação. Nos termos do art. 410º, § 1º, do Código Civil português, ao contrato-promessa são aplicáveis "as disposições legais relativas ao contrato prometido, exceptuadas as relativas à forma e as que, por sua razão de ser não se devam considerar extensivas ao contrato-promessa"[100]. Referida norma trata do que a doutrina lusa denomina *princípio da equiparação*, que obriga o contrato-promessa a observar os requisitos essenciais do negócio definitivo, à exceção da sua forma e dos efeitos que dele decorrem.

---

98 "Os compromissos de compra e venda, as cessões ou promessas de cessão *poderão ser feitos por escritura pública ou por instrumento particular*, de acordo com o modelo depositado na forma do inciso IV do artigo 18 e conterão, pelo menos, as seguintes indicações: (...)" (grifo nosso).

99 "Os contratos poderão consignar exclusivamente as cláusulas, termos ou condições variáveis ou específicas. § 1º As cláusulas comuns a todos os adquirentes não precisarão figurar expressamente nos respectivos contratos. § 2º Os contratos, no entanto, consignarão obrigatoriamente que as partes contratantes adotem e se comprometam a cumprir as cláusulas, termos e condições contratuais a que se refere o parágrafo anterior, sempre transcritas, *verbo ad verbum*, no respectivo Cartório ou Ofício, mencionando, inclusive, o número do livro e das folhas do competente registro. § 3º Aos adquirentes, ao receberem os respectivos instrumentos, será obrigatoriamente entregue cópia, impressa ou mimeografada, autenticada, do contrato padrão, contendo as cláusulas, termos e condições referidas no parágrafo 1º deste artigo. § 4º Os Cartórios de Registro de Imóveis, para os devidos efeitos, receberão dos Incorporadores, autenticadamente, o instrumento a que se refere o parágrafo anterior."

100 Nesse sentido: PRATA, Ana. **O contrato-promessa e seu regime civil**. Coimbra: Almedina, 2001, p. 444-452.

Convém ressaltar que o § 2º do mesmo dispositivo legal não dispensa a forma escrita quando o negócio definitivo almejado reclamar forma pública ou particular, sob pena de invalidade. E em se tratando de promessa relativa à celebração de negócio oneroso de transmissão ou constituição de direito real sobre edifício ou fração autônoma dele, já construído, em construção ou a construir, dispõe seu § 3º que "o documento a ser confeccionado pelas partes deve conter o reconhecimento presencial da assinatura do promitente ou promitentes e a certificação pelo notário, da existência da licença respectiva de utilização ou de construção".

A exceção se justifica em razão da independência entre o contrato-promessa e o prometido. O contrato-promessa de compra e venda não é apto, ainda, à transferência da propriedade e, em razão disso, não se justificaria a exigência de forma pública para sua celebração, por expressa dispensa legal para que venha a gerar os efeitos reais e pessoais dele decorrentes, que serão oportunamente analisados nesta dissertação.

Por esse motivo, o compromisso, ao contrário da compra e venda, não é contrato translativo do direito de propriedade e tampouco o título necessário à sua aquisição, como bem assinala João Manuel de Carvalho Santos[101]. No Brasil, a outorga da escritura, quando do pagamento integral do preço, e seu registro no cartório de imóveis, constitui requisito de validade e, portanto, *conditio sine qua non* à transferência da propriedade imóvel, nos termos dos arts. 108 e 1.245 do Código Civil.

Referidas regras são incompatíveis com o sistema de transferência da propriedade do direito civil francês, calcado no consensualismo prescrito no seu art. 1.589, ao prescrever que a promessa de venda vale venda se as partes já convencionaram sobre o preço e seu objeto. Apesar de o compromissário vendedor remanescer, segundo Barbosa Lima Sobrinho, como mera "recordação da propriedade"[102], já que ele, desde logo, se desfaz do *ius utendi* e *fruendi* do imóvel compromissado, é certo que ainda conserva em seu poder o direito de propriedade, ainda que limitado, sobre a coisa, como forma de garantia[103] do recebimento integral do preço.

---

101 SANTOS, João Manuel de Carvalho. **Código Civil brasileiro interpretado principalmente do ponto de vista prático**. 12. ed. Rio de Janeiro: Freitas Bastos, 1989, v. 15, p. 172.

102 LIMA SOBRINHO, Barbosa. **As transformações da compra e venda**. Rio de Janeiro: Borsoi, 1956, p. 90.

103 A expressão garantia, como também adverte Serpa Lopes, deve ser entendida em sentido amplo e sem correlação com direito real de garantia, com o qual o compromisso de compra e venda não se confunde (LOPES, Miguel Maria de Serpa. **Curso**

Todavia, impende apontar a existência, no ordenamento pátrio vigente, de exceções a essa regra. Trata-se do compromisso de compra e venda de lote urbano inserido em área sujeita a desapropriação por utilidade pública, do negócio imobiliário cujo valor seja inferior a 30 salários mínimos e do compromisso de compra e venda quitado que tenha por objeto lote inserido em loteamento ou desmembramento irregular e que veio a ser regularizado após sua celebração.

#### 1.4.6.3.1 Desapropriação por utilidade pública para parcelamentos populares de solo urbano

Aos 29 de janeiro de 1999, entrou em vigor a Lei Federal 9.785, que alterou o art. 5º, *i*, do Decreto-Lei 3.365/1941 para criar nova modalidade de *desapropriação por utilidade pública* e impor importantes alterações nas Leis 6.015/1973 e 6.766/1979.

Dispõe o referido dispositivo que considerar-se-á hipótese de utilidade pública, para efeito de desapropriação, "a abertura, conservação e melhoramento de vias e logradouros públicos; a execução de planos de urbanização; o parcelamento do solo, com ou sem edificação, para sua melhor utilização econômica, higiênica ou estética e a construção ou ampliação de distritos industriais".

Com o escopo de conferir aparato jurídico ao Poder Público para proceder à ordenação do solo urbano com vistas à efetivação do direito constitucional à moradia (art. 6º da CF/1988), a mesma lei determinou a inserção de diversos dispositivos na Lei 6.766/1979 destinados à regularização fundiária nas áreas urbanas ocupadas por pessoas menos favorecidas, denominadas "loteamentos populares".

A primeira regra que merece destaque diz sobre a possibilidade de o Poder Público iniciar parcelamento do solo urbano independente da apresentação do título de propriedade da área a ser parcelada, exigência imposta pelo art. 18, I, da Lei 6.766/1979. Nesse sentido, seu § 4º, inserido pela Lei 9.785/1999, excepciona esse comando, ao prescrever que "o título de propriedade será dispensado quando se tratar de parcelamento popular, destinado às classes de menor renda, em imóvel declarado de utilidade pública, com processo de desapropriação judicial em curso e imissão provisória na posse, desde

---

**de direito civil:** fonte das obrigações, contratos. 2. ed. Rio de Janeiro: Freitas Bastos, 1957, v. 3, p. 237). Trata-se, conforme se verá em capítulo seguinte, e sem a pretensão de adiantar o estudo da sua natureza jurídica, de *direito real de aquisição*.

que promovido pela União, Estados, Distrito Federal, Municípios ou suas entidades delegadas, autorizadas por lei a implantar projetos de habitação".

Com efeito, independente da efetiva aquisição da área pelo Poder Público ou por seus agentes delegados que tenham por atribuição promover projetos habitacionais, o loteamento poderá ser desde logo executado a partir da decisão judicial que determinar sua imissão na posse do imóvel. Essa somente ocorrerá após o depósito prévio, integral e em dinheiro do valor da indenização devida ao expropriado por força do comando do art. 5º, XXIV, da Constituição Federal de 1988, exceção feita ao caso de *desapropriação com pagamento por títulos da dívida pública* ou *desapropriação sanção*, nos casos em que o proprietário não cumpre o princípio da função social, prescrito no art. 182, § 4º, I, da Constituição Federal e regulamentado pelo art. 8º da Lei 10.257/2001, o Estatuto da Cidade[104].

---

[104] Há quem sustente a inconstitucionalidade desse dispositivo. Clovis Beznos assevera: "Parece-nos inconstitucional o inciso I do parágrafo 2º do artigo 8º da Lei 10.257/2001, na medida em que o atendimento de sua previsão, ao possibilitar a retirada da propriedade com base em valor prefixado com a possibilidade de não ficar indene o proprietário, vulnera o preceito da real indenização previsto no artigo 182, parágrafo 4º, III, da Constituição Federal" (BEZNOS, Clovis. Desapropriação em nome da política urbana. *In*: DALLARI, Adilson Abreu; FERRAZ, Sérgio (coords.). **Estatuto da Cidade:** comentários à Lei Federal 10.257/2001. 2. ed. São Paulo: Malheiros, 2006, p. 133). No mesmo sentido, FIORILLO, Celso Antonio Pacheco. **Estatuto da Cidade comentado**. 2. ed. São Paulo: Revista dos Tribunais, 2005, p. 80, ao afirmar que a desapropriação-sanção prescrita no Estatuto da Cidade deverá ser analisada com base na interpretação sistemática das normas constitucionais pertinentes ao tema que, dentre outras, garante ao proprietário o direito à prévia e justa indenização em dinheiro, enquanto "direito material constitucional fundamental descrito nas denominadas garantias fundamentais do Estado Democrático de Direito". Todavia, entendemos não haver a inconstitucionalidade afirmada. A Constituição Federal, no seu art. 5º, XXIV, autoriza expressamente a exceção à regra da indenização prévia e em dinheiro nos casos nela previstos. E havendo ressalva constitucional no art. 182, § 4º, III, que autoriza o pagamento postergado da indenização por meio de títulos da dívida pública, o argumento da inconstitucionalidade resta inviabilizado. Por outro lado, não se pode olvidar que se trata de regra de exceção, aplicável apenas nas hipóteses em que o proprietário não dá ao imóvel destinação socialmente útil, não se confundindo com as hipóteses de intervenção pública no domínio particular por mera conveniência e oportunidade da Administração, circunstância em que a indenização prévia e em dinheiro se apresenta como comando inafastável. Não fosse assim, o instituto da "desapropriação sanção" perderia sua razão de ser e perderia seu caráter punitivo, pois passaria a representar bom negócio ao proprietário que, diante da possibilidade de receber indenização prévia e em dinheiro, não se sentiria motivado a aceitar e, sobretudo, respeitar os demais instrumentos de política urbana que antecedem a desapropriação (parcelamento, edificação e utilização compulsórios

A decisão de imissão provisória na posse, por sua vez, passou a comportar registro, por força do art. 2º da Lei 9.785/1999, que inseriu, no art. 167, I, da Lei 6.015/1973, o item 36, *in verbis*: "No Registro de Imóveis, além da matrícula, serão feitos: I – o registro: (...) 36) da imissão provisória na posse, quando concedida à União, aos Estados, ao Distrito Federal, aos Municípios ou às suas entidades delegadas, e respectiva cessão e promessa de cessão".

Feito o registro, o ente expropriante poderá ceder sua posse aos ocupantes de baixa renda que residam ou venham a residir na área, por meio de instrumento particular de *cessão de posse*, ao qual se atribui, para todos os fins de direito, caráter de escritura pública (art. 26, § 6º, da Lei 6.766/1979).

A cessão de posse tem por finalidade atribuir licitude à ocupação e, portanto, é apta a gerar todos os efeitos da posse que favorecem o possuidor de boa-fé. Como tal, fará jus à proteção possessória por meio dos interditos, à retenção e indenização por benfeitorias necessárias e úteis, percepção dos frutos e não responsabilização pela perda ou deterioração da coisa a que não deu causa.

Tais instrumentos de cessão, por sua vez, serão convertidos em compromisso de compra e venda após o trânsito em julgado da sentença que julgar procedente a ação de desapropriação e seu registro no cartório de imóveis, uma vez que o ente expropriante terá consolidado em suas mãos a propriedade plena da área loteada e, assim, poderá proceder à transferência da propriedade ao destinatário da cessão convertida em compromisso, quando da quitação do preço.

E uma vez quitado o compromisso de compra e venda, ele servirá de título de aquisição apto a ser levado a registro para efeito de transmissão da propriedade imóvel, dispensada a escritura, nos termos do art. 26, § 6º, da Lei 6.766/1979, com redação determinada pela Lei 9.875/1999.

Esse modo especial de aquisição imobiliária se choca com a regra geral vigente no direito brasileiro de que somente com o registro da escritura pública de compra e venda, com o qual não se confunde o compromisso, é que

---

e IPTU progressivo no tempo). Reforça o caráter punitivo da desapropriação em comento o art. 8º, § 3º, do Estatuto da Cidade, que proíbe a utilização dos títulos da dívida pública recebidos pelo proprietário com finalidade liberatória do pagamento de outros tributos. São, portanto, incompensáveis, de forma a não poder o proprietário quitar obrigações tributárias com os títulos a ele entregues, ainda que vencidos. Uma vez efetivada a desapropriação, deve o Poder Público, no prazo de cinco anos a contar de sua imissão na posse, promover o adequado aproveitamento do imóvel, a fim de lhe conferir a função social prescrita no Plano Diretor (art. 8º, § 4º, da Lei 10.257/2001).

se adquire a propriedade imobiliária (arts. 108 e 1.245 do CC). Mas se trata de conflito aparente de normas solucionável pelo critério da especialidade (*lex specialis derogat legi generali*), de forma a se concluir pela sua plena aplicabilidade[105].

É de ressaltar a grande importância prática e, sobretudo, social desse instituto. Trata-se de relevante instrumento destinado à realização do direito à moradia, elevado à condição de direito fundamental social pela Emenda Constitucional 26/2000, que o inseriu no art. 6º do Texto Magno[106].

O direito à moradia constitui valor que há mais de meio século comporta reconhecimento universal como modalidade de direito humano[107]. É

---

105 BOBBIO, Norberto. **Teoria do ordenamento jurídico**. Trad. Maria Celeste Cordeiro Leite dos Santos. 10. ed. Brasília: UNB, 1999, p. 96.

106 No mesmo sentido, CHALHUB, Melhim Namen. Compromisso de compra e venda como título de propriedade. **Revista da EMERJ**, Rio de janeiro, Escola da Magistratura do Estado do Rio de Janeiro (EMERJ), v. 2, n. 6, 1999, p. 76: "A nova regra tem, efetivamente, extraordinário alcance social, justificando-se todo o esforço de interpretação construtiva e de integração que viabilize soluções concretas razoáveis e racionais, que, tal como observa Chaim Perelman, conciliem os princípios de equidade com os princípios da segurança jurídica".

107 Com o término da 2ª Guerra Mundial, surgiu a necessidade universal de garantia dos direitos inerentes à figura humana. O extermínio indiscriminado de pessoas pertencentes a raças consideradas inferiores e as experiências com seres humanos conduziram a um processo de coisificação do homem, visto na época como meio para que se chegasse a um fim – a supremacia do Estado nazista –, contrariando o ideal pregado há muito por Kant de que o ser humano consistiria em um fim em si mesmo. Buscando reagir e, sobretudo, impedir a repetição dessa barbárie, a Declaração Universal dos Direitos Humanos da Organização das Nações Unidas de 1948 cuidou de elencar um rol de direitos fundamentais inerentes ao ser humano dotados de inalienabilidade, universalidade, interdependência e inter-relação. Seu preâmbulo estabelece como ponto de partida a dignidade do ser humano como fundamento de todos os direitos do homem, ao expressamente informar que "o reconhecimento da dignidade inerente a todos os membros da família humana e seus direitos iguais e inalienáveis é o fundamento da liberdade, da justiça e da paz no mundo". Ou seja, a necessidade de respeito dos denominados direitos humanos constitui prerrogativa do indivíduo, sem o que não pode exercer seu direito à vida com mínima dignidade. E o direito à moradia, enquanto direito humano, encontra expressa previsão em seu art. 25, I: "Todo o homem tem direito a um padrão de vida capaz de assegurar a si e a sua família saúde e bem-estar, inclusive alimentação, vestuário, *habitação*, cuidados médicos e os serviços sociais indispensáveis, e direito à segurança em caso de desemprego, doença, invalidez, viuvez, velhice ou outros casos de perda de meios de subsistência em circunstâncias fora de seu controle". A Declaração sobre Assentamentos Humanos de Vancouver de 1976, denominada Habitat I, no item 8 do capítulo "Linhas de Ação", dispõe expressamente que a moradia adequada constitui

inconteste que o direito ao abrigo constitui pressuposto de vida digna, sem o qual o ser humano não consegue gozar de sadia qualidade de vida e realizar, de forma concomitante, todos os seus direitos fundamentais.

Esse direito foi objeto de cristalização no direito positivo brasileiro por meio da Emenda Constitucional 26/2000, que o elevou à condição de direito social fundamental. A medida teve por objetivo garantir ao indivíduo o direito à casa e também dá substrato ao direito às cidades sustentáveis, já que no ambiente urbano é inconcebível falar em vida digna de quem sequer dispõe de um asilo inviolável, onde possa exercer sua intimidade e privacidade, prerrogativas individuais expressamente garantidas no art. 5º, X e XI, da Constituição Federal de 1988.

Daí a grande relevância dessa inovação legislativa. No âmbito da população de baixa renda, a formalização da aquisição imobiliária muitas vezes esbarra nos elevados custos que tocam não só à confecção da escritura pública definitiva, como o seu registro no cartório de imóveis. Tal impeditivo econômico faz com que muitos indivíduos deixem de formalizar o direito

---

direito humano básico de todo indivíduo. Tal determinação foi reiterada pela Segunda Conferência das Nações Unidas sobre Assentamentos Humanos de Istambul de 1996, a Habitat II que, no seu art. 39, dispõe que aos governos incumbe o dever de promoção do direito à moradia adequada, a fim de oportunizar a todos os indivíduos o direito a um abrigo. A necessidade de abrigo é inerente a qualquer ser vivo. Até mesmo os animais dele necessitam indispensavelmente para sobreviver às intempéries e aos riscos apresentados pelo meio ambiente externo. Não se nega a imprescindibilidade da moradia ao ser humano. É intuitiva a ideia de que, sem abrigo, o ser humano não tem condições de viver com mínima dignidade, porquanto estará totalmente desprovido de sadia qualidade de vida no plano físico e mental, deixando-o em estado vulnerável. O exemplo dos moradores de rua, embora evidente, é emblemático. A eles nega-se o exercício dos direitos fundamentais à intimidade e à privacidade, já que sua vida privada resta publicizada. Com isso, restam prejudicados todos os vínculos familiares e afetivos que têm como inegável ponto de partida o direito ao lar digno, laços que são substituídos por uma indesejável relação de dependência entre esses indivíduos e os órgãos assistenciais públicos e privados, notoriamente incapazes de suprir toda a demanda de necessitados, principalmente nos grandes centros urbanos brasileiros. A eles também se nega o direito à incolumidade física e à própria vida, pois pessoas desprovidas de lar ficam diuturnamente expostas à violência urbana. Da mesma forma, os que ocupam moradias irregulares, localizadas em áreas de risco (*v.g.*, encostas, áreas de mananciais etc.) submetem-se à contingência de perder seus bens e até a vida, no caso de ruína de suas casas. Daí a essencialidade do direito de moradia, que toca a todos os seres humanos em razão de seu caráter universal, sem o qual os demais direitos humanos não se realizam na sua plenitude, porquanto todos interdependentes e inter-relacionados.

de propriedade, mesmo após a quitação do compromisso de compra e venda que celebraram.

Com a dispensa da escritura pública nos loteamentos populares, elimina-se essa barreira e dá-se azo à formalização da aquisição imobiliária, de forma a garantir à população carente maior segurança quanto à legalidade da sua ocupação, agora protegida pelo manto do mais amplo dos direitos reais: a *propriedade*. Além de usar e gozar do imóvel, poderá dele dispor livremente, bem como reivindicá-lo de quem injustamente o possua ou detenha, prerrogativas garantidas pelo art. 1.228, *caput*, do Código Civil brasileiro. Trata-se, sem dúvida, de medida que demonstra a grande sensibilidade do legislador frente a essa realidade social e a procedente preocupação de não deixar essas pessoas à margem de qualquer proteção quanto ao local que lhes serve, essencialmente, de refúgio próprio e de sua família.

###### 1.4.6.3.2 Negócios jurídicos imobiliários com valor de até 30 salários mínimos

A observância da forma prescrita na lei nos contratos solenes constitui requisito de validade do negócio jurídico (art. 104, III, do CC), quando for necessária à sua *substância*. Se se tratar de formalidade *ad probationem*, o negócio jurídico não padecerá de vício[108].

Nos termos do art. 108 do Código Civil, os negócios jurídicos que tiverem por objeto a constituição, a transferência, a modificação ou a renúncia de direitos reais sobre imóveis de valor superior a 30 salários mínimos deverão ser necessariamente celebrados sob a forma de escritura pública, por se tratar de requisito essencial à sua validade. Trata-se de solenidade *ad substantiam*, cujo conteúdo e requisitos são expressamente fixados pelo art. 215 do Código Civil.

Todavia, dispensa-se a escritura pública nos casos em que o valor da transação for de até 30 salários mínimos, hipótese em que se procederá ao registro do compromisso de compra e venda acompanhado do comprovante de quitação do preço, para fim de transferência do direito de propriedade em favor do adquirente.

De se registrar que o Projeto de Lei 4/2025, de reforma do Código Civil, propõe o uso obrigatório de escritura pública em todos os negócios jurídicos imobiliários, com abatimento de 50% do valor dos emolumentos se o negócio versar sobre imóvel com valor venal inferior a trinta vezes o valor do maior salário mínimo vigente no país, excetuada previsão legal específica em sen-

---

108 GOMES, Orlando. **Contratos**. 17. ed. Rio de Janeiro: Forense, 1997, p. 53.

tido contrário[109]. Mas, enquanto não convertido em lei, prevalece a norma da dispensa da forma pública para negócios com valor de até 30 salários mínimos (art. 108 do CC).

#### 1.4.6.3.3 Compromisso de compra e venda inserido em loteamento ou desdobramento originalmente irregular

Para que um loteamento ou desdobro seja considerado regular, a lume da Lei 6.766/1979, é imprescindível a concorrência de, pelo menos, duas condições: a) aprovação do projeto correspondente pelo Poder Público competente; e b) registro do empreendimento no cartório de imóveis.

Dispõe o art. 12 da Lei 6.766/1979 que o projeto de loteamento e desmembramento deve ser submetido à aprovação da Prefeitura do Município em que se insere ou, se o caso, do Distrito Federal, ressalvadas as situações em que a aprovação do empreendimento constitui atribuição do Estado, nos termos do art. 13 da mesma lei[110].

Uma vez aprovado o projeto de desdobro ou loteamento, compete ao empreendedor proceder ao seu registro no cartório de imóveis, no prazo de 180 dias, a contar da sua aprovação, sob pena de caducidade. É o que prescreve o art. 18 da Lei 6.766/1979, que, além disso, enumera outras condições necessárias à realização do registro.

Ausentes tais formalidades, o empreendimento será reputado irregular, o que resulta numa série de consequências jurídicas, dentre elas a possibilidade de suspensão do pagamento ao empreendedor das parcelas pendentes voltadas à futura aquisição do lote compromissado, que deverão ser entregues ao cartório de registro de imóveis, para que este posteriormente as deposite

---

[109] Art. 108 do PL 4/2025: "Não dispondo a lei em contrário, a escritura pública é essencial à validade dos negócios jurídicos que visem à constituição, transferência, modificação ou renúncia de direitos reais sobre imóveis. § 1º Os emolumentos de escrituras públicas de negócios que tenham por objeto imóvel com valor venal inferior a trinta vezes o maior salário-mínimo vigente no País, terão os seus custos reduzidos em cinquenta por cento".

[110] "Ao Estado, nos termos do artigo 13 da Lei 6.766/79, caberá a atribuição de aprovar ou não loteamentos nas seguintes situações: I – quando localizados em áreas de interesse especial, tais com as de proteção aos mananciais ou ao patrimônio cultural, histórico, paisagístico e arqueológico, assim definidas por legislação estadual ou federal; II – quando o loteamento ou desmembramento localizar-se em área limítrofe do Município, ou que pertença a mais de um Município, nas regiões metropolitanas ou em aglomerações urbanas, definidas em lei estadual ou federal e; III – quando o loteamento abranger área superior a 1.000.000 $m^2$ (um milhão de metros quadrados)."

em conta mantida em estabelecimento de crédito (art. 840, I, do CPC/2015), cuja movimentação dependerá de prévia autorização judicial (art. 38, *caput* e § 1º, da Lei 6.766/1979).

Além disso, não poderá o empreendedor reclamar em juízo ou extrajudicialmente a resolução do contrato por falta de pagamento das parcelas, pois enquanto perdurar a situação de irregularidade, a cláusula contratual que preveja a resolução do compromisso de compra e venda por falta de pagamento será reputada nula de pleno direito, nos expressos termos do art. 39 da Lei 6.766/1979.

Em se tratando de loteamento ou desdobro irregular, cabe ao empreendedor proceder a sua regularização. E se nesse momento o compromitente comprador já tiver quitado integralmente o preço, o compromisso de compra e venda, acompanhado da prova da quitação, servirá de título aquisitivo para a constituição, mediante registro, da propriedade imóvel, dispensada a lavratura de escritura pública, nos termos do art. 41 da Lei 6.766/1979, regra especial que prevalece sobre as normas gerais prescritas nos arts. 108 e 1.245 do Código Civil.

#### 1.4.6.3.4 Dispensa de escritura como regra no projeto original da Lei 6.766/1979

A par das exceções acima transcritas, mostra-se importante noticiar que, quando da tramitação do projeto de lei que culminou na edição da Lei 6.766/1979, tentou-se impor a dispensa da escritura pública como regra no âmbito dos loteamentos urbanos, bastando o registro do compromisso de compra e venda, acompanhado da comprovação do pagamento do preço, para que a propriedade do lote alienado fosse transferida.

O art. 37, *caput*, do referido projeto de lei vinha assim redigido: "O compromisso de venda e compra de lote ou terreno, devidamente quitado, ou acompanhado da prova de haver o promitente vendedor quitado as três últimas prestações, valerá como título para a transcrição da propriedade do lote em nome do promitente comprador". E no seu parágrafo único estendia-se a dispensa aos titulares da promessa de cessão de direitos sobre o lote, se comprovada a quitação das três últimas prestações devidas em razão dos contratos de que se originou a promessa de cessão.

Fato é que tais dispositivos foram suprimidos durante a tramitação do projeto de lei, o que, em termos práticos, é de se lamentar, pois facilitaria sobremaneira a regularização da propriedade imobiliária do imóvel loteado, que muitas vezes esbarra em obstáculos econômicos intransponíveis, haja vista o elevado custo das despesas para a lavratura de escritura e do posterior registro no cartório de imóveis.

O legislador perdeu uma grande chance de eliminar esse empecilho de utilidade prática no mínimo questionável, já que as partes, quando da lavratura do instrumento público, limitam-se a *reiterar* manifestação da vontade já externada de forma exauriente quando da celebração do compromisso de compra e venda, o que demonstra o vazio negocial dessa providência que, conforme visto, não passa de mero *ato devido*. Enquanto isso, conforme bem critica José Osório de Azevedo Junior, "as partes precisarão, para maior normalidade dos negócios, continuar prestando vassalagem àquela palavra vazia, cumprindo o ritual de providências tão do agrado de nosso Estado Cartorário"[111].

### 1.4.7 Elementos do compromisso de compra e venda

Como modalidade de contrato preliminar, ainda que impróprio, o compromisso de compra e venda deve contemplar os elementos essenciais do contrato de compra e venda de bem imóvel, por imposição do art. 462 do Código Civil, além dos requisitos essenciais previstos na legislação especial pertinente aos loteamentos e incorporações imobiliárias, quando o imóvel neles estiver inserido.

Nos termos do art. 481 do Código Civil brasileiro, "pelo contrato de compra e venda, um dos contratantes se obriga a transferir o domínio de certa coisa, e o outro, a pagar-lhe certo preço em dinheiro". O Código Civil português, no seu art. 874º, o define como "o contrato pelo qual se transmite a propriedade de uma coisa, ou outro direito, mediante um preço", sendo válido, acaso verse sobre imóvel, apenas "se for celebrado por escritura pública" (art. 875º).

Na mesma linha, o art. 1.470 do Código Civil italiano: "La vendita *è* il contratto che ha per oggeto il trasferimento della proprietà di una cosa o il trasferimento di um altro diritto verso il corrispettivo di um prezzo"[112]; e também o art. 1.445 do Código Civil espanhol: "Por el contrato de compra y venta uno de los contratantes se obliga a entregar una cosa determinada y el otro a pagar por ella un precio cierto, en dinero o signo que lo represente".

---

[111] AZEVEDO JUNIOR, José Osório de. **Compromisso de compra e venda**. 4. ed. São Paulo: Malheiros, 1998, p. 68.

[112] "A venda é o contrato que tem por objeto a transferência da propriedade de uma coisa ou a transferência de um direito mediante o correspondente a um preço."

Três são os elementos essenciais que podem ser extraídos de todas as definições legais acima trazidas, e que devem ser observados no contrato de compromisso de compra e venda: a *coisa*, o *preço* e o *consentimento*.

### *1.4.7.1 Coisa: bem imóvel*

A coisa objeto da alienação é, necessariamente, *imóvel*. Deve também ser *existente*, ainda que em potencial, no momento da sua celebração[113], a exemplo do que sucede com as vendas "na planta" de unidades autônomas submetidas ao regime jurídico das incorporações imobiliárias reguladas pela Lei 4.591/1964, além de determinado, ou ao menos, determinável. A ausência de objeto no contrato implica na sua nulidade, nos termos do art. 104, II, do Código Civil.

### *1.4.7.2 Preço*

O preço constitui o traço mais característico da compra e venda, cuja essencialidade, conforme nos relata Washington de Barros Monteiro, levou Papiniano a afirmar ser sua própria substância (*emptionis substantia consistit ex pretio*), por ser o elemento que mais claramente expressa o conteúdo econômico desse contrato[114].

Deve ele apresentar os seguintes caracteres: a) *pecuniaridade*, materializada por uma soma em dinheiro ou documento que o represente, como o cheque, a letra de câmbio, títulos da dívida pública etc.; b) *seriedade*, de forma que o valor respectivo não pode ser irrisório a ponto de caracterizar doação; e c) *certeza* com relação ao seu *quantum*, que deverá ser determinado ou determinável[115].

O compromisso de compra e venda contempla, em regra, pagamento a prazo, mas nada impede que venha a encerrar pagamento à vista, notadamente na hipótese em que o compromitente comprador não tem condições econômicas para arcar com as despesas da escritura pública definitiva, ou em razão de algum entrave jurídico que naquele momento impede a transferência da propriedade, a exemplo do que sucede quando o compromitente

---

113 DINIZ, Maria Helena. **Curso de direito civil brasileiro:** teoria das obrigações contratuais e extracontratuais. 17. ed. São Paulo: Saraiva, 2002, v. 3, p. 169.

114 MONTEIRO, Washington de Barros. **Curso de direito civil:** direito das obrigações – 2ª parte. 34. ed. São Paulo: Saraiva, 2003, v. 5, p. 80.

115 DINIZ, Maria Helena. **Curso de direito civil brasileiro:** teoria das obrigações contratuais e extracontratuais, 17. ed. São Paulo: Saraiva, 2002, v. 3, p. 169.

vendedor ainda não dispõe das certidões negativas normalmente exigidas em transações imobiliárias.

#### *1.4.7.3 Consentimento*

Por fim, exige-se o consentimento dos contratantes sobre a coisa, o preço e as demais condições do negócio[116]. No compromisso de compra e venda, a expressão da concordância vem com a subscrição, pelos aderentes, do instrumento público ou particular que contém a descrição do imóvel compromissado, do preço e forma de pagamento e demais cláusulas que regerão a relação contratual.

Para figurar como parte no compromisso de compra e venda, é imperioso que os contratantes tenham, além da capacidade de direito que se adquire com o início da personalidade civil, seja pelo nascimento no caso das pessoas físicas (art. 2º do CC), seja pelo registro dos atos constitutivos da pessoa jurídica (art. 45 do CC), a capacidade de fato, materializada pela aptidão para ser sujeito de direitos e obrigações e exercer, por si ou por outrem, atos da vida civil[117]. Esta pressupõe aquela, mas a recíproca não é verdadeira, já que, não obstante toda pessoa física ou jurídica ser dotada de capacidade de direito, nem todas gozam de capacidade de fato. É o que sucede com os absoluta e relativamente capazes enumerados nos arts. 3º e 4º do Código Civil, que demandam a intervenção, respectivamente, dos seus representantes ou assistentes para a prática de atos e negócios jurídicos, sob pena de nulidade (art. 104, I, do CC).

Ao lado da capacidade, encontra-se a figura de *legitimação*. Não obstante as partes tenham capacidade de gozo ou de direito, pode o legislador exigir de um determinado sujeito de direitos um *plus*, uma aptidão específica para a prática de determinados atos ou negócios jurídicos, em razão da sua especial posição relativa a certos bens, pessoas ou interesses.

Na compra e venda vigoram algumas regras legais que impõem restrições à liberdade de comprar e vender. Dentre elas, pode-se destacar as seguintes, com base na lição de Maria Helena Diniz: a) necessidade de outorga marital para a alienação ou constituição de direito real sobre bens imóveis, exceto no

---

116 MONTEIRO, Washington de Barros. **Curso de direito civil:** direito das obrigações – 2ª parte. 34. ed. São Paulo: Saraiva, 2003, v. 5, p. 97.

117 MONTEIRO, Washington de Barros. **Curso de direito civil:** parte geral, 39. ed. São Paulo: Saraiva, 2003, v. 1, p. 61.

regime da separação obrigatória de bens (art. 1.647, I, do CC[118]); b) proibição de contrato de compra e venda entre cônjuges que tem por objeto bem comum e não excluído da comunhão, por se tratar de venda fictícia, já que o bem já lhes pertence (art. 499 do CC[119]); c) proibição de venda de ascendente para descendente sem o expresso consentimento dos demais descendentes e do cônjuge, com o escopo de evitar *doação inoficiosa*, com prejuízo à legítima (art. 496 do CC[120]); d) os tutores, curadores, testamenteiros e administradores não têm legitimidade para comprar bens confiados à sua guarda e administração (arts. 497, I, e 1.749, I, do CC)[121].

Outras hipóteses de legitimidade, específicas do compromisso de compra e venda, contam com previsão em lei especial. O art. 37 da Lei 6.766/1979, que regula o parcelamento do solo urbano, proíbe a venda ou promessa de venda de parcela de loteamento ou desmembramento não levado a registro nos termos do art. 18 da mesma lei; havendo compromisso de compra e venda celebrado sobre fração não registrada, a cláusula resolutória por mora ou inadimplemento no pagamento é nula de pleno direito, em razão da ilicitude do seu objeto. No âmbito das incorporações imobiliárias, definidas pelo art. 28, parágrafo único, da Lei 4.591/1964 como "a atividade exercida com o intuito de promover e realizar a construção, para alienação total ou parcial, de edificações ou conjunto de edificações compostas de unidades autônomas", não poderá o incorporador negociá-las sem antes depositar, no cartório competente, os documentos referidos no art. 32 da mesma lei, dentre eles o título de propriedade do terreno e certidões negativas tributárias.

---

118 O Projeto de Lei 4/2025, de reforma do Código Civil, propõe alteração do *caput* do art. 1.647 para exigir outorga uxória em todos os regimes de bens, exceto no regime de separação, e na união estável. Propõe, também, exigência de concordância do cônjuge, independente do regime de bens ou do companheiro, em caso de alienação de bem particular que corresponda a imóvel onde estabeleceram domicílio conjugal ou convivencial, bem como dos móveis que o guarnecem (§ 1º).

119 O Projeto de Lei 4/2025 propõe estender a proibição também aos companheiros, quanto aos bens comuns.

120 O Projeto de Lei 4/2025 propõe importantes alterações no art. 496 do Código Civil, a exemplo da necessidade de concordância do companheiro, dispensa de autorização se o casamento sujeitar-se ao regime da separação de bens, necessidade de indicação do grau de parentesco das partes envolvidas na escritura pública de compra e venda de imóvel e fixação do prazo decadencial de 2 anos para anulação da venda, que não poderá prejudicar interesses de terceiros de boa-fé.

121 DINIZ, Maria Helena. **Curso de direito civil brasileiro:** teoria das obrigações contratuais e extracontratuais. 17. ed. São Paulo: Saraiva, 2002, v. 3, p. 173-180.

### 1.4.8 Resolução contratual por inadimplemento do compromissário comprador

O cumprimento das obrigações inerentes ao contrato de compromisso de compra e venda conduz à sua extinção. Pago o preço e outorgada a escritura pública, extinguem-se os direitos e obrigações recíprocos das partes.

Se a execução constitui modo normal da sua extinção, é certo que sua desconstituição pode também ocorrer por vontade das partes ou por descumprimento das obrigações nele previstas.

Ter-se-á *resilição* na hipótese de distrato, em que as partes concordam com o não prosseguimento do vínculo contratual e apuram os direitos e deveres recíprocos para que retornem ao *status quo ante*. O distrato é essencialmente bilateral, em especial quando se trata de compromisso de compra e venda que, por essência, é irrevogável. O exercício unilateral do direito ao arrependimento tem cabimento apenas nos casos de *promessa de compra e venda* que contemple arras penitenciais ou cláusula específica, e desde que não iniciada a execução do contrato por meio do recebimento das parcelas que compõem o preço.

No caso de descumprimento dos deveres que tocam às partes durante a execução do contrato, abre-se à parte inocente o direito de *resolução* do compromisso de compra e venda. A inexecução, que nesse caso é culposa, permite à parte que não deu causa ao inadimplemento pleitear a desconstituição do compromisso de compra e venda.

#### *1.4.8.1 Necessidade de resolução judicial e a questão da cláusula resolutória expressa*

No direito brasileiro, a resolução contratual não se opera automaticamente, ainda que presente cláusula resolutória expressa. Orlando Gomes destaca que o direito brasileiro se filia ao sistema francês, que reclama intervenção judicial para dissolução do vínculo contratual, em contraposição ao sistema alemão que permite à parte que não deu causa à inexecução considerá-lo resolvido de pleno direito[122]. Imprescindível, portanto, a propositura de *ação de resolução contratual*, sob o rito ordinário, oportunidade em que caberá à parte que não deu causa ao rompimento do contrato provar a efetiva infração às obrigações nele previstas.

---

[122] GOMES, Orlando. **Contratos**. 17. ed. Rio de Janeiro: Forense, 1997, p. 173-174.

Nesse prisma, a decisão proferida nos autos do Recurso Especial 1.789.863/MS[123], de relatoria do Ministro Marco Buzzi, deve ser interpretada *cum grano salis*. Referida decisão é comumente invocada como fundamento para sustentar a plena eficácia de cláusula resolutória expressa inserida em compromissos de compra e venda, que, apesar de não dispensar a prévia notificação do compromissário comprador, autorizaria o manejo de ação de reintegração de posse sem necessidade de prévio pronunciamento judicial quanto à desconstituição do contrato por culpa do adquirente. Mas a questão afigura-se mais complexa.

O julgado, além de se escorar nos primados de liberdade econômica e intervenção mínima do Estado nas relações privadas preconizados na Lei 13.874/19, invoca alteração trazida pela Lei 13.097, de 20.01.2015, que inseriu o parágrafo único no art. 1º do Decreto-Lei 745/1969 para prever que, "nos contratos nos quais conste cláusula resolutiva expressa, a resolução por

---

123 "Recurso especial. Ação de reintegração de posse. Compromisso de compra e venda de imóvel rural com cláusula de resolução expressa. Inadimplemento do compromissário comprador que não efetuou o pagamento das prestações ajustadas. Mora comprovada por notificação extrajudicial e decurso do prazo para a purgação – instâncias ordinárias que julgaram procedente o pedido reintegratório reputando desnecessário o prévio ajuizamento de demanda judicial para a resolução contratual. Insurgência do devedor. Reclamo desprovido. Controvérsia: possibilidade de manejo de ação possessória fundada em cláusula resolutiva expressa decorrente de inadimplemento de contrato de compromisso de compra e venda imobiliária, sem que tenha sido ajuizada, de modo prévio ou concomitante, demanda judicial objetivando rescindir o ajuste firmado. I. Violação ao artigo 535 do CPC/73 inocorrente na espécie, pois a Corte local procedeu à averiguação de toda a matéria reputada necessária ao deslinde da controvérsia, apenas não adotou a mesma compreensão almejada pela parte, acerca da resolução da lide, o que não enseja omissão ou contradição no julgado. (...) III. Inexiste óbice para a aplicação de cláusula resolutiva expressa em contratos de compromisso de compra e venda, porquanto, após notificado/interpelado o compromissário comprador inadimplente (devedor) e decorrido o prazo sem a purgação da mora, abre-se ao compromissário vendedor a faculdade de exercer o direito potestativo concedido pela cláusula resolutiva expressa para a resolução da relação jurídica extrajudicialmente. IV. Impor à parte prejudicada o ajuizamento de demanda judicial para obter a resolução do contrato quando esse estabelece em seu favor a garantia de cláusula resolutória expressa, é impingir-lhe ônus demasiado e obrigação contrária ao texto expresso da lei, desprestigiando o princípio da autonomia da vontade, da não intervenção do Estado nas relações negociais, criando obrigação que refoge o texto da lei e a verdadeira intenção legislativa. (...) VI. Recurso especial conhecido em parte e, na extensão, desprovido" (STJ, REsp 1.789.863/MS, 4ª Turma, Rel. Min. Marco Buzzi, j. 10.08.2021).

inadimplemento do promissário comprador se operará de pleno direito (art. 474 do Código Civil), desde que decorrido o prazo previsto na interpelação referida no *caput*, sem purga da mora"[124]. E o *caput* do art. 1º faz referência, *apenas*, aos compromissos de compra e venda celebrados sob a égide do Decreto-Lei 58/1937, que é *regra geral* que não prepondera sobre leis especiais que regulamentam os compromissos de compra e venda que tenham por objeto imóveis loteados (Lei 6.766/1979) e sob incorporação imobiliária (Lei 4.591/1964).

Tais apontamentos, aliados ao fato de que a situação concreta enfrentada pelo Superior Tribunal de Justiça no referido precedente versou sobre *imóvel rural*, permitem concluir que a resolução judicial do compromisso de compra e venda continua indispensável, ainda que contenha cláusula resolutória expressa. Além de a alteração legislativa invocada para sustentar a plena eficácia da cláusula resolutória expressa limitar-se a compromissos de compra e venda sujeitos à restrita disciplina jurídica do Decreto-Lei 58/1937, não se pode olvidar que o fundamento ali constante – a previsão do art. 474 do Código Civil – já existia antes mesmo da sua edição e, ainda assim, entendia-se imprescindível o reconhecimento judicial da resolução contratual para, só depois disso, autorizar a reintegração do alienante na posse do imóvel.

O mesmo Superior Tribunal de Justiça coleciona decisões em sentido contrário, no sentido de que a reintegração do compromitente vendedor na posse do imóvel alienado depende de manifestação judicial antecedente que desconstitua o contrato, a exemplo do Recurso Especial 620.797/SP[125].

---

124 "Art. 1º Nos contratos a que se refere o art. 22 do Decreto-Lei n. 58, de 10 de dezembro de 1937, ainda que não tenham sido registrados junto ao Cartório de Registro de Imóveis competente, o inadimplemento absoluto do promissário comprador só se caracterizará se, interpelado por via judicial ou por intermédio de cartório de Registro de Títulos e Documentos, deixar de purgar a mora, no prazo de 15 (quinze) dias contados do recebimento da interpelação. Parágrafo único. Nos contratos nos quais conste cláusula resolutiva expressa, a resolução por inadimplemento do promissário comprador se operará de pleno direito (art. 474 do Código Civil), desde que decorrido o prazo previsto na interpelação referida no *caput*, sem purga da mora."

125 "Segundo a jurisprudência desta Corte Superior, é 'imprescindível a prévia manifestação judicial na hipótese de rescisão de compromisso de compra e venda de imóvel para que seja consumada a resolução do contrato, ainda que existente cláusula resolutória expressa, diante da necessidade de observância do princípio da boa-fé objetiva a nortear os contratos' (AgInt. no AREsp. n. 1.278.577/SP, Rel. Min. Luis Felipe Salomão, Quarta Turma, j. 18.09.2018)" (STJ, REsp 1.236.960/RN, 4ª Turma, Rel. Min. Antonio Carlos Ferreira, j. 19.11.2019); "Civil e processual civil. Recurso especial. Violação ao artigo 535 do CPC. Não ocorrência. Ação

Da mesma forma, o Tribunal de Justiça do Estado de São Paulo, que, em recentes julgados manteve a orientação consolidada quanto à necessidade de ajuizamento de ação de resolução contratual, cumulada com reintegração de posse, por ser esta consequência daquela[126].

---

de reintegração de posse ajuizada em virtude de inadimplemento de contrato de compromisso de compra e venda. Impossibilidade de deferimento de antecipação de tutela sem que tenha havido manifestação judicial acerca da resolução do contrato, ainda que este conte com cláusula resolutória expressa. Princípio da boa-fé objetiva. (...) 2. É imprescindível a prévia manifestação judicial na hipótese de rescisão de compromisso de compra e venda de imóvel para que seja consumada a resolução do contrato, ainda que existente cláusula resolutória expressa, diante da necessidade de observância do princípio da boa-fé objetiva a nortear os contratos. 3. Por conseguinte, não há falar-se em antecipação de tutela reintegra tória de posse antes de resolvido o contrato de compromisso de compra e venda, pois somente após a resolução é que poderá haver posse injusta e será avaliado o alegado esbulho possessório. 4. Recurso provido em parte, para afastar a antecipação de tutela" (STJ, REsp 620.787/SP, 4ª Turma, Rel. Min. Luis Felipe Salomão, j. 28.04.2009).

126 "Na ação de rescisão contratual por inadimplemento de compromisso de compra e venda de bem imóvel, a reintegração de posse é consequência do pedido resolutório, ou seja, o pedido de reintegração é secundário, subsidiário, sendo imprescindível o reconhecimento da causa resolutiva do contrato apta a configurar a injustiça da posse para que seja deferida a reintegração" (TJSP, AI 2141402-45.2017.8.26.0000, Rel. Des. Moreira Viegas, j. 12.03.2025); "PROCESSO CIVIL. Determinação de necessidade de realização de provas pericial e testemunhal cabe ao juiz singular, destinatário da prova, de forma que inviável sua análise em sede de agravo de instrumento, sendo inadmissível o recurso nesta questão. REINTEGRAÇÃO DE POSSE. Compromisso de compra e venda de imóvel. Resolução contratual. Cláusula resolutiva expressa. Julgamento antecipado parcial do mérito descabido. Alegação de adimplemento substancial e abusividade. Necessidade de manifestação judicial, com observância do contraditório à luz da instrução. Julgamento parcial do mérito afastado. Recurso provido" (TJSP, AI 2158783-22.2024.8.26.0000, Rel. Des. Augusto Rezende, j. 31.01.2025); "Rescisão contratual c/c perdas e danos materiais e morais. Instrumento particular de promessa de venda e compra. Cerceamento de defesa não caracterizado, vez que o destinatário da prova é o Juiz e as provas já carreadas aos autos se mostraram suficientes para a solução do conflito. Tanto no caso de cláusula resolutiva expressa ou convencional, como no de cláusula resolutiva tácita, a resolução precisa ser judicialmente pronunciada. Preço de venda do imóvel que é composto por dívida de IPTU e dívida condominial. Contrato que estabeleceu a possibilidade de subrogação do comprador em relação a estas dívidas. Ré que adimpliu sua obrigação conforme documentos juntados aos autos. Teoria do adimplemento substancial que inviabiliza a resolução do contrato. Sentença de improcedência mantida. Aplicação do artigo 252 do RITJESP. Preliminar rejeitada e recurso não provido" (TJSP, AC 0143319-71.2010.8.26.0100, Rel. Des. João Pazine Neto, j. 05.11.2013).

E o entendimento se mostra procedente. Não se pode, a pretexto de conferir maior celeridade processual ou promover a desjudicialização de conflitos privados, subtrair do compromissário comprador o direito de discutir se, realmente, houve inadimplemento suficiente à rescisão contratual, a exemplo da ocorrência de *adimplemento substancial*, cumprimento regular das obrigações contratuais, *exceptio non adimpleti contractus*, exigência indevida ou excessiva de encargos contratuais e moratórios, indenização e retenção por benfeitorias, dentre outras hipóteses. Com efeito, afigura-se mais correto e prudente, à luz dos princípios informadores do devido processo legal, condicionar a reintegração na posse à prévia desconstituição judicial do compromisso de compra e venda, garantia fundamental que não deve sucumbir ao apelo da celeridade ou do pretenso respeito à vontade das partes, até porque, como regra, a cláusula resolutória expressa é imposta unilateralmente pelo alienante através de contratos por adesão.

Todavia, impende registrar que o Projeto de Lei 4/2025, destinado à reforma do Código Civil, propõe a inserção de dois novos parágrafos no seu art. 474, que reconhecem a eficácia extintiva da cláusula resolutória expressa, independente de pronunciamento judicial (§ 1º), e a possibilidade de afastamento, pela parte atingida pela resolução, dos seus efeitos extintivos (§ 2º)[127]. A proposta, se convertida em lei, obrigará a jurisprudência à revisitação do tema.

### *1.4.8.2 O inadimplemento como causa de resolução contratual*

A verificação do inadimplemento é imprescindível para acolher o pedido judicial de resolução do contrato, por decorrência do art. 475 do Código Civil. E, nesse ponto, mostra-se importante estabelecer as diferenças essenciais entre inadimplemento e mora, já que não raras vezes os institutos são tratados, de forma indevida, como sinônimos.

Haverá inadimplemento no caso de absoluta impossibilidade de cumprimento da obrigação prevista no contrato por fato imputável ao devedor. Ela é definitiva e autoriza o credor a exigir, judicialmente, a desconstituição do contrato e as perdas e danos decorrentes da inexecução.

A mora, por sua vez, é caracterizada pela impossibilidade transitória de cumprimento, pelo devedor, da obrigação que o incumbe por força do

---

127 PL 4/2025: "Art. 474. A cláusula resolutiva expressa opera de pleno direito; a tácita, depende de interpelação judicial ou extrajudicial. § 1º A cláusula resolutiva expressa produz efeitos extintivos independentemente de pronunciamento judicial. § 2º O beneficiário poderá afastar o efeito da cláusula resolutiva expressa".

contrato. Apesar do retardamento, que constitui o elemento objetivo da mora, ao devedor permite-se o cumprimento da sua obrigação a destempo, acrescida das penalidades e encargos legais e contratuais, de forma a convalescer o contrato.

Para que haja mora, Orlando Gomes destaca a concorrência dos seguintes pressupostos: a) existência de crédito vencido; b) culpa do devedor; e c) viabilidade do cumprimento tardio. Inviável o cumprimento da obrigação, ter-se-á inadimplemento, e não mora[128].

Segundo Maria Helena Diniz, duas são as espécies de mora: a *ex re*, que resulta da lei e do descumprimento da obrigação, e que se opera de pleno direito sem necessidade de prévia interpelação (*dies interpellat pro homine*), e a *ex persona*, em que a falta de termo certo para a execução da obrigação contratual obriga a parte lesada pelo retardamento a se valer dos meios existentes no ordenamento jurídico para interpelar o devedor, tais como a notificação judicial ou extrajudicial e o protesto[129].

No âmbito do compromisso de compra e venda, o não pagamento do preço pelo compromissário comprador corresponde à hipótese que mais ocupa os tribunais brasileiros no que diz respeito ao tema e, dada sua grande repercussão prática, sobre ela impõe tecer alguns comentários específicos.

#### *1.4.8.3 Necessidade de prévia notificação do devedor*

Ainda que haja, no contrato de compromisso de compra e venda, a determinação de tempo, modo e local para o cumprimento da obrigação de pagar o preço nele avençado, a prévia notificação do compromissário comprador inadimplente é indispensável, sem o que não se aprecia o mérito da ação de resolução contratual.

Trata-se de hipótese de mora *ex persona* e que demanda prévia notificação do devedor para que, no prazo nela assinalado, quite o saldo devedor acrescido dos encargos legais e contratuais decorrentes da mora, sob pena do contrato ser resolvido judicialmente.

A exigência decorre das normas de ordem pública, previstas em leis especiais, que regem o contrato de compromisso de compra e venda. Nesse sentido, o art. 32, *caput*, da Lei 6.766/1979, que versa sobre loteamentos urbanos e fixa o prazo de 30 dias; o art. 14 do Decreto-Lei 58/1937, aplicável

---

128 GOMES, Orlando. **Obrigações**. 15. ed. Rio de Janeiro: Forense, 2002, p. 169.

129 DINIZ, Maria Helena. **Curso de direito civil brasileiro:** teoria geral das obrigações. 13. ed. São Paulo: Saraiva, 1999, v. 2, p. 362.

aos imóveis não loteados e que também prevê prazo de 30 dias; e, por fim, o art. 63, *caput*, da Lei 4.591/1964, aplicável às incorporações imobiliárias, que estabelece prazo de 10 dias.

A necessidade de prévia notificação também se aplica às promessas de compra e venda, que comportam arrependimento. O prazo, nessa hipótese, é o previsto no art. 14 do Decreto-Lei 58/1937 (30 dias).

Feita a notificação, o cumprimento das obrigações não satisfeitas pelo adquirente ainda se mostra viável, desde que o pagamento seja feito com o acréscimo dos encargos da mora e dentro do prazo da notificação, hipótese em que o contrato prosseguirá com normal execução.

Contudo, se o compromissário comprador permanecer inerte ou não der cumprimento integral às obrigações atrasadas, a mora converter-se-á em inadimplemento, que, por sua vez, autoriza o compromitente vendedor a se socorrer do Poder Judiciário para a resolução do contrato.

Repise-se que, em razão da espécie de mora (*ex persona*), a prévia notificação do compromissário comprador é medida indispensável. Se o compromitente vendedor decidir pela propositura da ação de resolução contratual sem ter tomado essa providência, a ação será extinta sem resolução do mérito por não preenchimento de um dos requisitos de admissibilidade da ação, qual seja, o interesse processual (art. 485, VI, do CPC/2015). Isso porque só o inadimplemento autoriza a desconstituição do contrato, e a inexecução absoluta somente restará caracterizada após o decurso do prazo da notificação sem purgação, pelo adquirente, da sua mora.

Nem mesmo a citação do compromissário comprador, no curso da ação de resolução contratual, supre a falta da prévia notificação[130]. Muito menos

---

[130] "Bem imóvel. Permuta. Ação de rescisão contratual c.c. reintegração de posse. Demanda que atribui inadimplemento contratual ao polo passivo. Improcedência decretada. Inconformismo. Não acolhimento. Necessidade de notificação prévia para constituição em mora. Interpelação do devedor que constitui condição de procedibilidade da demanda. Notificação premonitória em benefício exclusivo do promitente comprador com vistas a lhe oportunizar a emenda da mora imposta pelo art. 397 do Código Civil e Súmula 766, STJ. Requisito legal indispensável, que não pode ser suprido pela citação dos devedores (tampouco por mensagens através do aplicativo WhatsApp). Providência desatendida. Precedentes. Sentença mantida. Recurso improvido" (TJSP, AC 1012337-33.2020.8.26.0477, Rel. Des. Salles Rossi, j. 08.06.2022); "Compromisso de compra e venda. Rescisão de contrato c.c. reintegração de posse. Recurso do réu tempestivo (art. 184, § 1º, I, do CPC). Prescrição. Inocorrência. Contagem do prazo a partir da constituição em mora do devedor. Inexistência, no entanto, de notificação prévia. Imprescindibilidade.

cláusula contratual que a dispense por vontade das partes[131]. Trata-se de providência imposta por normas de ordem pública e que deve ser anterior à propositura da ação, já que visa oportunizar a emenda da mora, o convalescimento do contrato e, no caso de inércia, a caracterização do inadimplemento, que, por ser pressuposto da resolução, deve restar caracterizada antes da propositura da ação.

Nesse sentido, o Superior Tribunal de Justiça pacificou a questão ao editar a Súmula 76 que, além de reputar indispensável a prévia interpelação do adquirente, desvinculou a medida da existência ou não de registro do contrato de compromisso de compra e venda, já que a desconstituição do contrato versa sobre direito pessoal e em nada se relaciona com o direito real dele decorrente[132].

---

Autores buscam a rescisão do contrato pelo alegado atraso do comprador no pagamento das parcelas contratadas. Artigo 32 da Lei 6.766/1979 que não foi revogado. Notificação que apenas se dispensa quando a ação for ajuizada pelo comprador em face do vendedor ou então, por desvio de finalidade do bem (o que não é a hipótese dos autos). Citação que, ademais, não pode ser substitutiva para configuração da mora. Carência da ação. Condição da ação que pode ser revista pelo Tribunal, em razão do apelo interposto, ainda que matéria ali não deduzida (ao menos, de forma expressa). Ausência de condição da ação que deve resultar em qualquer tempo e em qualquer grau de jurisdição na sua declaração judicial. Sentença reformada *ex officio* para esse fim. Recurso do réu provido, com observação, prejudicado o adesivo" (TJSP, AC 5165834100, 8ª Câmara de Direito Privado, Rel. Des. Salles Rossi, j. 22.11.2007). Vide também: "Rescisão Contratual e Reintegração de Posse. Notificação premonitória dos réus. Ausência. Condição especial da ação. Citação válida que não afasta a necessidade de prévia interpelação. Impossibilidade jurídica do pedido. Aplicação do disposto no Decreto-Lei n. 745/69 e da Súmula 76/STJ. Feito que apesar disso, foi julgado procedente. Carência decretada de ofício. Extinção da ação (art. 267, VI do CPC). Recurso prejudicado" (TJSP, AC 4891044700, 7ª Câmara de Direito Privado, Rel. Élcio Trujillo, j. 15.05.2007).

131 "Compromisso de compra e venda. Rescisão. Não há de se falar em indispensabilidade da notificação premonitória quando as partes avençaram-se dispensá-la. Dissídio pretoriano não demonstrado. Recurso especial não conhecido. Maioria" (STJ, REsp 43.507/SP, 4ª Turma, Rel. Min. Antonio Torreão Braz, j. 28.03.1994).

132 Confira-se também o REsp 51.224/PE: "Civil e processual. Compromisso de compra e venda. Necessidade de notificação ou interpelação para caracterizar a mora. Matéria de fato. I. A jurisprudência do STJ consolidou entendimento (verbete n. 76) no sentido de que, para caracterizar a mora, nos compromissos de compra e venda, necessário se torna seja o inadimplente notificado ou interpelado. II. Matéria de fato não se reexamina em sede de especial (Súmulas n. 05 e 07/STJ). III. Recurso não conhecido" (STJ, REsp 51.224/PE, 3ª Turma, Rel. Min. Waldemar Zveiter, j. 11.10.1994).

Pela mesma razão, o Superior Tribunal de Justiça, no Recurso Especial 599.512/RN, entendeu desnecessária a notificação do cônjuge do compromissário comprador que não figure no contrato de compromisso de compra e venda. Como a medida é preparatória de ação de natureza pessoal, porquanto lastreada em contrato, a inserção do consorte no polo passivo é dispensável, ante a não incidência da regra do art. 10, § 1º, I, do Código de Processo Civil de 1973, reprisada pelo art. 73, § 1º, do Código de Processo Civil de 2015, bastando a notificação do cônjuge que figura como parte no contrato[133]. Mas, se figurar como parte no contrato, sua notificação é indispensável, bem como sua inclusão no polo passivo da ação, o que ocorre não por ser titular de direito real, mas por ser sujeito passivo da relação contratual[134].

Mesmo no caso de abandono do imóvel pelo compromissário comprador, o Superior Tribunal de Justiça não dispensa a notificação prévia, que deve observar a forma editalícia[135]. Não obstante, cumpre registrar entendimento em sentido contrário do Tribunal de Justiça do Estado de São Paulo que, em caso excepcional referente a imóvel construído por instituição de cunho social (COHAB), dispensou o cumprimento da medida com base em cláusula contratual específica que proibia o abandono e o apenava com a desconstituição do contrato[136].

---

133 Nesse sentido: "Civil. Promessa de compra e venda. Notificação da mulher. Mora. 1. A notificação da mulher, no caso de promessa de compra e venda onde figura apenas o marido, segundo entendimento do Supremo Tribunal Federal, se faz desnecessária para efeito de constituição em mora. 2. Recurso não conhecido" (STJ, REsp 599.512/RN, 4ª Turma, Rel. Min. Fernando Gonçalves, j. 16.09.2004). Confira-se, também, REsp 37.466/RS, REsp 36.413/SP e REsp 247.344/MG.

134 Nesse sentido: "Competência. Ação de rescisão contratual, c.c. reintegração de posse. Falta de interesse da CEF, por não envolver o litígio o FCVS. Preliminar rejeitada. Contrato. Compromisso de compra e venda. Rescisão, c/c reintegração de posse. Falta de interpelação do promissário comprador varão (art. 32 da Lei 6.766/79, Dec. Lei 745/69 e Súmula 76 do STJ). Matéria cognoscível de ofício. Extinção do processo decretada (art. 267, VI, do CPC), prejudicado o exame do recurso quanto ao mais, sem condenação em honorários (art. 22 do CPC)" (TJSP, AC 2532714100, 6ª Câmara de Direito Privado, Rel. Des. Waldemar Nogueira Filho, j. 29.11.2007).

135 "Civil. Compromisso de compra e venda. Constituição em mora. Resilição por abandono. Ainda que fundada em abandono do imóvel, a ação de resilição contratual não prescinde de prévia notificação do compromissário comprador, para constituí-lo em mora" (STJ, EDcl no REsp 33.939/SP, 4ª Turma, Rel. Min. Dias Trindade, j. 06.12.1993).

136 "Compra e venda. Conjunto habitacional. Extinção do processo pela falta de notificação prévia do compromissário comprador para purgar a mora. Situação excepcional

Com efeito, se a causa da resolução contratual for o não pagamento do preço, mostra-se imprescindível a prévia notificação do compromissário comprador para constituí-lo em mora para posterior propositura de ação de resolução contratual, sob pena de extinção do processo sem resolução do mérito por falta de interesse de agir.

A prévia notificação é dispensada apenas nos casos em que a ação de resolução contratual é de iniciativa do compromissário comprador, em que, por exemplo, pleiteie a desconstituição do contrato cumulada com devolução de quantias pagas ou alegue alteração indevida do conteúdo do contrato (*v.g.*, atraso ilegal na entrega da obra, divergência entre a planta prometida e construção, localização de lote etc.)[137].

Quanto à forma de notificação, o compromitente vendedor pode utilizar tanto da forma extrajudicial como judicial, sendo que a primeira goza de maior difusão ante sua maior praticidade e menor custo. Eleita a via extrajudicial, o compromitente vendedor poderá se valer, por exemplo, de correspondência com aviso de recebimento ou de documento expedido por Cartório de Títulos e Documentos.

Por fim, tratando-se de imóvel inserido em loteamento não registrado, não poderá o empreendedor reclamar em juízo a resolução do contrato por falta de pagamento das parcelas, ainda que efetive a prévia notificação do adquirente, pois enquanto perdurar a situação de irregularidade, a cláusula contratual que prevê a resolução do compromisso de compra e venda por

---

que justifica dispensar a providência, visto ter o requerido infringido a cláusula 7a, letra 'b', do contrato avençado, abandonando o bem. Provimento do recurso para anular a r. sentença e determinar o regular prosseguimento do feito, com a citação do requerido" (TJSP, AC 502.309-4/6, 4ª Câmara de Direito Privado, Rel. Des. Ênio Zuliani, j. 04.06.2007).

137 Nesse sentido o Tribunal de Justiça do Estado de São Paulo: "Apelação cível. Ação de rescisão contratual cumulada com restituição dos valores pagos, cumulada com indenização por perdas e danos. Sentença de parcial procedência. Carência de ação. Inocorrência. Desnecessária a notificação prévia da promissária vendedora. Cerceamento de defesa. Inocorrência. Preliminares afastadas. Configurado o inadimplemento da apelante. Incontroverso o atraso na entrega da obra. Justificativas suscitadas pela apelante são insuficientes para afastar sua responsabilidade pela rescisão contratual. Atraso na entrega do imóvel autoriza os apelados pleitearem a rescisão do contrato com a restituição de todas as parcelas pagas, sem qualquer desconto. Configurada a hipótese de decaimento mínimo do pedido dos apelados. Sucumbência atribuída integralmente à apelante. Admissibilidade. Preliminares rejeitadas. Apelação improvida" (TJSP, AC 2459774000, 5ª Câmara de Direito Privado, Rel. Des. Oldemar Azevedo, j. 19.12.2007).

falta de pagamento será reputada nula de pleno direito, nos expressos termos do art. 39 da Lei 6.766/1979.

#### *1.4.8.4 Regime jurídico da resolução do compromisso de compra e venda segundo a Lei 13.786/2018: a "Lei do Distrato"*

O regime jurídico aplicável à resolução do compromisso de compra e venda, no âmbito das incorporações imobiliárias e loteamentos de solo urbano, sofreu significativo impacto pela edição da Lei 13.786, de 27.12.2018, denominada "Lei do Distrato".

A pretexto de garantir maior previsibilidade e segurança jurídica às partes, a Lei 13.786/2018 promoveu importantes alterações nas Leis 4.591/1964 e 6.766/1979, para disciplinar os efeitos jurídicos da resolução do compromisso de compra e venda por inadimplemento do adquirente de unidades em incorporação imobiliária e loteamentos, com aplicação restrita a ajustes celebrados após o início da sua vigência, conforme decidido pelo Superior Tribunal de Justiça nos autos dos Recursos Especiais 1.498.484/DF, 1.635.428/SC, 1.614.721/DF e 1.631.485/DF e pelo Tribunal de Justiça do Estado de São Paulo[138].

No âmbito das *incorporações imobiliárias*, a "Lei do Distrato" inseriu três novos comandos na Lei 4.591/1964: a) o art. *35-A*, que versa sobre a inserção obrigatória de *quadro-resumo* nos compromissos de compra e venda de unidades habitacionais; b) o art. *43-A*, que prevê *prazo de tolerância de 180 dias* de atraso pelo incorporador, contados da data prometida para a

---

[138] Nesse sentido: "Apelação. Compromisso de compra e venda. Distrato. Ação declaratória de nulidade de cláusula contratual. Previsão de retenção de aproximadamente 70% dos valores pagos. Alegação da requerida que parte dos valores foram pagos a título de comissão de corretagem. Ausência de informação no contrato o valor da comissão de corretagem e não há qualquer documento nos autos que demonstre a plena ciência do autor a respeito do valor da intermediação. Retenção de valores a título de comissão de corretagem não admitida. Abusividade do percentual de retenção caracterizada. Cláusula excessivamente onerosa, violando os direitos do consumidor, gerando situação de desequilíbrio, devendo ser reconhecida a nulidade. Resolução imotivada a pedido do compromissário comprador. Inaplicabilidade da Lei 13.786/2018 aos contratos celebrados antes de sua vigência. Vedação da retroatividade mínima da lei. Declaração de nulidade da cláusula contratual relativa à resolução, com multa de 40% do valor do contrato. Restituição dos valores pagos, com retenção de 20%, conforme jurisprudência deste Tribunal. Correção monetária desde cada desembolso. Juros de mora desde o trânsito em julgado (Tema n. 1.002 do STJ). Recurso parcialmente provido" (TJSP, AC 1002375-75.2022.8.26.0360, Rel. Des. Enéas Costa Garcia, j. 30.09.2024).

entrega da unidade, sem possibilidade de resolução contratual ou exigência de indenização e c) o art. *67-A*, que disciplina a *quantificação do valor a ser devolvido* pelo incorporador ao adquirente em caso de resolução contratual por culpa deste.

Na Lei 6.766/1979, que disciplina os *loteamentos urbanos*, inseriu quatro novos comandos: a) o art. *26-A*, que versa sobre a inserção de *quadro-resumo* em compromissos de compra e venda de lotes; b) o art. *32-A*, que disciplina a *quantificação do ressarcimento* em caso de resolução contratual por culpa do adquirente de lote; e c) o art. *35*, que disciplina as consequências do cancelamento de registro de contrato de compromisso de compra e venda de imóvel loteado que contemple pagamento, pelo adquirente, de mais de 1/3 do preço ajustado.

Cada uma dessas alterações será objeto de análise nos itens seguintes, sem prejuízo do correspondente cotejo com as regras de ordem pública e interesse social prescritas na Lei 8.078/1990 – o Código de Defesa do Consumidor –, cuja incidência nas relações contratuais de alienação de imóveis sujeitos à incorporação imobiliária e loteamentos urbanos, ainda que sujeitos à "Lei do Distrato", tem sido objeto de reiterado reconhecimento pela jurisprudência, em especial para restabelecer o equilíbrio entre direitos e obrigações e eliminar exigências que se mostrem abusivas ou excessivas.

#### 1.4.8.4.1 Inserção obrigatória de quadro-resumo

Os contratos imobiliários são caracterizados por sua extensão e complexidade de conteúdo que, no mais das vezes, passam ao largo do efetivo conhecimento do seu sentido e alcance pelo adquirente. Mesmo a redação em destaque de cláusulas contratuais, no mais das vezes, não permite a pronta identificação das obrigações financeiras e consequências derivadas da mora ou do inadimplemento absoluto do contrato.

Com o compromisso de compra e venda não é diferente. Ele contém cláusulas extensas que versam sobre obrigações financeiras imponíveis ao adquirente, a exemplo de multa moratória, comissão de corretagem, taxas de juros remuneratórios e moratórios etc., cuja mora ou inadimplemento absoluto tem o potencial de incrementar o valor da obrigação contraída, com prejuízo ao compromissário comprador.

Em reforço ao direito básico do consumidor à informação clara e precisa sobre todas as características do produto ou serviço (art. 6º, III, e 31 da Lei 8.078/1990), os arts. 35-A da Lei 4.591/1964 e 26-A da Lei 6.766/1979, inseridos pela "Lei do Distrato", tornaram obrigatória a inserção de *quadro-resumo* nos compromissos de compra e venda de unidades e lotes, com indicação de todas as obrigações e encargos relacionados nos seus incisos, dever ulteriormente referendado pelo Enunciado 653 da IX Jornada de Direito Civil do Centro de Estudos Judiciários do Conselho da Justiça Federal[139].

Quanto ao *preço* pactuado, são *deveres comuns* do incorporador e loteador informar ao consumidor adquirente, no quadro-resumo: (i) o preço total a ser pago pelo imóvel; (ii) o valor referente à corretagem, suas condições de pagamento e a identificação precisa de seu beneficiário; (iii) a forma de pagamento do preço, com indicação clara dos valores e vencimentos das parcelas; (iv) os índices de correção monetária aplicáveis ao contrato e, quando houver pluralidade de índices, o período de aplicação de cada um; (v) as consequências do desfazimento do contrato, seja mediante distrato, seja por meio de resolução contratual motivada por inadimplemento de obrigação do adquirente ou do loteador/incorporador, com destaque negritado para as penalidades aplicáveis e para os prazos para devolução de valores ao adquirente; (vi) as taxas de juros eventualmente aplicadas, se mensais ou anuais, se nominais ou efetivas, o seu período de incidência e o sistema de amortização; (vii) as informações acerca da possibilidade do exercício, por parte do adquirente do imóvel, do direito de arrependimento previsto no art. 49 da Lei 8.078, de 11 de setembro de 1990 (Código de Defesa do Consumidor), em todos os contratos firmados em estandes de vendas e fora da sede do loteador/incorporador ou do estabelecimento comercial; (viii) o prazo para quitação das obrigações pelo adquirente após a obtenção do auto de conclusão da obra pelo incorporador ou da obtenção do termo de vistoria de obras pelo loteador; (ix) as informações acerca dos ônus que recaiam sobre o imóvel, em especial, na incorporação imobiliária, quando o vinculem como garantia real do financiamento destinado à construção do investimento.

Além dessas informações comuns, ao *incorporador* compete também informar, no quadro-resumo, (i) o valor da parcela do preço a ser tratada como entrada, a sua forma de pagamento, com destaque para o valor pago à vista, e os seus percentuais sobre o valor total do contrato; (ii) o número do registro do memorial de incorporação, a matrícula do imóvel e a identificação do cartório de registro de imóveis competente; e (iii) o termo final para obtenção do auto de conclusão da obra (habite-se) e os efeitos contratuais da intempestividade prevista no art. 43-A da Lei 4.591/1964, também inserida

---

139 Enunciado 653 do CJF: "O quadro-resumo a que se refere o art. 35-A da Lei 4.591/1964 é obrigação do incorporador na alienação de imóveis em fase de construção ou já construídos".

pela "Lei do Distrato" (13.786/2018), que prevê prazo de tolerância de até 180 dias de atraso para a entrega do empreendimento. Neste aspecto, de se registrar que o Superior Tribunal de Justiça, por meio do Tema 996, firmou entendimento de que a indicação do prazo de entrega do imóvel, bem como do período de tolerância, é obrigatória e não pode estar atrelada ou condicionada à concessão de financiamento qualquer outro negócio jurídico[140].

Já ao *loteador*, além das informações comuns supramencionadas, deverá inserir no quadro-resumo do compromisso de compra e venda (i) o número do registro do loteamento ou do desmembramento, a matrícula do imóvel e a identificação do cartório de registro de imóveis competente e (ii) o termo final para a execução do projeto de loteamento e a data do protocolo do pedido de emissão do termo de vistoria de obras.

A falta de uma ou algumas dessas obrigações impõe ao incorporador e loteador o dever de aditamento contratual no prazo de 30 dias (arts. 35-A, § 1º, da Lei 4.591/1964 e 26-A, § 1º, da Lei 6.766/1979, respectivamente), sob pena de caracterizar justa causa para resolução contratual por iniciativa do consumidor adquirente, com devolução integral do preço pago, sem prejuízo de eventuais perdas e danos. De se registrar a existência de posicionamento mais severo, a exemplo de Flávio Tartuce, que reputa a ausência ou incompletude do quadro-resumo hipótese de nulidade de todo o contrato, por violação ao dever de boa-fé, tratando-se de novo requisito de validade dos compromissos de compra e venda celebrados entre incorporadores e loteadores com consumidores, na qualidade de destinatários finais do produto[141].

#### 1.4.8.4.2 Dever de informar o valor da comissão de corretagem enquanto parcela dedutível do saldo a devolver ao adquirente

A indicação, no quadro-resumo, do valor pago a título de corretagem, com indicação da forma de pagamento e seu beneficiário, reveste-se de especial relevância. Isso porque, conforme decidido no Tema 938 do Superior Tribunal de Justiça[142], editado em procedimento de recurso repetitivo instau-

---

140 Tema 996 do STJ: "2) Na aquisição de unidades autônomas em construção, o contrato deverá estabelecer, de forma clara, expressa e inteligível, o prazo certo para a entrega do imóvel, o qual não poderá estar vinculado à concessão do financiamento, ou a nenhum outro negócio jurídico, exceto o acréscimo do prazo de tolerância".

141 TARTUCE, Flávio. **Direito civil**: direito das coisas. 16. ed. Rio de Janeiro: Forense, 2024, p. 518.

142 Tema 938 do STJ: "Validade da cláusula contratual que transfere ao promitente-comprador a obrigação de pagar a comissão de corretagem nos contratos de promessa

rado nos autos do Recurso Especial 1.599.511/SP, é lícita a transferência, pelo incorporador ao consumidor adquirente, do pagamento da comissão devida ao corretor, desde que prévia e destacadamente informada no momento da contratação, em conjunto com o valor total da contratação.

Apesar da responsabilidade pelo pagamento da comissão de corretagem incumbir ao vendedor, admite-se a inversão deste ônus desde que precedida de suficiente e prévia informação ao adquirente, mediante indicação ostensiva no quadro-resumo do contrato a ser celebrado. Por consequência, o consumidor não fará jus ao ressarcimento desta despesa em caso de resolução contratual cuja causa lhe seja imputável, devendo ser excluída da base de cálculo do valor de devolução regulado pelos arts. 67-A da Lei 4.591/1964 e 32-A da Lei 6.766/1979, cujos incisos II e V, respectivamente, são expressos em deduzir este encargo de eventual valor a devolver.

O entendimento lastreia-se no argumento de que, em razão da natureza jurídica do contrato de corretagem, que visa a intermediação de determinado negócio jurídico entre duas ou mais partes, a remuneração do corretor é devida desde que, nos termos do art. 725 do Código Civil, "tenha conseguido o resultado previsto no contrato de mediação, ou ainda que este não se efetive em virtude de arrependimento das partes", independente do cumprimento das obrigações contratuais voluntariamente assumidas pelas partes.

No entanto, conforme alertado, a dedução da comissão de corretagem somente se justifica em caso de informação clara, no quadro-resumo do compromisso de compra e venda, da incidência deste encargo. E, ainda que anterior à Lei 13.786/2018, esse dever subsiste, conforme decidido pelo Superior Tribunal de Justiça ao fixar o Tema 938 a partir do julgamento do Recurso especial 1.599.511/SP, ocorrido aos 24.08.2016, ao condicionar a retenção da comissão de corretagem desde que este encargo seja prévia e suficientemente informado ao compromissário comprador, por força não só dos arts. 6º, III, e 31 da Lei 8.078/1990 como, em especial, do seu art. 54, §§ 3º e 4º, que impõem redação com destaque de cláusulas contratuais restritivas de direitos de modo claro, legível e ostensivo, a permitir sua pronta identificação.

Descumprido o dever de informar, poderá o consumidor adquirente pleitear devolução de parte do preço pago, incluída a comissão de corretagem, conforme entendimento firmado no Tema 939 do Superior Tribunal

---

de compra e venda de unidade autônoma em regime de incorporação imobiliária, desde que previamente informado o preço total da aquisição da unidade autônoma, com o destaque do valor da comissão de corretagem".

de Justiça[143] e já decidido pelo Tribunal de Justiça do Estado de São Paulo na Apelação Cível 1002375-75.2022.8.26.0360[144].

A comissão de corretagem também deverá ser restituída nos casos de exercício pelo consumidor adquirente, no prazo de 7 dias contados da alienação, do *direito de arrependimento* previsto no art. 49 da Lei 8.078/1990 em negócios realizados em estandes de venda ou fora da sede do incorporador/loteador, a exemplo de venda de imóveis na planta ou em construção. Nesse caso, o parágrafo único do art. 49 da Lei 8.078/1990 garante ao adquirente o direito à devolução imediata, corrigida e integral do valor pago a *qualquer título*, incluída a comissão de corretagem, por ser obrigação do corretor "diligentemente se inteirar e prestar informações usuais e notórias acerca do título de domínio exibido pelo vendedor, da regularidade da cadeia dominial, da existência, ou não, de gravames reais e de ações que envolvam o vendedor e que, em tese, poderiam conduzir à ineficácia, nulidade ou anulabilidade do contrato de compra e venda"[145], o que engloba, naturalmente, a informação clara e precisa quanto à possibilidade de exercício do direito ao arrependi-

---

143 Tema 939 do STJ: "Legitimidade passiva 'ad causam' da incorporadora, na condição de promitente-vendedora, para responder pela restituição ao consumidor dos valores pagos a título de comissão de corretagem e de taxa de assessoria técnico-imobiliária, nas demandas em que se alega prática abusiva na transferência desses encargos ao consumidor".

144 "Apelação. Compromisso de compra e venda. Distrato. Ação declaratória de nulidade de cláusula contratual. Previsão de retenção de aproximadamente 70% dos valores pagos. Alegação da requerida que parte dos valores foram pagos a título de comissão de corretagem. Ausência de informação no contrato do valor da comissão de corretagem e não há qualquer documento nos autos que demonstre a plena ciência do autor a respeito do valor da intermediação. Retenção de valores a título de comissão de corretagem não admitida. Abusividade do percentual de retenção caracterizada. Cláusula excessivamente onerosa, violando os direitos do consumidor, gerando situação de desequilíbrio, devendo ser reconhecida a nulidade. Resolução imotivada a pedido do compromissário comprador. Inaplicabilidade da Lei 13.786/2018 aos contratos celebrados antes de sua vigência. Vedação da retroatividade mínima da lei. Declaração de nulidade da cláusula contratual relativa à resolução, com multa de 40% do valor do contrato. Restituição dos valores pagos, com retenção de 20%, conforme jurisprudência deste Tribunal. Correção monetária desde cada desembolso. Juros de mora desde o trânsito em julgado (Tema 1.002 do STJ). Recurso parcialmente provido" (TJSP, AC 1002375-75.2022.8.26.0360, Rel. Des. Eneas Costa Garcia, j. 30.09.2024).

145 STJ, AgInt no AREsp 1.930.993/SP, 4ª Turma, Rel. Min. Luis Felipe Salomão, j. 26.04.2022.

mento no prazo fixado na lei. E, neste sentido, o Tribunal de Justiça do Estado de São Paulo conta com numerosos precedentes[146].

Quanto ao termo inicial da contagem do prazo de 7 dias, Flávio Tartuce destaca, com razão, impropriedade técnica contida no art. 67-A, § 11, da Lei 4.591/1964, inserida pela Lei 13.786/1918[147]. Muito embora seja inequívoco

---

[146] Vide, nesse sentido: "Apelação. Rescisão contratual cumulada com pedidos de indenizações por danos materiais e morais. Respeitável sentença de parcial procedência. Apelam os autores buscando a devolução integral dos valores pagos, sem a retenção dos 25%, afastando os encargos acessórios do contrato, bem como a condenação por danos morais que estimam em R$10.000,00. Apelam também os requeridos buscando improcedência da ação e insistindo na retenção dos valores de corretagem. Direito do arrependimento – Artigo 49 do Código de Defesa do Consumidor. Possibilidade. Previsão legal (Lei do Distrato – 13.786/2018). Negócio realizado em estande de vendas, fora da sede do incorporador. Previsão Contratual. Manifestação dentro do prazo de sete dias. Restituição integral da quantia paga, incluindo comissão de corretagem. Danos morais não caracterizados. Mero dissabor decorrente de inadimplemento contratual. Recurso dos autores parcialmente provido. Recurso das requeridas desprovido" (TJSP, AC 1005608-51.2023.8.26.0132, Rel. Des. Dario Gayoso, j. 27.08.2024); "Apelação. Ação de rescisão contratual. Compromisso de compra e venda de bem imóvel. Regime de multipropriedade. Direito de arrependimento. Art. 49 do Código de Defesa do Consumidor. Possibilidade. Previsão legal (Lei do distrato 13.786/2018). Negócio realizado em estande de vendas, fora da sede do incorporador. Previsão contratual Manifestação dentro do prazo de sete dias. Restituição integral da quantia paga, inclusive comissão de corretagem. Precedentes. Demanda que deve ser julgada procedente Recurso provido" (TJSP, AC 1003111-07.2023.8.26.0248, Rel. Des. Hugo Crepaldi, j. 18.04.2024); "Compra e venda de cota/fração de unidade comercial em regime de multipropriedade. Rescisão Ação de rescisão de contrato com pedido de restituição de valores. Desistência do negócio por parte dos compradores dentro do prazo de arrependimento previsto no artigo 49 do Código de Defesa do Consumidor Hipótese que permitida a restituição integral de valores, inclusive de comissão de corretagem Precedentes. Contratação efetivada em stand de vendas, fora da sede da ré. Inteligência do artigo 67-A, § 10, da Lei 4.591/64, com as alterações trazidas pela Lei n.13.786/18. Devolução integral dos valores pagos. Inaplicabilidade ao caso dos autos do entendimento firmado no REsp 1.599.511/SP. Juros de mora. Incidência a partir do trânsito em julgado. Posicionamento do C. Superior Tribunal de Justiça já era nesse sentido, ainda que inaplicável ao caso dos autos o entendimento firmado no recurso repetitivo REsp 1.740.911/DF, já que se trata de contrato firmado após a Lei 13.786/18. Dano moral não caracterizado. Simples descumprimento contratual que não gera reparação. Sentença parcialmente reformada. Sucumbência recíproca caracterizada. Apelação parcialmente provida" (TJSP, AC 1000935-06.2022.8.26.0405, Rel. Des. Sá Moreira de Oliveira, j. 04.04.2023).

[147] TARTUCE, Flávio. **Direito civil:** direito das coisas. 16. ed. Rio de Janeiro: Forense, 2024, p. 513-514.

que deva ser contado da data da celebração do compromisso de compra e venda, referida norma estabelece marco diverso, qual seja, a data da postagem da carta registrada com manifestação, do adquirente, do exercício do direito de desistência. Como esse fato pode se dar a qualquer momento, a aplicação descontextualizada da norma resultaria em eterno direito de arrependimento, a reclamar urgente revisão legislativa e, enquanto não ocorrida, solene desconsideração pela jurisprudência. No máximo, a norma deve ser interpretada como mecanismo de proteção ao consumidor em face de eventual alegação do incorporador ou loteador no sentido de que recebera a notícia da desistência do negócio após o prazo de 7 dias, não obstante a postagem tivesse ocorrido dentro do prazo da lei. Nesse caso, valeria a data da postagem, e não do recebimento.

Por fim, não se pode confundir comissão de corretagem com a cobrança, pelo incorporador ou loteador, de "serviço de assessoria técnico-imobiliária" (SATI), que teria por fato gerador o trabalho de exame documental da transação, a exemplo da solvência do compromitente comprador para fins de concessão de financiamento, exame de documentos, confecção de contrato, dentre outras rubricas possíveis.

A abusividade da cobrança da SATI, à luz do art. 51, IV, da Lei 8.078/1990, foi objeto de reconhecimento pelo Superior Tribunal de Justiça no Tema 938[148], haja vista que, conforme assentado no julgamento do Recurso Especial 1.599.511/SP, "essa assessoria prestada ao consumidor por técnicos vinculados ao vendedor constitui mera prestação de serviço inerente à celebração do próprio contrato, inclusive no que tange ao dever de informação, não constituindo serviço autônomo, oferecido ao cliente, como ocorre com a corretagem. Verifica-se nesse caso flagrante violação dos deveres de lealdade e transparência impostos pela boa-fé objetiva, tendo em vista a cobrança da SATI pelo cumprimento de deveres inerentes ao próprio contrato celebrado". Nesse mesmo sentido, tem se posicionado reiteradamente o Tribunal de Justiça do Estado de São Paulo[149].

[148] Tema 938 do STJ: "Abusividade da cobrança pelo promitente-vendedor do serviço de assessoria técnico-imobiliária (SATI), ou atividade congênere, vinculado à celebração de promessa de compra e venda de imóvel" (vide REsp 1.599.511/SP).

[149] Nesse sentido: "Apelação Cível. Ação de Repetição de Indébito. Compromisso de compra e venda. Parte autora que comprovou a cobrança e o pagamento de quantias a título de 'SERV. ASS. NO REGISTRO/CART', de natureza congênere ao serviço de assessoria técnico-imobiliária SATI, cuja cobrança se mostra abusiva. Entendimento firmado pelo Colendo STJ, em regime de recursos repetitivos, no sentido da 'Abusividade da cobrança pelo promitente-vendedor do serviço de assessoria técnico-imobiliá-

#### 1.4.8.4.3 Resolução contratual por iniciativa do compromitente vendedor e devolução de quantias pagas pelo adquirente

Outra relevante informação que deve ser obrigatoriamente lançada no quadro-resumo de compromissos de compra e venda celebrados a partir da Lei 13.786/2018 refere-se às consequências decorrentes da resolução do compromisso de compra e venda, em caso de distrato ou inadimplemento de obrigação do adquirente ou do incorporador.

A pretexto de dar maior previsibilidade e segurança jurídica às partes contratantes, a "Lei do Distrato" promoveu significativas alterações nas Leis 4.591/1964 e 6.766/1979, em especial quanto aos percentuais de devolução, que passaram a ser fixos, e apuração de base de cálculo, além de disciplinar questões de maior destaque a informações contratuais e disciplinar a mora do incorporador em caso de não entrega do empreendimento no prazo contratualmente prometido.

Nessa linha, o art. 2º da Lei 13.786/2018 inseriu o art. 67-A na Lei 4.591/1964, para definir, em caso de distrato ou resolução por inadimplemento do adquirente, a incidência de *pena convencional*, em favor do incorporador, de até 25% das quantias pagas pelo adquirente[150], percentual que pode ser elevado a até 50% caso o empreendimento esteja sujeito ao regime jurídico do *patrimônio de afetação* de que tratam os arts. 31-A a 31-F da Lei 4.591/1964

---

ria (SATI), ou atividade congênere, vinculado à celebração de promessa de compra e venda de imóvel' (REsp 1.599.511/SP Tema 938). Restituição dos valores pagos que se impõe. Sentença mantida. Recurso negado" (TJSP, AC 1036477-96.2018.8.26.0576, Rel. Des. Maria de Lourdes Lopes Gil, j. 13.12.2019); "Apelação cível. Ação de rescisão de contrato c.c. restituição dos valores pagos. Contrato de compromisso de compra e venda. Desistência do promitente comprador. A rescisão é de rigor, e contra esta pretensão não há qualquer insurgência da ré. Devolução de 80% dos valores pagos quando há desistência do comprador. A correção monetária deve incidir a partir de cada desembolso. Juros devem incidir a partir do trânsito em julgado. Cobrança relativa à taxa SATI deve ser devolvida. Sucumbência mantida. Apelo da corré HESA 122 parcialmente provido e negado provimento ao recurso da corré LPS" (TJSP, AC 1132412-10.206.8.26.0100, Rel. Des. Silvério da Silva, j. 29.11.2017).

150 Art. 67-A, § 2º, da Lei 4.591/1964: "Em função do período em que teve disponibilizada a unidade imobiliária, responde ainda o adquirente, em caso de resolução ou de distrato, sem prejuízo do disposto no caput e no § 1º deste artigo, pelos seguintes valores: I – quantias correspondentes aos impostos reais incidentes sobre o imóvel; II – cotas de condomínio e contribuições devidas a associações de moradores; III – valor correspondente à fruição do imóvel, equivalente à 0,5% (cinco décimos por cento) sobre o valor atualizado do contrato, *pro rata die*; IV – demais encargos incidentes sobre o imóvel e despesas previstas no contrato".

(§ 5º[151]). Inseriu, também, o art. 32-A na Lei 6.766/1979, que instituiu pena convencional em favor do loteador no importe de 10% do valor atualizado do contrato (inciso II[152]), penalidades devidas pelo adquirente independente de alegação de prejuízo, tratando-se, à evidência, de perdas e danos prefixados pelo legislador.

Além de definir percentuais fixos de devolução, a Lei 13.786/2018 também delineou os contornos da base de cálculo de sua incidência.

No âmbito das *incorporações imobiliárias*, além da exclusão da integralidade da comissão de corretagem, desde que previamente informada e da pena convencional de até 25% ou até 50% das quantias pagas, se houver patrimônio de afetação (art. 67-A, I e II, da Lei 4.591/1964), excluem-se do valor a ser restituído ao consumidor as despesas relativas ao período em que teve disponibilizada a unidade imobiliária, relacionadas no art. 67-A, § 2º, da Lei 4.591/1964, em especial (i) impostos reais incidentes sobre o imóvel (*v.g.*, IPTU, contribuição de melhoria); (ii) cotas de condomínio e contribuições devidas a associações de moradores; (iii) valor correspondente à fruição do imóvel, equivalente a 0,5% (cinco décimos por cento) sobre o valor atualizado do contrato, *pro rata die*; e, por fim, (iv) demais encargos incidentes sobre o imóvel e despesas previstas no contrato.

E, no âmbito dos *loteamentos urbanos*, além da comissão de corretagem prévia e suficientemente informada e da pena convencional de 10% do valor atualizado do contrato (art. 32-A, II e V, da Lei 6.766/1979), excluem-se do *quantum* a ser restituído ao adquirente, por força do art. 32-A da Lei 6.766/1979: (i) os valores correspondentes à eventual fruição do imóvel, até

---

151 Art. 67-A, § 5º, da Lei 4.591/1964: "Quando a incorporação estiver submetida ao regime do patrimônio de afetação, de que tratam os arts. 31-A a 31-F desta Lei, o incorporador restituirá os valores pagos pelo adquirente, deduzidos os valores descritos neste artigo e atualizados com base no índice contratualmente estabelecido para a correção monetária das parcelas do preço do imóvel, no prazo máximo de 30 (trinta) dias após o habite-se ou documento equivalente expedido pelo órgão público municipal competente, admitindo-se, nessa hipótese, que a pena referida no inciso II do *caput* deste artigo seja estabelecida até o limite de 50% (cinquenta por cento) da quantia paga".

152 Art. 32-A, II, da Lei 6.766/1979: "Em caso de resolução contratual por fato imputado ao adquirente, respeitado o disposto no § 2º deste artigo, deverão ser restituídos os valores pagos por ele, atualizados com base no índice contratualmente estabelecido para a correção monetária das parcelas do preço do imóvel, podendo ser descontados dos valores pagos os seguintes itens: (...) II – o montante devido por cláusula penal e despesas administrativas, inclusive arras ou sinal, limitado a um desconto de 10% (dez por cento) do valor atualizado do contrato".

o equivalente a 0,75% (setenta e cinco centésimos por cento) sobre o valor atualizado do contrato, contados a partir da data da transmissão da posse do imóvel ao adquirente até sua restituição ao loteador; (ii) os encargos moratórios relativos às prestações pagas em atraso pelo adquirente; (iii) os débitos de impostos sobre a propriedade predial e territorial urbana, contribuições condominiais, associativas ou outras de igual natureza que sejam a estas equiparadas e tarifas vinculadas ao lote, bem como tributos, custas e emolumentos incidentes sobre a restituição e/ou rescisão.

Nota-se que a nova regulamentação legal, se por um lado trouxe maior previsibilidade às consequências decorrentes da mera desistência ou descumprimento de obrigações pelo compromissário comprador, trouxe-lhe encargos financeiros sensivelmente mais gravosos, se comparados ao inicial cenário jurisprudencial lastreado, sobretudo, no art. 53 do Código de Defesa do Consumidor. Considerando que, atualmente, grande parte das incorporações imobiliárias sujeitam-se ao regime jurídico do patrimônio de afetação, o percentual de devolução, que sofreu significativa diminuição para até 50%, incide sobre base de cálculo já corroída pela exclusão da comissão de corretagem e de todos os encargos previstos no art. 67-A, § 2º, da Lei 4.591/1964, merecendo destaque a taxa de fruição mensal equivalente a 0,5% do valor atualizado do contrato, enquanto não houver desocupação do imóvel, por contar com enorme potencial de escalada do saldo devedor dedutível do crédito devido ao consumidor.

O mesmo pode-se afirmar quanto aos loteamentos urbanos, em que o percentual de 10% previsto no art. 32-A, II, incide sobre o *valor atualizado do contrato*, e não sobre as parcelas efetivamente pagas pelo adquirente, como ocorre nas incorporações imobiliárias, além da possibilidade de cobrança de taxa de fruição mensal, até o equivalente a 0,75% do valor atualizado do contrato e dedução de todas as despesas referidas nos demais incisos deste mesmo comando legal.

Nesse cenário, não causará surpresa a existência de consumidores adquirentes que, após a desocupação do imóvel, virem-se diante de saldo credor inexistente ou até mesmo devedor, não obstante o art. 67-A, § 4º, da Lei 4.591/1964, também inserido pela "Lei do Distrato", prever que sua responsabilidade patrimonial, nas incorporações imobiliárias, limita-se aos valores por ele efetivamente pagos, exceto quanto à taxa de fruição mensal, regra inexistente no âmbito dos loteamentos urbanos. A par do dever de o adquirente arcar com as despesas relativas ao tempo de ocupação do imóvel, com destaque aos tributos reais, obrigações *propter rem* (*v.g.*, cotas condominiais) e comissão de corretagem, é de se questionar a justiça das referidas normas, vez que, ao final, o imóvel retomado pelo incorporador ou loteador será novamente comercializado a terceiros, que pagarão o preço do bem contraposto a pouca ou nenhuma devolução de quantias pagas pelo adquirente anterior. Neste passo, não se pode olvidar que as relações de consumo são permeadas pelo equilíbrio (art. 4º, III, da Lei 8.078/1990), cuja vulneração deve ser aquilatada pelo Poder Judiciário em cada situação concreta, não obstante a existência de expressa previsão legal que, a princípio, respalde a pretensão do incorporador.

A única previsão legal de não incidência de cláusula penal prevista em contrato, restrita às incorporações imobiliárias e constante do art. 67-A, § 9º, da Lei 4.591/1964, refere-se à hipótese do comprador em mora ou inadimplente "encontrar comprador substituto que o sub-rogue nos direitos e obrigações originalmente assumidos, desde que haja a devida anuência do incorporador e a aprovação dos cadastros e da capacidade financeira e econômica do comprador substituto". Nesse caso, havendo cessão da posição contratual, que depende de expressa anuência do incorporador, não haverá razão ou causa jurídica que justifique sua incidência, sob pena de enriquecimento sem causa do incorporador.

Apesar disso, é notável a diferença de tratamento dada pelo legislador, que escolheu atribuir exclusivamente ao consumidor adquirente o ônus de promover sua substituição em caráter sub-rogatório, para se ver livre dos encargos punitivos previstos em contrato. Ora, do mesmo modo que a sub-rogação livra o incorporador de prejuízo decorrente da resolução contratual, a celebração de novo compromisso de compra e venda com terceiro, após entrada do imóvel devolvido no seu estoque de unidades, se não elimina por completo, ao menos diminui o montante do prejuízo que a lei decidiu prefixar, o que, conforme já afirmado, demanda atenção do Poder Judiciário no sentido de mitigar a extensão do prejuízo a ser experimentado pelo consumidor adquirente no caso de resolução contratual culposa.

Outro ponto relevante a ser analisado diz respeito ao *momento* em que a devolução, nos termos acima indicados, deve ocorrer. Anterior à Lei 13.786/2018, a Súmula 543 do Superior Tribunal de Justiça prescreve que, "na hipótese de resolução de contrato de promessa de compra e venda de imóvel submetido ao Código de Defesa do Consumidor, deve ocorrer a imediata restituição das parcelas pagas pelo promitente comprador – integralmente, em caso de culpa exclusiva do promitente vendedor/construtor, ou parcialmente, caso tenha sido o comprador quem deu causa ao desfazimento", entendimento referendado pelo Tema Repetitivo 577 da mesma Corte, que reputa "abusiva a cláusula contratual que determina a restituição dos valores devidos somente ao término da obra ou de forma parcelada, na hipótese de resolução de contrato de promessa de compra e venda de imóvel, por culpa de qualquer dos contratantes".

O enunciado e a decisão vinculante, anteriores à Lei 13.786/2018, são expressos em impor ao incorporador o dever de *devolução imediata* das quantias pagas pelo consumidor adquirente, integral (em caso de inadimplemento do vendedor) ou parcialmente (em caso do inadimplemento do comprador), preponderando esta regra sobre cláusulas contratuais em sentido contrário. A lógica dos verbetes repousa no fato de que, sendo o consumidor a parte vulnerável da relação contratual e retornando o imóvel ao acervo patrimonial do incorporador para ulterior revenda, estabelecer prazo que não o da pronta devolução de quantias pagas resultaria em vantagem econômica excessiva ao fornecedor, sendo nula cláusula contratual neste sentido (art. 51, IV, da Lei 8.078/1990).

Todavia, a Súmula 543 do Superior Tribunal de Justiça e o Tema 577 do Superior Tribunal de Justiça não foram reproduzidos pela Lei 13.786/2018, que lhes é posterior. Nesse sentido, o art. 67-A da Lei 4.591/1964, inserido pela "Lei do Distrato", estabelece ao incorporador prazos diversos para a devolução de quantias pagas pelo consumidor adquirente, após deduções legais e contratuais. Se a incorporação não estiver sujeita ao regime do patrimônio de afetação, o pagamento, após todas as deduções legais e contratuais já referidas neste trabalho, será realizado em *parcela única no prazo de 180 dias contados da data do desfazimento do contrato* (§ 6º[153]). Se sujeita ao regime do patrimônio de afetação, o prazo de devolução será de até *30 dias contados da expedição do "habite-se" ou documento equivalente*, ou seja, após a conclusão da obra (§ 5º[154]), consignando-se que esses prazos somente poderão ser antecipados *consensualmente* ou em caso de *revenda* da unidade antes

---

153 Art. 67-A, § 6º, da Lei 4.591/1964: "Caso a incorporação não esteja submetida ao regime do patrimônio de afetação de que trata a Lei 10.931, de 2 de agosto de 2004, e após as deduções a que se referem os parágrafos anteriores, se houver remanescente a ser ressarcido ao adquirente, o pagamento será realizado em parcela única, após o prazo de 180 (cento e oitenta) dias, contado da data do desfazimento do contrato".

154 Art. 67-A, § 5º, da Lei 4.591/1964: "Quando a incorporação estiver submetida ao regime do patrimônio de afetação, de que tratam os arts. 31-A a 31-F desta Lei, o incorporador restituirá os valores pagos pelo adquirente, deduzidos os valores descritos neste artigo e atualizados com base no índice contratualmente estabelecido para a correção monetária das parcelas do preço do imóvel, no prazo máximo de 30 (trinta) dias após o habite-se ou documento equivalente expedido pelo órgão público municipal competente, admitindo-se, nessa hipótese, que a pena referida no inciso II do *caput* deste artigo seja estabelecida até o limite de 50% (cinquenta por cento) da quantia paga".

de transcorrido o prazo a que se referem os §§ 5º ou 6º deste artigo, hipótese em que a devolução do valor remanescente deverá ser efetivada no prazo de até 30 (trinta) dias, contados da revenda (§ 7º).

No plano dos loteamentos, o art. 32-A, § 1º, da Lei 6.799/1979 determina a devolução parcelada do eventual saldo credor devido ao adquirente, quais sejam, restituição em até *12 parcelas mensais*, iniciadas (i) no *prazo máximo de 180 dias contados do prazo contratual de conclusão do empreendimento*, em caso de loteamentos com obras em andamento (inc. I), e (ii) no *prazo de 12 meses contados da rescisão contratual*, em caso de loteamentos com obras concluídas (inciso II). Além disso, o registro de nova venda do lote dependerá da demonstração, pelo vendedor, do início da restituição do valor pago pelo adquirente anterior na forma e condições pactuadas no distrato, exceto em caso de adquirente não localizado ou silente (§ 2º). E, em caso de cancelamento de registro por inadimplemento contratual do adquirente do lote, que tiver efetuado o pagamento de mais de 1/3 do preço ajustado, a realização de novo registro relativo ao mesmo lote, alienado a terceiro após a resolução do contrato anterior, dependerá da comprovação da devolução total ou, ao menos, da primeira parcela, do montante a ser restituído ao adquirente, segundo as regras de devolução (art. 35).

Fato é que, apesar dessas previsões legais claramente mais favoráveis a incorporadores e loteadores, a jurisprudência tem temperado este entendimento à luz das normas de ordem pública e interesse social prescritas na Lei 8.078/1990. Além de firmar entendimento quanto à irretroatividade da Lei 13.786/2018 a ajustes celebrados antes do início da sua vigência, com fixação de percentuais de devolução mais favoráveis ao adquirente[155], decisões há que

---

[155] Nesse sentido, o Superior Tribunal de Justiça: "Apelação cível. Rescisão contratual c/c restituição de valores. Compromisso de compra e venda de unidade autônoma. Resolução contratual por inadimplemento dos compradores. Leilão extrajudicial prévio. Irretroatividade da Lei n. 13.786/2018. Aplicação do CDC. Restituição parcial das parcelas pagas – retenção de 20%. Previsão contratual e adequação jurisprudencial. Correção monetária desde cada desembolso. Juros de mora após o trânsito em julgado. Decretada a rescisão do contrato de compromisso de compra e venda por inadimplemento dos compromissários-compradores, conforme estabelecido na cláusula contratual e no Código de Defesa do Consumidor, bem como na Súmula 543 do Superior Tribunal de Justiça. A restituição parcial de 80% dos valores pagos é devida, com retenção de 20%, em conformidade com a cláusula penal compensatória e a jurisprudência consolidada. A existência de leilão extrajudicial prévio e subsequente adjudicação do imóvel não exime a obrigação de *devolução* parcial das quantias pagas, em respeito ao princípio da vedação ao enriquecimento sem causa. Aplicação restrita do artigo 63 da Lei n. 4.591/1964, sem incidência retroativa da Lei

determinem, nos contratos já celebrados sob a égide da "Lei do Distrato", a devolução imediata de quantias pagas em percentual superior ao fixado na lei, valendo-se dos mesmos parâmetros delineados na Súmula 543 do Superior Tribunal de Justiça[156] e da orientação constante da Súmula 2 do Tribunal de

---

n.13.786/2018, nos termos do artigo 5º, XXXVI, da Constituição Federal e do artigo 6º, § 1º, da Lei de Introdução às Normas do Direito Brasileiro. Incidência da correção monetária a partir de cada desembolso, em razão de sua natureza de recomposição do poder aquisitivo da moeda, conforme entendimento pacífico na jurisprudência. Correção desde cada pagamento, afastando-se o marco inicial da propositura da ação. Juros de Mora devem incidir a partir do trânsito em julgado da decisão, nos termos do Tema 1.002 do STJ, considerando que a resolução contratual ocorreu por inadimplemento dos compradores e não por culpa do vendedor, evitando-se penalização injusta à parte não inadimplente. Reforma da sentença apenas para ajustar o marco inicial dos juros de mora. Sentença parcialmente reformada – recurso parcialmente provido" (TJSP, AC 1016355-23.2021.8.26.0361, Rel. Des. Olavo Paula Leite Rocha, j. 01.11.2024).

156 Nesse sentido, o Superior Tribunal de Justiça: "Agravo interno no agravo em recurso especial. Ação de rescisão de contrato. Aquisição de unidade imobiliária. Conclusão acerca da carência de prova de constituição do regime de afetação no momento processual oportuno. Súmulas 5 e 7/STJ. Cabimento da retenção do percentual de 25% (vinte e cinco) por cento da quantia paga. Agravo interno desprovido. 1. O acórdão estabeleceu que a insurgente não fez prova da averbação da constituição do regime de afetação do imóvel, porquanto não juntou aos autos, no momento processual oportuno, a demonstração nesse sentido, o que seria feito pela colação da certidão da matrícula do bem emitida pelo Cartório de Registro de Imóveis; bem como asseverou que a recorrida questionou todos os pontos trazidos na contestação; acrescentou que há a premissa no julgamento de que a prova da constituição de patrimônio de afetação não foi juntada no momento oportuno – aplicação do art. 434 do CPC. Óbice das Súmulas 5 e 7/STJ. 2. Julgados desta Corte Superior entendem que, mesmo na hipótese de devida comprovação da constituição do patrimônio de afetação da incorporação imobiliária, a retenção dos valores pagos pelo promitente comprador pode chegar a até 50% (cinquenta por cento), conforme o estabelecido no art. 67-A, I, e § 5º, da Lei n. 13.786/2018; nada obsta, portanto, a que o seja em percentual menor, como no mínimo de 25% (vinte e cinco por cento) da quantia paga. Precedentes. 3. Agravo interno desprovido" (STJ, AgInt no AREsp 2.590.853/SP, 3ª Turma, Rel. Min. Marco Aurélio Bellizze, j. 12.08.2024). No mesmo sentido, a jurisprudência do Tribunal de Justiça do Estado de São Paulo: "Direito civil. Apelação cível. Ação de rescisão contratual cumulada com restituição de valores. Retenção de valores. Patrimônio de afetação. Abusividade da cláusula contratual. Obra concluída. Retenção limitada a 20%. Desprovimento. I. Caso em exame Apelação cível interposta pela ré contra sentença que julgou parcialmente procedente ação de rescisão contratual, condenando a restituir os valores pagos com retenção de 20%, por já estar extinto o regime de patrimônio de afetação. Sentença afastou a retenção de 50% dos valores pagos, prevista no contrato, com base na Lei do Distrato. II. Questão em discussão 2.

Justiça do Estado de São Paulo[157], sob o argumento de que a previsão normativa não afasta o reexame judicial da abusividade de cláusulas à luz do Código de Defesa do Consumidor, por força do *princípio da especialidade*[158].

---

A questão em discussão consiste em saber se, com a extinção do regime de afetação pela conclusão da obra, a retenção de 50% dos valores pagos pelo comprador pode prevalecer ou se o limite de retenção deve ser reduzido conforme normas consumeristas e a legislação aplicável. III. Razões de decidir 3. Comprovada a extinção do patrimônio de afetação pela conclusão e entrega da obra, aplica-se o limite de 25% de retenção estabelecido pelo art. 67-A, II, da Lei n.4.591/1964, sendo fixada em 20% na sentença. 4. A cláusula contratual que prevê retenção de 50% revela-se abusiva, não subsistindo o argumento da apelante quanto à sua aplicação automática em razão do patrimônio de afetação, já extinto. IV. Dispositivo e tese 5. Apelação cível desprovida. Tese de julgamento: 'A retenção de valores pagos em contratos de compra e venda de imóvel deve observar o limite de 25% dos valores pagos quando extinto o regime de patrimônio de afetação, sendo abusiva a cláusula que prevê percentual superior'" (TJSP, AC 1002959-22.2022.8.26.0400, Rel. Des. João Baptista Galhardo Jr., j. 04.11.2024); "Ação de rescisão contratual. Compromisso de compra e venda de imóvel. Lote de terreno. Desistência do comprador. Negócio celebrado após a Lei 13.786/2018. Cláusula penal prevista no contrato deve ser afastada por implicar desvantagem exagerada ao consumidor, ensejando perda significativa do que foi pago. Particularidades do caso concreto. Jurisprudência desta Câmara tem adotado percentual de retenção correspondente a 25% dos valores pagos em situações semelhantes. Possibilidade, ainda, de retenção da comissão de corretagem. Taxa de fruição inexigível. Lote de terreno não edificado. Parcial provimento do recurso, com redistribuição dos ônus sucumbenciais" (TJSP, AC 1012659-14.2023.8.26.0068, Rel. Des. Mario Daccache, j. 31.10.2024).

157 Súmula 2 do TJSP: "A devolução das quantias pagas em contrato de compromisso de compra e venda de imóvel deve ser feita de uma só vez, não se sujeitando à forma de parcelamento prevista para a aquisição".

158 "Compromisso de compra e venda ação de rescisão contratual por iniciativa do adquirente após a lei do distrato. O contrato firmado pelas partes é posterior à Lei 13.786/2018, que, na hipótese de rescisão contratual por iniciativa do adquirente, seja caso de incorporação imobiliária (art. 67-A da Lei 4.591/64), seja caso de loteamento (art. 32-A da Lei 6.766/79), prevê penalidades que podem implicar perdimento da totalidade dos valores pagos pelo consumidor, o que conflita com a Lei 8.078/90, que veda o perdimento da totalidade dos valores já pagos pelo consumidor e reputa nulas e abusivas quaisquer disposições contratuais que coloquem o consumidor em desvantagem exagerada (art. 51,inciso IV e art. 53). Conflito aparente de normas. Aplicação do critério da especialidade. Prevalência do Código de Defesa do Consumidor. A Lei 13.786/2018, ao não revogar expressamente a Lei 8.078/90, não se sobrepõe a esta, de acordo com o artigo 2º do Decreto 4.657, de 4 de setembro de 1942 (Lei de Introdução às normas de Direito Brasileiro). Percentual de retenção de 25% mantido como suficiente para cobrir custos administrativos" (TJSP, AC 1012516- 93.2022.8.26.0477, Rel. Des. Fernando Marcondes, j. 02.04.2024).

O percentual de devolução, segundo este entendimento, variará de acordo com cada caso concreto para efeito de restituir ao compromissário comprador as despesas havidas, por exemplo, com publicidade, confecção de contrato etc.[159]. Se adredemente fixado pelo Tribunal Estadual, o Superior Tribunal de Justiça não procede à sua revisão, ante o teor da sua Súmula 7 que impede o revolvimento de matéria fático-probatória que toque a lide[160].

Todavia, embora seja esse o entendimento preponderante em julgados mais recentes, sobretudo do Tribunal de Justiça do Estado de São Paulo, de se registrar a existência de decisões que determinam fiel observância às regras delineadas na Lei 13.786/2018 a contratos celebrados sob sua égide, com a incidência dos percentuais de devolução ali prescritos[161].

Em qualquer das hipóteses tratadas nos parágrafos anteriores, o valor remanescente a ser devolvido ao consumidor adquirente deve ser atualizado com base no índice contratualmente estabelecido para a correção monetária das parcelas do preço do imóvel, por não se tratar de um *plus*, mas de medida destinada a evitar o *minus*, já que a devolução do valor nominal implica em desvantagem exagerada ao adquirente. A correção, por sua vez, tem como termo inicial a data do desembolso de cada uma das parcelas pagas pelo compromissário comprador.

---

159 Retenção de **90%**: REsp 545.708/MG, REsp 239.576/SP, REsp 188.951/DF, REsp 132.903/SP, REsp 114.071/DF, REsp 58.912/MG, REsp 45.511/SP, AgRg 580.988/RS, Ag. 553.067/RS, Ag. 451.134/MG; **80%**: REsp 60065/SP; **75%**: REsp 508.053/MG; **70%**: REsp 293.214/SP, REsp 223.118/MG, REsp 345.725/SP.

160 Nesse sentido, confira-se: REsp 115.671/RS, REsp 788.143/MG e REsp 594.486/MG.

161 Nesse sentido: "Apelação. Compromisso de compra e venda Desistência dos compradores Sentença de improcedência Irresignação recursal, objetivando a restituição dos valores pagos Comissão de corretagem paga pelos autores sem qualquer ressalva. Menção expressa no contrato de corretagem imobiliária, com informação destacada do preço do imóvel Tema 938/STJ Devolução indevida Anterior distrato entre as partes que levou à devolução de 50% dos valores pagos, conforme previsto no art. 67, § 5º, da Lei 4591/64, com a redação que lhe foi dada pela Lei n. 13.786/2018 Improcedência mantida. Recurso não provido" (TJSP, AC 1000102-51.2023.8.26.0405, Rel. Des. Monica de Carvalho, j. 04.11.2024); "Apelação. Compromisso de compra e venda. Ação de rescisão contratual. Procedência em parte. Inconformismo da requerida. Distrato. Desistência pelos compradores. Rescisão da avença, admitida a retenção pela ré de 20% do montante pago, suficiente para suportar os prejuízos ocasionados à vendedora. Contrato posterior à Lei 13.786/2018. Empreendimento submetido ao regime de patrimônio de afetação. Percentual de retenção contratualmente previsto, podendo ser de até 50%, nos termos do art. 67- A, § 5º. Comissão de corretagem que é devida. Provimento em parte" (TJSP, AC 1021961-68.2023.8.26.0100, Rel. Des. Enio Zuliani, j. 07.06.2024).

Juros moratórios também são exigíveis independente de pedido expresso da parte nos termos da Súmula 254 do Supremo Tribunal Federal e são devidos a partir do trânsito em julgado da decisão que vier a determinar o valor a ser restituído pelo alienante[162], conforme pacificado no Tema 1.002 do Superior Tribunal de Justiça, aplicável a contratos anteriores à Lei 13.786/2018[163].

Por fim, quanto aos *juros de obra*, o Superior Tribunal de Justiça, no Embargos de Divergência no Recurso Especial 670.117/PB, firmou entendimento de que eles são devidos pelo adquirente[164], em revisão a entendi-

---

[162] Nesse sentido o REsp 737.856/RJ: "Recurso especial. Embargos do devedor. Promessa de venda e compra. Rescisão judicial. Determinação de restituição pelo promitente vendedor de parte do montante pago. Correção monetária. Juros de mora. Termo inicial. Recurso parcialmente provido. 1. É assente nesta E. Corte de Uniformização Infraconstitucional que a correção monetária não constitui gravame ao devedor, não é um *plus* na condenação, mas tão somente fator que garante a *integra restitutio*, que representa a recomposição do valor real da moeda aviltada pela inflação. Destarte, para que a devolução se opere de modo integral, a incidência da correção monetária cede ter por termo inicial o momento dos respectivos desembolsos, quando aquele que hoje deve restituir já podia fazer uso das importâncias recebidas. 2. De igual modo, é mansa a orientação no sentido de que os juros de mora, como acessórios do capital, são exigíveis, ainda que não haja pedido expresso ou determinação da sentença, na qual se reputam implicitamente incluídos, consoante enunciado sumular n. 254 do C. Supremo Tribunal Federal (...)" (STJ, REsp 737.856/RJ, 4ª Turma, Rel. Min. Jorge Scartezzini, j. 12.12.2006). No mesmo sentido: STJ, Ag. 589.349/RJ, Rel. Min. Nancy Andrighi, j. 06.08.2004.

[163] Tema 1.002 do STJ: "Nos compromissos de compra e venda de unidades imobiliárias anteriores à Lei n. 13.786/2018, em que é pleiteada a resolução do contrato por iniciativa do promitente comprador de forma diversa da cláusula penal convencionada, os juros de mora incidem a partir do trânsito em julgado da decisão".

[164] "Embargos de divergência. Direito civil. Incorporação imobiliária. Imóvel em fase de construção. Cobrança de juros compensatórios antes da entrega das chaves. Legalidade. 1. Na incorporação imobiliária, o pagamento pela compra de um imóvel em fase de produção, a rigor, deve ser à vista. Nada obstante, pode o incorporador oferecer prazo ao adquirente para pagamento, mediante parcelamento do preço. Afigura-se, nessa hipótese, legítima a cobrança de juros compensatórios. 2. Por isso, não se considera abusiva cláusula contratual que preveja a cobrança de juros antes da entrega das chaves, que, ademais, confere maior transparência ao contrato e vem ao encontro do direito à informação do consumidor (art. 6º, III, do CDC), abrindo a possibilidade de correção de eventuais abusos. 3 No caso concreto, a exclusão dos juros compensatórios convencionados entre as partes, correspondentes às parcelas pagas antes da efetiva entrega das chaves, altera o equilíbrio financeiro da operação e a comutatividade da avença. 4. Precedentes: REsp 379.941/SP, Relator Ministro Carlos Alberto Menezes Direito, Terceira Turma, julgado em 3/10/2002, *DJ* 2/12/2002, p. 306, REsp 1.133.023/PE, REsp 662.822/DF, REsp 1.060.425/PE e REsp 738.988/DF,

mento anterior em sentido contrário, a afastar a alegação de abusividade da sua cobrança. Todavia, a mesma corte firmou tese (Tema 996[165]), nos autos do Recurso Especial 1.729.593/SP, no sentido de que a cobrança de juros de obra após o decurso do prazo para a entrega das chaves, incluído o período de tolerância, é ilegal.

#### *1.4.8.5 O adimplemento substancial como hipótese impeditiva da resolução do compromisso de compra e venda*

Não obstante o art. 475 do Código Civil garantir à parte lesada pelo inadimplemento de um contrato o direito de pleitear sua resolução, nem todo descumprimento contratual enseja sua desconstituição. Há hipóteses excepcionais, em especial em contratos de execução diferida, com pagamento do preço em parcelas, em que o devedor cumpriu significativamente suas obrigações e, por força de circunstâncias indesejadas e insuperáveis, deixa de dar cumprimento à pequena fração do ajuste.

Nesse âmbito – mas não limitado a ele –, insere-se o compromisso de compra e venda, que, como regra, contempla o pagamento parcelado do preço de um imóvel que pode servir de moradia aos adquirentes. Nesses casos, o exercício do direito à resolução contratual, em regra cumulado com reintegração de posse, pode se dar com consequências contrárias aos princípios da função social do contrato (art. 421 do CC) e da boa-fé objetiva (art. 422 do CC), em especial quando uma *fração ínfima* do conjunto de obrigações contratuais restar descumprida.

Trata-se da aplicação da *teoria do adimplemento substancial* que impede a resolução de contratos nos casos de descumprimento de parcelas de pouca relevância. Como registra Flávio Tartuce, "nos casos em que o contrato tiver sido quase todo cumprido, sendo a mora insignificante, não caberá sua extinção, mas apenas outros efeitos jurídicos, como a cobrança ou o pleito

---

todos relatados pelo Ministro Aldir Passarinho Júnior, REsp 681.724/DF, relatado pelo Ministro Paulo Furtado (Desembargador convocado do TJBA), e REsp 1.193.788/SP, relatado pelo Ministro Massami Uyeda. 5. Embargos de divergência providos, para reformar o acórdão embargado e reconhecer a legalidade da cláusula do contrato de promessa de compra e venda de imóvel que previu a cobrança de juros compensatórios de 1% (um por cento) a partir da assinatura do contrato" (STJ, EREsp 670.117/PB, Rel. Min. Antonio Carlos Ferreira, j. 13.06.2012).

165 Tema 996 do STJ: "3) É ilícito cobrar do adquirente juros de obra, ou outro encargo equivalente, após o prazo ajustado no contrato para a entrega das chaves da unidade autônoma, incluído o período de tolerância".

de indenização por perdas e danos"[166], que teve origem no direito consuetudinário inglês sob a rubrica do *substancial performance*.

Embora ainda não positivada no direito civil brasileiro[167], a *teoria do adimplemento substancial* é objeto de reconhecimento e aplicação pela jurisprudência, a partir da necessidade de conservação e estabilidade das relações contratuais diante de descumprimentos de baixa repercussão econômica, resguardado o direito do credor de perseguir seu crédito por outras vias processuais, a exemplo das ações de execução ou cobrança. Visa, de acordo com o Superior Tribunal de Justiça nos autos do Recurso Especial 1.051.270/RS, "impedir o uso desequilibrado do direito de resolução por parte do credor, preterindo desfazimentos desnecessários em prol da preservação da avença, com vistas à realização dos princípios da boa-fé e da função social do contrato"[168], o que não significa livrar o devedor do cumprimento das suas

---

166 TARTUCE, Flávio. **A teoria do adimplemento substancial na doutrina e jurisprudência**. Disponível em: https://www.jusbrasil.com.br/artigos/a-teoria-do-adimplemento-substancial-na-doutrina-e-na-jurisprudencia/180182132. Acesso em: 21 mar. 2025.

167 O Projeto de Lei 4/2025, de reforma do Código Civil, propõe a inserção do art. 475-A, que passa a prever, de modo expresso, a teoria do adimplemento substancial: "Art. 475-A. O adimplemento substancial do contrato pelo devedor pode ser oposto ao credor, evitando a resolução, observando-se especialmente: I – a proporção da prestação satisfeita em relação à parcela inadimplida; II – o interesse útil do credor na efetivação da prestação; III – a tutela da confiança legítima gerada pelos comportamentos das partes; IV – a possibilidade de conservação do contrato, em prol de sua função social e econômica. Parágrafo único. O disposto neste artigo não afasta eventual pretensão do credor pela reparação por perdas e danos".

168 "Direito civil. Contrato de arrendamento mercantil para aquisição de veículo (*leasing*). Pagamento de trinta e uma das trinta e seis parcelas devidas. Resolução do contrato. Ação de reintegração de posse. Descabimento. Medidas desproporcionais diante do débito remanescente. Aplicação da teoria do adimplemento substancial. 1. É pela lente das cláusulas gerais previstas no Código Civil de 2002, sobretudo a da boa-fé objetiva e da função social, que deve ser lido o art. 475, segundo o qual '[a] parte lesada pelo inadimplemento pode pedir a resolução do contrato, se não preferir exigir-lhe o cumprimento, cabendo, em qualquer dos casos, indenização por perdas e danos'. 2. Nessa linha de entendimento, a teoria do substancial adimplemento visa a impedir o uso desequilibrado do direito de resolução por parte do credor, preterindo desfazimentos desnecessários em prol da preservação da avença, com vistas à realização dos princípios da boa-fé e da função social do contrato. 3. No caso em apreço, é de se aplicar a da teoria do adimplemento substancial dos contratos, porquanto o réu pagou: '31 das 36 prestações contratadas, 86% da obrigação total (contraprestação e VRG parcelado) e mais R$ 10.500,44 de valor residual garantido'. O mencionado descumprimento contratual é inapto a ensejar a reintegração de posse

obrigações, mas submetê-lo a "meios menos gravosos e proporcionalmente mais adequados à persecução do crédito remanescente, como, por exemplo, a execução do título". No mesmo sentido, o Enunciado 361 da IV Jornada de Direito Civil do Centro de Estudos Judiciários do Conselho da Justiça Federal: "o adimplemento substancial decorre dos princípios gerais contratuais, de modo a fazer preponderar a função social do contrato e o princípio da boa-fé objetiva, balizando a aplicação do art. 475".

No entanto, sua aplicação deve ser criteriosa, a fim de impedir o exercício abusivo do direito pelo compromitente comprador. Além da verificação do cumprimento, pelo devedor, de significativa fração das obrigações que lhe são contratualmente atribuídas, o julgador também deve considerar circunstâncias qualitativas que permeiam o caso concreto, com destaque ao comportamento de boa-fé do devedor e os interesses do credor. Nesta linha, o Superior Tribunal de Justiça, nos autos Recurso Especial 1.581.505/SC, indica os requisitos que devem se fazer presentes para a aplicação da teoria do adimplemento substancial: "a) a existência de expectativas legítimas geradas pelo comportamento das partes; b) o pagamento faltante há de ser ínfimo em se considerando o total do negócio; c) deve ser possível a conservação da eficácia do negócio sem prejuízo ao direito do credor de pleitear a quantia devida pelos meios ordinários".

Nesse contexto, o Tribunal de Justiça do Estado de São Paulo coleciona julgados que afastam a aplicação da teoria do adimplemento substancial, a exemplo de casos de descumprimento de parcela relevante das obrigações[169]

---

pretendida e, consequentemente, a resolução do contrato de arrendamento mercantil, medidas desproporcionais diante do substancial adimplemento da avença. 4. Não se está a afirmar que a dívida não paga desaparece, o que seria um convite a toda sorte de fraudes. Apenas se afirma que o meio de realização do crédito por que optou a instituição financeira não se mostra consentâneo com a extensão do inadimplemento e, de resto, com os ventos do Código Civil de 2002. Pode, certamente, o credor valer-se de meios menos gravosos e proporcionalmente mais adequados à persecução do crédito remanescente, como, por exemplo, a execução do título".

169 "Consumidor. Apelação. Ação de rescisão contratual c.c. reintegração de posse. I. Caso em exame: Recursos de apelação interpostos contra a sentença que julgou parcialmente procedentes os pedidos, formulados na petição inicial, para o fim de rescindir o contrato de compromisso de compra e venda de unidade imobiliária, especificado às fls. 17/20, e determinar a devolução voluntária do imóvel, no prazo de 60 dias, sob pena de reintegração de posse compulsória. Os réus argumentam que o valor cobrado pela autora estava errado, conforme o indicado no laudo pericial. Alegaram que a rescisão contratual e a reintegração de posse ferem os princípios da boa-fé contratual e da função social do contrato. Invocaram a teoria do adimplemento

substancial, destacando que pagaram mais de 50% das prestações e realizaram depósitos judiciais. Solicitaram a reforma da sentença para permitir a novação da dívida e o uso do FGTS para abatimento do valor. Também inconformada, em recurso adesivo, a autora impugnou o afastamento da multa contratual de 10%. Afirmou que a multa é devida, em caso de descumprimento do contrato, e que sua aplicação não configura 'bis in idem'. Defendeu a inaplicabilidade do Código de Defesa do Consumidor ao caso, uma vez que o contrato segue as regras do Sistema Financeiro de Habitação, que possui regulamentação específica. II. Questão em discussão: A questão em discussão consiste em analisar a legalidade da multa contratual de 10% e a aplicabilidade da teoria do adimplemento substancial, bem como a possibilidade de novação da dívida. A autora busca a aplicação da multa prevista no contrato, enquanto os réus defendem a reforma da sentença para permitir a novação da dívida e evitar a perda do imóvel. III. Razões de decidir: Aplica-se o CDC ao caso em exame, uma vez que preenchidos os requisitos previstos nos arts. 2º e 3º da Lei 8.078/1990. Assim, reputam-se nulas, de pleno direito, as cláusulas contratuais relativas ao fornecimento de produtos e serviços que estabeleçam obrigações consideradas iníquas, abusivas, que coloquem o consumidor em desvantagem exagerada, assim consideradas aquelas que se mostrem excessivamente onerosas para o consumidor, considerando-se a natureza e conteúdo do contrato, o interesse das partes e outras circunstâncias peculiares ao caso (CDC, art. 51, 'caput', inciso IV, e § 1º, inciso III). No presente caso, tem-se que, por força da cláusula 23ª do contrato (fl. 20), em hipótese de rescisão judicial do contrato, os adquirentes seriam responsabilizados, ainda, pelo pagamento de multa equivalente a 10% sobre o valor da importância devida. Deste modo, considerando a devolução do imóvel e a retenção das parcelas pagas, imperioso reconhecer-se que a multa pactuada afigura-se, à luz do caso concreto, abusiva, especialmente se considerado que a rescisão contratual implica o retorno das partes ao 'status quo ante', vedando-se o enriquecimento sem causa. O apelo dos réus, por outro lado, não merece prosperar. De acordo com a jurisprudência do C. STJ, a aplicação da Teoria do Adimplemento Substancial exigiria, para a hipótese, o preenchimento dos seguintes requisitos: a) a existência de expectativas legítimas geradas pelo comportamento das partes; b) o pagamento faltante há de ser ínfimo em se considerando o total do negócio; c) deve ser possível a conservação da eficácia do negócio sem prejuízo ao direito do credor de pleitear a quantia devida pelos meios ordinários. É incontroverso que os réus inadimpliram, com parcela relevante do preço estabelecido em contrato, observando-se que os próprios devedores informam a existência de 120 prestações não pagas, havendo a existência de débito na ordem de R$ 95.152,92, o que inviabiliza a aplicação da referida Teoria, independentemente da análise dos demais elementos contratuais. Ademais, é cediço que a novação da dívida exigiria a concordância do credor, o que não se faz presente no vertente caso. IV. Dispositivo: Negaram provimento aos recursos, ficando majorados os honorários advocatícios sucumbenciais a serem suportados pelos réus, que passarão a corresponder ao importe de 12% sobre o valor atualizado da causa, nos termos do art. 85, §§ 2º e 11, do CPC/15, e da tese definida no Tema 1.059/STJ. Em relação à parte autora, não há que se falar em majoração de tal verba sucumbencial, eis que a mesma não foi condenada a tal título no bojo da sentença" (TJSP, AC 1003248-34.2018.8.26.0322, e inadimplemento reiterado[170], reconhecendo-a em casos, por exemplo, de pagamento integral do preço, mas não de taxas de conservação de loteamento[171], em alinhamento com a jurisprudência do Superior Tribunal de Justiça.

---

Rel. Des. Mario Chiuvite Junior, j. 21.03.2025). "Direito civil. Apelação. Rescisão contratual. Reintegração de posse. Prescrição. Recurso desprovido. Caso em Exame Ação de rescisão contratual cumulada com pedidos de reintegração de posse e perdas e danos ajuizada pelo apelado contra os apelantes, julgada procedente em primeira instância. Os réus apelam, alegando prescrição e pleiteando indenização pelas benfeitorias introduzidas no imóvel. II. Questão em Discussão 2. A questão em discussão consiste em determinar se a pretensão autoral de rescisão contratual está prescrita e se é possível reconhecer o adimplemento substancial do contrato. III. Razões de Decidir 3. A ação busca a rescisão contratual e reintegração de posse, não se tratando de cobrança, aplicando-se o prazo prescricional decenal do artigo 205 do Código Civil. 4. Não se verifica adimplemento substancial, dado o inadimplemento de grande parte das prestações. A pretensão de indenização por benfeitorias não se justifica em vista da falta de comprovação nos autos. IV. Dispositivo e Tese – Recurso desprovido. Tese de julgamento: 1. A rescisão contratual e reintegração de posse não estão sujeitas ao prazo quinquenal de prescrição. 2. Não tendo sido discriminadas as benfeitorias, com indicação específica de seu valor, não há direito à indenização" (TJSP, AC 1005665-93.2023.8.26.0609, Rel. Des. Jane Franco Martins, j. 19.03.2025).

170 "Apelação. Ação de obrigação de fazer c/c inexigibilidade de débitos com pedido de tutela de urgência. Compromisso de compra e venda de imóvel. Condomínio e IPTU. Insurgência do autor para se exonerar do pagamento de débitos condominiais e tributários. Impossibilidade de modificar acordo homologado judicialmente, uma vez que se trata de título judicial com força de coisa julgada. Retenção das chaves do imóvel pela ré, em razão da inadimplência do comprador. Apelante que reconheceu saldo devedor em relação à apelada. Existência de três renegociações de parcelas inadimplidas em Ação de Execução de Título Extrajudicial. Teoria do Adimplemento Substancial, que visa garantir aos devedores de boa-fé, a possibilidade de saldar as dívidas, de forma menos onerosa. Inaplicabilidade no caso, entretanto, em decorrência de novo inadimplemento do autor. Abusividade não caracterizada. Retenção das chaves pela requerida como forma de garantir o pagamento do saldo residual pelo devedor. Ainda que se considere de pequeno valor o débito, a parte autora demonstra dificuldade em honrar acordos, mesmo após receber descontos para quitar o preço. Sentença mantida. Recurso do autor a que se nega provimento" (TJSP, AC 1008299-14.2024.8.26.0161, Rel. Des. Fátima Cristina Ruppert Mazzo, j. 17.03.2025).

171 "Apelação cível. Relação de consumo. Quitação integral dos lotes. Inadimplemento das taxas de conservação. Rescisão contratual automática. Cláusula abusiva. Direito de propriedade. Danos materiais e morais. Reconhecida a relação de consumo entre as partes. Quitação integral dos lotes assegura a titularidade da autora, não podendo o inadimplemento de taxas acessórias justificar a rescisão contratual automática, devendo ser promovida a cobrança judicial. Cláusula de rescisão unilateral por inadimplemento de obrigação *propter rem* é abusiva, impondo desvantagem excessiva ao consumidor, afrontando o artigo 51 do CDC. Ausência de danos materiais, pois a

Com efeito, a aplicação da teoria do adimplemento substancial deve se cingir a casos concretos que externem excepcionalidades que justifiquem sua incidência, sob pena de desmoralização de obrigações estipuladas no compromisso de compra e venda, insegurança jurídica ao credor e encarecimento das relações negociais relativas a preço e financiamento, diante do aumento do risco por perda do direito à recuperação da coisa prometida à venda. Assim, cada caso concreto deve ser criteriosamente analisado para evitar o exercício abusivo de um direito pelo adquirente que deixa de pagar a íntegra do preço pactuado.

#### *1.4.8.6 Cumulação com pedido de reintegração de posse*

O pedido de resolução contratual, em regra, é cumulado com o de reintegração na posse, destinado a oportunizar ao compromitente vendedor a recuperação do imóvel compromissado à venda.

Todavia, atente-se ao fato de que tal cumulação não transforma a ação de resolução contratual em modalidade de ação possessória e, portanto, não segue o rito especial prescrito no art. 554 e seguintes do Código de Processo Civil de 2015, mas o comum ordinário.

Embora tal advertência se mostrasse relevante sob a égide do Código de Processo Civil de 1973, que exigia a formulação do pedido de reintegração de posse por meio de peça apartada (especificamente, por *reconvenção*), o diploma processual vigente permite a formulação do pedido no corpo da própria contestação, ou apenas da reconvenção, acaso o réu decida apenas reconvir (réu reconvinte revel), com fundamento no art. 343 do Código de Processo Civil de 2015.

Assim, eventual pedido de devolução de quantias pagas ou de indenização e retenção por benfeitorias deverão ser formulados na própria contestação, não sendo mais necessária a apresentação de peça apartada, tal como exigia o art. 315 do Código de Processo Civil de 1973. É o que, aliás, expressamente prescreve a Súmula 2 do Tribunal de Justiça do Estado de São Paulo: "Reconhecido que o compromissário comprador tem direito à devolução de parcelas pagas por conta do preço, as partes deverão ser repostas ao estado anterior, independente de reconvenção".

---

posse dos lotes permanece com a apelante e inexistência de danos morais, tendo em vista a ausência de prova de abalo significativo. Sentença reformada. Recurso parcialmente provido para restabelecer o contrato, declarar a nulidade da cláusula abusiva de rescisão e afastar as indenizações pleiteadas" (TJSP, AC 1006930-42.2021.8.26.0079, Rel. Des. Olavo Paula Leite Rocha, j. 21.03.2025).

Por outro lado, a ação de resolução contratual não comporta concessão da liminar prevista no art. 562 do Código de Processo Civil de 2015, por ser instituto típico do procedimento especial das ações genuinamente possessórias, mas sim *tutela provisória de urgência de natureza antecipatória*, que será ou não concedida a partir da análise do preenchimento dos requisitos prescritos nos arts. 300 a 311 do Código de Processo Civil de 2015, mais rígidos que os necessários para a concessão da liminar nas ações possessórias.

A concessão da tutela provisória reclama, além da demonstração do exercício de posse sem justa razão pelo réu (probabilidade do direito), a prova do perigo de dano ou o risco ao resultado útil do processo (art. 300 do CPC/2015). E, sob a rubrica da *tutela de evidência* (art. 311 do CPC/2015), mediante demonstração de abuso do direito de defesa ou intuito protelatório do réu (inc. I) ou reconhecimento/incontrovérsia do pedido do autor suficientemente lastreado em prova documental suficiente (inc. IV).

A grande vantagem da concessão da tutela antecipada ou da tutela de evidência reside no fato de que eventual recurso de apelação, manejado contra sentença que julga procedente a ação e confirma ou concede, em capítulo próprio, decisão antecipatória deverá ser recebido apenas no efeito devolutivo (art. 1.012, § 1º, V, do CPC/2015), de forma a não obstar o cumprimento da ordem de desocupação do imóvel depois de publicada a sentença (§ 2º). Nessa hipótese, o réu sucumbente poderá formular, no corpo da apelação, pedido de efeito suspensivo dirigido (i) ao *tribunal*, no período compreendido entre a interposição do recurso e sua distribuição, ou (ii) ao relator, se já tiver sido distribuído, com o escopo de evitar o cumprimento da ordem de reintegração de posse antes do julgamento do recurso, desde que demonstre "a probabilidade de provimento do recurso ou se, sendo relevante a fundamentação, houver risco de dano grave ou de difícil reparação" (§ 4º).

Nesse caso, a prática tem demonstrado que os autores de ação de resolução contratual têm conseguido a concessão de tutela antecipada, destinada à desocupação do imóvel, logo após a apresentação de contestação pelo réu compromissário comprador. O fundamento ora repousa no manifesto intuito protelatório do réu, que não comprova o pagamento das parcelas pendentes, ora na incontrovérsia do direito do autor, já que só a prova do pagamento impediria, em tese, a procedência da ação.

#### *1.4.8.7 Cumulação com arbitramento de taxa de fruição mensal*

Além da reintegração na posse, admite-se a cumulação do pedido resolutório com perdas e danos em razão da inexecução absoluta do contrato de compromisso de compra e venda. Estabelecido o nexo causal entre o comportamento do devedor inadimplente e um dano emergente ou lucro cessante experimentado pelo credor, esse pode exigir a compensação econômica necessária à composição do seu prejuízo.

Nesse passo, merece destaque a questão da possibilidade do autor da ação de resolução contratual, motivada pelo não pagamento das parcelas devidas pelo compromissário comprador, pleitear a condenação desse ao pagamento de *taxa de fruição mensal* pelo período de ocupação indevida do imóvel compromissado à venda. Argumenta-se, basicamente, que a permanência do devedor no imóvel, sem qualquer contraprestação, constitui conduta que impede o compromitente vendedor de usar e, sobretudo, fruir o bem. E, além disso, enseja enriquecimento sem causa do ocupante, o que hoje conta com expressa vedação imposta pelo art. 884 do Código Civil.

Não há óbice ao acolhimento de tal pretensão, pois a ocupação, sem qualquer contrapartida, oportuniza enriquecimento sem causa do compromissário comprador inadimplente, sendo que o *quantum* por ele devido tem por base o valor de locação do imóvel ou seu valor venal, conforme pacificado pela Súmula 1 da Seção de Direito Privado do TJSP[172] e precedentes do Tribunal de Justiça do Estado de São Paulo[173]. E tal crédito pode ser oposto

---

172 Súmula 1, Seção de Direito Privado do TJSP: "O compromissário comprador de imóvel, mesmo inadimplente, pode pedir a rescisão do contrato e reaver as quantias pagas, admitida a compensação com gastos próprios de administração e propaganda feitos pelo compromissário vendedor, assim como com o valor que se arbitrar pelo tempo de ocupação do bem".

173 "Rescisão contratual cumulada com reintegração na posse. CDHU. Inadimplência notória. Relação de consumo configurada. Devolução dos valores pagos apta a prevalecer. Mutuários/devedores devem pagar pela ocupação do imóvel desde a imissão na posse até a efetiva desocupação, sob pena de caracterizar enriquecimento sem causa. Entrega do imóvel em perfeitas condições de habitabilidade. retorno ao 'status quo ante'. Apelo provido em parte" (TJSP, AC 4303734700, Rel. Des. Natan Zelinschi de Arruda, j. 19.12.2007); "Compromisso de compra e venda de imóvel. Descumprimento de cláusula contratual. Resolução do compromisso de compra e venda. Reintegração na posse do imóvel. Restituição de 50% das prestações pagas configura equilíbrio contratual. Apelados condenados ao pagamento mensal de 1% do valor venal a título de ocupação. Recurso parcialmente provido" (TJSP, AC 2816604700, Rel. Des. José Carlos Ferreira Alves, j. 28.11.2007); "Compromisso de compra e venda. Rescisão. Inadimplência do comprador. Rescisão que não impede a devolução das parcelas já pagas, descontado o percentual de 15% relativo ao presumido prejuízo da vendedora. Jurisprudência do STJ. Indenização pela ocupação que é devida. Benfeitorias não demonstradas. Indenização e retenção indevidas. Rescisão do contrato particular de confissão de dívida, esse acessório ao principal, com devolução de nota promissória assinada pela ré. Sentença de procedência par-

pelo compromitente vendedor a eventual pretensão ressarcitória do compromissário comprador a título de indenização por benfeitorias úteis e/ou necessárias, pois, nos termos do art. 1.221 do Código Civil, "as benfeitorias compensam-se com os danos, e só obrigam ao ressarcimento se ao tempo da evicção ainda existirem", norma que tinha como correspondente o art. 518 do Código Civil de 1916.

Registre-se que, com a ulterior vigência da "Lei do Distrato", os arts. 67-A, III, da Lei 4.591/1964 e 32-A, I, da Lei 6.766/1979 passaram a prever novos critérios de arbitramento da taxa de fruição mensal, potencialmente menos favoráveis ao adquirente. Em vez de apontarem como referência o valor de locação do imóvel, indicam, respectivamente, a possibilidade de cobrança, pelo incorporador, do equivalente a 0,5% do valor atualizado contrato, *pro rata die* e, pelo loteador, 0,75% do valor atualizado do contrato, contado da data da transmissão da posse do lote ao adquirente até sua restituição.

Além de essas previsões serem aplicáveis apenas a compromissos de compra e venda celebrados após a vigência da Lei 13.786/2018, que não retroage a contratos que lhe são anteriores, a jurisprudência desta Corte e do Tribunal de Justiça do Estado de São Paulo tem interpretado essas previsões à luz das regras de ordem pública e interesse social prescritas no Código de Defesa do Consumidor, com o escopo de equilibrar a apuração de haveres entre as partes contratantes, em especial quando constatado desequilíbrio em desfavor do consumidor adquirente.

Nessa linha, diversos são os julgados que não admitem a cobrança de taxa de fruição mensal em caso de *lotes vazios* compromissados à venda que não contaram com qualquer tipo de uso pelo consumidor adquirente, sob o argumento de que a falta de utilização do bem não caracteriza a necessária causa jurídica (efetiva fruição) justificadora desta compensação econômica[174].

---

cial. Recurso da ré provido em parte. Indenização pela ocupação do imóvel. Valor equivalente ao aluguel do bem. Possibilidade. Finalidade de evitar que a sua fruição se consubstancie em enriquecimento ilícito da parte culpada na rescisão" (TJSP, AC 5246204500, Rel. Des. Oscarlino Moeller, j. 28.11.2007).

174 Nesse sentido: "Conforme a orientação sedimentada no âmbito desta Corte, na hipótese de desfazimento de contrato de promessa de compra e venda de terreno não edificado por interesse exclusivo dos adquirentes, é indevida a condenação dos consumidores ao pagamento de taxa de ocupação/fruição" (STJ, AgInt no REsp 1.941.068/SP, 3ª Turma, Rel. Min. Moura Ribeiro, j. 27.09.2021); "Apelação cível. Compromisso de compra e venda. Rescisão unilateral. Sentença de parcial procedência para condenar os requeridos a restituir 90% dos valores pagos. Irresignação dos requeridos. Pretensão de retenção de aplicação da Lei 13.786/2018

De outra ponta, o Superior Tribunal de Justiça já se posicionou no sentido de que a base de cálculo dos percentuais de retenção, a título de taxa de fruição mensal deve considerar **não o valor atualizado do contrato, mas a** *somatória dos valores pagos pelo consumidor adquirente*[175], sob o fundamento

---

e as retenções previstas no contrato. Cabimento parcial. Lei do distrato que deve ser analisada sob o enfoque consumerista. Abusividade da cláusula penal. Observância que importaria no perdimento da totalidade dos valores adimplidos. Extrema desvantagem ao consumidor que deve ser afastada. Fixação no importe de 20% sobre os valores pagos que se mostra mais razoável em virtude de a autora ter ficado com o imóvel por dois anos. Taxa de fruição indevida, uma vez que, de acordo com a jurisprudência do STJ, 'na hipótese de desfazimento de contrato de promessa de compra e venda de terreno não edificado por interesse exclusivo dos adquirentes, é indevida a condenação dos consumidores ao pagamento de taxa de ocupação/fruição' (AgInt. no REsp 1.941.068/SP, Rel. Min. Moura Ribeiro, Terceira Turma, julgado em 27/9/2021, *DJe* 29/9/2021). Pretensão da autora de que seja afastada a retenção da comissão de corretagem. Descabimento. Valor informado no contrato de forma clara e expressa. Precedente do STJ. Juros de mora que incidem desde o trânsito em julgado. Sentença parcialmente reformada. Recurso dos requeridos parcialmente provido e da autora desprovido" (TJSP, Apelação Cível 1000046-42.2023.8.26.0300, Rel. Des. Rodolfo Pellizari, j. 19.09.2024); "Compra e venda de imóvel. Ação de rescisão contratual cumulada com devolução de valores pagos. Parcial procedência. Lote. Rescisão por iniciativa do comprador. CDC. Aplicabilidade. Contrato firmado sob a égide da Lei do Distrato. Direito de retenção estabelecido nos termos do art. 32-A, da Lei n.6.766/79. Diálogo das fontes. Cabimento. Possibilidade de afastamento de disposições abusivas. Cláusula penal. Possibilidade de perda total ou substancial dos valores pagos. Afronta ao CDC e aos princípios da boa-fé objetiva e do equilíbrio contratual. Redução da cláusula penal. Possibilidade. Art. 413, do CC. Percentual de retenção de 20% dos valores pagos que se afigura adequado e suficiente. Caráter indenizatório e cominatório da retenção. Taxa de fruição. Descabimento. Lote não edificado. Impossibilidade de efetiva fruição do bem pelos compradores. Não verificação de enriquecimento sem causa dos adquirentes ou empobrecimento da vendedora. Atualização monetária dos valores devidos pela ré pelos índices da Tabela Prática por se tratar de débito judicial. Restituição dos valores pagos que deve dar-se de imediato e em parcela única. Tema n. 577 e Súmula n. 543, do C. STJ, e súmula n.02, deste E. TJSP. Descabimento de honorários recursais. Recurso parcialmente provido" (TJSP, AC 1033160-51.2022.8.26.0576, Rel. Des. Salles Rossi, j. 11.09.2024).

175 Nesse sentido, o AgInt nos EDcl no REsp 2.110.844/SP: "Conforme a jurisprudência desta Corte Superior, havendo rescisão do compromisso de compra e venda imobiliário por opção do comprador, a vendedora tem direito à cláusula penal, que será apurada em percentual sobre os valores pagos, e não a partir do valor total do negócio. Precedentes. Inadmissível o recurso especial quando o entendimento adotado pelo Tribunal de origem coincide com a jurisprudência do STJ (Súmula n. 83/STJ)".

da desvantagem excessiva causada ao consumidor adquirente, que, ao final, pouco ou nada teria a receber do compromitente vendedor. Todavia, de se registrar que o Tribunal de Justiça do Estado de São Paulo, em recentes julgados, tem contemplado a incidência do percentual sobre o valor atualizado do contrato[176].

### 1.4.9 Resolução contratual por iniciativa do compromissário comprador

A princípio, somente a parte que não deu causa à inexecução de contrato bilateral tem legitimidade para reclamar, em juízo, sua desconstituição. Todavia, no âmbito do compromisso de compra e venda, há muito se admite a propositura de ação de resolução contratual por iniciativa do compromissário comprador com o escopo de reaver parte das quantias que pagou, ainda que em mora decorrente de incapacidade financeira para pagamento das parcelas restantes, entendimento firmado pelo Superior Tribunal de Justiça no julgamento dos Embargos de Divergência no Recurso Especial 59.870/SP[177] e referendado pela Súmula 1 do Tribunal de Justiça do

---

[176] Nesse sentido: "Compra e venda. Ação de rescisão contratual cumulada com restituição de quantias pagas e indenização por benfeitorias. Sentença de parcial procedência. Apelo de ambas as partes. Retomada do bem condicionada ao pagamento da respectiva indenização, para se obstar enriquecimento sem causa da promitente vendedora. Taxa de fruição que deve incidir sobre todo o período de ocupação nos termos da Súmula 1 deste E. TJSP, e não somente sobre o período de inadimplência da autora. Incidência da referida taxa somente sobre o período de inadimplência que promoveria o enriquecimento sem causa da autora, considerando que os valores pagos no período de adimplência lhes serão restituídos. Base de cálculo da taxa de fruição que não deve corresponder ao valor venal do imóvel, mas sim ao valor do contrato, eis que melhor reflete o preço de mercado do bem. Precedentes. Hipótese dos autos que justifica a majoração do valor a ser retido pela ré, de 10% para 20% sobre o valor das parcelas quitadas, de acordo com a jurisprudência deste E. TJSP. Termo inicial dos juros de mora a partir do trânsito em julgado da decisão. Precedentes do C. STJ e deste E. Tribunal. Sentença parcialmente reformada. Apelos parcialmente providos" (TJSP, AC 1008068-16.2022.8.26.0271, Rel. Des. Carlos Dias Motta, j. 09.08.2024).

[177] EREsp 59.870/SP: "Promessa de venda e compra. Resilição. Denúncia pelo compromissário comprador em face da insuportabilidade no pagamento das prestações. Restituição. O compromissário comprador que deixa de cumprir o contrato em face da insuportabilidade da obrigação assumida tem o direito de promover a ação a fim de receber a restituição das importâncias pagas. Embargos de divergência conhecidos e recebidos, em parte" (STJ, EREsp 59.870/SP, 2ª Seção, Rel. Min. Barros Monteiro, j. 10.04.2002).

Estado de São Paulo[178]. Nesse caso, e conforme já dito, dispensa-se a prévia notificação do compromissário vendedor.

O direito do adquirente à devolução das quantias pagas é garantido pelo direito vigente e pela jurisprudência. Cláusula contratual que preveja a perda de todo ou grande parte do valor pago pelo compromissário comprador durante a execução do contrato é tida como nula ou exagerada, existente ou não relação de consumo.

No âmbito das relações de consumo, o art. 53 do Código de Defesa do Consumidor reputa nulas de pleno direito, no plano dos contratos de compra e venda de móveis ou imóveis mediante pagamento em prestações, "as cláusulas que estabeleçam a perda total das prestações pagas em benefício do credor que, em razão do inadimplemento, pleitear a resolução do contrato e a retomada do produto alienado", norma que fundamenta diversos julgados do Superior Tribunal de Justiça que contemplam o direito do consumidor à restituição de valores pagos durante a execução do contrato[179].

Não obstante, importante observação se faz necessária em face de contrato de compra e venda, por instrumento particular, garantido por alienação fiduciária em garantia regulada pela Lei 9.514/1997. Embora não se trate de *compromisso* de compra e venda, mas de *compra e venda* por instrumento particular – uma vez que é da essência da alienação fiduciária a transferência da propriedade do imóvel, pelo adquirente-fiduciante, ao agente financeiro fiduciário que lhe cede o crédito enquanto não quitada a dívida garantida –, o Superior Tribunal de Justiça, por meio do Tema 1.095, oriundo do julga-

---

178 Súmula 1 do TJSP: "O compromissário comprador de imóvel, mesmo inadimplente, pode pedir a rescisão do contrato e reaver as quantias pagas, admitida a compensação com gastos próprios de administração e propaganda feitos pelo compromissário vendedor, assim como com o valor que se arbitrar pelo tempo de ocupação do bem".

179 "Promessa de compra e venda de imóvel. Pacto celebrado na vigência do CODECON. Cláusula abusiva. Ação proposta pelo comprador. I – O comprador inadimplente pode pleitear em juízo a devolução das prestações pagas e a rescisão do pacto, em face do desequilíbrio financeiro resultante da aplicação dos sucessivos planos econômicos. II – Na exegese dos arts. 51 e 53 do Código do Consumidor, são abusivas as cláusulas que, em contrato de natureza adesiva, estabeleçam, rescindido este, tenha o promissário que perder as prestações pagas, sem que do negócio tenha auferido qualquer vantagem. III – Inviável discussão em torno de dedução de quantias pagas a título de despesas arcados pela vendedora, por incidência da Súmula n. 07/STJ. IV – Recurso não conhecido" (STJ, REsp 115.671/RS, 3ª Turma, Rel. Min. Waldemar Sveiter, j. 08.08.2000). No mesmo sentido: STJ, REsp 109.331/SP, 4ª Turma, Rel. Min. Ruy Rosado de Aguiar, j. 24.02.1997; STJ, REsp 265.338/SP, 3ª Turma, Rel. Min. Carlos Alberto Menezes Direito, j. 24.05.2001.

mento do Recurso Especial 1.891.498/SP, firmou entendimento no sentido de que, "em contrato de compra e venda de imóvel com garantia de alienação fiduciária devidamente registrado em cartório, a resolução do pacto, na hipótese de inadimplemento do devedor, devidamente constituído em mora, deverá observar a forma prevista na Lei n. 9.514/97, por se tratar de legislação específica, afastando-se, por conseguinte, a aplicação do Código de Defesa do Consumidor".

A decisão referenda a integral incidência das regras de retomada extrajudicial de imóvel financiado por agente fiduciário, segundo os critérios definidos no art. 22 e seguintes da Lei 9.514/1997, em especial os critérios de apuração do saldo devedor prescritos no art. 26, § 1º, da Lei 9.514/1997[180], que, segundo o julgado, preponderam sobre a regra geral prescrita no art. 53 da Lei 8.078/1990. A dúvida jurídica, hoje eliminada, derivava do texto expresso do referido comando, que prescreve a nulidade de cláusula inserida em contrato de compra e venda de imóvel com pagamento em parcelas, incluída a alienação fiduciária em garantia, regra comumente invocada por consumidores adquirentes para, ao menos, mitigar o prejuízo decorrente da excussão extrajudicial do bem, mediante leilão. Mas, diante da incompatibilidade entre essa regra, anterior à Lei 9.514/1997, e o procedimento de execução extrajudicial de imóvel alienado em garantia em favor do credor fiduciante, prevaleceu o entendimento de que as regras de satisfação do crédito garantido são os previstos nos arts. 22 a 33 da Lei 9.514/1997.

Ausente relação de consumo, a proibição da perda total das parcelas pagas decorre do princípio geral do direito que veda o enriquecimento sem causa, hoje expressamente positivado no art. 884 do Código Civil. Nada justifica a retenção, pelo alienante, de todas as parcelas por ele recebidas, pois além de recuperar a posse do imóvel compromissado, poderá aliená-lo a terceiro. O mesmo raciocínio se aplica aos contratos anteriores à Lei 8.078/1990, conforme reiteradamente reconhecido pelo Superior Tribunal de Justiça[181].

---

180 Art. 26: "Vencida e não paga a dívida, no todo ou em parte, e constituídos em mora o devedor e, se for o caso, o terceiro fiduciante, será consolidada, nos termos deste artigo, a propriedade do imóvel em nome do fiduciário. § 1º Para fins do disposto neste artigo, o devedor e, se for o caso, o terceiro fiduciante serão intimados, a requerimento do fiduciário, pelo oficial do registro de imóveis competente, a satisfazer, no prazo de 15 (quinze) dias, a prestação vencida e aquelas que vencerem até a data do pagamento, os juros convencionais, as penalidades e os demais encargos contratuais, os encargos legais, inclusive os tributos, as contribuições condominiais imputáveis ao imóvel e as despesas de cobrança e de intimação".

181 "Civil e processual civil. Compromisso de compra e venda de imóvel. Devolução das prestações pagas. CC, art. 924. Orientação da corte. Recurso desacolhido. I – Mesmo

Importante frisar que nenhuma dessas normas, em especial a do art. 53 da Lei 8.078/1990, garante ao compromissário comprador inadimplente o direito de recebimento integral daquilo que pagou. É por essa razão que a jurisprudência, em especial a do Superior Tribunal de Justiça e do Tribunal de Justiça do Estado de São Paulo, tem admitido a retenção, pelo compromitente vendedor, de parte do valor pago pelo adquirente a título de compensação por perdas e danos, observados os apontamentos já feitos neste trabalho, relativos ao percentual de devolução e à base de cálculo a ser considerada, que deverá excluir a comissão de corretagem prévia e suficientemente informada no momento da venda.

A devolução integral do preço pago pelo consumidor adquirente terá lugar nos casos de inadimplemento total derivado de conduta imputável ao compromitente vendedor, a exemplo da entrega de imóvel diferente do pactuado em qualidade ou quantidade (*v.g.*, com área inferior à prometida no contrato ou com supressão de cômodos previstos na planta)[182], con-

---

celebrado o contrato antes da vigência do Código de Defesa do Consumidor, o que impunha considerar eficaz previsão contratual de perda das quantias pagas pelo compromissário adquirente, pode o juiz, autorizado pelo disposto no art. 924, CC, reduzi-la a patamar justo, com o objetivo de evitar o enriquecimento sem causa que de sua imposição integral adviria à promitente-vendedora. II – No caso, a redução da pena estipulada foi observada pelas instâncias ordinárias, ao terem estabelecido que das parcelas a serem devolvidas pelos vendedores seria deduzida quantia correspondente à locação do imóvel no período ocupado pelos compromissários-compradores, além das despesas havidas com a alienação do imóvel, inclusive corretagem" (STJ, REsp 299.619/SP, 4ª Turma, Rel. Min. Sálvio de Figueiredo Teixeira, j. 13.03.2001). No mesmo sentido: STJ, REsp 330.017/SP, 3ª Turma, Rel. Min. Nancy Andrighi, j. 13.11.2001; STJ, REsp 134.636/DF, 4ª Turma, Rel. Min. Barros Monteiro, j. 27.05.2003; STJ, REsp 218.721/SP, 3ª Turma, Rel. Min. Carlos Alberto Menezes Direito, j. 18.11.1999; STJ, REsp 158.193/AM, 3ª Turma, Rel. Min. Antonio de Pádua Ribeiro, j. 05.09.2000.

182 Nesse sentido: "Civil e processual. Ação de rescisão contratual de compromisso de compra e venda de imóvel, cumulada com perdas e danos e devolução de prestações pagas. Responsabilidade exclusiva da empresa pelo descumprimento do contrato. Rescisão procedente. Restituição integral. Recurso especial. Matéria de Fato. Reexame. Impossibilidade. Súmula 7, STJ. Juros de mora. Cálculo. Código Civil anterior, art. 1.062. Código Civil atual, art. 406. Incidência. Danos morais e materiais rejeitados. Sucumbência recíproca. Honorários. Compensação. CPC, art. 21. I- Procede o pedido de rescisão de compromisso de compra e venda, com a restituição integral, pela ré, das parcelas pagas, quando demonstrado que a incorporadora foi responsável pela frustração do contrato em virtude do atraso na conclusão da obra, afastada a hipótese de culpa concorrente (Súmula n. 7, STJ). (...)" (STJ, REsp 745.079/RJ, 4ª Turma, Rel. Min. Aldir Passarinho Junior, j. 06.11.2007).

templando, inclusive, a comissão de corretagem, que deve ser igualmente reembolsada[183].

Quanto ao *atraso* na entrega da unidade pelo incorporador, é relevante destacar que a Lei 13.786/2018 positivou a validade jurídica da denominada *cláusula de tolerância*, ao inserir o art. 43-A na Lei 4.591/1964, que deixou de reputar o atraso de até 180 dias, contados da data estipulada em contrato para a entrega da unidade ao consumidor adquirente, como infração contratual, desde que expressa e claramente informado no contrato.

A previsão legal consolidou entendimento jurisprudencial que reconhecia a validade de cláusula em compromisso de compra e venda que estabelecesse esse período de tolerância, não obstante as relevantes críticas no sentido de que ao consumidor adquirente não se atribuía direito equivalente, já que o atraso no pagamento do preço constitui fato gerador de mora e ulterior resolução contratual, com todos os encargos definidos em contrato e na lei. Nesse sentido, o Superior Tribunal de Justiça, no Recurso Especial 1.582.318/RJ, ao reputar não abusiva cláusula contratual com previsão de prazo de tolerância, "desde que contratada com prazo determinado e razoável, já que possui amparo não só nos usos e costumes do setor, mas também em lei especial (art. 48, § 2º, da Lei 4.591/1964), constituindo previsão que atenua os fatores de imprevisibilidade que afetam negativamente a construção civil, a onerar excessivamente seus atores, tais como intempéries, chuvas, escassez de insumos, greves, falta de mão de obra, crise no setor, entre outros contratempos"[184], entendimento secundado pelo Tribunal de Justiça do

---

183 "Apelação. Ação de rescisão de contrato de compra e venda de imóvel c.c. ressarcimento. Sentença de procedência. Insurgência dos réus. Cabimento, em parte. Sentença extra petita no que tange à condenação ao pagamento de indenização por danos morais. Anulação do excerto que se impõe. Incidência do CDC e das normas aplicáveis aos compromissos de compra e venda. Desistência dos adquirentes por culpa dos vendedores. Erro na informação quanto à quantidade de vagas de garagem, reduzida de duas para uma após a celebração da avença. Devolução integral das quantias pagas que se impõe. Inteligência da Súmula 543, do STJ. Comissão de corretagem que deve englobar o montante a ser restituído aos apelados, por integrar as perdas e danos decorrentes da resolução contratual por culpa dos vendedores. Juros de mora que incidem a partir da citação. Inteligência do REsp n. 1.740.911/DF (Tema n. 1.002 STJ). Sentença de procedência anulada em parte. Recurso parcialmente provido" (TJSP, AC 1130714-56.2022.8.26.0100, Rel. Des. Schmitt Corrêa, j. 22.10.2024).

184 Íntegra da ementa: "Recurso especial. Civil. Promessa de compra e venda de imóvel em construção. Atraso da obra. Entrega após o prazo estimado. Cláusula de tolerância. Validade. Previsão legal. Peculiaridades da construção civil. Atenuação de riscos.

Benefício aos contratantes. CDC. Aplicação subsidiária. Observância do dever de informar. Prazo de prorrogação. Razoabilidade. 1. Cinge-se a controvérsia a saber se é abusiva a cláusula de tolerância nos contratos de promessa de compra e venda de imóvel em construção, a qual permite a prorrogação do prazo inicial para a entrega da obra. 2. A compra de um imóvel 'na planta' com prazo e preço certos possibilita ao adquirente planejar sua vida econômica e social, pois é sabido de antemão quando haverá a entrega das chaves, devendo ser observado, portanto, pelo incorporador e pelo construtor, com a maior fidelidade possível, o cronograma de execução da obra, sob pena de indenizarem os prejuízos causados ao adquirente ou ao compromissário pela não conclusão da edificação ou pelo retardo injustificado na conclusão da obra (arts. 43, II, da Lei n. 4.591/1964 e 927 do Código Civil). 3. No contrato de promessa de compra e venda de imóvel em construção, além do período previsto para o término do empreendimento, há, comumente, cláusula de prorrogação excepcional do prazo de entrega da unidade ou de conclusão da obra, que varia entre 90 (noventa) e 180 (cento e oitenta) dias: a cláusula de tolerância. 4. Aos contratos de incorporação imobiliária, embora regidos pelos princípios e normas que lhes são próprios (Lei n. 4.591/1964), também se aplica subsidiariamente a legislação consumerista sempre que a unidade imobiliária for destinada a uso próprio do adquirente ou de sua família. 5. Não pode ser reputada abusiva a cláusula de tolerância no compromisso de compra e venda de imóvel em construção desde que contratada com prazo determinado e razoável, já que possui amparo não só nos usos e costumes do setor, mas também em lei especial (art. 48, § 2º, da Lei n. 4.591/1964), constituindo previsão que atenua os fatores de imprevisibilidade que afetam negativamente a construção civil, a onerar excessivamente seus atores, tais como intempéries, chuvas, escassez de insumos, greves, falta de mão de obra, crise no setor, entre outros contratempos. 6. A cláusula de tolerância, para fins de mora contratual, não constitui desvantagem exagerada em desfavor do consumidor, o que comprometeria o princípio da equivalência das prestações estabelecidas. Tal disposição contratual concorre para a diminuição do preço final da unidade habitacional a ser suportada pelo adquirente, pois ameniza o risco da atividade advindo da dificuldade de se fixar data certa para o término de obra de grande magnitude sujeita a diversos obstáculos e situações imprevisíveis. 7. Deve ser reputada razoável a cláusula que prevê no máximo o lapso de 180 (cento e oitenta) dias de prorrogação, visto que, por analogia, é o prazo de validade do registro da incorporação e da carência para desistir do empreendimento (arts. 33 e 34, § 2º, da Lei n. 4.591/1964 e 12 da Lei n. 4.864/1965) e é o prazo máximo para que o fornecedor sane vício do produto (art. 18, § 2º, do CDC). 8. Mesmo sendo válida a cláusula de tolerância para o atraso na entrega da unidade habitacional em construção com prazo determinado de até 180 (cento e oitenta) dias, o incorporador deve observar o dever de informar e os demais princípios da legislação consumerista, cientificando claramente o adquirente, inclusive em ofertas, informes e peças publicitárias, do prazo de prorrogação, cujo descumprimento implicará responsabilidade civil. Igualmente, durante a execução do contrato, deverá notificar o consumidor acerca do uso de tal cláusula juntamente com a sua justificação, primando pelo direito à informação. 9. Recurso especial não provido" (STJ, REsp 1.582.318/RJ, Rel. Min. Ricardo Villas Boas Cueva, j. 12.07.2017).

Estado de São Paulo[185], que pacificou o entendimento através da Súmula 164, *verbis*: "É valido o prazo de tolerância não superior a cento e oitenta dias, para entrega de imóvel em construção, estabelecido no compromisso de venda e compra, desde que previsto em cláusula contratual expressa, clara e inteligível".

Somente no caso de decurso do prazo de 180 dias é que o incorporador incidirá em atraso, exceto na hipótese de fato de terceiro, a permitir, a critério do adquirente: (i) o ajuizamento de ação de resolução contratual, por *inadimplemento total* da obrigação, cumulada com pedido de devolução da integralidade de todos os valores pagos e da multa estabelecida em contrato, em até 60 (sessenta) dias corridos contados da resolução, corrigidos nos termos do § 8º do art. 67-A da Lei 4.591/1964 (art. 43-A, § 1º, da Lei 4.591/1964) ou (ii) manutenção do contrato com exigência, pelo *inadimplemento parcial* (mora), de indenização equivalente a 1% do valor efetivamente pago à incorporadora, para cada mês de atraso, *pro rata die*, corrigida monetariamente conforme índice estipulado em contrato, vedada sua cumulação com a multa *compensatória* aplicável em caso de resolução contratual (art. 43-A, § 3º, da Lei 4.591/1964), como, aliás, pacificado pelo Superior Tribunal de Justiça no Tema 970, de enorme relevância prática para negócios jurídicos celebrados antes da vigência da Lei 13.786/2018: "a cláusula penal moratória tem a finalidade de indenizar pelo adimplemento tardio da obrigação, e, em regra, estabelecida em valor equivalente ao locativo, afasta-se sua cumulação com lucros cessantes".

Eventual cláusula em compromisso de compra e venda que isente ou atenue o incorporador de responsabilidade pelo atraso superior ao prazo de tolerância padecerá de nulidade, por violação ao art. 51, I, da Lei 8.078/1990 e por impor vantagem excessiva em detrimento do consumidor adquirente (art. 51, IV, do CDC). Por se tratar de previsão que desequilibra a relação contratual, ainda que venha redigida em destaque ou descrita no quadro-resumo, o reconhecimento da sua invalidade é medida de rigor[186].

---

185 Nesse sentido: "Em primeiro lugar, não há que se falar em nulidade da cláusula 5ª do contrato firmado (fls. 23) que estabelece o prazo de tolerância de cento e oitenta dias úteis para a entrega das chaves. Isso porque, não somente se trata de disposição usual em contratos dessa natureza (cf. a respeito: TJSP, Ap. Cível 0032208-72.2011.8.26.0577, São José dos Campos, 10ª Câmara de Direito Privado, Rel. Coelho Mendes, j. 19.06.2012), como sua redação, com que a demandante expressamente concordou, não padece de qualquer vício a ensejar o reconhecimento de sua propalada nulidade" (TJSP, AC 100764-86.2022.8.26.0019, Rel. Des. Vito Guglielmi, j. 18.10.2024).

186 Nesse sentido: "Apelação. Direito do consumidor. Compromisso de compra e venda de imóvel. Atraso na entrega da unidade Ação de indenização por ***danos*** materiais.

O cumprimento do prazo de entrega pelo incorporador, incluído o período de tolerância de 180 dias, consuma-se com a efetiva disponibilização da posse do imóvel ao adquirente. Nesse sentido, a Súmula 160 do Tribunal de Justiça do Estado de São Paulo estabelece que a mera concessão de habite-se, sem efetiva disponibilização da posse do imóvel ao adquirente, caracteriza mora do compromitente vendedor[187], ou seja, não o isenta da responsabilidade de oportunizar o efetivo acesso do adquirente à coisa adquirida, consignando-se que o atraso na entrega, incluído o período de tolerância, impede o incorporador de prosseguir na cobrança de *juros de obra*, conforme pacificado no Tema 996 do Superior Tribunal de Justiça, firmado no Recurso Especial 1.729.593/SP.

Por sua vez, a Súmula 161 da mesma Corte assevera o descabimento do corriqueiro argumento de ocorrência de caso fortuito ou força maior por excesso de chuvas, falta de mão de obra, aquecimento do mercado, embargo do empreendimento ou entraves administrativos, por caracterizarem *res inter alios acta* e, portanto, inoponíveis ao compromissário comprador. Nesse sentido, nem mesmo a pandemia da Covid-19 tem sido admitida como justificativa para a extensão do já dilatado prazo de entrega de unidade habitacional, por integrar o risco do negócio[188].

---

Cláusula de renúncia à futura pretensão indenizatória. Abusividade (Art. 51, I CDC). Lucros cessantes devidos aos adquirentes. Exegese da Súmula 162 deste Tribunal e Tema 996 do STJ. 1. Ação de indenização por *danos* materiais fundada no atraso de entrega de imóvel objeto de compromisso de compra e venda, julgada procedente. 2. Recurso da ré desprovido. 3. Incontroverso o atraso inicial na entrega do imóvel. Entrega feita no prazo previsto no aditivo contratual, mas sem o término das áreas comuns do edifício e das garagens, impossibilitando a moradia. 4. Lucros cessantes devidos aos adquirentes. Indenização devida sobre o valor atualizado do contrato. 5. Recurso da ré desprovido. Sentença mantida" (TJSP, AC 1004345-44.2022.8.26.0576, Rel. Des. Paulo Alonso, j. 05.11.2024).

187 Súmula 160 do TJSP: "A expedição do habite-se, quando não coincidir com a imediata disponibilização física do imóvel ao promitente comprador, não afasta a mora contratual atribuída à vendedora".

188 "Apelação. Compra e venda de imóvel. Ação de rescisão contratual com devolução de quantias pagas cumulada com lucros cessantes e medida liminar. Atraso na entrega da obra. Sentença de parcial procedência. Apelo da ré. Preliminar de cerceamento de defesa – rejeitada. Atraso nas obras que incontroverso. Ausência de excludente de responsabilidade. Pandemia de Covid-19 que não justifica o atraso, pois inserida no risco da atividade. Aplicação da Súmula 161 deste E. TJSP. Culpa da requerida pela rescisão configurada. Atraso superior ao prazo de tolerância de 180 dias corridos. Devolução integral dos valores pagos, de uma única vez e sem retenção (Súmula 543 do STJ e Súmula 01 deste TJSP). Pretensão à retenção das arras. Rejeitada. Valor do

E, nos termos da Súmula 162 do Tribunal de Justiça do Estado de São Paulo, descumprido o prazo para a entrega do imóvel objeto do compromisso de venda e compra, é cabível a condenação da vendedora por lucros cessantes, havendo a presunção de prejuízo do adquirente independentemente da finalidade do negócio, o que pode ser caracterizado pelo valor de aluguel que o adquirente poderia ter auferido acaso estivesse na posse do imóvel. Nesse particular, de se registrar o posicionamento do Superior Tribunal de Justiça, refletido no Tema 971, no sentido de que "no contrato de adesão firmado entre o comprador e a construtora/incorporadora, havendo previsão de cláusula penal apenas para o inadimplemento do adquirente, deverá ela ser considerada para a fixação da indenização pelo inadimplemento do vendedor. As obrigações heterogêneas (obrigações de fazer e de dar) serão convertidas em dinheiro, por arbitramento judicial". O julgado, além de reconhecer o cabimento da inversão da cláusula penal em favor do adquirente, destaca que se sua aplicação se mostrar suficiente à reparação dos danos experimentados pelo comprador, ela bastará à recomposição do seu patrimônio.

Cabível, outrossim, *eventual* condenação por dano moral em razão de excepcional violação a direitos da personalidade do adquirente que ultrapassem, inequivocamente, os limites do mero dissabor[189], o que depende de criteriosa análise de cada situação concreta submetida a julgamento.

---

sinal que integra o preço do bem. Honorários sucumbenciais, contudo, que devem ter como base de cálculo o valor da condenação, e não da causa, como decidido. Art. 85, § 2º, do CPC. Sentença reformada em parte, apenas para que o percentual da verba honorária incida sobre o valor da condenação, ou seja, o valor a ser restituído ao autor. Recurso parcialmente provido" (TJSP, AC 1015990-22.2021.8.26.0602, Rel. Des. José Augusto Genofre Martins, j. 04.11.2024).

189 Nesse sentido: "Compromisso de compra e venda. Atraso na entrega da unidade. Demanda indenizatória ajuizada pelo adquirente. Retardamento efetivamente verificado, nos termos afirmados no julgado, considerando a data de entrega estipulada em termos literais, acrescida da tolerância de 180 (cento e oitenta dias). Mora não descaracterizada em função das dificuldades desencadeadas pela pandemia de covid-19 ou da demora na expedição do habite-se. Inadimplemento caracterizado. Entrega do imóvel, outrossim, que corresponde à efetiva disponibilização ao compromissário comprador das chaves do bem adquirido, e não a data da expedição do habite-se (Súmula n. 160 do TJSP). Falta de qualquer comprovação pelas rés acerca da efetiva entrega ou disponibilização da unidade em período anterior. Confirmação do direito do autor à percepção de lucros cessantes, pelo retardamento na conclusão da obra. Desnecessidade de prova de que se fosse explorar comercialmente o imóvel. Prejuízo presumido. Súmula n. 162 do TJSP. Jurisprudência vinculante do STJ no mesmo sentido, formada sob a técnica dos recursos repetitivos. Indenização adequada, fixada em 0,5% do valor do imóvel ao mês, pelo período do atraso. Insurgências

Por fim, o Superior Tribunal de Justiça, por meio do Tema 996, firmou entendimento no sentido de que "o descumprimento do prazo de entrega do imóvel, computado o período de tolerância, faz cessar a incidência de correção monetária sobre o saldo devedor com base em indexador setorial, que

---

descabidas de ambas as partes em torno da majoração e da redução. Restituição de juros de obra, todavia, descabida, visto que inexistente qualquer indicativo do efetivo pagamento pelo autor de valores adicionais a esse título, ou de que tenha suportado encargo extraordinário, quanto ao financiamento já contratado, em função direta do atraso. Exclusão da condenação imposta a tal título. Sentença reformada nessa parte. Dano moral indenizável, outrossim, efetivamente não caracterizado. Mero inadimplemento contratual que não é causa automática de dano extrapatrimonial. Autor suficientemente compensado pela verba indenizatória concedida. Honorários sucumbenciais a cargo das rés adequadamente fixados em percentual sobre o valor da condenação. Julgamento ainda de parcial procedência, mas com acolhimento em menor amplitude da pretensão inicial. Apelação das rés parcialmente provida para tal fim. Apelação do autor desprovida" (TJSP, AC 1059198-66.2023.8.26.0576, Rel. Des. Fabio Tabosa, j. 11.03.2025); "Apelação cível. Atraso na entrega de imóvel. Indenização por lucros cessantes. Responsabilidade objetiva do fornecedor. Excludentes de responsabilidade não configuradas. Pandemia de Covid-19 e falta de insumos. Fortuito interno. Danos morais. Não configuração. Correção monetária e juros de mora. Adequação. Recurso parcialmente provido. 1. Atraso na entrega de imóvel adquirido na planta caracteriza descumprimento contratual, configurando mora da promitente vendedora quando ultrapassado o prazo contratualmente estipulado, incluindo eventual cláusula de tolerância. 2. Justificativas fundadas na pandemia de Covid-19, aumento de custos ou falta de insumos não configuram hipóteses de caso fortuito ou força maior aptas a afastar a responsabilidade do fornecedor, sendo essas circunstâncias classificadas como fortuito interno, inerente à atividade econômica, nos termos da Súmula n. 161 do TJSP e da responsabilidade objetiva prevista nos arts. 12 e 14 do Código de Defesa do Consumidor. 3. Indenização por lucros cessantes no percentual de 0,5% (meio por cento) sobre o valor atualizado do contrato por mês de atraso é devida pelo período compreendido entre o término do prazo de tolerância e a efetiva entrega das chaves, observando-se correção monetária e juros moratórios. 4. Não há que se falar em bis in idem na aplicação da correção monetária sobre o valor do contrato e do percentual dos lucros cessantes, pois a primeira destina-se a recompor a perda inflacionária, enquanto o percentual indenizatório reflete a frustração da exploração econômica do bem. 5. Os juros de mora, em se tratando de obrigação contratual, devem incidir a partir da citação, conforme art. 405 do Código Civil. 6. Dano moral não configurado no caso, uma vez que o atraso na entrega do imóvel, por si só, não é suficiente para gerar abalo psicológico ou violação à dignidade humana que ultrapassem os meros dissabores decorrentes do inadimplemento contratual, nos termos da jurisprudência consolidada. Recurso parcialmente provido para afastar a condenação por danos morais e ajustar a fluência dos juros de mora a partir da citação" (TJSP, AC 1002090-72.2022.8.26.0428, Rel. Des. Rodolfo Pellizari, j. 11.03.2025).

reflete o custo da construção civil, o qual deverá ser substituído pelo IPCA, salvo quando este último for mais gravoso ao consumidor", sobrepondo-se parcialmente ao teor da Súmula 163 do Tribunal de Justiça do Estado de São Paulo no que tange à substituição do fator de correção monetária, mas mantida a não incidência de encargos moratórios[190]. Vale dizer: O IPCA será adotado como fator de correção monetária quando os índices setoriais, previstos no contrato, forem mais gravosos ao consumidor, afastada, também, a incidência dos encargos moratórios, já que o descumprimento contratual é integralmente imputável ao compromitente vendedor.

### 1.4.10 Foro competente

Tratando-se de ação que versa sobre contrato que tem por objeto bem imóvel, o foro competente para a propositura da ação de resolução contratual, cumulada com reintegração de posse, é o da situação da coisa, nos termos do art. 47 do Código de Processo Civil de 2015. Trata-se de regra de competência absoluta e, portanto, inderrogável pela vontade das partes[191].

Todavia, havendo relação de consumo, o adquirente tem a prerrogativa de demandar e ser demandado no foro do seu domicílio, nos termos do art. 101, I, da Lei 8.078/1990. Trata-se de regra especial que prevalece sobre a geral prescrita no Código de Processo Civil e que tem por objetivo atender ao direito básico do consumidor, previsto no art. 6º, VIII, do diploma consumerista, de facilitação da defesa dos seus interesses em juízo.

### 1.4.11 Prescrição e ação de resolução contratual

É conhecida a lição de que pretensões constitutivas negativas, a exemplo da resolução contratual, não se sujeitam à prescrição, mas sim à decadência. Todavia, o Código Civil não prevê, no seu art. 475, prazo decadencial para o ajuizamento da ação destinada à sua desconstituição.

Coube à jurisprudência buscar eliminar esta lacuna normativa. O Superior Tribunal de Justiça, nos autos dos Embargos de Divergência no Recurso

---

190 Súmula 163 do TJSP: "O descumprimento do prazo de entrega do imóvel objeto do compromisso de venda e compra não cessa a incidência de correção monetária, mas tão somente dos encargos contratuais sobre o saldo devedor".

191 Na mesma linha, mas direcionada a ações movidas pela Companhia de Desenvolvimento Habitacional e Urbano do Estado de São Paulo (CDHU), a Súmula 76 do TJSP: "É de competência do foro da situação do imóvel, o processamento e julgamento de ação de rescisão contratual c.c. reintegração de posse ajuizada pela CDHU, ante o prescrito no art. 95 do CPC".

Especial 1.280.825/RJ[192] e 1.281594/SP[193], firmou entendimento no sentido de que as ações de reparação de danos derivadas de resolução contratual por

---

[192] "Embargos de divergência em recurso especial. Responsabilidade civil. Prescrição da pretensão. Inadimplemento contratual. Prazo decenal. Interpretação sistemática. Regimes jurídicos distintos. Unificação. Impossibilidade. Isonomia. Ofensa. Ausência. 1. Ação ajuizada em 14/08/2007. Embargos de divergência em recurso especial opostos em 24/08/2017 e atribuído a este gabinete em 13/10/2017. 2. O propósito recursal consiste em determinar qual o prazo de prescrição aplicável às hipóteses de pretensão fundamentadas em inadimplemento contratual, especificamente, se nessas hipóteses o período é trienal (art. 206, § 3º, V, do CC/2002) ou decenal (art. 205 do CC/2002). 3. Quanto à alegada divergência sobre o art. 200 do CC/2002, aplica-se a Súmula 168/STJ ('Não cabem embargos de divergência quando a jurisprudência do Tribunal se firmou no mesmo sentido do acórdão embargado'). 4. O instituto da prescrição tem por finalidade conferir certeza às relações jurídicas, na busca de estabilidade, porquanto não seria possível suportar uma perpétua situação de insegurança. 5. Nas controvérsias relacionadas à responsabilidade contratual, aplica-se a regra geral (art. 205 CC/02) que prevê dez anos de prazo prescricional e, quando se tratar de responsabilidade extracontratual, aplica-se o disposto no art. 206, § 3º, V, do CC/02, com prazo de três anos. 6. Para o efeito da incidência do prazo prescricional, o termo 'reparação civil' não abrange a composição da toda e qualquer consequência negativa, patrimonial ou extrapatrimonial, do descumprimento de um dever jurídico, mas, de modo geral, designa indenização por perdas e danos, estando associada às hipóteses de responsabilidade civil, ou seja, tem por antecedente o ato ilícito. 7. Por observância à lógica e à coerência, o mesmo prazo prescricional de dez anos deve ser aplicado a todas as pretensões do credor nas hipóteses de inadimplemento contratual, incluindo o da reparação de perdas e danos por ele causados. 8. Há muitas diferenças de ordem fática, de bens jurídicos protegidos e regimes jurídicos aplicáveis entre responsabilidade contratual e extracontratual que largamente justificam o tratamento distinto atribuído pelo legislador pátrio, sem qualquer ofensa ao princípio da isonomia. 9. Embargos de divergência parcialmente conhecidos e, nessa parte, não providos" (STJ, EREsp 1.280.825/RJ, Corte Especial, Rel. Min. Nancy Andrighi, j. 27.06.2018).

[193] "Civil e processual civil. Embargos de divergência no recurso especial. Dissenso caracterizado. Prazo prescricional incidente sobre a pretensão decorrente da responsabilidade civil contratual. Inaplicabilidade do art. 206, § 3º, V, do Código Civil. Subsunção à regra geral do art. 205, do Código Civil, salvo existência de previsão expressa de prazo diferenciado. Caso concreto que se sujeita ao disposto no art. 205 do diploma civil. Embargos de divergência providos. I – Segundo a jurisprudência deste Superior Tribunal de Justiça, os embargos de divergência têm como finalidade precípua a uniformização de teses jurídicas divergentes, o que, *in casu*, consiste em definir o prazo prescricional incidente sobre os casos de responsabilidade civil contratual. II – A prescrição, enquanto corolário da segurança jurídica, constitui, de certo modo, regra restritiva de direitos, não podendo assim comportar interpretação ampliativa das balizas fixadas pelo legislador. III – A unidade lógica do Código Civil permite extrair que a expressão 'reparação civil' empregada pelo seu art. 206, § 3º, V, refere-se unicamente à responsabilidade civil aquiliana, de modo a não atingir o

inadimplemento sujeitam-se ao prazo prescricional geral de 10 anos, prescrito no art. 205 do Código Civil, âmbito em que se insere o compromisso de compra e venda.

O julgado resolveu celeuma relativa a qual prazo aplicar a demandas desta natureza – se o decenal, previsto no art. 205 do Código Civil, ou o trienal, previsto no art. 206, § 3º, V, do mesmo diploma legal –, registrando que o prazo de três anos adstringe-se às pretensões de indenização derivadas de responsabilidade civil *extracontratual*, não alcançando pretensões reparatórias derivadas do inadimplemento de obrigações contratuais.

Mas a questão está longe de ser pacífica. É possível encontrar, na jurisprudência do Tribunal de Justiça do Estado de São Paulo, julgados que determinam a aplicação do prazo prescricional de 5 anos, contado da última parcela inadimplida, com fundamento no art. 206, § 5º, I, do Código Civil[194],

---

presente caso, fundado na responsabilidade civil contratual. IV – Corrobora com tal conclusão a bipartição existente entre a responsabilidade civil contratual e extracontratual, advinda da distinção ontológica, estrutural e funcional entre ambas, que obsta o tratamento isonômico. V – O caráter secundário assumido pelas perdas e danos advindas do inadimplemento contratual, impõe seguir a sorte do principal (obrigação anteriormente assumida). Dessa forma, enquanto não prescrita a pretensão central alusiva à execução da obrigação contratual, sujeita ao prazo de 10 anos (caso não exista previsão de prazo diferenciado), não pode estar fulminado pela prescrição o provimento acessório relativo à responsabilidade descumprimento do pactuado. VI – Versando o presente caso sobre responsabilidade civil decorrente de possível descumprimento de contrato de compra e venda e prestação de serviço entre empresas, está sujeito à prescrição decenal (art. 205, do Código Civil). Embargos de divergência providos" (STJ, EREsp 1.281.594/SP, Rel. Min. Benedito Gonçalves, Rel. p/ acórdão Min. Felix Fischer, j. 15.05.2019).

[194] "Ação de rescisão contratual cumulada com reintegração na posse e perdas e danos. Compromisso de venda e compra de imóvel. Pretensão em razão do inadimplemento do compromissário-comprador. Decreto extintivo pelo reconhecimento da prescrição. Desacolhido pedido reconvencional de adjudicação compulsória. Alega o autor a inexistência da prescrição e pede o acolhimento do pedido. Alegam os réus cerceamento de defesa, usucapião e necessidade de adjudicação compulsória. Prolatado acórdão por esta Câmara de provimento parcial para afastar a prescrição. Anulação por ausência de observação do pedido de oposição ao julgamento virtual. Reapreciação. Revisão do posicionamento. Recurso do autor. Aplicação do prazo quinquenal a contar da última prestação insatisfeita. Prescrição de exigir o pagamento das parcelas do preço prejudica o direito de extinção do contrato com base na própria falta de adimplemento. Expirada está a causa que poderia sustentar a pretensão de rescisão. Inteligência do art. 206, § 5º, I, do CC. Precedentes atuais do STJ. Ação ajuizada em 19.06.2023 e última parcela vencida em 25.06.2013. Fluência do lapso prescricional. Termo de Ajustamento de Conduta firmado pelo loteador

por se tratar de hipótese de cobrança de dívida líquida constante de instrumento público ou particular, no caso, o compromisso de compra e venda, que não se confunde com a responsabilidade civil extracontratual, sujeita a prazo trienal.

A mesma corte ainda coleciona julgados que sujeitam a pretensão ao prazo prescricional de 10 anos (art. 205 do CC)[195], assim como decisões que

---

e o Ministério Pública não representa causa suspensiva da prescrição. Constou disposição acerca do depósito das prestações devidas pelos compromissários compradores no Cartório Imobiliário, nos termos do art. 38, § 1º, da Lei n. 6.766/79, e possibilidade de constituir em mora os eventuais inadimplentes. Recurso dos réus. Cerceamento de defesa não configurado. Usucapião. Matéria de defesa prejudicada ante o reconhecimento da prescrição. Adjudicação compulsória. Impossibilidade. Falta de matrícula individualizada. Precedentes do STJ. Recursos desprovidos" (TJSP, AC 1005958-63.2023.8.26.0609, Rel. Des. James Siano, j. 11.12.2024).

195 "Apelação. Compromisso de compra e venda. Ação de rescisão contratual e reintegração de posse. CDHU. Prescrição afastada. Inadimplemento evidente. Ausente adimplemento substancial. Usucapião afastada. O prazo prescricional da pretensão à resolução do contrato por inadimplemento da obrigação de pagar é decenal, nos termos do art. 205 do Código Civil, não sendo aplicável ao caso, a prescrição quinquenal, do art. 206, § 5º, I, do mesmo diploma legal, uma vez que não se trata de ação de cobrança das parcelas inadimplidas; Tal prazo tem início com o vencimento da última parcela do contrato, ainda que haja cláusula prevendo o vencimento antecipado da dívida em caso de inadimplemento. Nesse sentido: 'o vencimento antecipado da obrigação não altera o termo inicial para a contagem do prazo prescricional, qual seja, o dia do vencimento da última parcela' (STJ, AgInt no REsp 1.737.161/PR, Rel. Min. Luis Felipe Salomão, j. 12.02.2019); A inadimplência dos réus restou incontroversa, tendo eles próprios a admitido e atribuído a dificuldades financeiras, e estendeu-se por longo período, razão pela qual a autora faz jus à resolução do contrato e à reintegração na posse do imóvel. Não há que se falar em adimplemento substancial. Os apelantes não comprovaram os pagamentos feitos, o que era seu ônus, nos termos do art. 373, II do CPC. Por outro lado, ficou demonstrado pela parte autora que os compromissários compradores estavam inadimplentes desde a parcela de nº 4, das 300 previstas. Recurso dos apelantes Emerson Cesar Rodrigues e outro improvido recurso dos apelantes João Henrique Pelloso e outros não conhecido. Deserção. "Apelação cível. Compromisso de compra e venda. Rescisão contratual c/c reintegração de posse e perdas e danos. Pretensão prescrita. Superação do prazo decenal previsto no art. 205 do CC. Interrupção do prazo prescricional. Não ocorrência. Hipóteses previstas no art. 202 do Código Civil. Não concretização. Sentença de improcedência. Manutenção. Precedentes. Recurso desprovido. A pretensão de rescisão de contrato de compromisso de compra e venda com reintegração de posse e reparação de danos encontra-se prescrita quando deduzida em Juízo após o decurso do prazo de 10 anos, a contar do vencimento da última prestação avençada no negócio jurídico, sem a comprovação de qualquer causa interruptiva da prescrição" (TJSP, AC 1053686-28.2022.8.26.0224, Rel. Des. Maria do Carmo Honorio,

submetem pedidos ressarcimento de comissão de corretagem[196] e da taxa de Serviço de Assessoria Técnico-Imobiliária (SATI)[197] – que, como regra,

---

j. 24.10.2024); "Compromisso de compra e venda. Rescisão em razão do atraso na entrega da obra. Multa contratual. Prescrição. Descumprimento contratual. Aplicação do prazo decenal do art. 205 do CC. Prejudicial afastada. Retenção de valores. Vendedora que deu causa à rescisão. Devolução da integralidade dos valores pagos, sem direito a percentual de retenção. Precedentes da Câmara. Correção monetária. Recomposição do valor da moeda. Incidência desde os desembolsos. Juros de mora. Incidência desde a citação. Art. 240, CPC. Honorários advocatícios. Valor fixado em sentença adequado à complexidade da causa. Sucumbência mínima do autor. Sentença mantida. Honorários advocatícios majorados, nos termos do art. 85, § 11, CPC. Recurso não provido, com observação" (TJSP, AC 1006666-40.2016.8.26.0066, Rel. Des. Fernanda Gomes Camacho, j. 27.09.2017).

196 "Ação de rescisão contratual c.c. restituição de valores. 'Instrumento Particular de Compromisso de Venda e Compra' firmado entre as partes no dia 14 de setembro de 2013, anterior à vigência da Lei 13.786/2018. Demandante que pede a rescisão contratual por culpa das Empresas demandadas, ante a abusividade dos encargos contratuais, requerendo a restituição da quantia paga. Sentença de parcial procedência da Ação. Apelação só da autora, que insiste no reconhecimento da culpa das demandadas pela rescisão, ante a abusividade da utilização da 'Tabela Price', com a retenção pelas Empresas demandadas de quantia equivalente a dez por cento (10%) dos valores pagos, além do afastamento da retenção, pelas Empresas demandadas, da quantia desembolsada em razão da comissão de corretagem, da taxa de fruição e das 'taxas associativas'. Exame: Relação contratual havida entre as partes que tem natureza de consumo, sujeita, portanto, às normas do Código de Defesa do Consumidor. Ausência de ilegalidade ou de abusividade dos encargos contratuais. Contrato que foi firmado entre partes capazes, com objeto determinado e sem contrariar a lei, devendo mesmo ser reputado válido e eficaz, 'ex vi' do artigo 408, 'caput', do Código de Processo Civil. Não configuração de capitalização ilegal de juros pela utilização da 'Tabela Price'. Pretensão de rescisão contudo que deve ser acolhida, tendo em vista o princípio da autonomia da vontade. Restituição parcial e imediata do valor pago, que é devida pelas demandadas. Aplicação da Súmula 2 deste E. Tribunal e da Súmula 543 do C. Superior Tribunal de Justiça. Retenção contudo que deve ser limitada a vinte por cento (20%) dos valores pagos. Prazo prescricional trienal para a devolução de comissão de corretagem, 'ex vi' do artigo 206, § 3º, inciso IV, do Código Civil. Comissão de corretagem, como quer que seja, que é devida em retribuição ao trabalho de terceiros corretores na aproximação das partes para a contratação. Restituição afastada ante a previsão expressa no instrumento contratual. Impossibilidade de cobrança de taxa de fruição ou ocupação, por se tratar de terreno sem qualquer construção ou benfeitoria. Retenção da quantia desembolsada a título de taxa associativa que é devida. Verbas sucumbenciais que devem ser mantidas. Sentença parcialmente reformada. Recurso parcialmente provido" (TJSP, AC 1001387-96.2022.8.26.0152, Rel. Des. Deise Fajardo Nogueira Jacot, j. 31.03.2025).

197 "Ação de rescisão contratual, cumulada com restituição de quantias pagas e indenização por danos morais. Sentença de parcial procedência. Insurgência da parte ré.

integram a pretensão de reembolso em ação de resolução contratual – ao prazo de 3 anos, sob o fundamento do enriquecimento ilícito, com fundamento no art. 206, § 3º, IV, do Código Civil. Nesse último caso, embora o entendimento esteja em consonância com o Tema 938 do Superior Tribunal de Justiça, é de se registrar que esse ponto específico se encontra em estágio de revisão pelo Superior Tribunal de Justiça, por questão de ordem suscitada pelo saudoso Ministro Paulo de Tarso Sanseverino[198].

Nota-se que a questão do prazo para ajuizamento de ação de resolução de compromisso de compra e venda ainda desperta incertezas, com indesejado prejuízo à segurança jurídica das partes contratantes, a impor revisitação do tema e a delimitação de marco temporal claro e de dúvida ou questionamentos.

### 1.4.12 Efeitos do compromisso de compra e venda

Como contrato bilateral e oneroso, o compromisso de compra e venda gera efeitos pessoais entre as partes. Enquanto ao compromitente comprador incumbe efetivar o pagamento pontual do preço acertado, ao compromitente vendedor cabe outorgar-lhe a escritura definitiva quando da sua integral quitação, obrigações que geram direitos pessoais, tais como transmissibilidade hereditária, cessibilidade, purgação da mora e adjudicação compulsória[199].

Por outro lado, se levado a registro no cartório de imóveis competente, o compromisso de compra e venda gerará ao compromitente comprador direito real à aquisição do imóvel objeto do negócio, em especial sua oponibilidade *erga omnes* e direito de sequela, que serão objeto de estudo no capítulo seguinte.

---

Compromisso de compra e venda de imóvel. Relação de consumo configurada entre as partes. Incidência do Código de Defesa do Consumidor. Prazo prescricional. Incidência da prescrição trienal para a hipótese a pretensão de restituição dos valores pagos a título de comissão de corretagem ou de serviço de assistência técnico-imobiliária (SATI). Inteligência do artigo 206, § 3º, IV, Código Civil. Contrato que não faz referência quanto ao montante pago a título de comissão de corretagem. Comprovado apenas o pagamento da comissão de corretagem no importe de R$ 400,00, que se encontra prescrita. Resolução contratual e retenção de 80% dos valores pagos que não foi objeto de impugnação pela requerida. Correção monetária a contar de cada desembolso. Juros de mora a contar do trânsito em julgado. Recurso parcialmente provido. Dá-se parcial provimento ao recurso" (TJSP, AC 1010647-66.2016.8.26.0005, Rel. Des. Marcia Dalla Déa Barone, j. 07.08.2018).

[198] Nesse sentido, vide https://modeloinicial.com.br/lei/130534/tema-938-stj/num-938. Acesso em: 2 abr. 2025.

[199] DINIZ, Maria Helena. **Curso de direito civil brasileiro:** direito das coisas. 17. ed. São Paulo: Saraiva, 2002, v. 4, p. 534-535.

2

# DIREITO REAL DO COMPROMISSÁRIO COMPRADOR

## 2.1 DICOTOMIA ENTRE DIREITO REAL E PESSOAL

A questão da existência ou não de uma dicotomia entre os direitos reais e pessoais por muito tempo ocupou a doutrina. Diversas foram as teorias elaboradas com o escopo de afirmar ou negar a existência de regimes jurídicos próprios de cada um desses direitos, com destaque especial a duas vertentes que se polarizaram: as teorias monistas ou unitárias, que negavam autonomia entre os direitos, e a dualista ou clássica, que a afirmava.

### 2.1.1 Teorias unitárias

A negativa da autonomia entre direitos reais e pessoais constitui a base das teorias monistas ou unitárias, apesar de haver duas vertentes que se rivalizam. Ao passo que a teoria unitária personalista insere os direitos reais nos pessoais, a unitária realista os agrega em torno dos direitos reais.

Segundo a *teoria unitária personalista*, não existem diferenças substanciais entre os direitos reais e pessoais. Assim como as obrigações, o direito real impõe à coletividade uma prestação negativa em favor do seu titular, ou seja, impõe a todos uma obrigação de não fazer materializada pelo dever de não embaraçar o seu exercício.

Marcel Planiol, maior expoente desta vertente doutrinária, justifica essa inserção com base na estrutura das relações jurídicas em geral que, por definição, somente poderiam existir entre pessoas ("tout droit est un rapport entre les personnes")[1]. Não se cogita de relação entre pessoa e coisa, mas

---

1 "Todo direito é uma relação entre pessoas" (PLANIOL, Marcel. **Traité élémentaire de droit civil**. 2. ed. Paris: Cotillon, 1901, v. 1, p. 280).

entre seu titular (sujeito ativo) e toda a sociedade (sujeito passivo), a quem incumbe uma obrigação passiva universal, expressão utilizada por seu discípulo Michas, materializada pelo cumprimento de um dever de abstenção como justo limite à vontade humana[2].

Savigny, também filiado à teoria unitária personalista, aduz que o sujeito passivo de qualquer obrigação é destinatário do dever de não violar um direito e, por essa razão, não se restringiria ao direito das obrigações e abrangeria também as relações decorrentes dos direitos reais. Apesar da propriedade, o mais completo dos direitos reais, não compreender o confronto de duas partes determinadas, tem como elemento comum à obrigação a patrimonialidade e o domínio de uma pessoa sobre uma fração do mundo exterior[3].

Já a *teoria unitária realista*, professada por Saleilles, Gaudemet, Rigaud e Bonnecase, seguiu o caminho inverso da teoria personalista, ao inserir os direitos pessoais na seara dos reais. Como toda obrigação recai sobre os bens do devedor e não sobre sua pessoa, o direito obrigacional revelaria muito mais uma relação entre patrimônios do que entre pessoas e, como tal, inserir-se-iam no plano dos direitos reais[4].

### 2.1.2 Teoria clássica ou dualista

Em oposição às teorias unitárias, postulou-se a *teoria clássica ou dualista*, que tem por premissa a absoluta distinção entre os direitos pessoais e reais. De acordo com Edmundo Gatti, a distinção entre direito real e pessoal se deve a Huber, para quem "*ius in re* é a faculdade que compete ao homem sobre a coisa sem consideração a determinada pessoa; *ius ad rem* é a faculdade que nos compete sobre outra pessoa para que nos dê ou faça algo"[5].

Os direitos pessoais se distinguem dos reais em relação ao seu objeto. O direito real revela relação direta e imediata, oponível *erga omnes* entre uma pessoa e uma coisa, sem necessidade de se determinar um sujeito passivo. Já o direito pessoal contempla relação jurídica entre pessoas (sujeitos passivo

---

2 PLANIOL, Marcel. **Traité élémentaire de droit civil**. 2. ed. Paris: Cotillon, 1901, v. 1, p. 280.

3 SAVIGNY, Friedrich Karl von. **Le obbligazioni** Traduzione di Giovanni Pacchioni. Torino: UTET, 1912, v. 1, p. 15.

4 GATTI, Edmundo. **Teoria general de los derechos reales**. Buenos Aires: Abeledo-Perrot, 1969, p. 43.

5 GATTI, Edmundo. **Teoria general de los derechos reales**. Buenos Aires: Abeledo-Perrot, 1969, p. 33.

e ativo) e tem por objeto, no campo obrigacional, uma prestação oponível pelo credor ao seu devedor.

Tanto as teorias unitárias como a clássica foram objeto de críticas que redundaram em novas teorias. Demogue, ao criticar o entendimento dessas consagradas vertentes, alerta que só se poderia falar de direitos cujo exercício seja mais ou menos cômodo ao seu titular, dependendo da sua força. Nesse passo, os direitos reais seriam mais fortes que os pessoais, já que sua obediência não dependeria da colaboração de outras pessoas para se efetivar, ao contrário dos direitos pessoais, cuja efetividade fica condicionada à vontade da outra parte vinculada à obrigação[6].

Por sua vez, a *teoria eclética*, *integral* ou *concepção harmônica*, que foi formulada poucos anos após a teoria unitária personalista professada por Planiol, buscou harmonizar as visões unitária e dualista. Edmundo Gatti ressalta que essa teoria, após analisar os argumentos de ambas as concepções, "concede a cada uma a parte de razão que tem, achacando-as por haver incorrido no erro de ter em conta somente um dos dois aspectos que integram o direito real, e que podem concretizar-se em dois de seus caracteres primordiais: a imediatidade e a absolutez"[7]. Sob essa perspectiva, a teoria clássica dualista teria se voltado apenas ao aspecto interno da relação de imediatidade entre pessoa e coisa, o que não poderia ser reputado relação jurídica, já que essa somente poderia se estabelecer entre pessoas. A relação entre pessoa e coisa, nesse passo, consistiria em relação de direito. Já as teorias unitárias teriam se voltado apenas ao aspecto externo da relação jurídica travada entre o titular do direito real, reputado sujeito ativo, e a sociedade que o circunda, sujeito passivo universal, olvidando-se do fato de que o objeto dos direitos reais é a coisa e não a prestação da coletividade materializada pelo dever de abstenção.

Fato é que a teoria clássica ou dualista prepondera no ordenamento jurídico brasileiro. A dicotomia entre direito pessoal e direito real, nos moldes professados por essa corrente, faz-se presente no direito brasileiro, que dedica, no seu Código Civil, o Livro I da sua Parte Especial ao direito das obrigações e o Livro III ao direito das coisas.

E sob a perspectiva dualista, Washington de Barros Monteiro conceitua direito real "como a relação jurídica em virtude da qual o titular pode retirar da coisa de modo exclusivo e contra todos, as utilidades que ela é capaz

---

6 GATTI, Edmundo. **Teoria general de los derechos reales**. Buenos Aires: Abeledo-Perrot, 1969, p. 45.

7 GATTI, Edmundo. **Teoria general de los derechos reales**. Buenos Aires: Abeledo-Perrot, 1969, p. 50.

de produzir". E direito pessoal a "relação jurídica mercê da qual ao sujeito passivo assiste o poder de exigir do sujeito passivo determinada prestação, positiva ou negativa"[8]. Três são os elementos que compõem o direito real: o sujeito ativo, a coisa e a inflexão do seu titular sobre ela; os direitos pessoais, ao seu passo, contemplam sujeito ativo (credor), sujeito passivo (devedor) e a prestação que serve de objeto da obrigação[9].

## 2.2 CARACTERES DISTINTIVOS DOS DIREITOS REAIS E PESSOAIS

Como todo direito subjetivo, os direitos pessoais e reais possuem sujeito, objeto e causa. Todavia, ante a diversidade de regime jurídico a que cada um deles se submete, os elementos que os compõem são diversos.

O direito real materializa relação jurídica entre pessoa e coisa e é responsável, segundo Orlando Gomes, pela regulação do "poder dos homens sobre os bens e os modos de sua utilização econômica"[10]. Tem por sujeito uma pessoa e por objeto uma coisa da qual seu titular tira proveito, dentro dos limites estabelecidos pelo direito posto.

Não contempla relações interpessoais, mas entre pessoa e uma coisa sobre a qual exerce alguma espécie de dominação. À sociedade cabe respeitar o exercício desembaraçado desse direito como expressão da sua oponibilidade *erga omnes*, o que não significa admitir a existência de um sujeito passivo universal conforme professa a teoria unitária personalista. Para que tal efeito se propague, é imprescindível lhe conferir publicidade, para que todos o conheçam e, consequentemente, o respeitem.

Por impor um dever de abstenção à sociedade independente da sua vontade ou colaboração, o direito real é reputado *absoluto*, observados os requisitos de ordem pública para sua constituição e exercício. Desse caráter decorrem dois atributos que lhe são exclusivos e peculiares: a *sequela*, pela qual o direito real segue seu objeto onde quer que se encontre[11], e a *preferência*, que interessa apenas aos direitos reais em garantia[12].

---

8 MONTEIRO, Washington de Barros. **Curso de direito civil:** direito das coisas. 37. ed. São Paulo: Saraiva, 2003, v. 3, p. 12.

9 DINIZ, Maria Helena. **Curso de direito civil brasileiro:** direito das coisas. 17. ed. São Paulo: Saraiva, 2002, v. 4, p. 12.

10 GOMES, Orlando. **Direitos reais**. 19. ed. Rio de Janeiro: Forense, 2006, p. 7.

11 MONTEIRO, Washington de Barros. **Curso de direito civil:** direito das coisas. 37. ed. São Paulo: Saraiva, 2003, v. 3, p. 14.

12 GOMES, Orlando. **Direitos reais**. 19. ed. Rio de Janeiro: Forense, 2006, p. 20.

Já os direitos pessoais contemplam relação jurídica entre pessoas e têm por objeto não uma coisa, mas um determinado comportamento humano. No campo do direito das obrigações, a prestação lhe serve de objeto, como se infere da definição de obrigação dada por Orozimbo Nonato, escorado na lição de Pollaco: "Laço jurídico entre o credor e o devedor e cujo objeto consiste em uma prestação econômica ou, pelo menos, avaliável em dinheiro, deste àquele"[13]. É *relativo* por vincular apenas as partes aderentes, sem obrigar, em regra, terceiros, por se tratar de *res inter alios acta, aliis neque nocet neque prodest*[14]. Confere ao seu titular não um poder, mas a faculdade de exigir da outra um determinado comportamento, no caso o adimplemento de uma obrigação que se expressa por conduta positiva (dar e fazer) ou negativa (não fazer).

Por se submeterem ao princípio da autonomia da vontade, os direitos pessoais são *ilimitados*, já que às partes é lícito regulamentar seus interesses privados de acordo com sua conveniência com liberdade, inclusive para a criação de novas figuras contratuais, respeitada a ordem pública e os princípios da função social e da boa-fé objetiva, hoje expressamente positivados, respectivamente, nos arts. 421 e 422 do Código Civil. Submetem-se, pois, ao regime do *numerus apertus*.

Já os direitos reais se submetem ao regime dos *numerus clausus*, que veda a criação de novas modalidades além das previstas na lei e proíbe a modificação do conteúdo daqueles já regulados pela lei. Têm caráter *institucional* por serem regulados por normas de ordem pública, de observância obrigatória, ante sua importância e necessidade de exercício em conformidade com o interesse social, que prepondera sobre o puramente individual[15].

Quanto à *tutela estatal*, os direitos pessoais são resguardados por meio de ação sempre dirigida em face do outro integrante da relação jurídica para lhe exigir o correto cumprimento da obrigação contratual ou pleitear sua resolução. Como regra, o princípio da relatividade dos contratos impede que pessoa estranha ao negócio jurídico seja compelida judicialmente a cumprir a obrigação nele prevista. Em contrapartida, o titular de direito real pode reclamar sua proteção em face de qualquer pessoa que, por ação ou omissão,

---

13 NONATO, Orozimbo. **Curso de obrigações**. Rio de Janeiro: Forense, 1959, v. 1, p. 76.

14 GOMES, Orlando. **Contratos**. 17. ed. Rio de Janeiro: Forense, 1997, p. 43.

15 GATTI, Edmundo. **Teoria general de los derechos reales**. Buenos Aires: Abeledo-Perrot, 1969, p. 114.

mitigue ou impeça o exercício desembaraçado da relação jurídica que mantém com a coisa submetida à sua dominação.

Quanto ao *modo de gozar*, o direito pessoal reclama sempre a colaboração da pessoa obrigada para que a prestação se realize, atributo ausente no direito real por contemplar relação entre pessoa e coisa sobre a qual exerce um poder que se realiza mediante simples exercício e sem depender da vontade alheia.

Quanto ao *abandono*, só o direito real o aceita, a exemplo do não exercício do usufruto que implica na sua extinção (art. 1.410, VIII, do CC) ou daquele que deixa de usufruir de servidão sobre o imóvel pelo prazo de 10 anos (art. 1.389, III, do CC). O mesmo não sucede com os direitos pessoais, pois ainda que não demandado, o devedor continua juridicamente obrigado ao cumprimento da prestação prevista no contrato, enquanto não decorrido o prazo prescricional previsto na lei.

Quanto à *extinção*, os direitos pessoais são sempre transitórios e se extinguem pelo decurso do tempo, quando consumada a prescrição extintiva. Os direitos reais, por sua vez, podem ser temporários ou perpétuos, a exemplo do direito de propriedade.

A *usucapião*, enquanto forma originária de aquisição da propriedade, toca somente aos direitos reais.

Por necessariamente recair sobre uma coisa, só os direitos reais comportam *posse* que, segundo Tito Fulgêncio, "consiste no facto de uma pessoa proceder, intencionalmente em relação à coisa, como normalmente procede o proprietário, a dizer, na posse tem a propriedade a sua imagem exterior"[16]. Assim como os direitos reais, revela relação jurídica entre possuidor e uma coisa oponível contra todos, onde o titular desse direito[17] transparece à sociedade sua condição de titular de um dos poderes inerentes à propriedade (uso, gozo e disposição), sem necessariamente ostentar esse título, sendo essa a concepção contemplada pelo art. 1.196 do atual Código Civil.

Todas as distinções acima relacionadas confirmam a dicotomia entre direitos pessoais e reais e sobrelevam suas diferenças, mediante o cotejo da sua estrutura e efeitos. Mas não revelam os elementos que verdadeiramente

---

16 FULGÊNCIO, Tito. **Da posse e das ações possessórias**. 3. ed. São Paulo: Saraiva, 1936, p. 4.

17 Rudolf von Jhering, ao contrário de Savigny, considera a posse direito e não fato. Sustenta o autor que sendo a posse um interesse juridicamente protegido, insere-se no conceito de direito, e não de simples fato (JHERING, Rudolf Von. **Teoria simplificada da posse**. Trad. Pinto Aguiar. São Paulo: Edipro, 1998, p. 42-43).

os diferenciam. De acordo com Edmundo Gatti, esses direitos subjetivos se distinguem, na sua *essência*, entre *poderes* e *faculdades*[18].

Os direitos reais conferem ao seu titular um *poder*, entendido este como "um senhorio da vontade sobre pessoas ou coisas, que se exerce de própria autoridade e, enquanto tal, de forma autônoma e independente de toda outra vontade"[19]. Da dominação da coisa por seu titular é que decorrem os atributos inerentes aos direitos reais, em especial seu caráter absoluto (oponibilidade *erga omnes*) e institucional (regulação por normas de ordem pública submetida ao regime dos *numerus clausus*).

Já o direito das obrigações regula *faculdades humanas* destinadas à criação, modificação ou extinção de direitos. Tem na sua essência uma pretensão oponível apenas às partes obrigadas e que revela seu caráter relativo, materializada pela possibilidade de uma parte exigir da outra um determinado comportamento positivo ou negativo, cujo cumprimento depende necessariamente de um ato de vontade da pessoa obrigada.

Destaca-se aqui um primeiro e importante elemento de distinção entre poderes e faculdades. Enquanto nestas a colaboração do sujeito passivo determinado é essencial para sua efetivação, naqueles a prerrogativa que toca o seu titular independe de qualquer postura dos integrantes da sociedade que, por não serem tecnicamente sujeitos passivos, apenas devem se abster de obstaculizar seu exercício.

Outro elemento distintivo diz respeito à diferença dos regimes jurídicos que os regem. No âmbito das faculdades, predomina o princípio da autonomia da vontade, que confere liberdade de criação de novos negócios jurídicos de acordo com a conveniência, respeitadas as normas de ordem pública e os princípios da boa-fé e da função social. Seu conteúdo institucional, ao contrário dos poderes, é mínimo, fato que justifica seu regime de *numerus apertus*, ao contrário dos poderes, submetidos ao *numerus clausus*.

Vê-se, pois, que os direitos pessoais decorrentes de vínculo obrigacional seguem o regime das faculdades, ao passo que os direitos reais se submetem ao regime dos poderes, sendo esse o critério que distingue, na essência, essas modalidades de direito subjetivo.

---

18 GATTI, Edmundo. **Teoria general de los derechos reales**. Buenos Aires: Abeledo-Perrot, 1969, p. 53-62.

19 GATTI, Edmundo. **Teoria general de los derechos reales**. Buenos Aires: Abeledo-Perrot, 1969, p. 56.

## 2.3 COMPROMISSO DE COMPRA E VENDA COMO FONTE DE DIREITOS PESSOAIS E REAIS

Do compromisso de compra e venda exsurgem tanto direitos pessoais como reais. No campo obrigacional, o compromisso de compra e venda constitui fonte geradora de duas prestações positivas. A primeira delas, que toca ao compromitente vendedor, é a de dar a posse do imóvel compromissado no momento pactuado no contrato, que em regra coincide com a data da sua celebração. José Osório de Azevedo Junior ressalta que essa é a principal obrigação decorrente do vínculo e que atribuiu ao adquirente a prerrogativa de reclamar judicialmente sua entrega, para que possa exercer o direito de usar e fruir a coisa imóvel[20].

Impõe também uma obrigação de fazer, materializada pelo dever do compromitente vendedor de conferir eficácia à manifestação de vontade por ele já externada no compromisso de compra e venda mediante a outorga, após a quitação do preço, da escritura pública definitiva, enquanto ato devido decorrente do fiel cumprimento das obrigações contratuais que tocam ao compromitente comprador.

Segue, nesse plano, o regime das *faculdades*. Tem por objeto prestações recíprocas (pagamento do preço e outorga da escritura definitiva) que, uma vez descumpridas, autorizam intervenção judicial para a desconstituição do contrato ou sua execução coativa. Vincula apenas as partes que a ele aderem por força do princípio da relatividade e a deliberação do seu conteúdo é livre em atenção ao princípio da autonomia da vontade, observadas as normas de ordem pública que regem o instituto e os princípios da boa-fé e da função social do contrato.

Paralelamente, o compromisso de compra e venda proporciona ao adquirente direito real que, por sua vez, segue o regime dos *poderes*. O contrato de compromisso de compra e venda constitui a *causa* de constituição do direito real, desde que cumprida a exigência do registro que lhe confere oponibilidade *erga omnes*.

Trata-se de direito real dotado de contornos especiais que impedem, a princípio, sua inserção numa das categorias tradicionalmente contempladas pela doutrina.

Caio Mário da Silva Pereira distingue genericamente duas categorias de direitos reais. Num primeiro plano se encontra a propriedade, direito real por

---

[20] AZEVEDO JUNIOR, José Osório de. **Compromisso de compra e venda**. 4. ed. São Paulo: Malheiros, 1998, p. 26.

excelência, ou direito real pleno. Num segundo, inserem-se os denominados direitos reais limitados de fruição e gozo, tais como a servidão e o usufruto, além dos direitos reais em garantia (penhor, hipoteca e alienação fiduciária)[21].

Além dessas modalidades, o autor ressalta a crescente importância de um novo direito real decorrente do compromisso de compra e venda. Trata-se, segundo ele, de direito real novo[22], de instituto jurídico relativamente recente e que foi criado para atender à necessidade social de se garantir a aquisição imobiliária nas hipóteses em que, por conveniência das partes ou por razões econômicas, a transferência imediata da propriedade imóvel pela outorga de escritura não vem a se efetivar.

Washington de Barros Monteiro destaca a importância do surgimento dessa nova realidade como fruto da evolução das relações sociais, que reclamavam maior respaldo à posição do adquirente antes exposto ao exercício, muitas vezes desarrazoado, do direito ao arrependimento por parte do compromitente vendedor[23].

Para compreender a natureza jurídica desse direito real, bem como seu objeto, é imperioso traçar um breve escorço da evolução legislativa nacional que culminou na sua criação.

---

21 PEREIRA, Caio Mário da Silva. **Instituições de direito civil:** posse, propriedade, direitos reais de fruição, garantia e aquisição. 19. ed. Rio de Janeiro: Forense, 2005, v. 4, p. 6.

22 PEREIRA, Caio Mário da Silva. **Instituições de direito civil:** posse, propriedade, direitos reais de fruição, garantia e aquisição. 19. ed. Rio de Janeiro: Forense, 2005, v. 4, p. 6.

23 "Em último lugar, como derradeiro fator de evolução, cumpre reconhecer a força de expansão inerente ao direito das coisas, que procura conquistar novas relações jurídicas. Sua sistematização amplia-se a matérias novas, até agora disciplinadas por outros ramos do direito civil. Por exemplo, o compromisso de compra e venda de bens imóveis passou a constituir nova modalidade de direito real, oponível a terceiros. Até há pouco, se o promitente-vendedor se negava a outorgar ao compromissário-comprador escritura definitiva, violava obrigação de fazer, mas de seu ato decorria, exclusivamente, composição dos danos causados. Atualmente, porém, numa hipótese semelhante, caso não exista cláusula expressa de arrependimento, assiste ao comprador o direito de requerer adjudicação compulsória do imóvel compromissado (Lei 649, de 11-3-1949, hoje substituída pela Lei 6014, de 27-12-1973, art. 2), a exemplo do que já acontecia com os terrenos loteados para a respectiva venda a prestações (Dec.-lei 58, de 10-12-1937, e Dec. 3079, de 15-9-1938, reiterado pela Lei 6.766, de 19-12-1979)" (MONTEIRO, Washington de Barros. **Curso de direito civil:** direito das coisas. 37. ed. São Paulo: Saraiva, 2003, v. 3, p. 5).

### 2.3.1 Surgimento do direito real do compromissário comprador: o Decreto-Lei 58/1937

A disseminação do direito real decorrente do compromisso de compra e venda no direito brasileiro passou por diversas etapas legislativas que, ao final, garantiu a todos os titulares de compromissos irretratáveis de compra e venda de imóveis a constituição, mediante registro, do direito real de aquisição.

O primeiro dispositivo legal que visou conferir ao compromitente comprador direito real foi o art. 5º do Decreto-Lei 58, de 10 de dezembro de 1937, segundo o qual "a averbação atribui ao compromissário direito real oponível a terceiro, quanto à alienação ou oneração posterior, e far-se-á à vista do instrumento de compromisso de compra e venda, em que o oficial lançará a nota indicativa do livro, página e data do assentamento". Seu art. 22, por sua vez, permitia a averbação dos compromissos de compra e venda de imóveis não loteados, desde que contemplassem pagamento a prazo ou em prestações, com o escopo de lhes proporcionar prioridade na aquisição do imóvel compromissado em face de eventuais atos de alienação ou oneração posteriores praticados pelo alienante.

A nova regulação teve por principal escopo eliminar a odiosa faculdade de arrependimento que era largamente exercida por empreendedores imobiliários, com respaldo no então vigente art. 1.088 do Código Civil de 1916, fonte de tantas injustiças e amarguras que, ao longo dos anos, foram combatidas pela jurisprudência e que passaram a ser reparadas pelo legislador. Esse intuito restou bem evidenciado na exposição de motivos do Decreto-Lei 58/1937[24].

Apesar do avanço, havia divergência sobre a possibilidade de os titulares de compromisso de compra e venda de imóvel não loteado se valerem ou não da execução coativa do contrato em caso de recusa de outorga da escritura, de forma a fazer persistir o problema da falta de proteção legal em face do exercício do direito de retratação, o que somente foi reparado com a vigência da Lei 649/1949. A nova redação por ela conferida ao art. 22 do Decreto--Lei 58/1937 passou a lhes garantir a constituição do direito real oponível a terceiros mediante registro[25], desde que desprovido de cláusula de arrependimento, sendo indiferente o fato de contemplarem pagamento à vista ou a

---

[24] Vide exposição de motivos na nota 732.

[25] Com a entrada em vigor do Decreto 4.857/1939, a então vigente Lei de Registros Públicos que antecedeu a atual (Lei 6.015/1973), a promessa de compra e venda de imóvel deixou de ser ato sujeito a averbação para ser considerado ato registrável nos termos do seu art. 178, *a*, VIII (imóveis loteados) e XIV (imóveis não loteados).

prazo. E, além disso, garantiu o direito de se valerem da ação de adjudicação compulsória para, após a quitação do preço, ver transferida a propriedade do imóvel compromissado, na hipótese da não outorga voluntária da escritura pública pelo compromitente vendedor.

Leis posteriores ao Decreto-Lei 58/1937 foram editadas com o escopo de atualizar sua redação às regras de direito processual então vigentes (Lei 6.014/1973) e, em especial, impor não só a irretratabilidade do compromisso de compra e venda, mas também a possibilidade de constituição de direito real mediante registro. Nesse sentido o art. 32, § 2º, da Lei 4.591/1964, responsável pela disciplina das unidades autônomas submetidas a incorporação imobiliária, o art. 25 da Lei 6.766/1979, que derrogou o Decreto-Lei 58/1937 na disciplina dos loteamentos urbanos, e, por fim, o art. 1.417 do Código Civil, aplicável aos imóveis não tratados pelas leis especiais supramencionadas.

Resta agora investigar os contornos desse direito real para saber qual seu objeto e, sobretudo, natureza jurídica.

### 2.3.2 Natureza jurídica do direito real do compromissário comprador

Por ocasião da criação dessa nova modalidade de direito real, muito se controverteu acerca da sua natureza jurídica.

Pontes de Miranda nega ao compromisso de compra e venda registrado caráter de direito real, porquanto não inserido no rol do art. 674 do Código Civil de 1916, taxativo sob sua ótica. Segundo o autor, o registro constitui espécie de proteção ao compromitente comprador, no sentido de lhe garantir que o imóvel não será compromissado a terceiro, conferindo-lhe, destarte, mera eficácia real[26].

Essa também é a opinião de José de Oliveira Ascensão, para quem o registro do contrato-promessa de compra e venda lhe atribui eficácia real, nos termos do art. 413º, § 1º, do Código Civil português, que se expressa pela garantia da posição do promissário adquirente em face de atos de alienação ou disposição posteriores praticados pelo promitente vendedor, reputados ineficazes[27].

Não obstante, trata-se de posicionamento superado. É que, apesar de não inserido na lista do art. 674 do Código Civil de 1916, o direito real decorrente

---

26 PONTES DE MIRANDA, Francisco Cavalcanti. **Tratado de direito privado**. 2. ed. Rio de Janeiro: Borsoi, 1956, v. 13, p. 111-112.

27 ASCENSÃO, José de Oliveira. **Direito civil:** reais. 5. ed. Coimbra: Coimbra Editora, 2000, p. 562.

do compromisso de compra e venda contou com previsão legal expressa não só no art. 5º do Decreto-Lei 58/1937, como em leis posteriores (art. 32, § 2º, da Lei 4.591/1964, art. 25 da Lei 6.766/1979 e art. 1.417 do CC), de forma a atender ao princípio do *numerus clausus* e revelar seu caráter institucional, ante a existência de norma de ordem pública responsável por tipificá-lo e delinear seus contornos.

Barbosa Lima Sobrinho referenda essa conclusão, ao salientar que nenhum inconveniente existe em considerar o compromisso de compra e venda registrado como modalidade de direito real, ainda que não previsto no rol do art. 674 do Código Civil de 1916. Com lastro no escólio de Filadélfo de Azevedo, aduz o autor que "por mais rigorosa que seja, a lei não pode contrariar a natureza das cousas, não sendo as categorias jurídicas irredutíveis, como compartimentos estanques"[28].

Darcy Bessone de Oliveira Andrade insere o compromisso de compra e venda na gama dos direitos reais em garantia[29]. Para ele, o compromisso de compra e venda levado a registro atribui ao seu titular "uma forma especial de direito real de garantia, à qual falta o direito de preferência" que recai sobre coisa alheia. Munido do direito de sequela, o compromitente comprador tem a prerrogativa de poder postular a ineficácia dos negócios jurídicos celebrados pelo promitente vendedor com terceiros, em detrimento da avença entre eles celebrada. Essa, segundo o autor, seria a garantia atribuída ao adquirente que recai sobre coisa alheia, em razão da propriedade ainda não lhe ter sido transferida por meio da outorga da escritura definitiva de compra e venda.

Washington de Barros Monteiro, por sua vez, o define como direito real *sui generis*, por implicar em limitação do *jus abutendi* do proprietário a quem, não obstante ainda ser titular do domínio, impõe-se a proibição de aliená-lo novamente a terceiros: "O proprietário não pode vender, nem onerar, o imóvel; perde ele a faculdade de dispor do bem compromissado, enquanto vigorar o contrato"[30].

Na mesma linha, Orlando Gomes, para quem o direito real do compromissário comprador reduzir-se-ia a "simples limitação do poder de disposição

---

28 LIMA SOBRINHO, Barbosa. **As transformações da compra e venda**. Rio de Janeiro: Borsoi, 1956, p. 79.

29 ANDRADE, Darcy Bessone de Oliveira. **Da compra e venda, promessa e reserva de domínio**. Belo Horizonte: Bernardo Álvares, p. 174.

30 MONTEIRO, Washington de Barros. **Curso de direito civil:** direito das coisas. 37. ed. São Paulo: Saraiva, 2003, v. 3, p. 319.

do proprietário que o constitui", já que "uma vez registrado, impedido fica de alienar o bem e, se o fizer, o compromissário comprador ou promitente comprador, sendo titular de um direito com sequela, pode reivindicar a propriedade do imóvel, tanto que execute o contrato de compromisso, exigindo o cumprimento específico da obrigação contraída pelo promitente vendedor"[31].

Vale ressaltar que Orlando Gomes critica o rótulo de direito real conferido ao compromisso de compra e venda levado a registro, fruto de equívoco do legislador quanto à natureza e à eficácia de pretensão à criação de um direito sobre um imóvel. Segundo o autor, o registro do compromisso de compra e venda não constitui direito absoluto como todo e qualquer direito real, mas tão-somente confere eficácia real "de forma a impedir que o compromitente vendedor negocie o imóvel com terceiros"[32].

Silvio Rodrigues, por sua vez, o qualifica como direito real sobre coisa alheia de gozo, sob a justificativa de que "o que visou o legislador não foi afetar a coisa ao pagamento preferencial do credor, mas, sim, conferir ao promissário comprador uma prerrogativa sobre a coisa vendida: a) de gozá-la e de fruí-la; b) de impedir sua válida alienação a outrem; c) de obter sua adjudicação compulsória, em caso de recusa do promitente em outorgar ao promissário a escritura definitiva de compra e venda"[33].

Barbosa Lima Sobrinho, lastreado no comando do art. 1.589 do Código Civil francês, equipara o compromisso de compra e venda ao direito de propriedade, sob o argumento de que o compromitente vendedor, ao permitir a imissão do adquirente na posse do imóvel com o objetivo de transferi-lo futuramente, teria apenas uma mera "lembrança da propriedade"[34]. O compromisso, assim como a compra e venda, constituiria contrato definitivo e impassível de modificações por vontade do outorgante, que desde sua celebração transfere ao adquirente o *ius utendi*, *fruendi* e *abutendi*. Para o autor, dizer que o compromissário comprador conserva a "nua-propriedade" constitui artifício que desmoraliza a ciência jurídica, que deixa no vulgo a impressão de que não passa de manobra e habilidade de escamoteadores[35].

---

31 GOMES, Orlando. **Direitos reais**. 19. ed. Rio de Janeiro: Forense, 2006, p. 366.

32 GOMES, Orlando. **Direitos reais**. 19. ed. Rio de Janeiro: Forense, 2006, p. 366-367.

33 RODRIGUES, Silvio. **Direito civil:** direito das coisas. 28. ed. São Paulo: Saraiva, 2007, v. 5, p. 314.

34 LIMA SOBRINHO, Barbosa. **As transformações da compra e venda**. Rio de Janeiro: Borsoi, 1956, p. 90.

35 LIMA SOBRINHO, Barbosa. **As transformações da compra e venda**. Rio de Janeiro: Borsoi, 1956, p. 87.

Fato é que melhor conclusão é a que define o compromisso de compra e venda levado a registro como modalidade de *direito real sobre coisa alheia de aquisição*.

É direito real de aquisição porquanto garante ao adquirente, conforme leciona Arnoldo Wald, o direito "de incluir o imóvel no seu patrimônio" quando do pagamento integral do preço, seja pela via consensual, seja por meio da ação de adjudicação compulsória[36].

E recai sobre coisa alheia, pois, enquanto não outorgada a escritura pública de compra e venda que deve ser levada a registro, o direito de propriedade, ainda que desprovido do *ius utendi*, *fruendi* e parte do *abutendi* desde logo alienados ao adquirente, ainda continua sob a titularidade do compromitente vendedor, ainda que de forma mitigada. Esse é o sistema imposto pela legislação brasileira que, nos arts. 108 e 1.245 do Código Civil, condiciona a aquisição da propriedade imóvel ao registro da escritura pública de compra e venda no cartório correspondente.

Essa é a opinião de Serpa Lopes, para quem "a inscrição da promessa de venda de imóvel equivale a um direito real limitado, direito de aquisição, assecuratório do *contrahere* futuro, não só em relação às partes contratantes como *erga omnes*"[37]. Na mesma linha Maria Helena Diniz, que enquadra o instituto jurídico do compromisso de compra e venda registrado na categoria dos direitos reais sobre coisa alheia de aquisição[38].

Também nesse sentido, Altino Portugal Soares Pereira, para quem, após o registro do compromisso de compra e venda no cartório de imóveis, nasce para o compromitente comprador um "direito real de prioridade para a aquisição da propriedade da coisa prometida, que, mais tarde, se converterá no direito de propriedade, quer mediante ato voluntário de ambas as partes, quer de uma delas, por meio da execução compulsória pela forma específica, cumprindo-se, em qualquer caso, a formalidade da transcrição no aludido registro"[39].

De fato, não se pode inserir o compromisso de compra e venda registrado na categoria dos direitos reais em garantia. Segundo Orlando Gomes, esses

---

36 WALD, Arnoldo. **Direito das coisas** 10. ed. rev., aum. e ampl. São Paulo: Revista dos Tribunais, 1995, p. 208 (Curso de direito civil brasileiro).

37 LOPES, Miguel Maria de Serpa. **Curso de direito civil:** fonte das obrigações, contratos. 2. ed. Rio de Janeiro: Freitas Bastos, 1957, v. 3, p. 238.

38 DINIZ, Maria Helena. **Curso de direito civil brasileiro:** direito das coisas. 17. ed. São Paulo: Saraiva, 2002, v. 4, p. 497.

39 PEREIRA, Altino Portugal Soares. **A promessa de compra e venda de imóveis no direito brasileiro**. 2. ed. Curitiba: Juruá, 1997, p. 66.

são constituídos com o objetivo de respaldar o cumprimento de uma determinada obrigação, sendo-lhe essencialmente acessórios, a exemplo do que sucede com o penhor, hipoteca e alienação fiduciária[40]. E como bem coloca Serpa Lopes, a ideia de garantia no plano do direito real do compromissário comprador comporta aplicação apenas no seu sentido amplo, vale dizer, de que o compromitente vendedor somente poderá ser compelido a transferir a propriedade imóvel após receber o preço pactuado na sua integralidade[41].

Por outro lado, o compromisso de compra e venda não confere ao compromitente comprador direito de preferência, na estrita acepção jurídica do termo. Instituto inerente aos direitos reais em garantia, consiste no privilégio de obter, antes de outros credores, o recebimento de um crédito, situação que não se confunde com a prerrogativa do titular do direito real de aquisição decorrente de compromisso de compra e venda de exigir, com prejuízo de terceiros, a outorga de escritura pública definitiva. Mais uma vez, o emprego da expressão "preferência", no âmbito do compromisso, deve ser tomada em seu sentido lato.

Não se trata, outrossim, de direito real de gozo ou fruição. Apesar do compromisso de compra e venda em regra transferir ao compromissário comprador o *ius utendi, fruendi* e parte do *abutendi*, o negócio jurídico tem por principal escopo a futura transferência da propriedade que, por conveniência das partes, não se opera no instante da sua celebração. Esta intenção se mostra ausente, por exemplo, no usufruto, que confere ao usufrutuário apenas direito de uso e gozo da coisa em caráter temporário, sem, contudo, implicar na futura transferência da propriedade do bem que lhe serve de objeto.

Por fim, ao menos no sistema de aquisição imobiliário brasileiro, não se pode dizer que o compromisso de compra e venda levado a registro equivale à propriedade, conforme professa Barbosa Lima Sobrinho. Não obstante sua opinião muito se aproximar da realidade negocial, em que muitos compromitentes compradores consideram-se efetivos proprietários antes mesmo do recebimento da escritura, ela não encontra abrigo no direito brasileiro que, além de dispensar tratamento legal diverso a ambos os institutos, confere-lhes efeitos jurídicos distintos, porquanto somente em casos excepcionais pode-se dispensar a outorga de escritura pública definitiva para se operar a transferência da propriedade imóvel pela via do registro, no cartório competente, do compromisso de compra e venda[42].

---

[40] GOMES, Orlando. **Direitos reais**. 19. ed. Rio de Janeiro: Forense, 2006, p. 366.

[41] LOPES, Miguel Maria de Serpa. **Curso de direito civil:** fonte das obrigações, contratos. 2. ed. Rio de Janeiro: Freitas Bastos, 1957, v. 3, p. 237.

[42] Nesse sentido, ver os itens 1.4.6.3.1 a 1.4.6.3.4 *supra*.

E, modernamente, o legislador cuidou de dissipar a discussão. Com a edição do Código Civil brasileiro de 2002, além de inserir o compromisso de compra e venda no rol dos direitos reais do art. 1.225 (inc. VII), estabeleceu expressamente no seu art. 1.417 que, "mediante promessa de compra e venda, em que se não pactuou arrependimento, celebrada por instrumento público ou particular, e registrada no Cartório de Registro de Imóveis, adquire o promitente comprador direito real à aquisição do imóvel". Como os direitos reais seguem o regime dos *numerus clausus*, em que só a lei define o que vem a ser direito real, organizando-os, determinando seu conteúdo e nomeando-os[43], conclui-se que a menção expressa nesse sentido feita pelo diploma civil de 2002 afasta qualquer discussão sobre a sua natureza jurídica: *direito real de aquisição que recai sobre coisa alheia*[44].

## 2.4 REQUISITOS DE CONSTITUIÇÃO DO DIREITO REAL DO COMPROMISSÁRIO COMPRADOR

### 2.4.1 Irretratabilidade

Conforme já analisado, a irretratabilidade constitui elemento essencial do compromisso de compra e venda. Se retratável, ter-se-á mera promessa de compra e venda que, dessa forma, se mostra inapta a gerar o direito real de aquisição ao promitente comprador.

Só os compromissos de compra e venda dotados de irretratabilidade são aptos a gerar, via registro, o direito real de aquisição em favor do compromissário comprador. A proibição ao direito de retratação pode decorrer de cláusula contratual expressa ou de norma de ordem pública, a exemplo do que sucede com os compromissos de compra e venda que tenham por objeto imóvel inserido em loteamento urbano (art. 25 da Lei 6.766/1979) ou em incorporação imobiliária (art. 32, § 2º, da Lei 4.591/1964).

Vale consignar que a irretratabilidade não impede a dissolução do contrato de compromisso de compra e venda e consequente desconstituição

---

43 GATTI, Edmundo. **Teoria general de los derechos reales**. Buenos Aires: Abeledo-Perrot, 1969, p. 121-122.

44 Natureza jurídica, aliás, expressamente referida no Projeto de Lei 4/2025, de reforma do Código Civil: "Art. 1.417. Mediante promessa ou compromisso de compra e venda, em que se não pactuou arrependimento, celebrada por instrumento público ou particular, e registrada no Cartório de Registro de Imóveis, adquire o compromissário ou promitente comprador *direito real à aquisição* do imóvel. Parágrafo único. O tratamento do compromisso de compra e venda registrado na matrícula do imóvel, constante neste Código, não exclui o previsto em leis especiais" (g.n.).

do direito real dele decorrente, na hipótese de distrato ou resolução por não pagamento do preço[45]. Nessa última hipótese, a resolução judicial por falta de pagamento dependerá da prévia notificação do compromissário comprador para que a mora reste caracterizada, ainda que haja no contrato cláusula resolutória expressa que dispense o cumprimento dessa formalidade[46]. Nesse sentido, o art. 32 da Lei 6.766/1979, aplicável aos imóveis urbanos loteados, e o art. 63 da Lei 4.591/1964, relativa às unidades imobiliárias submetidas ao regime da incorporação.

Não impede, também, o exercício do direito de arrependimento do consumidor em caso de aquisição de unidade imobiliária na planta ou em construção oferecido em estandes de vendas ou fora do estabelecimento do vendedor. Nestes casos, e desde que haja relação de consumo, a jurisprudência é farta quanto à incidência do art. 49 da Lei 8.078/1990, para reconhecer ao consumidor adquirente o direito potestativo de retratação imotivada no prazo de 7 dias contados do ato aquisitivo[47], reputado como *período de reflexão* posterior a celebração de contratos *por impulso*, com devolução integral das quantias pagas a *qualquer título*, inclusive comissão de corretagem (art. 67-A, § 10, da Lei 4.591/1964[48-49]).

---

45 DINIZ, Maria Helena. **Curso de direito civil brasileiro:** direito das coisas. 17. ed. São Paulo: Saraiva, 2002, v. 4, p. 530.

46 Arnoldo Wald esclarece que desde o advento do Decreto 745, de 07.08.1969, proibiu-se a inserção de cláusula resolutória expressa que dispensasse o dever de prévia interpelação do compromitente comprador em mora. Ainda que pactuada, deve ser considerada como não escrita, por se tratar de norma de ordem pública que confere ao devedor justo prazo para o cumprimento da obrigação pendente (WALD, Arnoldo. **Direito das coisas.** 10. ed. rev., aum. e ampl. São Paulo: Revista dos Tribunais, 1995, p. 212).

47 Há impropriedade técnica no art. 67-A, parágrafo 11, da Lei 4.591/1964, que estabelece como *dies a quo* para a contagem do prazo de 7 dias, a data da postagem de carta registrada endereçada ao incorporador. Não obstante seja clara a intenção do legislador de evitar alegação de recebimento intempestivo da comunicação pelo incorporador, a redação dá margem uma leitura inadequada no sentido de que o consumidor poderia exercer o direito a qualquer tempo. Nesta linha, a jurisprudência tem solenemente ignorado este comando, para reputar, como termo inicial da contagem do prazo, a data da celebração do compromisso de compra e venda ou documento equivalente.

48 Art. 67-A, § 10, da Lei 4.591/1964: "Os contratos firmados em estandes de vendas e fora da sede do incorporador permitem ao adquirente o exercício do direito de arrependimento, durante o prazo improrrogável de 7 (sete) dias, com a devolução de todos os valores eventualmente antecipados, inclusive a comissão de corretagem".

49 Nesse sentido: "Apelação. Rescisão contratual cumulada com pedidos de indenizações por danos materiais e morais. Respeitável sentença de parcial proce-

### 2.4.2 Coisa imóvel como objeto

O direito real tem por objeto uma coisa sobre a qual seu titular exercerá um poder jurídico em face da sociedade, a quem caberá respeitá-lo.

No Brasil, os direitos reais recaem, em regra, sobre coisas corpóreas. Nesse sentido, o art. 1.228 do Código Civil, responsável pela disciplina do mais pleno dos direitos reais – a propriedade – estabelece que ele recai sobre

---

dência. Apelam os autores buscando a devolução integral dos valores pagos, sem a retenção dos 25%, afastando os encargos acessórios do contrato, bem como a condenação por danos morais que estimam em R$10.000,00. Apelam também os requeridos buscando improcedência da ação e insistindo na retenção dos valores de corretagem. Direito do arrependimento – Artigo 49 do Código de Defesa do Consumidor. Possibilidade. Previsão legal (Lei do Distrato – 13.786/2018). Negócio realizado em estande de vendas, fora da sede do incorporador. Previsão Contratual. Manifestação dentro do prazo de sete dias. Restituição integral da quantia paga, incluindo comissão de corretagem. Danos morais não caracterizados. Mero dissabor decorrente de inadimplemento contratual. Recurso dos autores parcialmente provido. Recurso das requeridas desprovido" (TJSP, AC 1005608-51.2023.8.26.0132, Rel. Des. Dario Gayoso, j. 27.08.2024); "Apelação. Ação de rescisão contratual. Compromisso de compra e venda de bem imóvel. Regime de multipropriedade. Direito de arrependimento. Art. 49 do Código de Defesa do Consumidor. Possibilidade. Previsão legal (Lei do distrato 13.786/2018). Negócio realizado em estande de vendas, fora da sede do incorporador. Previsão contratual Manifestação dentro do prazo de sete dias. Restituição integral da quantia paga, inclusive comissão de corretagem. Precedentes. Demanda que deve ser julgada procedente Recurso provido" (TJSP, Apelação Cível 1003111-07.2023.8.26.0248, Rel. Des. Hugo Crepaldi, j. 18.04.2024); "Compra e venda de cota/fração de unidade comercial em regime de multipropriedade. Rescisão Ação de rescisão de contrato com pedido de restituição de valores. Desistência do negócio por parte dos compradores dentro do prazo de arrependimento previsto no artigo 49 do Código de Defesa do Consumidor Hipótese que permitida a restituição integral de valores, inclusive de comissão de corretagem Precedentes. Contratação efetivada em stand de vendas, fora da sede da ré. Inteligência do artigo 67-A, § 10, da Lei 4.591/64, com as alterações trazidas pela Lei n. 13.786/18. Devolução integral dos valores pagos. Inaplicabilidade ao caso dos autos do entendimento firmado no REsp 1.599.511/SP. Juros de mora. Incidência a partir do trânsito em julgado. Posicionamento do C. Superior Tribunal de Justiça já era nesse sentido, ainda que inaplicável ao caso dos autos o entendimento firmado no recurso repetitivo Resp. 1.740.911/DF, já que se trata de contrato firmado após a Lei 13.786/18. Dano moral não caracterizado. Simples descumprimento contratual que não gera reparação. Sentença parcialmente reformada. Sucumbência recíproca caracterizada. Apelação parcialmente provida" (TJSP, AC 1000935-06.2022.8.26.0405, Rel. Des. Sá Moreira de Oliveira, j. 04.04.2023).

coisa e confere ao seu titular faculdade de usar, gozar e dispor, além de reavê-la de quem injustamente a possua ou a detenha.

Por sua vez, o objeto do compromisso de compra e venda será sempre coisa corpórea, tangível, passível de apropriação e de natureza imóvel. Ele, por sua vez, pode ser presente ou futuro, a exemplo do que sucede na alienação de unidades em incorporação imobiliária "na planta", além de ser determinado ou ao menos determinável.

A espécie do imóvel comprometido à venda determinará qual legislação aplicável aos compromissos de compra e venda que o tem como objeto.

Se for loteado, submete-se ao regime jurídico da Lei 6.766/1979, cuja principal característica é a imposição da irretratabilidade dos contratos celebrados sob sua égide, nos termos do seu art. 25, além de outras normas protetivas ali prescritas, tais como a nulidade das cláusulas de resolução por não pagamento, se o empreendimento não for regular (art. 39) e que impeça o adquirente de ser ressarcido pelas benfeitorias úteis e necessárias que tiver inserido no lote, na hipótese de resolução contratual (art. 34), dentre outras. Por se tratar de lei especial posterior ao Decreto-Lei 58/1937, a Lei 6.766/1979 prevalece sobre os dispositivos ali constantes que se referiam a imóveis loteados. Trata-se, todavia, de hipótese de derrogação, já que alguns dos dispositivos do Decreto-Lei 58/1937 continuam vigentes[50].

Se for unidade autônoma objeto de incorporação imobiliária, a disciplina conferida ao compromisso de compra e venda é dada pela Lei 4.591/1964, que, além de impor irrevogabilidade dos compromissos de compra e venda no seu art. 32, § 2º, regula o instituto do patrimônio de afetação, inserido no seu corpo pela Lei 10.931, de 2 de agosto de 2004.

E, por fim, se o imóvel não estiver inserido em loteamento urbano e tampouco submetido ao regime das incorporações, reger-se-á pelos comandos dos arts. 1.417 e 1.418 do Código Civil e dos artigos não revogados do Decreto-Lei 58/1937, com possibilidade de pactuação do direito ao arrependimento, por meio de cláusula específica ou entrega de arras penitenciais, hipótese em que se terá mera promessa de contratar.

---

50 RIZZARDO, Arnaldo. **Promessa de compra e venda e parcelamento do solo urbano**. 6. ed. São Paulo: Revista dos Tribunais, 2003, p. 24-25. Dentre as normas constantes da Lei 6.766/1979, o autor destaca as seguintes, dentre outras: a) art. 5º, que trata dos efeitos do registro do contrato, ainda que o art. 25 da Lei 6.766/1979 especifique a oponibilidade contra terceiros decorrente do registro; b) art. 12, que destaca os direitos do adquirente no caso de resolução por culpa do loteador; e c) art. 15, que trata do regime de antecipação do pagamento pelos compromitentes compradores.

### 2.4.3 Registro e forma do compromisso de compra e venda

Alessio Zaccaria e Stefano Troiano aduzem que o registro constitui ato destinado a publicizar fatos jurídicos reputados relevantes pelo ordenamento jurídico, pelo que as normas que o regulamentam são de ordem pública e, portanto, impassíveis de desconsideração ou modificação por seus destinatários[51]. Sob o perfil dos seus efeitos, destacam-se três formas de publicidade: a *notícia*, também denominada não necessária, que não serve para conferir eficácia ou constituir um direito previsto na lei, tendo por escopo oportunizar a aferição da boa ou má-fé de terceiros diante de uma determinada situação da vida; a *declarativa*, de caráter necessário para conferir eficácia a um direito previsto na lei; e, por fim, a publicidade *constitutiva*, sem a qual o direito publicizado não nasce[52].

Essa classificação revela a existência de pelo menos dois sistemas registrais: o *declarativo*, de origem francesa e que não condiciona o surgimento de um direito real ao registro, e o *constitutivo*, de origem germânica e que obriga a inscrição para que o direito real surja.

No sistema gaulês, o registro presta apenas a declarar a existência, transmissão, modificação e extinção de um direito preexistente ao registro. Ela revela à sociedade a existência de um negócio jurídico suficiente para a transmissão de um direito e busca impedir que novos atos de alienação ou disposição sejam eficazmente celebrados com terceiros, de forma que sua não efetivação não afeta a validade do ato que lhe serve de causa.

Nesse sentido, os irmãos Mazeaud: "La publicación de un acto tiene solamente por efecto tornar oponible esse acto a los terceros. No es un requisito de validez del acto; no produce la transmissión del derecho publicado; no subsana los vicios que puedam afectar al acto publicado, sino la falta de derecho del enajeante que haya transmitido el inmueble lego de haberlo enajenado ya a otra persona"[53].

É o que ocorre na compra e venda regulada pelo art. 1.589 do Código de Napoleão, em que o acordo de vontades quanto ao objeto e o preço é suficiente à transmissão da propriedade imóvel, dispensada a tradição pela

---

51 ZACCARIA, Alessio; TROIANO, Stefano. **Gli effetti della trascrizione**. Torino: Giappichelli, 2005, p. 8.

52 ZACCARIA, Alessio Zaccaria; TROIANO, Stefano. **Gli effetti della trascrizione**. Torino: Giappichelli, 2005, p. 10-13.

53 MAZEAUD, Henri; MAZEAUD, Leon; MAZEAUD, Jean. **Lecciones de derecho civil**. Trad. Luis Alcalá-Zamora y Castillo. Buenos Aires: Ediciones Jurídicas Europa-América, 1974, v. 2, p. 413.

via do registro, que serviria apenas para publicizar o direito de propriedade já concretizado nas mãos do comprador, quando da celebração do contrato.

Em Portugal, o registro do contrato-promessa não gera direito real, mas lhe confere eficácia real. Tem caráter meramente declarativo, já que a transmissão dos direitos que incidem sobre o imóvel dá-se no momento da celebração do contrato-promessa e gera efeitos *inter partes*. Para tanto, o art. 413º, § 1º, do Código Civil português estabelece três pressupostos para a sua constituição: que a promessa recaia sobre transferência ou constituição de direitos reais sobre imóveis ou móveis sujeitos a registro, declaração expressa que espelhe a intenção das partes de conferir tal eficácia e, por fim, inscrição no registro competente. Sem esses requisitos, aduz Antunes Varela que "o contrato-promessa, ainda que válido, terá eficácia meramente pessoal", de forma que "os direitos nascidos do contrato não valem contra terceiros, não podem ser opostos a terceiros, nem destes pode ser exigida qualquer indemnização pelo facto da sua violação"[54].

O registro tem por finalidade garantir ao promitente comprador o direito de reagir contra eventuais alienações posteriores feitas por terceiros. Mas José de Oliveira Ascensão nega o caráter constitutivo da inscrição, que tem por finalidade exclusiva "dar oponibilidade a terceiros" como expressão de mera eficácia real e não direito real propriamente dito[55].

O mesmo sucede na Itália. Nos termos do art. 2.645 bis do *Codice Civile*, o registro do contrato preliminar confere-lhe eficácia real oponível a terceiros que eventualmente tenham celebrado o mesmo contrato com o promitente vendedor, tendo, destarte, caráter puramente declarativo. Trata-se de inovação inserida no direito italiano por meio do Decreto-Lei 669, de 31 de dezembro de 1996, modificada pela Lei 30, de 28 de fevereiro de 1997, que eliminou discussão doutrinária e jurisprudencial naquele país acerca da possibilidade ou não de inscrição do contrato preliminar no registro imobiliário, por não se tratar de hipótese contemplada no rol taxativo dos atos registráveis prescrito no art. 2.643 do Código Civil italiano[56].

---

54 VARELA, Antunes. **Das obrigações em geral**. 10. ed. Coimbra: Almedina, 2000, v. 1, p. 329-330.

55 ASCENSÃO, José de Oliveira. **Direito civil:** reais. 5. ed. Coimbra: Coimbra Editora, 2000, p. 563. No mesmo sentido, ver: VARELA, Antunes. **Das obrigações em geral**. 10. ed. Coimbra: Almedina, 2000, v. 1, p. 328-329.

56 TORRENTE, Andrea; SCHLESINGER, Piero. **Manuale de diritto privato**. 15. ed. Milano: Giuffrè, 1997, p. 476.

Diferentemente do sistema francês de cunho declarativo, relata Everaldo Augusto Cambler que o sistema alemão regulado pelo Código Civil (BGB) e pela ordenação imobiliária de 24 de março de 1896, modificada por outra de 5 de agosto de 1935, confere ao registro eficácia constitutiva, de forma que sua efetivação constitui condição indispensável para a existência, transmissão, modificação e extinção do direito real[57].

Ao cotejar ambos os sistemas à luz das normas registrais brasileiras, Maria Helena Diniz conclui pela adoção, em parte, das regras germânicas pelo direito pátrio. Isso porque, segundo a autora, pelo sistema germânico o registro prova o direito, conferindo ao titular uma presunção absoluta de veracidade do seu conteúdo, de forma a tornar inquestionável a condição de proprietário da pessoa em cujo nome o imóvel foi registrado. Todavia, o mesmo não sucede no sistema registrário brasileiro, pautado nos princípios da boa-fé e da presunção *juris tantum*, de forma a admitir seu cancelamento no caso de constatação de venda *a non domino*[58].

Exemplo dessa aproximação consta no art. 1.227 do Código Civil brasileiro, aplicável aos direitos reais que recaem sobre bem imóvel, que torna imprescindível a inscrição do título de aquisição (*titulus adquirendi*), gerador de obrigações puramente pessoais, no registro público determinado pela lei (*modus adquirendi*) para a constituição e transmissão do direito real.

Ausente o registro, nenhum dos três efeitos jurídicos traçados por Walter Ceneviva[59] se irradiará: a) o *constitutivo*, pois sem ele o direito real não nasce; b) o *comprobatório*, destinado a atestar a existência e a veracidade do ato que deu causa ao surgimento do direito real; e, por fim, c) o *publicitário*, porquanto para que seja oponível *erga omnes* e, portanto, absoluto, a publicidade se mostra imprescindível para possibilitar a terceiros conhecer a existência de uma relação de poder mantida entre pessoa e coisa, tratando-se, segundo Guillermo L. Allende, de uma "declaración de voluntad dirigida a la generalidad"[60].

Nessa esteira, o registro do compromisso de compra e venda no direito brasileiro é indispensável para a constituição do direito real de aquisição.

---

57 CAMBLER, Everaldo Augusto. **Incorporação imobiliária:** ensaio de uma teoria geral. São Paulo: Revista dos Tribunais, 1993, p. 126.

58 DINIZ, Maria Helena. **Sistemas de registro de imóveis**. 2. ed. São Paulo: Saraiva, 2000, p. 20-21.

59 CENEVIVA, Walter. **Lei dos Registros Públicos comentada**. 11. ed. São Paulo: Saraiva, 1997, p. 5.

60 ALLENDE, Guillermo L. **Panorama de derechos reales**. Buenos Aires: La ley, 1967, p. 220.

Muito embora seja forçoso reconhecer identidade quanto aos efeitos práticos de se considerar o registro gerador de direito real ou de eficácia real, porquanto em ambas as situações o que se busca garantir é a posição do compromitente comprador, é certo hoje não haver dúvida que se trata de modalidade de direito real expressamente qualificado como tal pelo art. 1.225, VII, do Código Civil. O ato impõe a toda coletividade um dever de abstenção diante da relação jurídica estabelecida entre o compromitente comprador e o imóvel que lhe serve de objeto.

Em razão do nexo de causalidade entre o *titulus* e o *modus adquirendi* do direito real decorrente do compromisso de compra e venda, a validade e eficácia do direito real dependerá da sanidade do negócio jurídico que lhe deu causa, caso contrário não será constituído de forma válida. Nesse passo, o registro do compromisso de compra e venda viciado não sana os problemas inerentes à sua validade jurídica, independente de ação direta, nos termos da norma inserta no art. 214 da Lei de Registros Públicos.

A exigência do registro para a constituição do direito real de aquisição sempre se mostrou presente no direito brasileiro. Nesse sentido, o art. 5º do Decreto-Lei 58/1937 e também o seu art. 22, com redação ulteriormente conferida pela Lei 6.014/1973, que contempla os titulares de compromisso de compra e venda que tenham por objeto imóvel não loteado; o art. 25 da Lei 6.766/1979, responsável pela disciplina dos loteamentos urbanos em substituição ao Decreto-Lei 58/1937; o art. 32, § 2º, da Lei 4.591/1964, que disciplina as incorporações imobiliárias; e, por fim, o art. 1.417 do Código Civil.

A Lei de Registros Públicos (Lei 6.015/1973), por sua vez, prevê, no seu art. 167, I, o registro: "9) dos contratos de compromisso de compra e venda de cessão deste e de promessa de cessão, com ou sem cláusula de arrependimento, que tenham por objeto imóveis não loteados e cujo preço tenha sido pago no ato de sua celebração, ou deva sê-lo a prazo, de uma só vez ou em prestações; (...) 18) dos contratos de promessa de venda, cessão ou promessa de cessão de unidades autônomas condominiais e de promessa de permuta, a que se refere a Lei n. 4.591, de 16 de dezembro de 1964, quando a incorporação ou a instituição de condomínio se formalizar na vigência desta Lei; (...) 20) dos contratos de promessa de compra e venda de terrenos loteados em conformidade com o Decreto-Lei n. 58, de 10 de dezembro de 1937, e respectiva cessão e promessa de cessão, quando loteamento se formalizar na vigência desta lei".

Por determinação do art. 108 do Código Civil brasileiro, a escritura pública constitui requisito indispensável à validade dos negócios jurídicos imobiliários que tenham por objeto a constituição, transferência, modificação ou renúncia de direitos reais sobre imóveis de valor até trinta vezes o valor do salário mínimo vigente no país, salvo lei especial em contrário.

Razões de ordem prática, pautadas na grande importância social do compromisso de compra e venda no Brasil como importante veículo de acesso à aquisição imobiliária, levaram o legislador a excepcionar a regra supramencionada e autorizar a utilização tanto da forma pública como privada para sua celebração.

Nesse sentido, os arts. 11 do Decreto-Lei 58/1937, 67 da Lei 4.591/1964 (incorporações imobiliárias), 61 da Lei 4.380/1964 (sistema financeiro da habitação), 26 da Lei 6.766/1979 (loteamentos urbanos), 38 da Lei 9.514/1997 (alienação fiduciária de bem imóvel) e 1.417 do Código Civil, sendo que a opção pela forma privada, pelo menor custo, prepondera sobre a pública.

Com efeito, não se coloca mais a antiga discussão doutrinária acerca da imprescindibilidade do instrumento público para a constituição do direito real de aquisição decorrente do compromisso de compra e venda[61].

Em Portugal, vigora a mesma regra. Nos termos do art. 413º, § 2º, do Código Civil português, a eficácia real decorrente do contrato-promessa deve, como regra, ser pactuada de forma expressa em escritura pública, exceto quando a lei não exigir essa forma especial, hipótese em que as partes poderão

---

61 Sobre a questão, confira-se: ANDRADE, Darcy Bessone de Oliveira. **Da compra e venda, promessa e reserva de domínio**. Belo Horizonte: Bernardo Álvares, 1960, p. 183-189; e PEREIRA, Altino Portugal Soares. **A promessa de compra e venda de imóveis no direito brasileiro**. 2. ed. Curitiba: Juruá, 1997, p. 78. Cabe apenas registrar recente opinião de Eduardo Ribeiro de Souza, no sentido de que, com o advento do Código Civil de 2002, a forma pública passou a ser requisito essencial para que o compromisso de compra e venda viesse a ser registrado para efeito de constituição do direito real de aquisição. A razão do entendimento está na imposição prescrita no art. 108 do novel diploma, que exige a forma pública nos negócios jurídicos que tenham por objeto a constituição de direito real sobre bem imóvel. (A promessa de compra e venda no novo Código Civil: reflexos das novações nas atividades notarial e registral. *Boletim Eletrônico do IRIB*, São Paulo, Instituto de Registro Imobiliário do Brasil, n. 640, 2003, p. 2-4). Todavia, trata-se de posicionamento isolado e que foi diretamente combatido por Marcelo Terra, para quem a exigência da forma pública é descabida. Segundo esse autor, o art. 107 do Código Civil de 2002, que repete a fórmula do art. 129 do diploma anterior, impõe a observância de forma especial somente nos casos em que a lei expressamente exigir, o que não é o caso do compromisso de compra e venda, ainda que não seja ele previsto na lei especial (TERRA, Marcelo. Da forma nos contratos de compromisso de venda e compra de imóveis. **Revista dos Tribunais**, São Paulo, ano 6, n. 12, p. 22, jul./dez. 2003).

se valer do instrumento particular, que deve contar com o reconhecimento da assinatura das partes que se vinculam.

Na Itália, o art. 1.351 do seu Código Civil condiciona a validade do contrato preliminar à observância da forma imposta ao contrato definitivo. Isso significa que ele deve obedecer necessariamente à forma escrita e conter todos os elementos essenciais do negócio definitivo, em especial a individualização do seu objeto, sob pena de nulidade[62].

O conteúdo do contrato é determinado pelas partes, desde que observadas as normas de ordem pública que o delineiam. A Lei 6.766/1979, no seu art. 26, dispõe sobre as cláusulas que necessariamente deverão constar no compromisso de compra e venda, além da que impõe sua irretratabilidade[63], tratando-se de modalidade de *contrato-tipo* por encerrar cláusulas padronizadas insertas em modelo de instrumento depositado em cartório, nos termos do art. 18, VI, da mesma lei. Mas isso não impede que as partes acertem seus principais elementos, em especial a determinação do preço e do seu objeto, razão pela qual não se confundem com os contratos por adesão, em que uma das partes impõe à outra todas as condições contratuais em documento escrito, cabendo àquela aceitar ou não seus termos[64].

A Lei 4.591/1964, apesar de não descrever as cláusulas que deverão se fazer presentes no compromisso de compra e venda, também contempla a figura do contrato-tipo no seu art. 67. A via entregue ao adquirente poderá consignar apenas as cláusulas, termos das condições variáveis ou específicas do contrato, tais como preço, forma de pagamento e identificação do imóvel. As comuns a todos os contratos, apesar de também obrigarem, não precisam figurar, mas necessariamente deverão constar na via padrão depositada em cartório.

---

62 CIAN, Georgio; TRABUCCHI, Alberto. **Commentario breve al Codice Civile**. 4. ed. Padova: CEDAM, 1996, p. 1.426.

63 As cláusulas são as seguintes: "I) nome, registro civil, cadastro fiscal no Ministério da Fazenda, nacionalidade, estado civil e residência dos contratantes; II) denominação e situação do loteamento, número e data da inscrição; III) descrição do lote ou dos lotes que forem objeto de compromissos, confrontações, área e outras características; IV) preço, prazo, forma e local de pagamento bem como a importância do sinal; V) taxa de juros incidentes sobre o débito em aberto e sobre as prestações vencidas e não pagas, bem como a cláusula penal, nunca excedente a 10% (dez por cento) do débito e só exigível nos casos de intervenção judicial ou de mora superior a 3 (três) meses; VI) indicação sobre a quem incumbe o pagamento dos impostos ou taxas incidentes sobre o lote compromissado; VII) declaração das restrições urbanísticas convencionais do loteamento, supletivas da legislação pertinente".

64 GOMES, Orlando. **Contratos**. 17. ed. Rio de Janeiro: Forense, 1997, p. 127.

Cabe assinalar que, no que diz respeito aos demais compromissos de compra e venda, nenhuma linha foi traçada no Código Civil de 2002 com o escopo de disciplinar o seu conteúdo. Limitou-se apenas a descrever os aspectos inerentes ao direito real dele decorrente nos seus arts. 1.417 e 1.418, além de inseri-lo no rol dos direitos reais do seu art. 1.225.

Porém, independentemente da natureza do imóvel compromissado, as partes deverão descrever em detalhe as características do imóvel, para que o contrato possa ser registrado. Nos termos do art. 225 da Lei 6.015/1973, os tabeliães, juízes e escrivães deverão cuidar para que as partes indiquem, com precisão, "os característicos, as confrontações e as localizações dos imóveis, mencionando os nomes dos confrontantes e, ainda, quando se tratar só de terreno, se esse fica do lado par ou lado ímpar do logradouro, em que quadra e a que distância métrica da edificação ou da esquina mais próxima, exigindo dos interessados certidão do registro imobiliário". E, conforme dispõe seu § 1º, essas mesmas minúcias deverão constar nos instrumentos particulares apresentados em cartório para registro.

Trata-se da expressão do *princípio da especialidade*[65], que impõe a perfeita identificação entre as descrições do imóvel constantes no registro e no título de aquisição, de forma a evitar a constituição irregular de direitos reais, ressaltando, mais uma vez, que o registro de título irregular não sana eventuais irregularidades nele contidas, à luz da norma inserta no art. 214 da Lei de Registros Públicos.

De outra ponta, o *princípio da continuidade registral* condiciona o registro do compromisso de compra e venda no cartório de imóveis à verificação do direito de disposição que toca ao compromitente vendedor. Considerando que ninguém pode alienar mais direitos do que têm e que o compromisso de compra e venda busca futura transmissão da propriedade pela via derivada, é imprescindível que o alienante tenha condição de, no futuro, proceder à transferência da propriedade do imóvel que lhe serve de objeto, sob pena de resolução contratual.

Por essa razão, nenhum assento poderá ser efetivado sem menção à forma de aquisição anterior do direito real objeto de alienação, para efeito de demonstrar a origem do direito que toca ao alienante e sua consequente possibilidade de transmissão. No corpo do compromisso de compra e venda, as partes deverão providenciar a expressa menção ao título aquisitivo antecedente, com o escopo de se aferir a continuidade registral e a legitimidade

---

[65] DINIZ, Maria Helena. **Sistemas de registro de imóveis**. 2. ed. São Paulo: Saraiva, 2000, p. 30.

do compromitente vendedor para alienar os direitos prometidos, de forma a evitar a frustração da futura transferência da propriedade, em caso de compromisso de compra e venda *a non domino*.

## 2.5 EFEITOS DO REGISTRO DO COMPROMISSO DE COMPRA E VENDA

### 2.5.1 Oponibilidade *erga omnes*

A oponibilidade *erga omnes* do compromisso de compra e venda depende do seu prévio registro no cartório de imóveis, providência necessária a constituir e tornar pública a constituição do direito real de aquisição e, consequentemente, evitar fraude ou má-fé do alienante ou de terceiros[66].

No caso do compromisso de compra e venda, o dever de abstenção se expressa de duas formas.

Por um lado, mitiga o direito de disposição do proprietário e o impede de, eficazmente, transferir ou prometer transferir a propriedade do bem compromissado a terceiro. Impede também que venha a constituir ônus reais que mutilem a coisa que serve de objeto ao contrato[67].

Por outro, impede que terceiros reclamem para si o mesmo direito real. Como os direitos reais são exclusivos, veda-se a inscrição posterior de outros compromissos de compra e venda que tenham conteúdo conflitante ou incompatível com o daquele já levado a registro[68].

Na hipótese de conflito entre pretensos titulares do mesmo direito real de aquisição, prevalece o daquele que em primeiro lugar o apresentou no cartório de registro de imóveis. Trata-se da figura da *prioridade*, em que o legislador favorece aquele que, em primeiro lugar, reclama para si a titularidade de um direito real em conformidade com o procedimento prescrito na lei, como expressão da máxima *prior tempore, potior jure*.

O direito de prioridade não deriva do registro propriamente dito. Nos termos do art. 186 da Lei 6.015/1973, é a ordem numérica da prenotação que determina a prevalência do interesse de uma determinada pessoa para a constituição de qualquer direito real, dentre eles o de aquisição decorrente do

---

66 DINIZ, Maria Helena. **Sistemas de registro de imóveis**. 2. ed. São Paulo: Saraiva, 2000, p. 27.

67 LIMA SOBRINHO, Barbosa. **As transformações da compra e venda**. Rio de Janeiro: Borsoi, 1956, p. 66.

68 LOPES, Miguel Maria de Serpa. **Tratado dos registros públicos**. 6. ed. Brasília: Brasília Jurídica, 1997, v. 3, p. 245.

compromisso de compra e venda, que deve ser apresentado na sua via original[69]. Se apresentados para registro, no mesmo dia, dois compromissos de compra e venda que tenham por objeto o mesmo direito real, proceder-se-á ao registro daquele prenotado em primeiro lugar (art. 191 da Lei 6.015/1973). Havendo devolução do título com exigência imposta pelo registrador, se o interessado não a cumprir ou impugná-la por meio de procedimento de suscitação de dúvida no prazo de 30 dias a contar do seu lançamento no protocolo, os efeitos da prenotação cessarão automaticamente (art. 205 da Lei 6.015/1973).

Irrelevante, pois, a data em que o contrato de compromisso de compra e venda foi celebrado. É a ordem cronológica de apresentação do título no cartório imobiliário que determinará a prioridade de um adquirente sobre outro.

Urge salientar que a prioridade de aquisição imobiliária conferida ao compromissário comprador titular de direito real não atinge a validade dos demais compromissos celebrados por terceiros após sua constituição. Tais negócios jurídicos, apesar de existentes e válidos, são reputados ineficazes e inaptos a gerar o principal efeito jurídico do contrato: a transferência da propriedade após a quitação do preço. A esses compromitentes compradores, resta a via da reparação de danos[70].

### 2.5.2 Direito de sequela

Além de publicizar a condição de adquirente, o registro também confere ao compromitente comprador a prerrogativa de se opor aos atos de alienação ou oneração posteriores feitos a terceiros e impedir que venham a reclamar para si a transferência da propriedade imóvel com base em compromissos de compra e venda indevidamente celebrados[71].

Trata-se da expressão do *direito de sequela* que, nos dizeres de Maria Helena Diniz, permite ao compromissário comprador "buscar o imóvel onde quer que se encontre"[72].

---

[69] Cabe consignar que o art. 189 veicula exceção à prioridade registral pela prenotação. No caso de segunda hipoteca incidente sobre o mesmo imóvel, se o credor titular da primeira não proceder ao registro do título prenotado no prazo de 30 dias, perderá a prioridade na excussão do patrimônio do devedor.

[70] DINIZ, Maria Helena. **Sistemas de registro de imóveis**. 2. ed. São Paulo: Saraiva, 2000, p. 30.

[71] BATALHA, Wilson de Souza Campos. **Loteamentos e condomínios**. 2. ed. Rio de Janeiro: Freitas Bastos, 1959, v. 1, p. 360.

[72] DINIZ, Maria Helena. **Tratado teórico e prático dos contratos:** teoria das obrigações contratuais, técnica contratual, compromisso irretratável de compra e venda, compra e venda, compra e venda internacional. 2. ed. São Paulo: Saraiva, 1996, v. 1, p. 269.

Se for possuidor, o compromissário comprador poderá se socorrer dos interditos possessórios para fazer cessar esbulho, turbação ou ameaça decorrente de justo receio de ser molestado por terceiros, nos termos dos arts. 1.210, *caput* do Código Civil, e 554 e seguintes do Código de Processo Civil de 2015. Para ser considerado possuidor e utilizar as ações possessórias de reintegração (esbulho), manutenção de posse (turbação) ou interdito proibitório (ameaça), deve o compromissário comprador necessariamente ter praticado atos que revelassem pelo menos um dos poderes inerentes ao direito de propriedade, o que não se restringe ao exercício da posse direta. Atos de disposição econômica também refletem exercício de posse, na modalidade indireta, como nos casos em que o compromissário comprador celebra contrato de locação ou comodato da coisa com terceiro.

Todavia, ausente o exercício da posse direta ou indireta, não pode o adquirente se valer dessas ações, o que traz importantes repercussões práticas. Qual seria o remédio conferido ao adquirente não possuidor titular de um compromisso de compra e venda registrado que vê o imóvel compromissado objeto de posse injusta exercida por terceiro, já que, a princípio, a ação reivindicatória caberia apenas ao proprietário? De que forma o adquirente pode adentrar na posse do imóvel que, na época da celebração do compromisso, já era ocupado indevidamente por terceiros? A essas perguntas buscar-se-á responder.

#### *2.5.2.1 Compromisso de compra e venda e ação reivindicatória*

O direito de sequela autoriza o titular do direito real a buscar a coisa onde quer que ela esteja e retirá-la de quem a injustamente a possua ou detenha[73]. A base dessa prerrogativa, que deriva da inerência do direito de uma pessoa a uma coisa, é o art. 1.228, *caput* do Código Civil: "O proprietário tem a faculdade de usar, gozar e dispor da coisa, e o direito de reavê-la do poder de quem quer que injustamente a possua ou detenha"[74].

Esse é o fundamento da ação reivindicatória que, segundo a tradicional concepção dada por Lafayette Rodrigues Pereira, "não pode ser exercida senão a quem pertence o domínio pleno, útil, resolúvel, ou consistente na propriedade nua", cabendo ao demandante provar que lhe pertence o domí-

73 DINIZ, Maria Helena. **Curso de direito civil brasileiro:** direito das coisas. 17. ed. São Paulo: Saraiva, 2002, v. 4, p. 108.

74 GOMES, Orlando. **Direitos reais**. 19. ed. Rio de Janeiro: Forense, 2006, p. 19.

nio e que o réu retém a coisa injustamente[75]. É, portanto, ação conferida ao proprietário em face do possuidor desprovido de título.

Trata-se de ação conhecida desde o direito romano sob a denominação *rei vindicatio* (*rei*: coisa; *vindicatio*: reclamação em juízo) e constituía o meio processual de proteção contra lesão do direito de propriedade que tinha por finalidade obter a restituição da coisa, com seus frutos, pelo ilegítimo possuidor[76]. Vê-se que a ação, no decorrer dos séculos, conservou seus traços fundamentais.

Paulo Tadeu Haendchen e Rêmolo Letteriello dispõem que para a admissão da reivindicatória devem ser preenchidos os seguintes requisitos: "a) que o autor tenha a titularidade do domínio sobre a coisa reivindicanda; b) que a coisa seja individuada, identificada; e, c) que a coisa esteja injustamente em poder do réu, ou prova de que o mesmo dolosamente deixou de possuir a coisa reivindicanda"[77].

Por ter causa no domínio, constitui modalidade de ação *petitória*, imprescritível e que socorre, em linha de princípio, apenas o titular do direito de propriedade. Serve ela à tutela do direito à posse (*ius possidendi*) que toca ao proprietário e não se confunde com os interditos possessórios, destinados à proteção do direito de posse (*ius possessionis*) daquele que tenha sofrido esbulho, turbação ou ameaça ao seu livre exercício, vedada qualquer discussão do direito de propriedade, por expressa determinação do art. 1.210, § 2º, do Código Civil[78].

Apesar de petitória, discute-se se o compromissário comprador titular de contrato quitado e registrado poderia ou não se valer dessa ação para ver tutelado seu direito à posse, em especial quando, por não exercer posse anterior, não possa se socorrer dos interditos possessórios, em especial da ação de reintegração de posse. Sua peculiar condição o diferencia do simples possuidor, pois, desde a celebração do compromisso de compra e venda, a ele

---

[75] PEREIRA, Lafayette Rodrigues. **Direito das coisas**. 5. ed. São Paulo: Freitas Bastos, 1943, p. 269-270.

[76] MARKY, Thomas. **Curso elementar de direito romano**. 8. ed. São Paulo: Saraiva, 1995, p. 32-33.

[77] HAENDCHEN, Paulo Tadeu; LETTERIELLO, Rêmolo. **Ação reivindicatória**. 2. ed. São Paulo: Saraiva, 1981, p. 32.

[78] Nesse sentido: "Quando a discussão travada no processo versar sobre o domínio e não sobre a posse da coisa, a ação terá natureza petitória (juízo petitório), nada tendo a ver com as ações ditas possessórias, estas sim, versando a posse" (MARCATO, Antonio Carlos. **Procedimentos especiais**. 8. ed. São Paulo: Malheiros, 1998, p. 114-115).

foram transferidos o *ius fruedi, utendi* e parte do *abutendi*, restando apenas a obtenção da escritura pública de compra e venda, que já deveria lhe ter sido outorgada quando do pagamento integral do preço.

José Osório de Azevedo Junior sustenta que, desde que levado a registro e integralmente quitado, o compromisso de compra e venda autoriza seu titular a se valer da ação reivindicatória, ainda que não tenha recebido a escritura pública do compromitente vendedor. Coerente com seu raciocínio de que com o compromisso desde logo se adquire o *ius utendi, fruendi* e *abutendi*, aduz não haver razão para negar ao compromissário comprador o direito à reivindicação, pois "à medida que o preço vai sendo pago, a limitação da disponibilidade vai desaparecendo, ao mesmo tempo em que, em contrapartida, vai também extinguindo o 'direito residual' do promitente vendedor"[79]. E uma vez pago o preço, nada resta ao alienante senão o dever de outorgar escritura ao adquirente para que o leve a registro e se torne proprietário, à luz da regra do art. 1.245 do Código Civil.

Arnaldo Rizzardo, com propriedade, destaca as importantes repercussões práticas decorrentes de não se atribuir ao compromissário comprador o direito à reivindicação. Segundo ele, seria pouco plausível que o proprietário, imbuído de extremo espírito de abnegação, viesse a demandar em nome próprio e em favor do adquirente a retirada de um intruso que se instalou indevidamente no imóvel compromissado, uma vez que "o normal é a falta de interesse total após a venda e a transferência da posse"[80].

Não se ignora que, a princípio, a ação seja exclusiva do proprietário. Mas proibir a utilização da ação reivindicatória pelo compromissário comprador portador de contrato quitado e registrado, em que apenas resta o cumprimento de uma formalidade - a outorga da escritura de compra e venda - afigura-se medida injusta e divorciada da grande importância do compromisso de compra e venda no mercado imobiliário[81]. Para muitos, ele

---

79 AZEVEDO JUNIOR, José Osório de. **Compromisso de compra e venda**. 4. ed. São Paulo: Malheiros, 1998, p. 100. No mesmo sentido, Barbosa Lima Sobrinho, para quem o compromisso de compra e venda registrado transfere desde logo os direitos inerentes à propriedade e, consequentemente, o direito à reivindicação (LIMA SOBRINHO, Barbosa. **As transformações da compra e venda**. Rio de Janeiro: Borsoi, 1956, p. 229).

80 RIZZARDO, Arnaldo. **Promessa de compra e venda e parcelamento do solo urbano**. 6. ed. São Paulo: Revista dos Tribunais, 2003, p. 101.

81 José Osório de Azevedo Junior também entende que para a propositura da ação reivindicatória pelo compromitente comprador, é necessário que o contrato seja

representa a própria compra e venda, não obstante ser ainda insuficiente à transferência da propriedade, ante o teor do art. 1.245 do Código Civil, que obriga, para esse fim, o registro da escritura pública de compra e venda no cartório de imóveis competente.

E nesse sentido a jurisprudência brasileira se alinhou.

O Supremo Tribunal Federal reconheceu o direito de reivindicação ao compromissário comprador em face de terceiros que exerciam posse injusta sobre o imóvel compromissado, sob o argumento de que, "se os apelados podem pedir a adjudicação compulsória do promitente vendedor, porque são titulares de direito real, com muito maior razão podem reivindicar o imóvel do poder de quem o detenha ilegalmente"[82].

O Superior Tribunal de Justiça decidiu que "a promessa de compra e venda irretratável e irrevogável transfere ao promitente comprador os direitos inerentes ao exercício do domínio e confere-lhe o direito de buscar o bem que se encontra injustamente em poder de terceiro. Serve, por isso, como

---

levado a registro e tenha seu preço integralmente pago (AZEVEDO JUNIOR. José Osório de. **Compromisso de compra e venda**. 4. ed. São Paulo: Malheiros, 1998, p. 100).

82 "Ação de reivindicação movida por promitente comprador de lote, mediante compromisso irretratável e inscrito, contra terceiro que o ocupa sem causa jurídica, ilegalmente. Indenização pelas benfeitorias necessárias, mas sem direito à retenção. Ação julgada procedente. Não se configura a alegação de negativa de vigência aos artigos 524, 530, I e 533 do Código Civil. Na espécie as decisões na instância ordinária assentaram na legislação especial, ou seja, no Decreto-Lei n. 58, de 10.12.1937, Lei n. 649/49 e Lei n. 6.014/73, à vista dos elementos de prova, apreciados soberanamente, concluindo que os autores, titulares de compromisso de compra e venda, sem cláusula de arrependimento (irretratável) e inscrito no registro de imóveis, não podiam ficar privados de exercerem a reivindicatória contra terceiros que não eram titulares da posse, apenas a detinham ilegalmente. Dissídio jurisprudencial não comprovado, nos termos do artigo 322 do Regimento Interno. Recurso extraordinário não conhecido, cassando-se a medida cautelar. Decisão por maioria de votos" (STF, RE 108.216-0, j. 25.11.1986, m.v.). O voto vencido, de lavra do Ministro Aldir Passarinho, lastreou-se na interpretação restritiva dos arts. 530, I, e 534 do então vigente Código Civil, para limitar a legitimidade para a propositura da ação reivindicatória ao titular do direito de propriedade, condição não ostentada pelo compromitente comprador, ainda que levado o compromisso a registro. Nesse sentido, confira-se a conclusão do voto: "Dispõe o artigo 530 do Código Civil, inciso I, que a propriedade imóvel se adquire pela transcrição de título de transferência no registro de imóvel. E o artigo 524 dispõe que 'a lei assegura ao proprietário o direito de usar, gozar e dispor de seus bens, e de reavê-lo de quem injustamente os possua'. A ação é a reivindicatória e, portanto, só o proprietário pode promovê-la. A do promitente comprador, para obter a posse, pelo seu título, é de natureza possessória, e não reivindicatória".

título para embasar ação reivindicatória" (STJ, REsp 55.941/DF, 3ª Turma, Rel. Min. Carlos Alberto Menezes Direito, j. 17.02.1998, v.u.)[83].

A decisão, atenta à importância social do compromisso de compra e venda como meio de aquisição imobiliária largamente utilizado no cenário nacional, aduz que "o promitente comprador não pode ter negado o seu direito de buscar o bem que se encontra injustamente em poder de terceiro. Seria, assim, um *minus*, pois que teria ele direito a investir contra o promitente vendedor que lhe não aperfeiçoa o título, mediante a adjudicação compulsória, mas não teria direito a buscar o bem das mãos de quem injustamente o possua". Com efeito, conclui o acórdão que "o pedido reivindicatório, dessa maneira, pode e deve ser exercido pelo promitente comprador, ainda mais considerando que o estreitamento da legitimação ativa, para a ação reivindicatória, em tais casos, beneficia, exclusivamente, o terceiro possuidor sem justo título"[84].

No mesmo sentido, o Tribunal de Justiça do Estado de São Paulo também já se posicionou: "Compromisso de compra e venda. Imóvel loteado. Contrato averbado. Direito real oponível a terceiros. Reconhecimento, também, do direito de reivindicação. Recurso provido. Aplicação do artigo 5º, do Decreto-Lei n. 58/37 e da Lei n. 649/49. O compromisso de compra e venda, se regularmente averbado no registro de imóveis, estabelece direito

---

[83] "Recurso especial. Ação reivindicatória. Promessa de compra e venda registrada. 1. A promessa de compra e venda irretratável e irrevogável transfere ao promitente comprador os direitos inerentes ao exercício do domínio e confere-lhe o direito de buscar o bem que se encontra injustamente em poder de terceiro. Serve, por isso, como título para embasar ação reivindicatória. 2. Recurso especial conhecido e provido" (STJ, REsp 55.941/DF, 3ª Turma, Rel. Min. Carlos Alberto Menezes Direito, j. 17.02.1998).

[84] Outras decisões favoráveis à utilização da ação reivindicatória pelo compromissário comprador foram proferidas pelo Superior Tribunal de Justiça: "Se os recorrentes poderiam promover uma ação de adjudicação compulsória contra a promitente vendedora, para adquirirem definitivamente o domínio do bem, não vejo porque, data vênia, presentes aquelas circunstâncias acima apontadas, não poderem, de logo, valer-se da ação de que se cuida para reavê-lo de terceiros, meros posteriores promitentes compradores" (REsp. 59.092/SP, 4ª Turma, Rel. Min. Barros Monteiro, j. 12.06.2001). Da mesma forma: "Ação reivindicatória. Legitimidade ativa. Irregularidade do título. Prequestionamento. Precedente da Corte. Precedente da Corte admite que 'a promessa de compra e venda irretratável e irrevogável transfere ao promitente comprador os direitos inerentes ao exercício do domínio e confere-lhe o direito de buscar o bem que se encontra injustamente em poder de terceiro. Serve, por isso, como título para embasar ação reivindicatória'" (REsp 252.020/RJ, 3ª Turma, j. 05.09.2000).

real oponível a terceiro (Dec.-Lei n. 58 e Lei n. 649), daí decorrendo o direito de reivindicar, inclusive contra o titular de escritura definitiva posterior àquela averbação, e proveniente do mesmo loteamento" (TJSP, AC 231.084, Rel. Des. Paulo Bueno, j. 22.03.1977)[85].

Confira-se, ainda, os seguintes julgados do pretório paulista que autorizam o manejo da ação reivindicatória pelo compromissário comprador: "Reivindicatória. Imóvel objeto de compromisso de compra e venda válido e não anulado ou rescindido. Ajuizamento pelos compromissários vendedores. Ausência do *jus abutendi* eis que não tem mais a disponibilidade do imóvel. Direito de reivindicar que pertence ao compromissário comprador. Carência decretada. Recurso não provido" (TJSP, AC 179.740-1, Rel. Des. Antonio Marson, j. 16.12.1992); "Reivindicatória. Compromisso de compra e venda com preço pago à vista. Contrato averbado no cartório de registro de imóveis. Legitimidade ativa reconhecida. Sentença anulada de ofício, prejudicados os recursos" (TJSP, AC 222.112-4/5, 1ª Câmara de Direito Privado, Rel. Des. Gildo dos Santos, j. 19.03.2002); "Reivindicatória. Cumulação com perdas e danos. Alegação de domínio. Compromisso particular de compra e venda, devidamente registrado. Direito dominial demonstrado. Permanência na posse pelo próprio compromissário vendedor. Posse injusta, devidamente comprovada. Satisfação dos requisitos específicos da ação, quais sejam: prova do domínio e injusta posse. Perdas e danos não demonstradas. Ação julgada procedente, em parte. Recurso não provido" (TJSP, AC 83.830-4, 8ª Câmara de Direito Privado, Rel. Des. Zélia Maria Antunes Alves, j. 22.11.1999); "Reivindicatória. Compromisso de compra e venda registrado na matrícula do imóvel. Subsequente adjudicação também registrada. Réus que, a despeito de terem escritura definitiva, a não lograram registrar. Ação procedente, como procedente a denunciação da lide. Apelo dos réus improvido, único

---

85 Na decisão, destacou-se que, embora sob o enfoque técnico jurídico se atribuiria o direito à reivindicação apenas ao titular do direito real de propriedade, é de se reconhecer que "o legislador cedeu às pressões ambientais, ou seja, ao invencível desenvolvimento das transações imobiliárias de pequenos e grandes valores, celebradas mediante escrituras públicas e particulares de compromisso de compra e venda. Inelutável se tornou resguardar legalmente essas transações que passaram a interessar uma grande parcela dos cidadãos. Daí porque, sem observância do sistema instituído pelo Código Civil, criou-se uma nova figura de direito real, inconformados restando alguns dos nossos maiores jurisconsultos, mas aceita a nova figura por outros não menos ilustres juristas, consoante o demonstram as razões, com os excertos interpretativos de Serpa Lopes, Agostinho Alvim, Silvio Rodrigues e Caio Mário da Silva Pereira" (*RT* 500/131-132).

recurso interposto" (TJSP, AC 36.802-4, 2ª Câmara de Direito Privado, Rel. Des. Osvaldo Caron, j. 04.11.1997).

E, para arrematar, o Enunciado 253 da III Jornada de Direito Civil do Centro de Estudos Judiciários do Conselho da Justiça Federal firmou, em linha com a jurisprudência, este mesmo entendimento: "O promitente comprador, titular de direito real (art. 1.417), tem a faculdade de reivindicar de terceiro o imóvel prometido a venda", a referendar, portanto, a possibilidade de manejo da ação reivindicatória pelo compromitente comprador titular de compromisso de compra e venda registrado, ainda que não quitado.

Outra questão que se coloca diz respeito à possibilidade ou não do compromitente vendedor, que a rigor conserva o direito de propriedade enquanto não outorgar escritura pública, mover ação reivindicatória em face do compromitente comprador. Trata-se de questão dotada de grande importância prática, em especial nos casos em que as partes voluntariamente firmam distrato e, ainda assim, o compromitente comprador continua a exercer indevidamente posse sobre o imóvel.

De fato, não se pode negar que, à luz do direito brasileiro, o compromitente vendedor ainda conserva a propriedade do imóvel alienado. Trata-se de conclusão que deriva não só da natureza jurídica do direito real decorrente do compromisso registrado – de aquisição – como também do art. 108 e, em especial, do art. 1.245, § 2º, do Código Civil. Enquanto não registrada a escritura de compra e venda no cartório de imóveis, a propriedade imóvel ainda pertence ao alienante, por mais limitada que seja.

Todavia, como observara Lafayette, não basta ser proprietário para reivindicar a coisa. É imprescindível, também, que o ocupante exerça sobre o imóvel posse injusta, vale dizer, marcada pela violência, precariedade ou clandestinidade[86].

O compromissário comprador tem como principal obrigação o pagamento do preço ao alienante no tempo, modo e forma avençados no contrato. Por sua vez, a posse por ele exercida desde a data da sua imissão, por ter lastro em título de aquisição imobiliária, é justa e respaldada pela lei.

Descumprido esse dever, abre-se ao compromitente vendedor a possibilidade de buscar a desconstituição do compromisso de compra e venda, pela via da ação de resolução contratual, que é, em regra, cumulada com pedido sucessivo de reintegração de posse, sempre precedida de notificação destinada à constituição em mora do adquirente devedor, sob pena de ex-

---

86 PEREIRA, Lafayette Rodrigues. **Direito das coisas**. 5. ed. São Paulo: Freitas Bastos, 1943, p. 269-270.

tinção do processo sem resolução do mérito, por falta de um dos requisitos de admissibilidade da ação, qual seja, o interesse de agir[87].

Se com a ação supramencionada pode-se obter a desocupação da coisa indevidamente ocupada pelo adquirente que incorreu em inadimplemento, vê-se que a questão do cabimento da ação reivindicatória, em termos práticos, tem maior relevância nas hipóteses de distrato, não obstante ser possível ao alienante, em tese, pleitear em juízo apenas a resolução contratual, hipótese rara na rotina forense.

Somente com o reconhecimento da injustiça da posse, o que pode se dar diretamente pelo compromitente comprador quando celebra o distrato ou com a incomum hipótese de sentença que resolva o compromisso de compra e venda por infração contratual sem reintegrar o autor na posse do imóvel, é que o compromitente vendedor pode se valer da ação reivindicatória. Isso porque tais fatos tornam precária a posse exercida pelo adquirente, pois apesar de ter o dever de restituir a coisa ao alienante, deixa de assim proceder[88].

Nesse sentido, a jurisprudência não nega ao alienante o direito de reivindicar a coisa em face do adquirente, já que a ele ainda toca o direito de propriedade. Contudo, exige que a posse do compromitente comprador seja injusta, o que somente ocorrerá, à luz dos julgados encontrados, se o contrato de compromisso de compra e venda for previamente desconstituído, seja pelo distrato, seja pela resolução.

---

87 Sobre a indispensabilidade da notificação prévia, a jurisprudência tem sido uníssona em exigi-la como condição para a apreciação do mérito da ação de resolução de contrato de compromisso de compra e venda, mesmo quando ele contemple cláusula resolutória expressa, ineficaz ante a determinação legal que impõe o dever de prévia notificação. Nesse sentido, confira-se o entendimento do Superior Tribunal de Justiça sobre a questão: "Processual civil. Ação de rescisão de promessa de compra e venda, cumulada com pedido de reintegração de posse. Cláusula resolutiva expressa. Ineficácia. Necessidade de prévia interpelação para constituição do devedor em mora. Decreto-Lei n. 745/69, artigo 1º. Aplicação imediata. I – 'A falta de registro do compromisso de compra e venda de imóvel não dispensa a prévia interpelação para constituir em mora o devedor' (Súmula n. 76/STJ). II – A exigência de notificação prévia, instituída pelo artigo 1º do Decreto-Lei n. 745/69, para a constituição em mora do devedor, tem aplicação imediata, por se tratar de norma de direito processual. III – A falta de interpelação para constituição da mora acarreta a extinção do processo. IV – Recurso especial conhecido e provido" (REsp 45.845/SP, Rel. Min. Antônio de Pádua Ribeiro, j. 06.08.2002).

88 PEREIRA, Caio Mário da Silva. **Instituições de direito civil:** posse, propriedade, direitos reais de fruição, garantia e aquisição. 19. ed. Rio de Janeiro: Forense, 2005, v. 4, p. 29.

O Superior Tribunal de Justiça assim decidiu: "Reivindicatória. Pressupostos. Posse injusta. Compromisso de compra e venda. Necessidade de prévia ou simultânea rescisão. Recurso provido. Pressupondo a reivindicatória um proprietário não possuidor que age contra um possuidor não proprietário, o seu sucesso reclama a reunião de dois elementos: o domínio do autor e a posse injusta do réu. (...) Exercida a posse por força contrato de promessa de compra e venda, inadmissível a reivindicatória contra o promissário comprador sem prévia ou simultânea rescisão do contrato, haja vista que, enquanto não desfeito o negócio jurídico, injusta não pode ser considerada a posse do que se comprometeu a adquirir" (STJ, REsp 8.173/SP, 4ª Turma, Rel. Min. Sálvio de Figueiredo Teixeira, j. 17.12.1991)[89].

A mesma tese vinga no Tribunal de Justiça do Estado de São Paulo. Sem prévia desconstituição do contrato de compromisso de compra e venda, não pode o compromitente vendedor mover ação reivindicatória em face do adquirente, ante a falta de exercício de posse injusta, enquanto o título que lastreia a posse deste não for desfeito.

Nesse sentido, confiram-se os seguintes julgados: "Reivindicatória. Bem imóvel. Compromisso de compra e venda. Inexistência de registro. Irrelevância. Posse justa, não contrária ao direito e conhecida por todos. Ausência, ademais, de qualquer vício. Necessidade de prévia rescisão do compromisso para propositura. Carência decretada. Recurso provido para esse fim" (TJSP, AC 206.358-1, Rel. Des. José Osório de Azevedo Junior, j. 18.05.1994); "Ação reivindicatória. Compromisso particular de compra e venda não registrado pelos possuidores. Irrelevância. Ação extinta sem apreciação de mérito. Admissibilidade. Encontrando-se o imóvel reivindicado em poder dos réus com causa jurídica, enquanto não for rescindido o compromisso, falta ao autor o requisito da posse injusta para reivindicar. Assim, não desfeito o negócio jurídico, continua ele irradiando seus efeitos a impedir a procedência da pretensão do autor deduzida na inicial. Recurso não provido" (TJSP, AC 057.835-4, 7ª Câmara de Direito Privado, Rel. Des. Julio Vidal, j. 18.01.1998).

---

89 Confira-se ainda: "Civil. Reivindicação. Enquanto não rescindido o compromisso de compra e venda, o promitente vendedor não pode, para os efeitos da reivindicação, opor o título de domínio contra o promitente comprador ou contra terceiros. Recurso especial não conhecido" (STJ, REsp 166.459/SP, 3ª Turma, Rel. Min. Ari Pargendler, j. 16.12.1999).

### *2.5.2.2 Imissão na posse*

O compromisso de compra e venda, além de ensejar obrigação de fazer consistente no dever de outorga da escritura pública como ato devido, impõe ao alienante uma obrigação de dar ao adquirente a posse da coisa compromissada[90]. A partir da sua celebração, tem o adquirente o direito de se assenhorear do bem imóvel compromissado, para que possa usá-lo e gozá-lo como se fosse seu, apesar de o direito de propriedade, ainda que de forma mitigada, continuar sob a titularidade do alienante[91].

Obstado o acesso à posse da coisa, ao compromissário comprador faculta-se a propositura da *ação de imissão de posse*, meio processual destinado a tornar efetivo o seu direito de uso e gozo da coisa alienada. Vale consignar que enquanto não exercer posse sobre o imóvel, não poderá se valer da ação de reintegração de posse, pois ausente a causa (posse), ausente também estarão seus efeitos (uso dos interditos, nos termos do art. 1.210 do CC).

Originalmente prevista no art. 381 do Código de Processo Civil de 1939, a ação de imissão de posse destinava-se, nos termos do seu inciso I, "aos *adquirentes* de bens, para haverem a respectiva posse, contra os alienantes e terceiros, que os detenham" (grifamos).

Apesar dos diplomas processuais que lhe sucederam (1973 e 2015, este atualmente vigente) não preverem de forma expressa o procedimento da ação de imissão de posse, não se nega a sua pertinência no direito pátrio e sua utilização por iniciativa do compromitente comprador. Gildo dos Santos assevera que a ação ainda subsiste em razão da inafastabilidade do Poder Judiciário da apreciação de atos lesivos a direito subjetivo[92], e Ovídio Araújo Baptista da Silva, baseado em copiosa jurisprudência, defende a legitimidade ativa do compromissário comprador, por ostentar a qualidade de adquirente, expressão contemplada no art. 381, I, do Código de Processo Civil de 1939[93].

Com efeito, o fato de ainda não ser formalmente proprietário da coisa não impede a propositura da referida ação que, por ser destinada ao adquirente

---

90 AZEVEDO JUNIOR, José Osório de. **Compromisso de compra e venda**. 4. ed. São Paulo: Malheiros, 1998, p. 26.

91 COSTA, Dilvanir José da. Promessa de compra e venda de imóveis. **Revista dos Tribunais**, São Paulo, ano 89, v. 771, p. 739, jan. 2000.

92 SANTOS, Gildo dos. **As ações de imissão na posse e cominatórias**. 2. ed. São Paulo: José Bushatsky, 1977, p. 41-42.

93 SILVA, Ovídio Araújo Baptista da. **A ação de imissão de posse no direito brasileiro atual**. São Paulo: Saraiva, 1981, p. 89-92.

de bem imóvel, pode ser manejada pelo compromissário comprador para que a obrigação de dar decorrente do contrato – acesso à posse da coisa – se concretize. E isso independente da quitação do preço, já que o termo inicial do cumprimento da obrigação de dar ínsita ao compromisso de compra e venda é a data da sua celebração.

A ação, que segue rito ordinário, comporta concessão de liminar, desde que demonstrados, pelo autor, os requisitos de concessão da tutela provisória de urgência ou evidência prescritos nos arts. 300 a 302 e 311 do Código de Processo Civil de 2015. Nesse sentido, a Súmula 4 do Tribunal de Justiça do Estado de São Paulo: "É cabível liminar em ação de imissão de posse, mesmo em se tratando de imóvel objeto de arrematação com base no Decreto-Lei n. 70/66", que versa sobre procedimento de execução hipotecária extrajudicial, cuja constitucionalidade também foi sumulada pela mesma corte (Súmula 20 do TJSP[94]).

Controverte-se apenas sobre a necessidade ou não do seu registro no cartório de imóveis para que venha a ação de imissão de posse a ser acolhida.

Para José Osório de Azevedo Junior, o registro se mostra dispensável para a propositura da ação. Aduz o autor que "se a obrigação de fazer consistente na outorga de escritura definitiva pode ser executada especificamente, independente do registro do contrato, conforme há anos ensinavam Darcy Bessone e outros e, conforme nova tendência jurisprudencial, não vemos por que não deva ser admitida a execução específica da outra obrigação também nascida do contrato, ou seja, a obrigação de dar, a obrigação de entregar a coisa comprometida à venda"[95].

De fato, a exigência do registro do compromisso de compra e venda para a propositura de ação de imissão de posse é descabida. Não obstante se trate de ação de natureza petitória e, como tal, deveria se fundar no direito à posse decorrente da propriedade, é certo que não se pode negar ao compromissário comprador, na qualidade de adquirente, o direito de usar e gozar a coisa, a partir do negócio aquisitivo.

Trata-se de prerrogativa que deriva da eficácia obrigacional da avença e, como tal, não se relaciona com o direito real de aquisição decorrente do seu registro, destinado a evitar que novos atos de alienação do mesmo bem sejam reputados eficazes. Afinal, se por um lado o compromitente comprador

---

94 Súmula 20 do TJSP: "A execução extrajudicial, fundada no Decreto-Lei n. 70, de 21.11.1966, é constitucional".

95 AZEVEDO JUNIOR, José Osório de. **Compromisso de compra e venda**. 4. ed. São Paulo: Malheiros, 1998, p. 89.

tem o dever de pagar pontualmente o preço, em contrapartida também tem o direito de, desde logo, usar e gozar a coisa de forma desembaraçada, por ser essa a causa determinante da celebração desse negócio jurídico.

Nesse sentido, a jurisprudência do Superior Tribunal de Justiça tem dispensado o registro do compromisso de compra e venda para a propositura da ação de imissão de posse: "Imissão de posse. Ação ajuizada por compromissário comprador. Direito à posse. Promessa de venda e compra não registrada. Admissibilidade. Obrigando-se o promitente-vendedor no contrato a proceder à entrega do imóvel ao compromissário comprador, desde logo ou em determinado tempo, a este é facultado o exercício da ação de imissão de posse, ainda que não esteja a promessa registrada no álbum imobiliário. Recurso especial conhecido, mas improvido" (STJ, REsp 93.015/PR, 4ª Turma, Rel. Min. Barros Monteiro, j. 12.08.1996)[96].

O Tribunal de Justiça do Estado de São Paulo, da mesma forma, tem autorizado a propositura de ação independente do prévio registro: "Compromisso de compra e venda. Direito contratual à posse. Imissão de posse como ação adequada para obtê-la, ainda que só se pretenda posse atribuída, como direito, por cláusula de promessa. Recurso provido" (TJSP, AC 115.000-1, Rel. Des. Cézar Peluso, j. 24.11.1989).

#### *2.5.2.3 Compromisso de compra e venda e ação publiciana*

Uma alternativa apontada pela doutrina diz respeito à utilização da *ação publiciana* para a tutela do compromissário comprador desprovido de ação possessória, por não ter exercido posse anterior sobre o imóvel, e de reivindicatória, por dispor de contrato registrado, mas ainda não quitado.

Sua origem remonta à época do direito romano e era prevista no livro VI, título II, do *Corpus Iuris Civilis*, que prescreve o instituto da *publiciana in*

---

96 Ainda no mesmo sentido: "Ação de imissão de posse. Promessa de compra e venda. Instrumento particular. Registro. Nulidade. Súmulas ns. 5 e 7 da Corte. 1. Não é necessário o registro para o ingresso da ação petitória de imissão de posse, na forma de precedente da Corte. 2. Não incide o artigo 134 do Código Civil tratando-se de compromisso de compra e venda. 3. A existência de alvará judicial para o inventariante outorgar a escritura definitiva aos autores é forte o suficiente para afastar a alegada nulidade do instrumento de promessa de compra e venda. 4. Arrimado na prova dos autos e na interpretação do contrato, o acórdão recorrido não pode sofrer o ataque do especial, presentes as Súmulas ns. 5 e 7 da Corte. 5. Recurso especial não conhecido" (STJ, REsp 258.711/SP, Rel. Min. Carlos Alberto Menezes Direito, j. 24.04.2001).

*rem actione: si quis id, quod traditur ex justa causa non a domino, et nondum usucaptum petet, judicium dabo*[97].

Trata-se de ação conferida ao portador de boa-fé de título aquisitivo de bem imóvel que, em razão de vício desconhecido, mostrava-se incapaz à efetiva transferência da propriedade, a exemplo do que sucede na venda *a non domino*. Poderia ele reclamar a coisa de quem injustamente a possuísse ou detivesse com base nesse título, desde que não atingido o prazo da prescrição aquisitiva, hipótese em que a ação pretoriana mostrar-se-ia desnecessária, ante a existência de outra específica de natureza civil, a *rei vindicatio*[98].

A ação publiciana constitui, segundo Pontes de Miranda, espécie intercalar entre o *ius possessionis*, que legitima a utilização dos interditos possessórios, e o *ius possidendi*, que baseia as ações fundadas no direito real de propriedade. Mesmo sem propriedade, o portador do título de aquisição pode, por meio dessa ação, assegurar para si o mesmo resultado prático de uma ação reivindicatória, desde que preencha os seguintes pressupostos: *boa-fé*, *título* e *posse*[99].

Embora excluída do direito alemão e italiano por normas especiais que expressamente dispuseram sobre o assunto, Pontes de Miranda sustenta que a ação publiciana ainda persiste no direito brasileiro, ante a inexistência de inadequação da pretensão às normas civis aqui vigentes, já que a ação de vindicação de posse, prevista no art. 521 do Código Civil de 1916 e dotada dos mesmos caracteres da publiciana, era aplicável exclusivamente aos bens móveis, deixando os imóveis livres de qualquer regulação específica que prevalecesse sobre o direito anterior[100].

No mesmo sentido, Lafayette Rodrigues Pereira, com a peculiaridade de se tratar de ação cabível com exclusividade ao proprietário que venha a

---

97 "Se alguém demandar aquilo que se entrega por justa causa ao não proprietário, e ainda não prescrito, fará justiça" (VIGNALI, Giovanni. **Corpo del diritto**. Napoli: Vicenzo Pezzuti, 1856, v. 2, p. 1.052).

98 VIGNALI, GIOVANNI. **Corpo del diritto**. Napoli: Vicenzo Pezzuti, 1856, v. 2, p. 1.052.

99 PONTES DE MIRANDA, Francisco Cavalcanti. **Tratado de direito privado**. 2. ed. Rio de Janeiro: Borsoi, 1955, v. 11, p. 412-413. No mesmo sentido: PEREIRA, Lafayette Rodrigues. **Direito das coisas**. 5. ed. São Paulo: Freitas Bastos, 1943, p. 292, nota 108.

100 PONTES DE MIRANDA, Francisco Cavalcanti. **Tratado de direito privado**. 2. ed. Rio de Janeiro: Borsoi, 1955, v. 11, p. 420-421.

encontrar dificuldade em comprovar sua condição de dono, notadamente nos casos de aquisição derivada da propriedade[101].

E, de forma mais contundente, Nelson Nery Junior e Rosa Maria de Andrade Nery, para quem a ação publiciana é admissível como outra qualquer, por não ser contrária ao ordenamento vigente, de forma que a discussão acerca do seu cabimento corresponde a questão "meramente acadêmica". E, como demonstração da adequação dessa via processual ao direito pátrio, apresentam diversos precedentes do Supremo Tribunal Federal, em que a ação foi admitida (Ag 36.767/MG, 1ª Turma, Rel. Min. Evandro Lins e Silva, j. 01.04.1966, *DJU* 15.06.1966; RE 10.604/SP, 2ª Turma, Rel. Orozimbo Nonato, j. 25.07.1950; RE 32.613/SP, 2ª Turma, Rel. Lafayette de Andrada, j. 04.12.1956, *DJU* 13.06.1957, p. 6.939; RE 71.636/RS, 1ª Turma, Rel. Luis Galloti, j. 11.05.1971, *DJU* 20.08.1971)[102].

No direito espanhol, há forte corrente doutrinária no sentido de admitir a ação publiciana. Ao abordar o tema e concluir sobre seu cabimento, José Luis De Los Mozos afirma que "corresponde la acción publiciana al poseedor de derecho de una cosa, contra quien ostente un derecho inferior. La posessión de buena fé requerida para su exercicio, no existe sino com base en un justo titulo, en el que deberá el actor fundar su demanda; no exige esta acción de lacto la justificación de su domínio, por lo que la prueba resultará más fácil que la de la acción reivindicatoria, pero no tiene efectos tan conluyentes y definitivos, puesto que la sentencia que por su virtud recaiga no produce excepción de cosa juzgada en el pleito de propiedad; la acción publiciana se entiende tambien concedida al dueño"[103].

Trata-se, como visto, de ação destinada ao proprietário que, em razão de ter dificuldade de demonstrar seu domínio em casos, por exemplo, de venda *a non domino*, não pode se valer da ação reivindicatória para fazer cessar posse injusta de terceiro sobre imóvel seu. Com lastro em título que ostenta de boa-fé, obtém por meio da ação publiciana o mesmo resultado prático da ação reivindicatória que não poderia mover.

---

101 PEREIRA, Lafayette Rodrigues. **Direito das coisas**. 5. ed. São Paulo: Freitas Bastos, 1943, p. 292-293.

102 NERY JUNIOR, Nelson; NERY, Rosa Maria de Andrade. **Código Civil anotado e legislação extravagante**. 2. ed. São Paulo: Revista dos Tribunais, 2003, p. 608.

103 MOZOS, José Luis De Los. De nuevo, sobre la acción publiciana en el derecho español. **Revista de Derecho Privado**, Madrid, EDERSA, p. 741, set. 1989. Sobre o mesmo tema, e com a mesma conclusão: PUECHE, José Enrique Bustos. El objecto en la acción publiciana. **Revista de Derecho Privado**, Madrid, EDERSA, p. 379-417, maio 1991.

Com a difusão do compromisso de compra e venda e sua elevação ao *status* de modalidade de direito real, desde que levado a registro, surgiram vozes no sentido de se estender a legitimidade ativa da ação publiciana aos seus titulares, como forma de lhes dar oportunidade de efetivo exercício do *ius persequendi* nas seguintes situações: a) quando, em razão da não quitação do contrato registrado, não pudesse manejar ação reivindicatória; e b) quando ausente o direito de posse (*ius possessionis*) que legitimaria a utilização da ação de reintegração.

José Guilherme Braga Teixeira aduz que o reconhecimento do cabimento da ação publiciana constitui remédio à iníqua situação a que é submetido o compromissário comprador que tem o direito à reivindicação negado por ainda não ser titular do direito de propriedade[104].

Apesar de pouco usual na rotina forense, deve-se admitir a ação publiciana para que o compromissário comprador persiga a coisa adquirida onde quer que ela esteja, em especial quando descabida a propositura de ação possessória, ou no caso em que se negue ao adquirente o direito à reivindicação por falta de quitação integral do preço. Trata-se de alternativa voltada a possibilitar ao adquirente a adequada tutela judicial do seu direito de usar e gozar a coisa que lhe foi transferida no momento da celebração do contrato de compromisso de compra e venda, sob pena de deixá-lo à margem de qualquer proteção.

#### *2.5.2.4 Adjudicação compulsória*

Quitado o preço pelo compromitente comprador, tem ele o direito de exigir a outorga da escritura pública de compra e venda, enquanto *titulus adquirendi* necessário à transferência da propriedade imóvel mediante registro. Havendo recusa ou inércia, a ele faculta-se a formulação de execução específica destinada à obtenção de sentença que produza os mesmos efeitos práticos do ato devido não praticado. Trata-se da *adjudicação compulsória*, que admite forma *judicial* e *extrajudicial*, esta última prevista no art. 216-B na Lei 6.015/1973, inserida no direito brasileiro pela Lei 14.382/2022.

Questão importante diz respeito à necessidade ou não do prévio registro do compromisso de compra e venda para que o adquirente possa se valer desse meio de execução coativa do contrato. Se se tratar de direito derivado

---

104 TEIXEIRA, José Guilherme Braga. Exercício do juízo petitório pelo promitente comprador de imóvel com preço integralmente pago e contrato de compromisso de compra e venda sem cláusula de arrependimento. **Revista dos Tribunais**, São Paulo, ano 19, n. 73, p. 87, jul./set. 1995.

do vínculo contratual, o registro é dispensável. Mas, se considerarmos que tal prerrogativa deriva do direito real de aquisição, constituído a partir do registro, sem essa providência não poderia o adquirente se socorrer desta medida.

A polêmica que gravita em torno da questão, reavivada após o início da vigência do art. 1.418 do Código Civil que, aparentemente, outorga a prerrogativa de propositura da ação de adjudicação ao compromissário comprador "titular de direito real", merece abordagem específica e mais aprofundada e, por essa razão, será tratada em apartado no capítulo seguinte.

3

# ADJUDICAÇÃO COMPULSÓRIA

## 3.1 OUTORGA DA ESCRITURA PÚBLICA COMO OBRIGAÇÃO DE FAZER DECORRENTE DO CONTRATO DE COMPROMISSO DE COMPRA E VENDA

Uma vez celebrado, o contrato de compromisso de compra e venda impõe no campo obrigacional duas espécies de obrigação: uma de *dar* ao adquirente a posse do imóvel, e outra de *fazer*, consistente na prestação de um ato devido – a outorga da escritura pública definitiva quando do pagamento integral do preço pelo compromitente comprador – que servirá de *titulus adquirendi* a ser levado ao registro de imóveis para que o adquirente, após a inscrição, veja constituído o direito de propriedade, nos termos dos arts. 108 e 1.245 do Código Civil.

O dever de outorga da escritura pública deriva do vínculo contratual, corresponde a ato de execução do compromisso de compra e venda e tem por fundamento direito pessoal que se opera *inter partes*. Depende de ato de colaboração do devedor, no caso, o compromitente vendedor, a quem incumbe a obrigação de conferir eficácia, mediante simples reiteração, a manifestação de vontade já externada no compromisso de compra quanto à transferência da propriedade do imóvel compromissado após o pagamento integral do preço.

Havendo recusa, faculta-se ao adquirente a possibilidade de reclamar, em juízo ou extrajudicialmente, o efeito prático que seria obtido caso tal obrigação tivesse sido cumprida voluntariamente[1]. Trata-se da figura da *adjudicação compulsória*, espécie de ação de execução específica de obriga-

---

[1] Para MAGALHÃES, Vilobaldo Bastos de. Compromisso de compra e venda. **Revista dos Tribunais**, São Paulo, ano 76, v. 625, p. 34, nov. 1987: "o negócio definitivo e a sentença são dois fatos diversos, com pressupostos parcialmente distintos (a sentença pressupõe o inadimplemento obrigacional), mas produzem efeitos funcionalmente coincidentes".

ção de manifestar ato de vontade e que tem por finalidade conferir eficácia à intenção das partes, no sentido de ver transferida a propriedade após o pagamento do preço entre elas acertado.

O exercício dessa faculdade bem evidencia o caráter pessoal do direito à obtenção da escritura ou de sentença equivalente, por surgir somente a partir do pagamento integral do preço. Em nada se relaciona com o direito real de aquisição decorrente do compromisso de compra e venda registrado, que se destina a impedir que novos atos de alienação sejam praticados pelo alienante de maneira eficaz e contrária aos interesses do compromitente comprador. Assim, como bem conclui José Osório de Azevedo Junior, "pode haver direito à execução direta sem haver direito real, e pode haver direito real sem haver direito à execução direta"[2].

## 3.2 SIGNIFICADO DA EXPRESSÃO "ADJUDICAÇÃO COMPULSÓRIA"

Expressão afeta ao direito processual, o vocábulo *adjudicação* significa, segundo Ricardo Arcoverde Credie, "ato judicial que tende a transferir determinada coisa do patrimônio de alguém para o de outrem"[3], a exemplo do que sucede no processo de execução de quantia certa em que, após hasta pública sem licitantes, o credor exequente opta pela incorporação do bem constrito para a satisfação de todo ou parte do seu crédito (arts. 825, I, e 904, II, do CPC/2015). Tem ínsita a ideia de obrigação de dar, já que se trata de ato processual voltado à transferência da propriedade do devedor para o credor.

Todavia, o mesmo autor adverte não haver identidade entre a adjudicação, enquanto ato processual, e a ação de adjudicação compulsória. Aquela tem por finalidade principal uma *obrigação de dar* consistente na transferência da propriedade, ao passo que nesta o que se pede é o suprimento judicial de uma *obrigação de fazer* indevidamente descumprida pelo alienante, a quem incumbia simplesmente reiterar sua intenção de alienar a propriedade imóvel por meio da prestação de um ato devido, qual seja, a outorga voluntária da escritura pública, após o pagamento integral do preço.

Vê-se que a ação de adjudicação compulsória não implica na imposição de uma obrigação de dar ao compromitente vendedor em mora, não obstante

---

2 AZEVEDO JUNIOR, José Osório de. **Compromisso de compra e venda**. 4. ed. São Paulo: Malheiros, 1998, p. 30.

3 CREDIE, Ricardo Arcoverde. **Adjudicação compulsória**. 6. ed. São Paulo: Malheiros, 1994, p. 19.

a existência de respeitáveis vozes em sentido contrário[4]. Tem ela por escopo suprir um ato humano, um *facere*, omitido por quem tinha a obrigação contratual e legal de outorgar o *titulus adquirendi* (escritura) destinado a permitir futura transferência da propriedade mediante registro no cartório de imóveis (*modus adquirendi*).

Comprova essa afirmação o fato da sentença de procedência transitada em julgado, por si só, não ser apta à transferência da propriedade do imóvel compromissado. Visa ela substituir a declaração de vontade não emitida, valendo como título a ser levado a registro. Esse, por sua vez, somente será efetivado desde que preenchidos outros requisitos extrínsecos à sentença, impostos por normas registrais, tais como a apresentação de certidões negativas perante o INSS e Receita Federal e constatação da continuidade registral[5]. Se estivesse realmente a dar, a sentença por si só seria bastante para a transferência da propriedade imóvel, o que não coaduna com as regras prescritas nos arts. 108 e 1.245 do Código Civil.

Outro elemento que distingue a adjudicação em sede de execução da ação de adjudicação compulsória decorre da impossibilidade lógica de se

---

4 Para DINIZ, Maria Helena. **Curso de direito civil brasileiro:** direito das coisas. 17. ed. São Paulo: Saraiva, 2002, v. 4, p. 529: "se ordena o compromisso a adjudicação do imóvel ao compromissário é porque está a dar, coativamente, execução específica à obrigação de dar que nasce do contrato de compra e venda".

5 Nesse sentido, confiram-se os seguintes julgados do Tribunal de Justiça do Estado de São Paulo: "Registro de imóveis. Adjudicação compulsória. Ausência de apresentação de ITBI recolhido e de CND do INSS e da Receita Federal. Exigibilidade. O título judicial também se submete à qualificação registrária. Dúvida procedente. Exigência do recolhimento do imposto pelo registrador tem apoio legal (art. 289 da Lei n. 6.015/73 e Lei n. 8.935/94). Interpretação do artigo 47, 'b', I da Lei n. 8.212/91, em confronto com o artigo 84, II e III, parágrafos 1º e 2º do Decreto n. 356/91. Registro inviável. Recurso improvido" (AC 579-6/3-00/Ribeirão Preto, Conselho Superior da Magistratura, Rel. Des. Gilberto Passos de Freitas, j. 21.11.2006, v.u., voto 14.494); "Registro de imóveis. Adjudicação compulsória. Ausência de certidão negativa do débito perante a Receita Federal e o INSS. Exigibilidade. O título judicial também se submete à qualificação registrária. Dúvida procedente. Recurso improvido" (AC 515-6/2/São Bernardo do Campo, Conselho Superior da Magistratura, Rel. Des. Gilberto Passo de Freitas, j. 17.08.2006, v.u., voto 14.479); "Registro de imóveis. Adjudicação Compulsória. Mandado expedido. Título judicial que também se submete à qualificação registraria. Impossibilidade, todavia, de cumprimento da exigência no curso da dúvida. Inviabilidade do registro do mandado de adjudicação no caso concreto, por força do princípio da continuidade. Dúvida procedente. Recurso desprovido" (AC 503-6/8/São Paulo, Conselho Superior da Magistratura, Rel. Des. Gilberto Passos de Freitas, j. 11.05.2006, v.u., voto 14423).

considerar a ação modalidade de ato processual ou espécie do gênero. Ricardo Arcoverde Credie aduz que "inexiste qualquer relação de compreensão e extensão entre adjudicação e ação de adjudicação compulsória. Pode parecer, à primeira vista, estarmos diante da transformação lógica que no estudo da língua corresponde ao tropismo *sinédoque* (o gênero a significar a espécie), mas é de todo acientífico considerar-se ações modalidade de ato processual, pois que a natureza destas duas categorias jurídico-processuais assim não o permite. O ato que visa à constituição, conservação, desenvolvimento, modificação ou cessação da relação jurídica processual jamais se confundirá com o direito de agir"[6].

Com efeito, muito embora o vocábulo *adjudicação* se relacione à obrigação de dar, conclui-se não haver homonímia entre ela e a expressão *adjudicação compulsória*. A ação nada mais faz que, por meio do suprimento judicial, conferir eficácia à vontade do alienante, já manifestada no compromisso de compra e venda, no sentido de outorgar escritura pública de compra e venda após quitação do seu preço, como ato devido necessário à posterior transferência da propriedade imóvel mediante registro no cartório de imóveis.

## 3.3 NATUREZA JURÍDICA DA AÇÃO DE ADJUDICAÇÃO COMPULSÓRIA

O direito processual reconhece a existência da dicotomia entre ações reais e pessoais. Será pessoal a ação que tenha por objeto uma prestação de dar, fazer ou não fazer oponível por um credor em face de um devedor, sem afetar, em regra, terceiros (*ius in persona*). De outra ponta, a ação será reputada real acaso se lastreie numa relação de dominação de uma pessoa sobre uma coisa (*jus in re*), oponível contra todos[7].

A adjudicação compulsória constitui ação voltada a suprir a falta de manifestação da vontade do compromitente vendedor que deixa de cumprir o dever de outorgar escritura pública de compra e venda, obrigação de fazer derivada do vínculo contratual estabelecido com o adquirente.

A fungibilidade dessa obrigação de fazer constitui pressuposto para a propositura da ação de adjudicação compulsória, ante a impossibilidade do Estado, na pessoa do magistrado, sub-rogar-se na pessoa do devedor para cumprir obrigação que somente ele, e mais ninguém, teria aptidão para cumprir. Cogita-se aqui da fungibilidade jurídica e não material, de forma

---

6 CREDIE, Ricardo Arcoverde. **Adjudicação compulsória**. 6. ed. São Paulo: Malheiros, 1994, p. 22.

7 MARMITT, Arnaldo. **Adjudicação compulsória**. Rio de Janeiro: Aide, 1995, p. 39.

a afastar o equívoco no sentido de que, em razão de somente o proprietário ser apto a transferir esse direito real, ninguém poderia substituí-lo no ato de manifestação de vontade voltado a esse mister[8].

Não há nisso qualquer ato de violência ou de tolhimento da liberdade do devedor. Conforme bem pondera Humberto Theodoro Júnior, "o que não se pode, por respeito à liberdade humana, é compelir fisicamente o devedor a firmar o contrato prometido. Mas substituir sua vontade pelo ato judicial executivo, isto é plenamente possível, segundo o direito atual"[9]. Absolutamente admissível, pois, a medida judicial sub-rogatória, em contraposição ao ultrapassado princípio *nemo potest praecise cogi ad factum*, por muito tempo responsável pela iníqua conversão das obrigações de fazer nas indesejadas perdas e danos.

Por contemplar *ius in persona*, resta evidente a natureza pessoal da ação de adjudicação compulsória "por vincular-se a um objeto puramente obrigacional, a um simples *facere*", conforme leciona Arnaldo Marmitt[10]. O dever de outorgar a escritura pública definitiva decorre do liame contratual e em nada se relaciona com o direito real de aquisição derivado do compromisso de compra e venda registrado, desde que integralmente pago o preço pactuado.

A ação tem natureza constitutiva, qualificada por Humberto Theodoro Júnior como "a que, além da declaração do direito da parte, cria, modifica ou extingue um estado ou relação jurídica material"[11]. Por meio da adjudicação compulsória, o compromitente comprador busca a obtenção de sentença que, transitada em julgado, sirva de título aquisitivo apto à transferência da propriedade mediante registro no cartório de imóveis.

Não tem cunho condenatório, já que a sentença que, por meio do suprimento, confere eficácia à vontade do alienante de se desfazer da coisa já manifestada no compromisso de compra e venda, não impõe ao réu qualquer obrigação capaz de ser exigida por ação de execução ou cumprimento da sentença, essa hoje regulada pelo art. 523 do Código de Processo Civil de

---

8 MARMITT, Arnaldo. **Adjudicação compulsória**. 6. ed. São Paulo: Malheiros, 1994, p. 43.

9 THEODORO JÚNIOR, Humberto. Condições de procedibilidade para a execução específica do compromisso de compra e venda de imóveis. *In:* OLIVEIRA, Carlos Alberto Álvaro de. **Saneamento do processo:** estudos em homenagem ao professor Galeno Lacerda. Porto Alegre: Sergio Antonio Fabris, 1989, p. 248.

10 MARMITT, Arnaldo. **Adjudicação compulsória**. Rio de Janeiro: Aide, 1995, p. 36.

11 THEODORO JÚNIOR, Humberto. **Curso de direito processual civil:** teoria geral do direito processual civil e processo de conhecimento. 28. ed. Rio de Janeiro: Forense, 1999, v. 1, p. 61.

2015. Pelo contrário, pois a sentença proferida na ação de adjudicação compulsória contém ínsita toda a força executiva necessária para oportunizar ao compromitente comprador a aquisição da propriedade mediante seu simples registro no cartório de imóveis competente, não havendo interesse processual, por falta de necessidade e adequação, de qualquer pleito executório voltado a essa finalidade, o que torna a ação incompatível com o objeto das de cunho condenatório, qual seja, a imposição de uma sanção ao réu.

Com base nessas premissas, conclui-se que o melhor conceito que define a ação de adjudicação compulsória é o dado por Ricardo Arcoverde Credie: "É ação pessoal que pertine ao compromissário comprador, ao cessionário de seus direitos de aquisição, ajuizada com relação ao titular do domínio do imóvel – que tenha prometido vendê-lo através de contrato de compromisso de venda e compra e se omitiu quanto à escritura definitiva – tendente ao suprimento judicial desta outorga, mediante sentença constitutiva com a mesma eficácia do ato não praticado"[12].

## 3.4 FORO COMPETENTE

Tratando-se de ação que versa sobre contrato que tem por objeto bem imóvel, o foro competente para a propositura da ação de adjudicação compulsória é o da situação da coisa, nos termos do art. 47 do Código de Processo Civil de 2015. Trata-se de regra de competência absoluta e, portanto, inderrogável pela vontade das partes[13] e que foi referendada pela Súmula 110 do Tribunal de Justiça do Estado de São Paulo: "Nos conflitos de competência, julgados pela Câmara Especial, o foro competente para o ajuizamento da ação de adjudicação compulsória é o da situação do imóvel".

## 3.5 DESNECESSIDADE DO REGISTRO DO COMPROMISSO DE COMPRA E VENDA PARA PROPOSITURA DA AÇÃO DE ADJUDICAÇÃO COMPULSÓRIA

A inserção do instituto jurídico da adjudicação compulsória no direito brasileiro derivou da necessidade de se proteger o adquirente de bem imóvel

---

12 CREDIE, Ricardo Arcoverde. **Adjudicação compulsória**. 6. ed. São Paulo: Malheiros, 1994, p. 34-35.

13 Na mesma linha, mas direcionada a ações movidas pela Companhia de Desenvolvimento Habitacional e Urbano do Estado de São Paulo (CDHU), a Súmula 76 do TJSP: "É de competência do foro da situação do imóvel, o processamento e julgamento de ação de rescisão contratual c.c. reintegração de posse ajuizada pela CDHU, ante o prescrito no art. 95 do CPC".

do exercício do direito de retratação que, nas primeiras décadas do século XX, era livremente exercido, com base na regra do art. 1.088 do Código Civil de 1.916.

Lastreados na ideia de que a promessa de venda de imóveis consistia em contrato preliminar passível de retratação enquanto não outorgada a escritura pública de compra e venda, muitos loteadores optavam pelo descumprimento dessa obrigação, sob o manto da intangibilidade da vontade humana (*nemo potest praecise cogi ad factum*) e consequente impossibilidade de substituição do ato de manifestação da vontade por uma sentença judicial. Ante a infungibilidade da obrigação, já que somente o proprietário poderia alienar o que lhe pertence, a obrigação se resolvia em perdas e danos, solução pouco justa e muito distante do resultado prático almejado pelo adquirente.

Tal princípio há muito não goza do relevo de outros tempos. Após as iniquidades decorrentes da ausência de normas de ordem pública que respaldassem os promitentes compradores de imóveis no Brasil, passou-se, a partir do Decreto-Lei 58/1937 e suas posteriores alterações, a garantir ao titular de contrato irretratável e quitado o direito de adjudicação compulsória da coisa prometida à venda.

O art. 16 do Decreto-Lei 58/1937, desde o início da sua vigência, não condicionava a propositura da ação de adjudicação compulsória ao prévio registro do compromisso de compra e venda que tivesse por objeto imóvel loteado. Todavia, com base na previsão constante dos seus polêmicos arts. 22 e 23 pela Lei n. 649/1949 e posterior alteração que lhes foi conferida pela Lei 6.014/1973, passou-se a entender indispensável o registro, para que fosse deduzida[14].

Outras leis especiais foram editadas e, em todas elas, garantia-se ao compromitente comprador titular de contrato quitado e irrevogável o direito à adjudicação compulsória, desde que o contrato fosse levado a registro. Nesse sentido o art. 35, § 4º, da Lei 4.591/1964[15], aplicável às unidades submetidas

---

14 "Art. 22. Os contratos, sem cláusula de arrependimento, de compromisso de compra e venda e cessão de direitos de imóveis não loteados, cujo preço tenha sido pago no ato de sua constituição ou deva sê-lo em uma, ou mais prestações, desde que inscritos a qualquer tempo, atribuem aos compromissos direito real oponível a terceiros, e lhes conferem o direito de adjudicação compulsória nos termos dos artigos 16 desta Lei, 640 e 641 do Código de Processo Civil. Art. 23. Nenhuma ação ou defesa se admitirá, fundada nos dispositivos desta Lei, sem apresentação de documento comprobatório do registro por ela instituído."

15 "Art. 35. (...) § 4º Descumprida pelo incorporador e pelo mandante de que trata o § 1º do artigo 31, a obrigação da outorga dos contratos referidos no *caput* deste

ao regime da incorporação imobiliária, e o art. 69 da Lei 4.380/1964[16], que regula a alienação de imóveis submetidos ao Sistema Financeiro da Habitação.

Não obstante as determinações legais vigentes, muitos foram os questionamentos acerca da necessidade ou não do registro do compromisso de compra e venda para a propositura da ação de adjudicação compulsória. E a discussão passou pela correta identificação dos limites do direito real e pessoal dele decorrentes e, principalmente, se o direito à adjudicação compulsória teria natureza real ou pessoal.

Darcy Bessone de Oliveira Andrade já aduzia que razão alguma haveria para condicionar o cabimento da ação de adjudicação compulsória ao prévio registro. Destaca o autor que, originalmente, o art. 16 do Decreto-Lei 58/1937 não impunha o cumprimento dessa formalidade, bastando que o compromissário comprador comprovasse a quitação do contrato. De outra ponta, a disciplina do direito real e seus efeitos era conferida por outra norma, qual seja, o art. 5º do Decreto-Lei 58/1937, expresso em atribuir ao registro a peculiaridade de impedir que outros atos de alienação posteriores produzam efeitos contra o adquirente que em primeiro lugar o levou à inscrição imobiliária, sem fazer menção alguma à adjudicação compulsória[17].

Da mesma forma Orlando Gomes, para quem a utilização da execução específica, por derivar de obrigação de fazer resultante do contrato, independe do seu prévio registro no cartório de imóveis, bastando para isso o preenchimento de apenas duas condições: "1ª) não estar excluído, pelo contrato, o

---

artigo nos prazos ora fixados, a carta proposta ou o documento de ajuste preliminar poderão ser averbados no registro de imóveis, averbação que conferirá direito real oponível a terceiros, com o consequente direito à obtenção compulsória do contrato correspondente."

16 "Art. 69. O contrato de promessa de cessão de direitos relativos a imóveis não loteados, sem cláusula de arrependimento e com imissão de posse, uma vez inscrito no Registro Geral de Imóveis, atribui ao promitente cessionário direito real oponível a terceiro e confere direito a obtenção compulsória da escritura definitiva de cessão, aplicando-se, nesse caso, no que couber, o disposto no artigo 16 do Decreto-Lei n. 58, de 10 de dezembro de 1937, e no artigo 346 do Código de Processo Civil". Atente-se apenas que a norma faz referência ao revogado Código de Processo Civil de 1939, sendo certo que os comandos ali existentes foram revogados pelos arts. 640 e 641 inseridos pela reforma processual de 1973, substituídos pelos arts. 466, *b* e *c*, do Diploma Processual Civil, inseridos pelo art. 9º da Lei 11.232/2005, e estes pelo art. 501 do Código de Processo Civil de 2015.

17 ANDRADE, Darcy Bessone de Oliveira. **Da compra e venda, promessa e reserva de domínio**. Belo Horizonte: Bernardo Álvares, 1960, p. 150.

suprimento judicial da declaração não emitida; 2ª) não estar cumprida, nem oferecida, a prestação do exequente"[18].

Por outro lado, há de se salientar o emprego de má técnica redacional no art. 22 do Decreto-Lei 58/1937. Conforme bem aponta Altino Portugal Soares Pereira, da leitura do referido comando é possível concluir que o legislador cuidou de separar a parte referente ao registro da promessa da fração alusiva à adjudicação compulsória[19]. A inserção da vírgula antes da conjunção aditiva *e*, constante no referido dispositivo, bem demonstra essa separação: "Os contratos, sem cláusula de arrependimento, de compromisso de compra e venda e cessão de direitos de imóveis não loteados, cujo preço tenha sido pago no ato de sua constituição ou deva sê-lo em uma ou mais prestações, desde que inscritos a qualquer tempo, atribuem aos compromissários direito real oponível a terceiros, *e* lhes conferem o direito de adjudicação compulsória nos termos dos artigos 16 desta lei, 640 e 641, do Código de Processo Civil"[20].

De outra ponta, os então vigentes arts. 640 e 641 do Código de Processo Civil, expressamente referidos no art. 22 do Decreto-Lei 58/1937, não impunham o registro prévio do compromisso de compra e venda para a propositura da ação de adjudicação compulsória. Tais comandos foram revogados pelo art. 9º da Lei 11.232, de 22.12.2005, substituídos pelos arts. 466, *b* e *c*, do Código de Processo Civil de 1973 e, atualmente, pelo art. 501 do Código de Processo Civil de 2015, que também não condiciona a propositura da ação de obrigação de fazer ao prévio registro do contrato.

Fato é que a estrutura do art. 16 do Decreto-Lei 58/1937 se amolda muito mais ao campo do direito obrigacional e em nada se relaciona com o direito real de aquisição decorrente do registro do compromisso de compra e venda. A outorga da escritura pública definitiva corresponde à contraprestação devida pelo alienante após a quitação integral do preço pelo adquirente, credor desse ato, visto que se sujeita ao regime jurídico do direito das obrigações.

Trata-se de dever ínsito ao liame contratual e que em nada se relaciona com o direito real decorrente do seu registro. A oponibilidade *erga omnes* do ato de publicidade tem por escopo impedir que outros atos de alienação

---

18 GOMES, Orlando. Pressuposto da inscrição de promessa de venda: execução para cumprimento de obrigação de fazer: substituição de declaração negocial. **Revista dos Tribunais**, São Paulo, ano 63, v. 469, p. 43, nov. 1974.

19 PEREIRA, Altino Portugal Soares. **A promessa de compra e venda de imóveis no direito brasileiro**. 2. ed. Curitiba: Juruá, 1997, p. 104.

20 A mesma conclusão foi apontada em acórdão proferido na Apelação Cível 231.901 do extinto 1º Tribunal de Alçada Civil do Estado de São Paulo.

posteriores se revistam de eficácia, à medida que confere ao adquirente prioridade para reclamar do alienante a efetiva transferência da propriedade do imóvel compromissado, mediante a prestação do ato devido de outorga da escritura definitiva para subsequente registro.

A dispensa do registro, aliás, atendia aos motivos que levaram o legislador pátrio a editar o Decreto-Lei 58/1937 que, dentre outras coisas, buscou proteger os compromissários compradores expostos ao exercício arbitrário do direito ao arrependimento mesmo após o pagamento do preço, o que a princípio poderia ocorrer, enquanto não outorgada escritura pública. Afinal, apesar de não se negar a importância do registro para a organização da propriedade imobiliária e dos demais direitos reais, não se pode condicionar o cumprimento de um ato de normal execução do compromisso de compra e venda – a outorga da escritura pública como ato devido – à prática de outro que tem por escopo impedir que novas alienações sejam realizadas de forma eficaz.

Não obstante, durante longo período prevaleceu o entendimento de que o registro era imprescindível para a propositura da ação de adjudicação compulsória. Os defensores dessa exigência respaldavam-se no disposto no art. 1.006, § 2º, do Código de Processo Civil de 1939, que exigia que o contrato preliminar obedecesse a todos os requisitos inerentes ao definitivo. Assim, se para o exercício do direito de propriedade era imprescindível o registro da escritura no cartório de registro de imóveis, da mesma forma seria exigível o registro do compromisso de compra e venda para a utilização da via da execução específica.

O Supremo Tribunal Federal chegou a pacificar tal entendimento, ao editar a Súmula 413, que dispunha que "o compromisso de compra e venda de imóveis, ainda que não loteados, dá direito à adjudicação compulsória, quando reunidos os requisitos legais". E, dentre esses requisitos legais, encontravam-se os comandos prescritos no art. 22 e, sobretudo, no art. 23 do Decreto-Lei 58/1937, que condicionava a propositura de qualquer ação por ela prevista ao prévio registro do título que a fundamentava.

O detalhe a que não se atentou na época era que a intenção do legislador, ao editar o art. 23 do Decreto-Lei 58/1937, foi coibir abusos do loteador e não inibir o exercício de direitos por parte do adquirente, genuíno destinatário da proteção legal. Visou impedir que o empreendedor buscasse a resolução de contratos de compromisso de compra e venda nos casos em que não tivesse promovido o prévio registro do empreendimento exigido por seu art. 1º, e não obstaculizar o recebimento da escritura por parte de quem procedeu o pagamento integral do preço.

Tal intuito se mostrou ainda mais evidente com a entrada em vigor da Lei 6.766/1979, de 19 de dezembro de 1979, responsável pela nova e atual disciplina dos loteamentos urbanos, norma que por ser posterior, revogou os dispositivos em sentido contrário aplicáveis aos loteamentos previstos no Decreto-Lei 58/1937, por força do princípio *lex posterioris derrogat anterioris*, à exceção das normas aplicáveis aos imóveis não loteados, que ainda continuam vigentes, a exemplo do seu art. 22.

De acordo com o art. 46 da nova lei, que substituiu o art. 23 do Decreto-Lei 58/1937, "o loteador não poderá fundamentar qualquer ação ou defesa na presente lei sem apresentação dos registros e contratos a que ele se refere". Por essa razão, não poderá pleitear a resolução de contratos de compromisso de compra e venda se o empreendimento não estiver registrado, ainda que o adquirente incorra em inadimplemento, nos termos do art. 39 da Lei 6.766/1979.

Com efeito, pode-se concluir, a exemplo do que fez Altino Portugal Soares Pereira, lastreado nos ensinamentos de Mario Aguiar Moura, que a restrição imposta pelo art. 23 do Decreto-Lei 58/1937 se aplicava exclusivamente aos compromitentes vendedores, e não aos adquirentes. O aprimoramento legislativo verificado na Lei 6.766/1979 bem demonstra o verdadeiro sentido e alcance do art. 23 do Decreto-Lei 58/1937, que transcende o sentido literal das palavras ali contidas[21].

E, para reforçar a tese, conclui que o texto do art. 25 da Lei 6.766/1979 não deixou qualquer dúvida acerca da separação dos efeitos decorrentes da constituição do direito real da utilização do remédio processual da adjudicação compulsória. Sua redação, de qualidade muito superior à do art. 22 do Decreto-Lei 58/1937, estabelece de forma clara a distinção entre o direito real de aquisição e o exercício do direito de ação de adjudicação compulsória.

Na sua primeira parte, dispõe que "são irretratáveis os compromissos de compra e venda, cessões e promessas de cessão, os que atribuam direito à adjudicação compulsória"; e, na segunda, dispõe que "e, estando registrados, confiram direito real oponível a terceiros".

Por essa razão, conclui Arnaldo Rizzardo que "o artigo 25 da Lei n. 6.766 veio a fornecer apoio à interpretação acima. Em seu conteúdo, dentro de uma redação defeituosa, dá o efeito específico, e parece único, do registro: confere direito real oponível a terceiros. É o objetivo do registro imobiliário a oponibilidade. Não se coloca o registro como condição para a adjudicação compulsória"[22].

---

21 PEREIRA, Altino Portugal Soares. **A promessa de compra e venda de imóveis no direito brasileiro**. 2. ed. Curitiba: Juruá, 1997, p. 106.

22 RIZZARDO, Arnaldo. **Promessa de compra e venda e parcelamento do solo urbano**. 6. ed. São Paulo: Revista dos Tribunais, 2003, p. 151.

Some-se isso ao fato ao art. 27 da Lei 6.766/1979 autorizar a execução específica das promessas de venda, reserva de lotes e demais instrumentos afins preparatórios do compromisso de compra e venda, independente do seu prévio registro, desde que contemplem manifestação de vontade das partes, indicação do lote, preço e modo de pagamento e, por fim, a promessa de contratar. Ora, como bem aponta José Osório de Azevedo Junior, se o contrato preliminar em questão admite execução coativa independente do prévio registro, com maior razão deve-se dispensar essa formalidade quando se trata de execução específica do compromisso de compra e venda[23].

Essa, sem dúvida, é a conclusão correta acerca do tema. A dispensa do registro decorre do abandono à interpretação literal do mal redigido art. 22 do Decreto-Lei 58/1937 que, lamentavelmente, foi conferida pela Lei 649/1949 e posteriormente mantida pela Lei 6.014/1973, apesar das ruidosas críticas imperantes quando da entrada em vigor dessa última alteração legislativa.

Não obstante, demorou para que a jurisprudência pátria se convencesse da desnecessidade do registro do compromisso de compra e venda para a propositura da ação de adjudicação compulsória.

O Supremo Tribunal Federal, além da já mencionada Súmula 413, editou o Enunciado 167, que afastava o regime do Decreto-Lei 58/1937 dos contratos de compromisso de compra e venda de imóveis não inscritos no registro imobiliário, exceto quando o promitente vendedor tivesse se obrigado a efetuar o registro. Impedia-se, pois, que adquirente portador de contrato não registrado utilizasse a via da adjudicação compulsória.

Tal entendimento vigorou largamente na Excelsa Corte, conforme se infere dos Recursos Extraordinários 104.298/SP[24], 100.734/RJ[25], 106.180/BA[26]

---

23 AZEVEDO JUNIOR, José Osório de. **Compromisso de compra e venda**. 4. ed. São Paulo: Malheiros, 1998, p. 38.

24 "Ação de adjudicação compulsória. A inscrição no registro de imóveis é condição imprescindível à adjudicação compulsória de imóvel prometido a venda por instrumento particular, sem cláusula de arrependimento e já quitado o preço. Inteligência dos artigos 22 e 23 do Decreto-Lei n. 58/37, na redação dada pela Lei n. 6014/73. Correta a jurisprudência do STF, em face do novo Código de Processo Civil. Dissídio jurisprudencial comprovado. Recurso extraordinário conhecido e provido" (STF, RE 104.298/SP, 2ª Turma, Rel. Min. Djaci Falcão, j. 26.02.1985, *DJU* 22.03.1985, p. 3.630).

25 "Compromisso de compra e venda de imóvel, mediante instrumento particular, sem cláusula de arrependimento, não inscrito no registro de imóveis. Inviabilidade de adjudicação compulsória. Óbice regimental (art. 325, inc. v, letra b). Inexistência de discrepância com a súmula 413. Recurso extraordinário não conhecido" (STF, RE 100.734/RJ, 2ª Turma, Rel. Min. Djaci Falcão, *DJU* 14.06.1985, p. 9.571).

26 "Processual civil. adjudicação compulsória. Se o documento de compromisso de compra e venda não preenche os requisitos necessários à adjudicação compulsória,

e 108.548/SP[27] que, à unanimidade, obstaram o uso da adjudicação compulsória para compromissos de compra e venda não registrados.

Com o advento da Constituição Federal de 1988 e deslocamento da competência para apreciação das questões federais do Supremo Tribunal Federal para o então criado Superior Tribunal de Justiça, a análise do problema do registro do compromisso de compra e venda como condição para sua execução coativa tomou novos contornos.

Baseado em precedente que afastou a incidência das Súmulas 167 e 413 do Supremo Tribunal Federal[28], o Superior Tribunal de Justiça editou a Súmula 239, que, de forma expressa, dispensou o requisito do registro para a propositura da ação: "O direito à adjudicação compulsória não se condiciona ao registro do compromisso de compra e venda no cartório de imóveis".

Confirmava-se toda a construção doutrinária destinada a corrigir os equívocos derivados da interpretação literal dos mal redigidos arts. 22 e 23 do Decreto-Lei 58/1937 e, de forma definitiva, vincular o direito à execução coativa exclusivamente ao liame obrigacional decorrente do compromisso de compra e venda. Trata-se de entendimento que, aliás, hoje predomina não só no Superior Tribunal de Justiça, como nos Tribunais de Justiça Estaduais, a exemplo do Estado de São Paulo[29].

---

tratando-se de título que será apenas execução de fazer, cuja inexecução dá lugar apenas a perdas e danos. Súmulas 167 e 413" (STF, RE 106.180/BA, 2ª Turma, Rel. Min. Carlos Madeira, j. 12.11.1985).

27 "Ação de adjudicação compulsória. A inscrição no registro de imóveis é requisito indispensável à adjudicação compulsória de imóvel prometido a venda por compromisso particular. Jurisprudência do Supremo Tribunal consubstanciada nas Súmulas 167 e 413. Recurso extraordinário conhecido e provido" (STF, RE 108.548/SP, 2ª Turma, Rel. Min. Carlos Madeira, *DJU* 27.06.1986, p. 11.621).

28 "Promessa de venda de imóvel. Instrumento particular. Adjudicação compulsória. Decreto-Lei n. 58/37. Lei n. 6.766/79. A promessa de venda gera efeitos obrigacionais não dependendo, para sua eficácia e validade, de ser formalizada em instrumento público. O direito à adjudicação compulsória é de caráter pessoal, restrito aos contratantes, não se condicionando a *obligatio faciendi* a inscrição no registro de imóveis" (STJ, REsp 30/DF, 3ª Turma, Rel. Min. Eduardo Ribeiro, j. 15.08.1989).

29 Nesse sentido, confiram-se as seguintes decisões que confirmam a tese: "Adjudicação compulsória. Compromisso de compra e venda não registrado. Irrelevância. Sentença substitutiva da vontade do promitente-vendedor que produzirá efeitos apenas entre as partes, até o momento do registro no registro imobiliário. Recurso parcialmente provido" (*JTJ* 265/103); "Adjudicação compulsória. Necessidade de registro do compromisso de compra e venda. Inadmissibilidade. Eficácia e validade não condicionadas à formalidade do instrumento público. *Obligatio faciendi* assumida pelo promitente vendedor que possui o condão de dar ensejo a adjudicação.

Só que, não obstante essa conquista obtida após décadas de tormentosas discussões no âmbito doutrinário e jurisprudencial, parece que o legislador não atentou a essa evolução, quando da edição do Código Civil de 2002. Inexplicavelmente, seu art. 1.418 impõe o registro como condição prévia de admissibilidade da ação de adjudicação compulsória aos expressamente prescrever que "o promitente comprador, *titular de direito real*, pode exigir do promitente vendedor, ou de terceiros, a quem os direitos deste forem cedidos, a outorga da escritura definitiva de compra e venda, conforme disposto no instrumento preliminar; e se houver recusa, requerer ao juiz a adjudicação do imóvel".

A nova regra atribui legitimidade ativa ao promissário comprador titular de direito real que, no direito brasileiro, somente é constituído a partir do registro. E, com isso, voltou à tona a velha e fossilizada discussão da necessidade da prévia inscrição do compromisso de compra e venda para a sua execução específica.

Num primeiro momento, poder-se-ia afirmar que, com a entrada em vigor do art. 1.418 do Código Civil, o registro do compromisso de compra e venda tornou a ser condição indispensável à propositura da ação de adjudicação compulsória. É o que entende, por exemplo, Roberto Luchezi que, ao se referir à questão, expressa que "os efeitos de uma lei (e o Código Civil foi inserido via da Lei n. 10.406/2002) suplantam súmula de jurisprudência dominante, aprovada pela Corte Especial ou por qualquer das três Seções do STJ, motivo pelo qual a súmula 239 estaria derrogada pelos referidos artigos 1.227, 1.245 e seu § 1º, 1.417 e 1.418 do CCivil, a exemplo do que já houvera

---

Inaplicabilidade da Súmula n, 167 do STF. Extinção do processo afastada. Recurso provido. A promessa de venda gera pretensões de direito pessoal, não dependendo, para sua eficácia e validade, de ser formalizada em instrumento público. A *obligatio faciendi*, assumida pelo promitente vendedor, pode dar ensejo à adjudicação compulsória. O registro imobiliário somente é necessário para produção de efeitos relativamente a terceiros" (TJSP, AC 000.747-4/São Paulo, 8ª Câmara de Férias "A" de Direito Privado, Rel. Cesar Lacerda, j. 31.01.1996, v.u.); "Adjudicação compulsória. Compromisso de compra e venda de imóvel não registrado. Irrelevância. Contrato irrevogável e irretratável. Preço totalmente pago. Inteligência do artigo 25 da Lei n. 6.766, de 19.12.79. Recurso provido. Extinção arredada. A necessidade de registro apenas se faz necessária para que tais compromissos, cessões ou promessas de cessão produzam efeitos relativamente a terceiros" (TJSP, AC 70.021-4/Praia Grande, 9ª Câmara de Direito Privado, Rel. Franciulli Netto, 27.04.1999, v.u.); Da mesma forma, o Tribunal de Justiça do Estado do Amapá: "Adjudicação compulsória. Promessa de compra e venda. Inscrição no Registro de Imóveis. Desnecessidade. Inteligência do artigo 22 do Decreto-Lei n. 58/37 e Súmula n. 167 do STF" (*RT* 729/256).

acontecido com a súmula 621 do STF"[30]. Na mesma linha, Sérgio Iglesias Nunes de Souza, para quem a partir da análise conjunta dos arts. 1.417 e 1.418 do Código Civil brasileiro, o registro do compromisso de compra e venda tornou a condicionar a propositura da ação de adjudicação compulsória, não obstante o teor da Súmula 239 do STJ[31].

Tais posicionamentos revelam concepção normativista que reduz o estudo do direito à apreciação da norma jurídica. Ajustam-se à visão kelseniana que afasta a ciência do direito de aferições valorativas, sociológicas ou históricas, uma vez que a norma jurídica constitui seu único objeto[32]. Pautado na perspectiva de que o direito é organizado sob a forma de um sistema estático, a norma jurídica, desde que editada pela autoridade competente e dotada do mínimo de eficácia, entendida essa como a possibilidade, em tese, de vir a ser descumprida, impõe aos seus destinatários observância obrigatória, sob pena de sanção.

Com efeito, sob a perspectiva normativista, a norma prescrita no art. 1.418 do Código Civil é válida e eficaz perante seus destinatários, porquanto editada por autoridade competente, é passível de descumprimento e comporta, por isso, uma sanção: impossibilidade, na falta do registro, de propositura da ação de adjudicação compulsória. Pouco importa se tal disposição veio na contramão de um longo processo de evolução doutrinária e jurisprudencial que se desenrolou por décadas, já que tais circunstâncias, por serem alheias à norma, em nada influenciam sua coercibilidade.

Todavia, não nos parece ser essa a melhor forma de encarar o problema. Sob a ótica da *teoria tridimensional* de Miguel Reale, o direito, enquanto meio de regulação das relações sociais, não se resume à norma jurídica, compreendendo também fatos e valores que compõem subsistemas próprios e que se interligam[33]. O sistema normativo é essencialmente dinâmico e deve guardar correlação com os valores e necessidades sociais existentes num dado

---

30 LUCHEZI, Roberto. A insegurança jurídica da Súmula 84 do STJ. **Jus Navigandi**, Teresina, ano 11, n. 1.289, 11 jan. 2007. Disponível em: http://jus2.uol.com.br/doutrina/texto.asp?id=9379. Acesso em: 15 maio 2007.

31 SOUZA, Sérgio Iglesias Nunes de. Comentários ao Código Civil: artigo por artigo (arts. 1414 a 1491). *In*: CAMILLO, Carlos Eduardo Nicolleti; FUGITA, Jorge Shiguemitsu; SCAVONE JUNIOR, Luiz Antonio; TALAVERA, Glauber Moreno (coord.). **Comentários ao Código Civil:** artigo por artigo. São Paulo: Revista dos Tribunais, 2006, p. 1049.

32 KELSEN, Hans. **Teoria pura do direito**. Trad. João Baptista Machado. São Paulo: Martins Fontes, 1985, p. 1 e 77.

33 REALE, Miguel. **Filosofia do direito**. São Paulo: Saraiva, 1953, p. 454.

momento histórico. Quando harmônicos esses três subsistemas – *fato*, *valor* e *norma* – tem-se a isomorfia do direito. Havendo desarmonia, quebra-se a unidade, de forma a gerar desordem no sistema normativo.

As lacunas normativas, assim como os conflitos, têm por origem a franca evolução das relações sociais que reclamam a todo tempo a adequação do ordenamento jurídico às novas necessidades dos indivíduos. Muitos são os valores que, no decorrer do tempo, são lapidados e até mesmo suprimidos ou substituídos por outros tidos como mais relevantes. Afinal, conforme assinala Miguel Reale, o direito é experiência social concreta e não simples abstração livre de valores sociológicos, históricos, políticos etc.[34].

Dessa volatilidade decorre o caráter dinâmico do direito como algo em contínuo movimento, assim como a vida em sociedade, realidade que supera os dogmas da completude e coerência do ordenamento jurídico pregados por aqueles que enxergam o direito como algo organizado como um sistema fechado.

E como tal, admite lacunas e antinomias, consequências naturais do caráter aberto e dinâmico do sistema normativo. Tais patologias podem existir, mas seria desejável que assim não ocorresse, já que ao direito incumbe regular e se apropriar de todas as realidades existentes num determinado contexto social, conferindo soluções mais adequadas. Trata-se, segundo ensina Karl Engisch, ao se referir especificamente às lacunas, de "incompletude insatisfatória no seio do todo jurídico"[35].

Por sua vez, o conceito do justo é pertinente ao mundo dos valores e é objeto de estudo pela filosofia do direito (no campo da deontologia) e pela política do direito[36]. Trata-se de elemento ínsito ao direito e dotado de igual relevância, se comparado com os subsistemas das normas e dos fatos.

Dessa forma, uma norma injusta não poderá integrar o ordenamento jurídico, ainda que veiculada por norma inserida no sistema, porquanto não adequada à realidade social que busca regular, dentro da ótica tridimensional. Trata-se da *lacuna axiológica*[37] ou, como define Norberto Bobbio, lacuna de *jure condendo*, ideológica ou imprópria[38], que materializa o choque entre o que existe e o que é ideal à luz das necessidades de uma determinada socie-

---

34 REALE, Miguel. **Filosofia do direito**. São Paulo: Saraiva, 1953, p. 17.

35 ENGISCH, Karl. **Introdução ao pensamento jurídico**. Trad. J. Baptista Machado. 8. ed. Lisboa: Calouste Gulbenkian, 2001, p. 276.

36 REALE, Miguel. **Filosofia do direito**. São Paulo: Saraiva, 1953, p. 448.

37 DINIZ, Maria Helena. **As lacunas no direito**. 7. ed. São Paulo: Saraiva, 2002, p. 95.

38 BOBBIO, Norberto. **Teoria do ordenamento jurídico**. Trad. Maria Celeste Cordeiro Leite dos Santos. 10. ed. Brasília: UNB, 1999, p. 140-143.

dade que necessita de norma diversa da existente e que coadune com os fatos e valores então vigentes.

Sob essa perspectiva, conclui-se que a norma do art. 1.418 do Código Civil não vincula, por contrariar fatos e valores historicamente construídos pela doutrina e jurisprudência, no sentido de se atribuir ao compromissário comprador o direito de exigir aquilo a que faz jus por força não do direito real, mas do contrato.

Autoriza essa conclusão o disposto no art. 5º da Lei de Introdução às Normas do Direito Brasileiro (LINDB), que impõe ao magistrado o dever de atender ao bem comum e aos fins sociais da norma jurídica, quando da sua aplicação num determinado caso concreto. Pautado no critério do *justum*, deve o magistrado deixar de exigir o registro do compromisso de compra e venda como condição de exercício do direito de ação de adjudicação compulsória, pois em nada se relaciona com o direito real decorrente do registro.

Do contrário, contemplar-se-ia injustificado retrocesso e a desconsideração de décadas de construção pretoriana e doutrinária, além de constranger o compromitente comprador ao cumprimento de uma formalidade desnecessária, e sobretudo custosa, para efeito de exigir o cumprimento de uma obrigação que desde a celebração do contrato é de conhecimento do alienante: o inevitável dever de outorgar escritura pública de compra e venda quando da quitação integral do preço como ato devido.

De forma sábia, a jurisprudência tem desconsiderado o comando do art. 1.418 do Código Civil. O Superior Tribunal de Justiça, em acórdão posterior ao início da vigência do Código Civil de 2002, reafirmou a autoridade do entendimento esposado na Súmula 239, que expressamente dispensa o registro do compromisso de compra e venda para a propositura de ação de adjudicação compulsória[39]. E, na mesma linha, o Tribunal de Justiça do Estado de São Paulo[40].

---

[39] "Civil e processual civil. Ação de adjudicação. Registro do compromisso de compra e venda. Súmula n. 239/STJ. Financiamento de imóvel. Hipoteca posterior. Ineficácia. I – Em consonância com o Enunciado n. 239 da Súmula desta Corte, o direito à adjudicação compulsória não se condiciona ao registro do compromisso de compra e venda no cartório de imóveis. II – A hipoteca outorgada pela construtora ao agente financiador em data posterior à celebração da promessa de compra e venda com o promissário comprador não tem eficácia em relação a este último. Precedentes. Agravo improvido" (STJ, Agr no Ag 575.115/SP, 3ª Turma, Rel. Min. Castro Filho, j. 28.10.2004).

[40] "Apelação. Adjudicação compulsória. Sentença de improcedência. Ausência de registro do compromisso de compra e venda. Insurgência do autor. Registro que não é

Trata-se de entendimento cristalizado pelo Enunciado 95 da I Jornada de Direito Civil promovida pelo Centro de Estudos Judiciários do Conselho da Justiça Federal: "O direito à adjudicação compulsória (art. 1.418 do novo Código Civil), quando exercido em face do promitente vendedor, não se condiciona ao registro da promessa de compra e venda no cartório de registro imobiliário (Súmula n. 239 do STJ)"[41] e que foi consagrado pela Lei 14.382, de 27.06.2022, que, ao acrescentar na Lei 6.015/1973 o instituto da *adjudicação compulsória extrajudicial*, prescreveu no seu art. 216-B, § 2º, que "o deferimento da adjudicação *independe de prévio registro* dos instrumentos de promessa de compra e venda ou de cessão e da comprovação da regularidade fiscal do promitente vendedor".

No mesmo sentido, o Item 463.1 do Provimento CGJ/TJSP 6/2023, do Tribunal de Justiça do Estado de São Paulo, consagra o entendimento de que "o registro da promessa de venda ou da promessa de cessão não é condição para o processo extrajudicial da adjudicação compulsória", regra reforçada pelo seu Item 464.3, no sentido de que "o deferimento da adjudicação independe de prévio registro dos instrumentos de promessa de compra e venda ou de cessão e da comprovação da regularidade fiscal do promitente vendedor".

Prevalece, pois, o entendimento de que a propositura da ação de adjudicação compulsória prescinde do registro do compromisso de compra e venda, a despeito do teor do art. 1.418 do Código Civil, por veicular norma injusta e dissonante dos verdadeiros efeitos decorrentes do direito real de aquisição.

---

requisito para a adjudicação compulsória. Precedentes jurisprudenciais. Litisconsórcio necessário não observado. Integração do polo passivo da lide pelos componentes da cadeia de sucessão dos direitos do bem ao lado dos proprietários, notadamente em razão do lapso de tempo havido entre a realização do compromisso de compra e venda do lote ao autor. Sentença anulada de ofício, com determinação" (TJSP, AC 1001756-51.2017.8.26.0642, Rel. Des. Hertha Helena de Oliveira, j. 18.11.2021); "Adjudicação compulsória. Compromisso de compra e venda. Instrumento não assinado por testemunhas e não levado ao registro. Irrelevância. Súmula 239 do STJ. Outorga uxória dispensável. Eventual nulidade do ato a ser arguida privativamente pelo cônjuge. Quitação do preço declarada no próprio instrumento. Prescrição, ademais, da pretensão de cobrança. Precedentes da Câmara. Suposta simulação não demonstrada. Ação procedente. Recurso desprovido" (TJSP, AC 1000656-53.2022.8.26.0006, Rel. Augusto Rezende, j. 26.09.2023).

[41] AGUIAR JÚNIOR, Ruy Rosado de (coord.). **Jornadas de Direito Civil, I, III e IV:** Enunciados aprovados. Brasília: Conselho da Justiça Federal, 2007, p. 28. Disponível em: http://www.jf.gov.br. Acesso em: 15 out. 2007.

## 3.6 IMPRESCRITIBILIDADE DA AÇÃO DE ADJUDICAÇÃO COMPULSÓRIA

Interessante desdobramento do caráter pessoal do direito à adjudicação compulsória diz respeito à prescrição do direito de deduzir em juízo tal pretensão. Partindo da ideia de que se trata de ação pessoal, sujeitar-se-ia, em linha de princípio, ao prazo de 20 anos prescrito no art. 177 do Código Civil de 1916 ou de 10 anos, de acordo com o novo diploma civil (art. 205), observada a regra de direito intertemporal do art. 2.028 do Código Reale, que determina qual dos lapsos deve ser considerado num dado caso concreto[42].

Todavia, não se pode olvidar que o objetivo da ação de adjudicação compulsória é possibilitar a constituição de um direito real que, desde a gênese do compromisso de compra e venda, foi desejado pelas partes: o direito de propriedade e sua consequente transferência ao compromitente comprador, após a quitação integral do preço. Afinal, adjudicar não significa apenas impor o cumprimento do dever de outorgar escritura, mas fazer com que o credor desse ato devido seja contemplado por ato oficial capaz, em tese, de torná-lo dono da coisa compromissada.

Sendo o escopo da ação de adjudicação compulsória constituir, mediante registro da sentença no cartório de imóveis, a propriedade plena, e tendo em vista o caráter perpétuo desse direito real, melhor conclusão é a apontada por José Osório de Azevedo Junior – sua imprescritibilidade – submetendo-se apenas à prescrição aquisitiva pela via da usucapião, desde que preenchidos os requisitos legais pertinentes[43].

Decerto, não faria sentido negar ao adquirente o direito à obtenção da escritura pública se já tiver pagado todo o preço, ainda que tardasse exageradamente a acionar a estrutura judiciária. Ter-se-ia a teratológica situação em que o alienante em mora conservaria a propriedade do bem mesmo após receber, na íntegra, a contraprestação devida pelo adquirente que, por sua vez, exerce posse sobre imóvel como se fosse seu, desde a celebração do negócio aquisitivo.

Por consequência, fechar-se-iam as portas de uma ação dotada de maior simplicidade, porquanto demanda regularidade documental e a prova do pagamento do preço, para constranger o compromissário comprador à

---

42 Dispõe o referido comando que "serão os da lei anterior os prazos, quando reduzidos por este Código, e se, na data de sua entrada em vigor, já houver transcorrido mais da metade do tempo estabelecido na lei revogada".

43 AZEVEDO JUNIOR, José Osório de. **Compromisso de compra e venda**. 4. ed. São Paulo: Malheiros, 1998, p. 72.

propositura de outra ação voltada ao reconhecimento da sua condição de proprietário – a usucapião – muito mais demorada, burocrática e, sobretudo, custosa.

Sob esse enfoque, o Superior Tribunal de Justiça já se pronunciou em julgamento que teve por objeto reforma de decisão anterior que havia reconhecido a prescrição vintenária prevista no art. 177 do Código Civil de 1916: "Promessa de compra e venda. Escritura definitiva. Adjudicação. Prescrição. Não prescreve o direito de a promissária compradora obter a escritura definitiva do imóvel, direito que só se extingue frente ao de outrem, amparado pelo usucapião. Recurso não conhecido" (RESP 369.206/MG, 4ª Turma, Rel. p/ acórdão Min. Ruy Rosado de Aguiar, j. 11.03.2003)[44].

O Tribunal de Justiça do Estado de São Paulo também tem reconhecido, em reiterados acórdãos, a tese da imprescritibilidade da ação de adjudicação compulsória. Nesse sentido: "Adjudicação compulsória. Compromisso de compra e venda devidamente registrado. Prescrição. Inocorrência. Se o compromissário não perdeu o seu direito em razão de aquisição por parte de outrem, não se pode manter a situação contraditória em que o compromissário permanece com o seu direito sobre o imóvel e o compromitente fica desobrigado de dar escritura. Recurso não provido" (TJSP, AC 263.928-2/São Carlos, 1ª Câmara Civil, Rel. Des. Debatin Cardoso, j. 24.08.1995, v.u.); "Adjudicação compulsória. Prescrição. Inocorrência. Imprescritibilidade. Prescrição afastada. Se o promitente comprador foi imitido na posse do imóvel, nela se encontra, e pagou integralmente o preço, esse prazo (para a propositura da ação de adjudicação compulsória) não prescreve nunca. Hipótese em que não se pode manter uma situação contraditória em que o compromissário permanece no direito sobre o imóvel e o compromitente desobriga-se de dar a escritura" (TJSP, AC 97.924-4/Tupi Paulista, 1ª Câmara de Direito Privado, Rel. Des. Guimarães e Souza, j. 20.06.2000, v.u.); "Prescrição. Adjudicação compulsória. Imóvel. Outorga de escritura definitiva. Compromisso de compra e venda. Artigo 177 do Código Civil. Inaplicabilidade. Reconhecimento imperativo de direito real limitado já existente. Necessidade de transformá-lo em direito de propriedade plena. Imprescritibilidade. Recurso provido" (*JTJ* 234/159).

---

[44] Confira-se também: "Promessa de compra e venda. Escritura definitiva. Adjudicação. Prescrição. Não prescreve o direito de a promissária compradora obter a escritura definitiva do imóvel, direito que só se extingue frente ao de outrem, amparado pelo usucapião. Recurso não conhecido" (STJ, REsp 369.206/MG, 4ª Turma, Rel. Min. Ruy Rosado de Aguiar, j. 30.06.2003).

Predomina, pois, a tese da imprescritibilidade, ante o caráter perpétuo do direito de propriedade que se pretende constituir em favor do compromissário comprador, mediante o registro da sentença transitada em julgado no cartório de imóveis.

## 3.7 REQUISITOS DE ADMISSIBILIDADE DA AÇÃO DE ADJUDICAÇÃO COMPULSÓRIA

Embora autônomo e abstrato, o exercício do direito de ação pode ser condicionado ao preenchimento de certos requisitos postos pelo legislador[45]. Além dos pressupostos processuais, deve contemplar condições de admissibilidade relativas ao interesse de agir e legitimidade das partes (art. 17 do CPC/2015), que precede ao mérito da demanda levada à jurisdição. Neste passo, o Código de Processo Civil deixou de rotular estes requisitos como condições da ação, assim como excluiu do seu rol a figura da possibilidade jurídica do pedido.

No caso da ação de adjudicação compulsória, além dos requisitos genéricos de procedibilidade da ação (legitimidade das partes e interesse processual), reclama-se também o preenchimento de outras que lhe são peculiares, reputadas pela doutrina como *específicas*, sem as quais não se possibilita o acolhimento do mérito que encerram[46].

Analisemos cada um desses grupos separadamente.

### 3.7.1 Requisitos genéricos

O Código de Processo Civil de 2015 trouxe significativas alterações no plano da admissibilidade da ação. Fredie Didier Jr. assevera que, além de não mais mencionar a categoria das "condições da ação", o novo diploma processual deixou de indicar a impossibilidade jurídica do pedido como causa de extinção do processo sem resolução do mérito, reservando este efeito à ilegitimidade de parte e à falta de interesse processual (art. 485, VI, do CPC/2015). A possibilidade jurídica do pedido passa a ser matéria de mérito que, se reconhecida de plano pelo magistrado, pode inclusive con-

---

45 CINTRA, Antonio Carlos de Araújo; GRINOVER, Ada Pellegrini; DINAMARCO, Cândido Rangel. **Teoria geral do processo**. 12. ed. São Paulo: Malheiros, 1996, p. 259.

46 Nesse sentido: CREDIE, Ricardo Arcoverde. **Adjudicação compulsória**. 6. ed. São Paulo: Malheiros, 1994, p. 55-69; e MARMITT, Arnaldo. **Adjudicação compulsória**. Rio de Janeiro: Aide, 1995, p. 65-91.

duzir à *improcedência liminar do pedido*, nos termos do art. 332 do Código de Processo Civil[47].

A visão anterior, pautada no Código de Processo Civil de 1973, baseava-se no argumento de que a viabilidade de um pedido, sob o ponto de vista abstrato, derivaria da virtual possibilidade de ser deduzido em juízo. Nesse sentido, Vicente Greco Filho, ao asseverar que "na formulação de pretensão que, em tese, exista na ordem jurídica como possível"[48]. Para que seja considerado possível, bastava que o pedido deduzido não fosse defeso perante a lei e pudesse ser analisado no plano jurisdicional, a exemplo do que sucede com a pretensão de partilha de bens de pessoa viva, vedada expressamente pelo art. 426 do Código Civil, pelo que não pode corresponder ao adiantamento indevido da análise *in concreto* do mérito da pretensão deduzida.

Mas, na prática, este exame acabava por se confundir com a análise de mérito, o que levou a possibilidade jurídica do pedido à perda do *status* de requisito de admissibilidade da ação. Nesse sentido, a exposição de motivos do Código de Processo Civil de 2015 é expressa em afirmar que "com o objetivo de se dar maior rendimento a cada processo, individualmente considerado, e, atendendo a críticas tradicionais da doutrina, deixou, a possibilidade jurídica do pedido, de ser condição da ação. A sentença que, à luz da lei revogada seria de carência da ação, à luz do Novo CPC é de improcedência e resolve definitivamente a controvérsia".

Em tempos passados, cogitava-se da impossibilidade jurídica do pedido de impor à parte contratante, por meio de sentença, o dever de outorgar escritura pública de compra e venda, ante a norma do art. 1.088 do Código Civil de 1916, que garantia o direito ao arrependimento ao promitente comprador e contemplava o princípio do *nemo praecisae potest cogi ad factum*.

Todavia, com a edição do Decreto-Lei 58/1937, a possibilidade de substituição da vontade da parte contratante por sentença passou a contar com expresso respaldo do ordenamento jurídico pátrio. Seu art. 16 cuidou de prever o direito à adjudicação compulsória, norma que reverberou em outras (*v.g.*, art. 32, § 2º, da Lei 4.591/1964 e art. 25 da Lei 6.766/1979).

A questão da impossibilidade jurídica de se obrigar ou substituir a vontade humana por meio de decisão judicial, portanto, já não mais se colocava.

---

47 DIDIER JR, Fredie. **Curso de direito processual civil**. 23. ed. Salvador: Juspodivm, 2021, v. 1, p. 415-417.

48 GRECO FILHO, Vicente. **Direito processual civil brasileiro**. 13. ed. São Paulo: Saraiva, 1998, v. 1, p. 83.

Por essa razão, Ricardo Arcoverde Credie, antes do Código de Processo Civil de 2015, reputava que a questão da possibilidade jurídica do pedido na ação de adjudicação compulsória restringia-se à hipótese de se pretender obrigar o compromitente vendedor a outorgar, coativa e pessoalmente, a escritura pública de compra e venda, pois nessa situação não poderia o Estado violentar a liberdade de autodeterminação do devedor[49]. Deve-se pedir, nesse caso, a prolação de sentença que encerre a mesma eficácia do ato de manifestação de vontade faltante para efeito de posterior transmissão da propriedade do imóvel compromissado no cartório de registro de imóveis.

Outra hipótese dizia respeito à possibilidade jurídica da propositura de ação de adjudicação compulsória por iniciativa de locatário que goza do direito de preferência na aquisição do imóvel, mas foi preterido pelo proprietário[50]. Nos termos do art. 33 da Lei 8.245/1991, a pretensão de haver o móvel para si por força dessa prerrogativa será reputada improcedente (antes, *juridicamente impossível*) se o locatário não proceder à averbação do contrato de locação no cartório de imóveis, com antecedência de 30 dias a contar do ato de alienação feita a terceiro, além de ser obrigado ao depósito integral e em juízo do valor da venda do imóvel no prazo de 6 meses, a contar do registro do ato de alienação[51].

De outra ponta, a denominação da ação também se mostra irrelevante para o reconhecimento da sua adequação à pretensão deduzida. O Código de Processo Civil de 2015, adepto à teoria da *substanciação*, impõe como requisito da petição inicial a indicação dos fatos e fundamentos jurídicos do pedido para que a pretensão seja conhecida e apreciada pelo órgão judiciário (art. 319, III), independente do nome dado pela parte à ação proposta.

A questão da denominação da ação tinha relevo durante a vigência da Súmula 167 do STF, em que o registro do compromisso de compra e venda consistia em condição indispensável para o reconhecimento da possibilidade jurídica do pedido de adjudicação compulsória. Se desprovido de registro, a ação correta a ser proposta era a cominatória, lastreada nos arts. 640 e 641

---

49 CREDIE, Ricardo Arcoverde. **Adjudicação compulsória**. 6. ed. São Paulo: Malheiros, 1994, p. 47.

50 MARMITT, Arnaldo. **Adjudicação compulsória**. Rio de Janeiro: Aide, 1995, p. 50.

51 Nesse sentido, já decidiu o extinto 2º Tribunal de Alçada Civil do Estado de São Paulo: "Extinção do processo. Locação. Contrato verbal. Alienação do imóvel locado. Direito de preferência do locatário. Adjudicação pleiteada. Carência. Inexistência de contrato inscrito no Registro de Imóveis. Depósito do preço também não efetuado" (*RT* 570/154).

do Código de Processo Civil[52], normas expressamente referidas pelo art. 22 do Decreto-Lei 58/1937.

Os comandos processuais *supra*, inseridos no direito pátrio por influência do art. 2.932 do Código Civil italiano, não impunham o prévio registro do contrato para que o titular da pretensão reclamasse a obtenção de sentença que produzisse os mesmos efeitos do contrato que deveria ser firmado. Autorizava-se, pois, a propositura de ação que, apesar de não ser rotulada como "adjudicação compulsória", apresentava o mesmo resultado prático que esta proporcionaria ao titular de contrato inscrito no cartório de imóveis.

Assente na doutrina e na jurisprudência a tese da prescindibilidade do registro do compromisso de compra e venda para a propositura da ação de adjudicação compulsória, em especial pela Súmula 239 do STJ, confirmada após o início da vigência do art. 1.418 do Código Civil de 2002 pela jurisprudência do próprio Superior Tribunal de Justiça (Súmula 239), dos tribunais estaduais e pelo Enunciado 95 da I Jornada de Direito Civil do Centro de Estudos Judiciários do Conselho da Justiça Federal, tem-se hoje perfeita identificação entre a finalidade e os pressupostos de propositura das ações de adjudicação compulsória e cominatória. Nesse sentido, o 1º Tribunal de Alçada Civil do Estado de São Paulo, atento ao princípio da substanciação, acatou ação cominatória lastreada no então vigente art. 639 do Código de Processo Civil de 1973, em que o autor formulou pedido de adjudicação, de forma a atribuir ao autor sentença com a mesma eficácia prática da escritura pública de compra e venda que deveria ser voluntariamente outorgada[53].

E, em todas as situações aqui trazidas, fica evidente que o exame da pretensão da parte reclama análise e pronunciamento sobre o conteúdo da questão jurídica discutida, pelo que hoje, corretamente, seu exame implica

---

52 Artigos revogados e substituídos pelos arts. 466, *b* e *c*, inseridos no Código de Processo Civil de 1973 pela Lei 11.232, de 22.12.2005. Estes, por sua vez, foram revogados com a edição do Código de Processo Civil de 2015, com disciplina conferida pelo art. 501 do novel diploma processual, *verbis*: "Na ação que tenha por objeto a emissão de declaração de vontade, a sentença que julgar procedente o pedido, uma vez transitada em julgado, produzirá todos os efeitos da declaração não emitida".

53 "Escritura pública. Compra e venda. Outorga negada. Ação proposta pelo comprador objetivando decisão judicial capaz de suprir a manifestação de vontade do vendedor com base no artigo 639 do Código de Processo Civil. Petição inicial postulando instrumento hábil de 'adjudicação'. Impropriedade técnica no emprego do vocábulo que não gera inépcia, uma vez articulada a pretensão com *causa petendi* inteligível, certo o pedido, juridicamente possível e deduzido por quem é parte legítima e dispõe de interesse de agir. Prosseguimento da ação, com exame do mérito, determinado" (1º TACSP – *RT* 645/126).

em pronunciamento de mérito pelo Poder Judiciário, com força de coisa julgada material, a demonstrar, de modo inequívoco, a perda de status da possibilidade jurídica do pedido com requisito de admissibilidade da ação, podendo conduzir, inclusive, à improcedência liminar do pedido (art. 332 do CPC/2015).

#### *3.7.1.1 Interesse de agir*

O interesse de agir surge da aferição da necessidade do provimento jurisdicional almejado pela parte "como remédio apto à aplicação do direito objetivo no caso concreto"[54], que nasce "a partir da resistência que alguém oferece à satisfação da pretensão de outrem, porque este não pode fazer justiça com as próprias mãos"[55].

Traduz-se também numa relação de adequação entre o provimento jurisdicional almejado e o bem da vida que se pretende tutelar. Se a ação eleita for incapaz, em abstrato, de corrigir a lesão a direito arguida na petição inicial, será resolvida sem resolução do mérito[56].

Para sua aferição, não se questiona se o interesse da parte tem ou não respaldo no direito vigente, o que implicaria invariavelmente na análise do mérito propriamente dito que corresponde ao interesse primário ou substancial da parte. Verifica-se, para esse efeito, o *interesse secundário*, apurado com base na necessidade e adequação do processo para a tutela de um interesse[57].

No âmbito da ação de adjudicação compulsória, o compromitente comprador portador de contrato de compromisso de compra e venda quitado terá interesse na propositura da ação quando houver recusa, por parte do alienante, de outorgar a escritura pública de compra e venda.

Faltará interesse processual ao adquirente na hipótese em que, apesar de ser portador de escritura pública de compra e venda, não consegue registrá-la, em razão de vícios constantes no contrato ou na matrícula do imóvel. Nesse

---

54 THEODORO JÚNIOR, Humberto. **Curso de direito processual civil:** teoria geral do direito processual e processo de conhecimento. 28. ed. Rio de Janeiro: Forense, 1999, v. 1, p. 56.

55 GRECO FILHO, Vicente. **Direito processual civil brasileiro**. 13. ed. São Paulo: Saraiva, 1998, v. 1, p. 81.

56 GRECO FILHO, Vicente. **Direito processual civil brasileiro**. 13. ed. São Paulo: Saraiva, 1998, v. 1, p. 81.

57 THEODORO JÚNIOR, Humberto. **Curso de direito processual civil:** teoria geral do direito processual e processo de conhecimento. 28. ed. Rio de Janeiro: Forense, 1999, v. 1, p. 56.

sentido, o julgado do Tribunal de Justiça do Estado de São Paulo: "Interesse processual. Adjudicação compulsória. Não caracterização. Autores que já possuem escritura de compra e venda que, no entanto, não foi registrada, diante da recusa do Oficial de Registro de Imóveis. Ação que não se presta a corrigir a matrícula do imóvel. Sentença indeferitória da petição inicial mantida. Recurso improvido" (AC s/Revisão 239.068-4/2-00/São Paulo, 8ª Câmara de Direito Privado, Rel. Des. Salles Rossi, j. 30.03.2006, v.u.).

#### *3.7.1.2 Legitimidade das partes*

Nos termos do art. 18, *caput*, do Código de Processo Civil de 2015, "ninguém poderá pleitear direito alheio em nome próprio, salvo quando autorizado pelo ordenamento jurídico". Nesse sentido, sob a perspectiva da *legitimidade ordinária*, a titularidade do direito de ação cabe apenas à pessoa que afirma ser titular do direito material que pretende ver protegido, em face daquele que tenha a obrigação correspondente de respeitá-lo[58]. Excepcionalmente, admite-se a iniciativa de terceiro na qualidade de substituto processual, desde que essa legitimidade dita *extraordinária* conte com previsão expressa no ordenamento, a exemplo do que sucede com a ação civil pública e a ação popular.

No plano da ação de adjudicação compulsória, a legitimação ordinária é pertinente às partes que se unem por meio do contrato de compromisso de compra e venda. Tem legitimidade ativa o compromitente comprador que quita o preço e legitimidade passiva aquele que o recebeu e se comprometeu a transferir a propriedade do imóvel compromissado.

Se casados forem, exceto no regime da separação absoluta de bens, impõe-se a participação do cônjuge no polo ativo ou passivo. Trata-se de exigência imposta pelo art. 73 do Código de Processo Civil de 2015, que impõe a formação de litisconsórcio necessário, sem o que a sentença proferida não produzirá efeitos ao cônjuge não inserido na relação processual, nos termos do art. 114, parte final do estatuto processual, e cuja não observância implica a nulidade total do processo (art. 115, II, do CPC/2015)[59].

---

58 CINTRA, Antonio Carlos de Araújo; GRINOVER, Ada Pellegrini; DINAMARCO, Cândido Rangel. **Teoria geral do processo**. 12. ed. São Paulo: Malheiros, 1996, p. 231.

59 THEODORO JÚNIOR, Humberto. **Curso de direito processual civil:** teoria geral do direito processual e processo de conhecimento. 28. ed. Rio de Janeiro: Forense, 1999, v. 1, p. 111.

De outra ponta, é importante sobrelevar a questão da legitimidade ativa e passiva, nos casos de cessão dos direitos decorrentes do compromisso de compra e venda.

A cessão da posição contratual ocupada pelo compromitente comprador tem sido admitida mesmo sem o consentimento do compromitente vendedor[60]. Tratando-se de imóvel loteado, incide a regra do art. 31 da Lei 6.766/1979, que permite a cessão por simples trespasse lançado no verso das vias em poder das partes ou por meio de outro instrumento particular. Pode se dar independente do consentimento do compromitente vendedor, mas enquanto ele não for formalmente cientificado da cessão, por meio de comunicação por escrito ou registro do instrumento respectivo no cartório de imóveis, o cedente continuará responsável pelas obrigações decorrentes do contrato ao lado do cessionário.

No âmbito dos imóveis não loteados, em que não há regra expressa que autorize a cessão da posição contratual do compromissário comprador, tem-se também admitido efetivação independente do consentimento do alienante. Não obstante, enquanto não houver sua aquiescência, haverá solidariedade entre cedente e cessionário quanto às obrigações decorrentes do contrato, fórmula que tem por inspiração a norma inserida no art. 13, § 1º, do Decreto-Lei 58/1937.

Uma vez efetivada a cessão da posição contratual ocupada pelo compromissário comprador, independente do consentimento do compromitente vendedor, terá o cessionário legitimidade ativa ordinária para a propositura da ação de adjudicação compulsória. Se o compromisso objeto da cessão estiver registrado, o cedente deverá figurar no polo passivo da ação, já que, ante o princípio da continuidade registral, deverá anuir com a transferência da propriedade ao cessionário que propõe a ação. Ausente o registro, a princípio dispensa-se a inserção do cedente no polo passivo, cabendo ao magistrado, de acordo com as peculiaridades do caso concreto que lhe for submetido, determinar ou não a inclusão do cedente na relação processual na qualidade de réu, em especial quando a providência é exigida pelo compromitente vendedor[61]. Falecidos cedente ou cessionário, seus herdeiros terão legitimidade para figurar como parte na ação[62].

---

60 AZEVEDO JUNIOR, José Osório de. **Compromisso de compra e venda**. 4. ed. São Paulo: Malheiros, 1998, p. 225.

61 CREDIE, Ricardo Arcoverde. **Adjudicação compulsória**. 6. ed. São Paulo: Malheiros, 1994, p. 50.

62 MARMITT, Arnaldo. **Adjudicação compulsória**. Rio de Janeiro: Aide, 1995, p. 53.

Por outro lado, caso o compromitente vendedor faleça sem cumprir a obrigação de outorgar escritura, faculta-se ao compromissário comprador ou seu cessionário reclamar o suprimento dessa manifestação de vontade por meio da expedição de alvará, nos autos do inventário ou arrolamento dos bens deixados pelo falecido, para que o espólio a outorgue[63], mediante concordância não só do inventariante como de todos os herdeiros e cônjuge ou companheiro[64]. Inexistente o inventário, poderá o compromissário comprador ou seu cessionário reclamar sua abertura, uma vez que, na qualidade de credores do espólio, têm legitimidade ativa para requerer sua abertura, nos termos do art. 616, VI, do Código de Processo Civil de 2015. Findo o inventário ou arrolamento, ainda assim cabe formular pedido de alvará[65] ou

---

63 AMORIM, Sebastião Luiz de; OLIVEIRA, Euclides Benedito de. **Inventários e partilhas:** teoria e prática. 11. ed. São Paulo: Leud, 1997, p. 149-150.

64 Nesse sentido: "Apelação. Alvará judicial. Outorga de escritura de compra e venda de imóvel. Sentença de extinção. Inconformismo do requerente. Outorga de escritura. Vendedor que faleceu após a venda do imóvel. Necessidade de concordância de todos os herdeiros do 'de cujus'. Inocorrência. Viúva e herdeiros que não foram uníssonos quanto ao pedido formulado. Falta de interesse de agir. Inadequação do procedimento de ***alvará*** judicial. Questão ser dirimida através de ação de natureza contenciosa. Sentença mantida. Recurso desprovido" (TJSP, AC 1014431-80.2021.8.26.0068, Rel. Des. Hertha Helena de Oliveira, j. 05.12.2024).

65 Nesse sentido: "Agravo de instrumento. Inventário findo. Expedição de alvará e nomeação de novo inventariante para cumprir obrigação do espólio constante em partilhada homologada por sentença. Possibilidade. Instrumentalidade e economia processual. Recurso em face de decisão que indeferiu nomeação de novo inventariante para cumprir *alvará* judicial, conforme obrigação do espólio, determinado em sentença, aventando exaurimento da prestação jurisdicional. Insurgência recursal que se acolhe, considerando anterior obrigação do espólio, para a qual todos os herdeiros e interessados estiveram concordes, inclusive, com determinação de expedição de *alvará* contida em sentença transitada em julgado. Peculiaridades a permitir a nomeação de novel inventariante somente para cumprir aquela obrigação, quando inerte aquela antes nomeada, que apresentou renúncia expressa nos autos, a despeito de concordar com a manifestação dos demais coerdeiros. Necessidade de cumprimento da obrigação pelo espólio, a se dar por meio de diligências nos próprios autos. Precedentes desta Corte. Recurso provido, com observação" (TJSP, AI 2216481-54.2022.8.26.0000, Rel. Des. Costa Netto, j. 20.04.2023); "Agravo de instrumento. Arrolamento. Pedido de alvará formulado pelos herdeiros para outorga de escritura definitiva de imóvel compromissado à venda pelo autor da herança. Decisão que indeferiu o pedido sob a alegação de que, com a homologação da partilha e expedição do respectivo formal, esgotou-se a prestação jurisdicional. Inconformismo. Decisão reformada. O encerramento formal do processo não impede o processamento do pedido de alvará, destinado ao cumprimento da obrigação deixada pelo morto. Recurso provido" (TJSP, AG 499.811-4/1-00, 9ª Câmara de Direito Privado, Rel. Des. Viviani Nicolau, j. 03.04.2007).

sobrepartilha, acaso o bem compromissado à venda não tenha sido inserido no rol de bens a partilhar[66].

Questão interessante diz respeito aos chamados "contratos de gaveta", negócios jurídicos de promessa de compra e venda de imóvel realizados sem o consentimento do credor que financiou a aquisição, e a possibilidade do seu titular demandar a instituição financiadora para a obtenção não da escritura pública definitiva, mas da carta de quitação para liberação da hipoteca que serve de garantia ao financiamento e, consequentemente, livrar o imóvel desse gravame.

Não obstante tais contratos conterem, em regra, cláusula que proíbe a alienação dos direitos incidentes sobre o imóvel a terceiros, sob pena de resolução judicial, é certo que se trata de prática recorrente. A transferência se dá por meio de instrumento particular de cessão ou de mandato, em que o mutuário alienante confere ao adquirente procuração para que este, quando da quitação, receba em seu nome a escritura pública definitiva.

No âmbito do Sistema Financeiro da Habitação, a jurisprudência do Superior Tribunal de Justiça tem entendido que a instituição financeira não pode se opor à concessão da carta de quitação para a liberação da hipoteca que serve de garantia do financiamento, sob o argumento de que não anuiu com a cessão dos direitos decorrentes do compromisso de compra e venda. Não obstante o art. 1º da Lei 8.004/1990 prever expressamente que a transferência dos contratos de financiamento do Sistema Financeiro de Habitação depende da concordância do agente financeiro, com o advento da Lei 10.150/2000, o legislador permitiu que os "contratos de gaveta" celebrados até 25.10.1996 sem a participação do mutuante fossem regularizados (art. 20), reconhecendo ainda o direito à sub-rogação dos direitos e obrigações do contrato primitivo[67].

---

66 Nesse sentido: "Alvará judicial. Registro de imóveis. Outorga de escritura pública de compra e venda. Falecimento do promitente vendedor. Bem não inventariado. Necessidade de sobrepartilha. A aquisição de propriedade de bem imóvel se dá através da efetiva transcrição imobiliária do instrumento do negócio. Falecido o promitente vendedor antes de promover a escritura e a transferência do domínio do imóvel perante o Cartório de Registro de Imóveis, e uma vez encerrado o inventário, há necessidade de que seja objeto de sobrepartilha a fim de que os sucessores cumpram o compromisso assumido pelo falecido" (TJMG, AC 1.0439.13.004053-8/001, Rel. Des. Wander Marotta, *DJ* 07.02.2014).

67 Nesse sentido: "Processual civil e administrativo. Sistema Financeiro de Habitação. 'Contrato de gaveta'. Lei n. 10.150/2000. Legitimidade ativa do cessionário. 1. A Lei n. 8.004/90, no seu artigo 1º, previu expressamente que a transferência dos contratos de financiamento pelo Sistema Financeiro de Habitação somente poderia ocorrer com a anuência do agente financeiro. 2. Entretanto, com o advento da Lei n. 10.150/2000, o

Nessas condições, tem o cessionário legitimidade para discutir e demandar em juízo questões pertinentes ao compromisso de compra e venda, em especial para obter carta de quitação destinada à desconstituição da hipoteca que serve de garantia ao mútuo integralmente quitado, notadamente quando a instituição financeira se queda inerte e recebe, por longos anos, as prestações decorrentes do contrato sem opor qualquer resistência[68].

Fato é que solução mais acertada seria conferir o mesmo direito a todos os titulares de contratos de gaveta, independente da data da sua celebração. Não há razão logicamente sustentável para negar tal direito aos titulares de contratos de compromisso de compra e venda celebrados em data posterior à anotada na Lei 10.150/2000. Essas pessoas ostentam situação jurídica idêntica aos portadores de contratos anteriores a esse marco temporal e, por essa razão, merecem tratamento idêntico. Afinal, por força do antigo brocardo latino *ubi eadem ratio, ibi eadem legis dispositio*, onde existe a mesma razão fundamental, deve prevalecer a mesma regra de direito.

### 3.7.2 Requisitos específicos

Além dos requisitos gerais de admissibilidade tratados nas linhas anteriores, a doutrina aponta outros que são próprios da ação de adjudicação compulsória. Trata-se dos *requisitos específicos* que são, respectivamente, o

---

legislador permitiu que os 'contratos de gaveta' firmados até 25.10.1996 sem a intervenção do mutuante fossem regularizados (art. 20), reconhecendo ainda o direito à sub-rogação dos direitos e obrigações do contrato primitivo. Por isso, o cessionário, nessas condições, tem legitimidade para discutir e demandar em juízo questões pertinentes às obrigações assumidas e aos direitos adquiridos. 3. Precedente da Segunda Turma no REsp. n. 705.231/RS. 4. Recurso improvido" (STJ, REsp 705.423/SC, Rel. Min. Eliana Calmon, *DJU* 20.02.2006, p. 297).

68 Confira-se, ainda, o REsp 710.577/SC, que trata especificamente do direito do titular de contrato de gaveta ao recebimento da carta de quitação liberatória da hipoteca: "Processual civil. Recurso especial. Financiamento de imóvel pelo SFH. Cessão de direitos celebrada sem a intervenção da entidade financeira. 'Contrato de gaveta'. Adimplemento integral do mútuo habitacional. Situação consolidada pelo transcurso temporal. FCVS. Cobertura. Financiamento de dois imóveis pelo mesmo mutuário. Leis ns. 8.004/90 e 8.100/90. Irretroatividade. I – Falta interesse jurídico à entidade financeira para resistir à formalização de transferência de direitos sobre mútuo habitacional realizado no âmbito do SFH, não havendo que se perquirir pela invalidade de tal contrato particular, considerando que todos os pagamentos foram efetuados pelos cessionários e recebidos pela financeira, tendo esta última permanecido inerte por anos e anos em que tal situação se perdurou. Precedente: REsp. n. 355.771/RS, rel. Min. Humberto Gomes de Barros, *DJU*, de 15.12.2003. (...) III – Recurso especial improvido" (*DJU* 16.05.2005, p. 264, *RT* 838/206).

pagamento integral do preço pelo compromitente comprador e sua comprovação, existência de instrumento contratual escrito e irretratabilidade do compromisso.

### *3.7.2.1 Apresentação do instrumento contratual*

A fim de comprovar a existência do vínculo contratual, deve o autor da ação de adjudicação compulsória apresentar o compromisso de compra e venda que, necessariamente, ostentará forma escrita pública ou particular, esta mais difundida e autorizada pelos arts. 11, *caput* do Decreto-Lei 58/1937, 26, *caput*, da Lei 6.766/1979, 67 da Lei 4.591/1964 (de forma indireta) e 1.417 do Código Civil.

Em razão da forma escrita pública ou privada ser essencial à validade desse negócio jurídico (art. 104, III, do CC), a regra é que não terá direito à adjudicação compulsória aquele que celebrou o contrato sob a forma verbal[69]. Todavia, doutrina e jurisprudência têm admitido, em caráter excepcional, o exercício desse direito, nos casos em que, apesar da não apresentação do documento escrito, prova-se o vínculo contratual por meio de todos os recibos de pagamento e, e especial, o pagamento integral do preço.

Nesse sentido Arnaldo Marmitt: "Nada impede que a transação seja fundada em contrato verbal, comprovado por recibos especificados minuciosamente. Se a obrigação de fazer, de transmitir o domínio de imóvel, refletir a vontade inequívoca das partes, como a disposição de vender e de comprar o bem, consistente em recibos assinados pelo vendedor onde se identifique o objeto, pago o preço respectivo, satisfeitas as demais formalidades legais, possível se torna substituir a escritura definitiva por sentença judicial, com idêntico valor. Dispensável, *in casu*, o contrato instrumentalizado, desde que ausente qualquer elemento impeditivo da transmissão definitiva, como a faculdade de arrependimento ou a falta de quitação do preço"[70].

---

69 Nesse sentido: "Apelação. Ação declaratória de existência de compra e venda verbal de fração ideal sobre imóvel cumulada com adjudicação compulsória. Improcedência. Inconformismo. Acolhimento parcial. Contrato de compra e venda de imóvel de valor superior a 30 salários-mínimos. Forma prescrita em lei. Invalidade do contrato verbal. Adjudicação compulsória inviável. Pedido subsidiário de indenização por enriquecimento sem causa. Comprovação de que a ré recebia valor superior ao que lhe era devido pelo aluguel do imóvel do qual é condômina. Indenização limitada à devolução da quantia recebida a título de aluguel do prédio vizinho. Sentença reformada em parte" (TJSP, AC 1022542-12.2021.8.26.0405, Rel. Des. Alexandre Coelho, j. 24.05.2023).

70 MARMITT, Arnaldo. **Adjudicação compulsória**. Rio de Janeiro: Aide, 1995, p. 105.

Esse entendimento foi adotado pelo Superior Tribunal de Justiça, ao acolher pedido de execução específica lastreada nos arts. 640 e 641 do Código de Processo Civil de 1973, com base na apresentação dos recibos de pagamento, ainda que desacompanhados do compromisso de compra e venda escrito. Nesse passo, oportuno transcrever parte da decisão: "Circunda a controvérsia em torno dos recibos às fls., no sentido de representarem, ou não, um contrato preliminar de compra e venda imobiliária. Explicitam o valor do negócio, o importe de cada prestação, as datas das amortizações, as assinaturas do varão e da varoa, o respectivo CPF e o objeto do mesmo. Iniludivelmente neles vêm inseridos os componentes indispensáveis de qualquer negócio jurídico, dando direito à execução compulsória (arts. 82, 1.122 e 1.126 do CC e 413 da súmula)" (STJ, REsp 39.215-2/RJ, 3ª Turma, Rel. Min. Nilson Naves, j. 27.06.1994).

Todavia, é importante frisar que os recibos deverão retratar, de forma inequívoca, a intenção das partes de se vincularem e todos os elementos da promessa de compra e venda. Não prestam a esse mister recibos unilaterais, porquanto subscritos apenas pela parte que adquire, ou firmados por apenas um dos cônjuges alienantes, quando imprescindível a outorga uxória para vender.

#### *3.7.2.2 Pagamento do preço e sua prova*

Sem a quitação integral do preço do compromisso de compra e venda, não tem o adquirente interesse processual para a propositura da ação de adjudicação compulsória, sendo descabida eventual invocação da *teoria do adimplemento substancial* para este fim, pois restrita ao tema da resolução contratual. A outorga da escritura definitiva de compra e venda constitui obrigação do compromitente vendedor, que somente se torna exigível a partir do pagamento integral do preço pactuado, seja à vista, seja a prazo.

A prova do pagamento integral do preço se dá por meio de recibo de quitação, que retrata e atesta a solução de todas as parcelas que lhe foram anteriores e que integraram o preço, dentre elas o sinal. Ausente o comprovante complessivo, prova-se o pagamento por meio da apresentação de todos os recibos de quitação. Sem essa demonstração, não terá o adquirente direito à adjudicação compulsória.

#### *3.7.2.3 Irretratabilidade*

A irretratabilidade constitui a marca distintiva do contrato preliminar impróprio de compromisso de compra e venda que o distancia da simples promessa de contratar, essencialmente retratável[71]. Pode ser imposta por norma de ordem pública ou pela vontade das partes, por meio de cláusula específica, ou pela indicação expressa do caráter penitencial das arras dadas.

Só os contratos irretratáveis autorizam a propositura da ação de adjudicação compulsória, pois nesse caso a outorga da escritura não constitui novo negócio jurídico, mas ato devido que se consubstancia na simples reiteração da manifestação da vontade já externada no compromisso de compra e venda. A impossibilidade de recusa do cumprimento desse dever constitui o fundamento autorizador da intervenção judicial sub-rogatória, pois a noção de contrato repele evidentemente a figura do suprimento judicial.

Em contrapartida, se retratável por vontade das partes, ter-se-á mera promessa de compra e venda, esse sim contrato preliminar próprio e, a princípio, desprovido da ação de adjudicação compulsória. Todavia, a jurisprudência tem reconhecido o direito à adjudicação compulsória quando, apesar da previsão contratual do direito de retratação, ele é exercido tardiamente, ou seja, após o início da execução do contrato, que se dá pelo pagamento das quantias nele pactuadas[72].

## 3.8 SENTENÇA NA AÇÃO DE ADJUDICAÇÃO COMPULSÓRIA

A sentença na ação de adjudicação compulsória tem natureza constitutiva, por modificar uma situação jurídica que lhe é anterior: atribuir ao adquirente, autor da ação, uma sentença que produza os mesmos efeitos práticos da escritura pública de compra e venda que deveria ser outorgada pelo compromitente vendedor.

---

71 Sobre a diferença entre a promessa e o compromisso de compra e venda, vide o item 1.4.2.

72 Nesse sentido: "Promessa de venda de imóvel. Previsão de arrependimento. Outorga uxória. Ausência de registro no ofício imobiliário. O direito à adjudicação compulsória é em si de caráter pessoal, não dependendo, para sua plena eficácia, entre os próprios contratantes, de registro no ofício imobiliário. Direito de arrependimento. A pretensão ao arrependimento não poderá ser exercida, salvo expressa estipulação em contrário, após iniciado o cumprimento do contrato. (...) Recurso especial conhecido pela alínea 'c', mas a que se nega provimento" (STJ, REsp 8.944/SP, 4ª Turma, Rel. Min. Athos Carneiro, *DJU* 08.09.1992); "Obrigação de fazer, consistente na outorga de escritura de compra e venda. 1. Falta de registro. Não é necessário o prévio registro, conforme jurisprudência do STJ, por todos, REsp n. 30. 2. Direito de arrependimento. Se tardio, não é eficaz o ato de arrepender-se. O compromitente só pode arrepender-se no caso de existir cláusula assim expressa no pré-contrato. Precedentes do STJ: REsp ns. 1.143, 8.202 e 20.014. 3. Recurso especial não conhecido" (STJ, REsp 39.215/RJ, 3ª Turma, Rel. Min. Nilson Naves, *DJU* 08.08.1994, p. 19.564).

Para ser cumprida, dispensa execução fundada em título judicial, após o encerramento da fase de conhecimento e, consequentemente, torna desnecessário qualquer ato de colaboração da pessoa obrigada no cumprimento do dever de outorgar escritura. Como pondera Caio Mário da Silva Pereira, "proferido o julgamento, não há mister que o contratante inadimplente passe contrato de venda, porque a sentença proferida vale como preceito e substitui a declaração de vontade recusada, podendo ser inscrita no registro imobiliário, como se fosse a própria escritura"[73].

Todavia, tal não significa dizer que a sentença corresponde a ato volitivo. Ela, na verdade, *confere eficácia* à manifestação de vontade já externada pelas partes contratantes, quando da celebração do contrato de compromisso de compra e venda, pois desde aquele momento, o que elas sempre pretenderam foi a transferência da propriedade do imóvel compromissado, assim que o preço pactuado for integralmente pago. A outorga da escritura pública de compra e venda constitui mero *ato devido*, desprovido do conteúdo negocial que se exauriu no conteúdo do compromisso de compra e venda.

Justamente por se tratar de ato devido, e não novo contrato, é que se pode justificar a possibilidade de intervenção do Poder Judiciário para emitir sentença que substitua a escritura pública de compra e venda. A noção de ato devido se contrapõe ontologicamente à ideia de contrato, que pressupõe o encontro livre de duas ou mais vontades destinado à criação, modificação ou extinção de direitos. Tais atributos não se mostram presentes no contrato preliminar impróprio de compromisso de compra e venda, essencialmente irretratável e que tem por objeto futura transferência da propriedade imóvel mediante pagamento parcelado do preço que, uma vez quitado, gera o indeclinável dever do promitente vendedor de outorgar escritura pública definitiva, sob pena da eficácia do compromisso ser reconhecida por sentença proferida em ação de adjudicação compulsória, de natureza constitutiva.

Ressalta esse posicionamento João Calvão da Silva, que também exalta a natureza constitutiva e autoexecutória da sentença proferida na ação de execução-específica do contrato-promessa regulada pelo art. 830º do Código Civil português: "O realismo da lei portuguesa, longe de ofuscar a verdade das coisas, deve fazer-nos perceber que, através da sentença constitutiva prevista

[73] PEREIRA, Caio Mário da Silva. **Instituições de direito civil:** contratos, declaração unilateral de vontade, responsabilidade civil. 19. ed. Rio de Janeiro: Forense, 2005, v. 3, p. 123.

no artigo 830º, o credor obtém o que poderemos chamar cumprimento funcional da promessa, isto é, o resultado prático do cumprimento, independente e mesmo contra a vontade do promitente faltoso, em via imediata e sem ter de recorrer à sentença de condenação, nem, obviamente, ao processo executivo. De resto, a condenação no cumprimento revelar-se-ia, por princípio, inútil, porque meramente repetitiva: a obrigação de prestar o consentimento definitivo nasce do próprio contrato-promessa"[74].

Assim como todas as sentenças constitutivas, a sentença na ação de adjudicação compulsória, antes de atribuir ao autor título de aquisição equivalente à escritura, deve antes reconhecer a existência não só dos pressupostos processuais e requisitos de admissibilidade da ação (gerais e específicos), como também de um contrato de compromisso de compra e venda apto a possibilitar o direito à adjudicação e, sobretudo, a quitação integral do preço. Declara, portanto, a existência desses requisitos para depois constituir, em favor do compromissário comprador, o direito de adquirir o imóvel compromissado mediante sentença que servirá de *titulus adquirendi*, a ser posteriormente encaminhado ao registro de imóveis.

Convém salientar que a sentença, por si só, não transfere a propriedade ao compromissário comprador autor da ação de adjudicação compulsória. Seu registro no cartório de imóveis é imprescindível para que ele seja considerado dono, à luz do direito brasileiro, nos termos do art. 1.245 do Código Civil. Se houver algum óbice legal ou registrário à inscrição, a exemplo do que sucede com o compromisso de compra e venda que tem por objeto imóvel loteado com área inferior à fração mínima de 125 $m^2$ (arts. 4º, II, e 12 da Lei 6.766/1979), a transferência da propriedade não se opera, já que a ação se volta ao cumprimento da obrigação de outorgar escritura como meio necessário à transferência da propriedade, que pode ou não se concretizar. Afinal, não pode o Estado mais do que poderiam as partes por meio do contrato[75].

E, por fim, imprescindível o trânsito em julgado da sentença. Somente após o fim da relação processual é que sua eficácia autoexecutória se propaga. Para possibilitar a transferência da propriedade em favor do autor da ação julgada procedente, expede-se carta de sentença que será

[74] SILVA, João Calvão da. **Sinal e contrato promessa**. 11. ed. Coimbra: Almedina, 2006, p. 148.

[75] CREDIE, Ricardo Arcoverde. **Adjudicação compulsória**. 6. ed. São Paulo: Malheiros, 1994, p. 78.

registrada no cartório de imóveis, desde que ausentes quaisquer impeditivos legais ao registro.

## 3.9 A ADJUDICAÇÃO COMPULSÓRIA EXTRAJUDICIAL

Inserido pela Lei 14.382/2022, o art. 216-B da Lei de Registros Públicos (Lei 6.015/1973) introduziu no direito brasileiro o instituto jurídico da *adjudicação compulsória extrajudicial*, em compasso com a política legislativa de desjudicialização de conflitos de interesses. De acordo com o novel instituto, faculta-se ao adquirente de imóvel objeto de promessa ou compromisso de compra e venda requerer junto ao Oficial de Registro de Imóveis do foro da situação da coisa, sem prejuízo da via jurisdicional, a formalização da transferência da propriedade de bem imóvel cujo preço fora integralmente quitado pelo adquirente.

O instituto conta com previsão no Projeto de Lei 4/2025, de reforma do Código Civil, ao propor a inserção de parágrafo único no art. 1.418 do Código Civil para prescrever que "se houver recusa do promitente vendedor ou de terceiros, o compromissário comprador poderá requerer ao juiz ou ao oficial do Cartório de Registro de Imóveis, a adjudicação compulsória judicial ou extrajudicial do imóvel, na forma da legislação especial", *in casu*, a Lei de Registros Públicos.

É, também, objeto de regulamentação pelo Provimento do Conselho Nacional de Justiça 150, de 11.09.2023 (Provimento CNJ 150/2023) e pelo Provimento 6, de 22.02.2023, da Corregedoria-Geral de Justiça do Tribunal de Justiça do Estado de São Paulo (Prov. CGJ/TJSP 6/2023), que disciplinam, no âmbito das suas competências, o procedimento extrajudicial de adjudicação compulsória prevista no art. 216-B da Lei 6.015/1973, que será objeto de apreciação específica nos itens seguintes.

### 3.9.1 Legitimidade ativa

Nos termos do art. 216-B, § 1º, da Lei 6.015/1973, têm legitimidade para a formulação do pedido administrativo de adjudicação compulsória qualquer adquirente, por ato *inter vivos* ou *causa mortis*, dos direitos incidentes sobre bem imóvel objeto de promessa ou compromisso de compra e venda, incluídos cessionários e sucessores. Também será parte legítima para formulação do pedido extrajudicial o compromitente vendedor, a fim de exercer o direito ao cumprimento da sua obrigação de outorgar escritura ao adquirente, em especial na hipótese de desconhecimento do seu paradeiro.

Em todas estas hipóteses, a representação por advogado é obrigatória, por expressa determinação legal.

### 3.9.2 Requisitos formais do pedido

O pedido, a ser obrigatoriamente formulado por advogado (art. 216-B, § 1º, da Lei 6.015/1973), deverá ser, preferencialmente, deduzido por meio do *Sistema Eletrônico de Registros* Públicos (SERP)[76], prenotado na matrícula ou transcrição do imóvel com eficácia durante toda sua tramitação (art. 440-K, parágrafo único, do Prov. CNJ 150/2023[77] e Item 465 do Prov. CGJ/TJSP 6/2023[78]) e endereçado ao Oficial de Registro de Imóveis do foro da situação da coisa (art. 216-B, § 3º, da Lei 6.015/1973), registrando-se que, no caso do imóvel localizar-se em mais de uma circunscrição imobiliária, o Item 462 do Provimento CGJ/TJSP 6/2023 do Tribunal de Justiça do Estado de São Paulo determina que o procedimento deverá tramitar naquela em que se localizar sua *maior parte*[79], inexistindo, no Provimento CNJ 150/2023, previsão semelhante.

Se apresentado em via física, competirá ao requerente instruir o requerimento com vias do pedido inicial em número suficiente para a notificação dos requeridos por ele indicados (art. 440-N do Prov. CNJ 150/2023), podendo ser digitalizado, a critério do Oficial de Registro de Imóveis, para que siga em formato eletrônico (art. 440-M, § 3º, do Prov. CNJ 150/2023).

Deverá, também, obedecer aos requisitos da petição inicial prescritos no art. 319 do Código de Processo Civil de 2015 e ser instruído, no mínimo, com os seguintes meios de prova, relacionados nos incisos do art. 216-B, § 1º, da Lei 6.015/1973 e Item 464 do Provimento CGJ/TJSP 6/2023, do Tribunal de Justiça do Estado de São Paulo: (i) instrumento de promessa de compra

---

[76] Nesse sentido, o art. 440-M, § 1º, do Provimento CNJ 150/2023: "O requerimento inicial será apresentado ao ofício de registro de imóveis, diretamente ou por meio do Sistema Eletrônico dos Registros Públicos – Serp".

[77] Art. 440-K do Prov. CNJ 150/2023: "O interessado apresentará, para protocolo, ao oficial de registro de imóveis, requerimento de instauração do processo de adjudicação compulsória. Parágrafo único. Os efeitos da prenotação prorrogar-se-ão até o deferimento ou rejeição do pedido".

[78] Item 465 do Prov. CGJ/TJSP 6/2023: "A petição inicial e os documentos serão atuados, e os efeitos da prenotação ficarão prorrogados até o final do processo".

[79] Item 462 do Prov. CGJ/TJSP 6/2023: "Sem prejuízo da via jurisdicional, a adjudicação compulsória de imóvel objeto de promessa de venda ou de cessão poderá ser processada pelo oficial de registro de imóveis em cuja circunscrição estiver situado o imóvel, ou maior parte dele".

e venda ou de cessão ou de sucessão, quando for o caso, *dispensada a prova do seu registro* (Itens 463.1 e 464.3); (ii) prova do inadimplemento, caracterizado pela não celebração do título de transmissão da propriedade plena no prazo de 15 (quinze) dias, contado da entrega de notificação extrajudicial pelo oficial do registro de imóveis da situação do imóvel, que poderá delegar a diligência ao oficial do registro de títulos e documentos; (iii) ata notarial lavrada por tabelião de notas da qual constem a identificação do imóvel, o nome e a qualificação do promitente comprador ou de seus sucessores constantes do contrato de promessa, a prova do pagamento do respectivo preço e da caracterização do inadimplemento da obrigação de outorgar ou receber o título de propriedade; (iv) certidões dos distribuidores forenses da comarca da situação do imóvel e do domicílio do requerente que demonstrem a inexistência de litígio envolvendo o contrato de promessa de compra e venda do imóvel objeto da adjudicação; (v) comprovante de pagamento do respectivo Imposto sobre a Transmissão de Bens Imóveis (ITBI); e (vi) procuração com poderes específicos[80].

Adicionalmente, o art. 440-L do Provimento CNJ 150/2023 prescreve a necessidade de instrução do pedido com (i) identificação e endereço do requerente e do requerido, com a indicação, no mínimo, de nome e número de Cadastro de Pessoas Físicas – CPF ou de Cadastro Nacional de Pessoas Jurídicas – CNPJ; (ii) a descrição do imóvel, sendo suficiente a menção ao número da matrícula ou transcrição e, se necessário, a quaisquer outras características que o identifiquem; (iii) se for o caso, o histórico de atos e negócios jurídicos que levaram à cessão ou à sucessão de titularidades, com menção circunstanciada dos instrumentos, valores, natureza das estipulações, existência ou não de direito de arrependimento e indicação específica de quem haverá de constar como requerido; (iv) a declaração do requerente, sob as penas da lei, de que não pende processo judicial que possa impedir o registro da adjudicação compulsória, ou prova de que tenha sido extinto ou suspenso por mais de 90 (noventa) dias úteis; (v) o pedido de que o requerido seja notificado a se manifestar, no prazo de 15 (quinze) dias úteis; e (vi) o pedido de deferimento da adjudicação compulsória e de lavratura do registro necessário para a transferência da propriedade.

Acaso o pedido não preencha os requisitos formais pertinentes, o requerente será notificado pelo Oficial de Registro de Imóveis para emenda no prazo de 10 dias úteis, mediante nota fundamentada (art. 440-Q do Prov. CNJ 150/2023), cujo não atendimento enseja a extinção do processo admi-

80 Este último referido apenas no art. 216-B da Lei 6.015/1973.

nistrativo de adjudicação compulsória, com cancelamento da transcrição, registrando-se que todas as intimações do requerente dar-se-ão na pessoa do seu advogado constituído (Item 465.1 do Prov. CGJ/TJSP 6/2023).

A *ata notarial*, referida no art. 216-B, § 1º, III, da Lei 6.015/1973, pelo art. 440-G do Provimento CNJ 150/2023 e pelo Item 464, III, do Provimento CG 06/2023, presta-se à colheita de elementos de prova que permitam atestar o cumprimento, pelo requerente, dos requisitos fáticos autorizadores de decisão administrativa favorável à adjudicação do imóvel compromissado à venda. O documento, que deve ser lavrado em Cartório de Notas de preferência da parte, exceto em caso de necessidade de diligência no imóvel, hipótese em que o documento deverá ser confeccionado no oficial da situação da coisa, deverá conter (i) o relato fático da pretensão; (ii) indicação da matrícula ou transcrição do imóvel, bem como os ônus reais que sobre ele recaiam; (iii) a identificação do negócio jurídico translativo, incluído o histórico de todos os atos anteriores de transmissão, em respeito ao *princípio da continuidade registral*; (iv) prova do adimplemento do preço ou da contraprestação pactuada, a fim de demonstrar a fiel liquidação das obrigações financeiras, previstas no contrato, pelo compromitente comprador e eventuais antecessores; (v) indicação do inadimplemento (recusa ou omissão), pelo compromitente vendedor, cessionários ou sucessores, da obrigação de outorga da escritura pública definitiva, enquanto *ato devido*; e (vi) indicação do valor venal do imóvel.

Para a demonstração desses requisitos, o art. 440-G, § 5º, do Provimento CNJ 150/2023 admite o emprego, pelo requerente, de "imagens, documentos, gravação de sons, depoimento de testemunhas e declarações do requerente", e destinam-se, sobretudo, à demonstração da existência do compromisso de compra e venda e suas eventuais transmissões por ato *inter vivos* ou *causa mortis* (*v.g.*, cessão de direitos hereditários[81]), existência de liame entre os atos translativos e o proprietário indicado em certidão atualizada do Cartório de Registro de Imóveis (continuidade) e quitação do preço pactuado.

Merece destaque a previsão constante do item 440-G, § 3º, do Provimento CNJ 150/2023, sem paralelo na Lei 6.015/1973 e no Provimento CGJ/TJSP 6/2023, do Tribunal de Justiça do Estado de São Paulo, de que a descrição do imóvel urbano matriculado poderá limitar-se à identificação ou

---

[81] Cuja existência e juridicidade é expressamente contemplada no art. 1.791-C, § 3º, do Projeto de Lei 4/2025 (Reforma do Código Civil): "§ 3º É válida a promessa de alienação, por qualquer herdeiro, de bem integrante do acervo hereditário, mesmo pendente a indivisibilidade, mas somente será eficaz se o bem vier a ser atribuído, por partilha, ao cedente".

denominação do bem e seu endereço[82]. A medida parte do pressuposto de que, estando matriculado o imóvel, sua especialização objetiva já constaria do respectivo registro público, dispensando-se o requerente de transcrever a descrição que ali já consta, bastando remissão ao teor constante da matrícula. Todavia, não se pode descartar hipóteses em que, mesmo existindo matrícula, o Oficial de Registro de Imóveis possa ter dúvida quanto à indicação precisa do imóvel objeto da adjudicação compulsória extrajudicial, cabendo-lhe, nesta hipótese, qualificar o título e exigir, fundamentadamente, diligências em nota devolutiva.

Quanto à *prova do pagamento* do preço, o art. 440-G do Provimento CNJ 150/2023 relaciona, *exemplificativamente*, as seguintes formas de demonstração: (i) existência de ação de consignação em pagamento, com valores depositados; (ii) mensagens, inclusive eletrônicas, em que se declare quitação ou se reconheça que o pagamento foi efetuado; (iii) comprovantes de operações bancárias; (iv) informações prestadas em declaração de imposto de renda; (v) recibos cuja autoria seja passível de confirmação; (vi) averbação ou apresentação do termo de quitação de que trata a alínea 32 do inciso II do art. 167 da Lei 6.015, de 31 de dezembro de 1973; ou (vii) notificação extrajudicial destinada à constituição em mora. Neste passo, inexiste previsão semelhante no Provimento CGJ/TJSP 6/2023, do Tribunal de Justiça do Estado de São Paulo, cabendo ao Oficial de Registro de Imóveis aquilatar os documentos apresentados pela parte interessada para concluir, de modo inequívoco, se houve ou não efetiva quitação do compromisso de compra e venda ou documento equivalente pelo autor do pedido administrativo.

### 3.9.3 Legitimidade passiva e notificação do requerido

Recebido o pedido, o Oficial de Registro de Imóveis deverá, às expensas do requerente (art. 440-T, § 2º, do Prov. CNJ 150/2023[83] e Item 466 do Prov. CGJ/TJSP 6/2023), notificar as pessoas obrigadas à outorga da escritura pública, indicadas na exordial, por meio de carta com aviso de

[82] Art. 440-G, § 3º, do Prov. CNJ 150/2023: "A descrição do imóvel urbano matriculado poderá limitar-se à identificação ou denominação do bem e seu endereço".

[83] Art. 440-T do Prov. CNJ 150/2023: "O instrumento da notificação será elaborado pelo oficial do registro de imóveis, que o encaminhará pelo correio, com aviso de recebimento, facultado o encaminhamento por oficial de registro de títulos e documentos. § 1º Sem prejuízo dessas providências, deverá ser enviada mensagem eletrônica de notificação, se houver prova de endereço eletrônico do requerido. § 2º As despesas de notificação, em qualquer modalidade, serão pagas pelo requerente".

recebimento (AR)[84] ou diligência pessoal por meio de Cartório de Títulos e Documentos (art. 440-T, *caput*, do Prov. CNJ 150/2023[85]), sem prejuízo de envio de *e-mail* a cada um dos requeridos, se conhecido (art. 440-T, § 1º, do Prov. CNJ 150/2023[86]), para que, no prazo de 15 dias úteis contados do primeiro dia útil ao do seu recebimento, impugnem o pedido ou demonstrem a outorga do título (Item 466 do Prov. CGJ/TJSP 6/2023 e art. 440-S, III, do Prov. CNJ 150/2023[87]).

Alternativamente, o requerido pode ser dado por notificado em caso de comparecimento ao cartório de registro de imóveis, providência que supre a necessidade de comunicação formal (Item 466.1 do Prov. CGJ/TJSP 6/2023).

Nos termos do Item 466.4 do Provimento CGJ/TJSP 6/2023, do Tribunal de Justiça do Estado de São Paulo, será necessária a notificação do cônjuge ou companheiro do cedente ou alienante nos casos em que a lei exigir seu consentimento como condição de validade ou eficácia do negócio jurídico, regra reprisada pelo art. 440-P do Provimento CNJ 150/2023[88]. Sendo a pessoa obrigada falecida, na pessoa do inventariante ou, ausente inventário, dos herdeiros do falecido, contanto que haja certeza sobre sua identidade (art. 440-W do Provimento CNJ 150/2023[89]). Se pessoa jurídica, na pessoa do responsável pela sua gestão ou administração e, se extinta, na pessoa do seu liquidante ou último administrador conhecido, cabendo a publicação de edital quando forem desconhecidos ou estiverem em local incerto ou não

---

84 Sendo esta a forma preferencialmente indicada pelo Item 466.3 do Provimento CG 6/2023, com dever de notificação pessoal, por meio do oficial de títulos e documentos, no caso de o requerido residir em comarca diversa (Item 466.2).

85 Vide nota anterior.

86 Vide nota anterior.

87 Art. 440-S do Prov. CNJ 150/2023: "A notificação conterá: (...) III – a determinação para que o requerido, no prazo de 15 (quinze) dias úteis, contados a partir do primeiro dia útil posterior ao dia do recebimento da notificação: a) anua à transmissão da propriedade; ou b) impugne o pedido, com as razões e documentos que entender pertinentes".

88 Art. 440-P do Prov. CNJ 150/2023: "Também se consideram requeridos e deverão ser notificados o cônjuge e o companheiro, nos casos em que a lei exija o seu consentimento para a validade ou eficácia do ato ou negócio jurídico que dá fundamento à adjudicação compulsória".

89 Art. 440-W do Prov. CNJ 150/2023: "Se o requerido for falecido, poderão ser notificados os seus herdeiros legais, contanto que estejam comprovados a qualidade destes, o óbito e a inexistência de inventário judicial ou extrajudicial. Parágrafo único. Havendo inventário, bastará a notificação do inventariante".

sabido (art. 440-U do Provimento CNJ 150/2023[90]). Em todas essas hipóteses, acaso a pessoa a ser notificada tenha endereço em condomínio edilício ou de conjuntos imobiliários com acesso controlado, considerar-se-á válida sua notificação acaso recebida por funcionário responsável pelo recebimento de correspondências, a exemplo do porteiro ou zelador (art. 440-V do Prov. CNJ 150/2023[91]).

A notificação deverá advertir, expressamente, que a ausência de resposta do requerido implicará *concordância* com o pedido inicial, em especial a presunção de que é verdadeira a alegação de inadimplemento formulada pelo requerente. Este efeito, expressamente previsto no Item 466.5 do Provimento CGJ/TJSP 6/2023, do Tribunal de Justiça do Estado de São Paulo[92], e no art. 440-S, IV, do Provimento CNJ 150/2023[93], elimina o inconveniente de impedir o prosseguimento da via extrajudicial no caso de mera inércia do requerido, com desnecessário acionamento da via jurisdicional, à medida que este, se assim pretender, poderá apresentar oposição formal ao pedido.

Além disso, a notificação deverá mencionar *i.* a identificação do imóvel, *ii.* o nome e a qualificação do requerente e do requerido, *iii.* a determinação para que o requerido, no prazo de 15 (quinze) dias úteis, contados a partir do primeiro dia útil posterior ao dia do recebimento da notificação, anua à transmissão da propriedade ou impugne o pedido, com as razões e documentos que entender pertinentes, *iv.* instruções sobre a forma de apresentação da impugnação.

No caso do requerido se encontrar em local incerto, não sabido ou inacessível, o Item 467 do Provimento CGJ/TJSP 6/2023, do Tribunal de Justiça do Estado de São Paulo, determina que o Oficial de Registro de Imóveis

---

90 "Art. 440-U. Se o requerido for pessoa jurídica, será eficaz a entrega da notificação a pessoa com poderes de gerência geral ou de administração ou, ainda, a funcionário responsável pelo recebimento de correspondências. § 1º Em caso de pessoa jurídica extinta, a notificação será enviada ao liquidante ou ao último administrador conhecido. § 2º Sendo desconhecidos o liquidante ou o último administrador, ou se estiverem em lugar incerto ou desconhecido, a notificação será feita por edital."

91 Art. 440-V do Prov. CNJ 150/2023: "Nos condomínios edilícios ou outras espécies de conjuntos imobiliários com controle de acesso, a notificação será válida quando entregue a funcionário responsável pelo recebimento de correspondência".

92 Item 466.5 do Prov. CGJ/TJSP 6/2023: "Na notificação constará expressamente a advertência de que o transcurso do prazo, sem manifestação, implicará anuência ao pedido".

93 Art. 440-S do Prov. CNJ 150/2023: "A notificação conterá: (...) IV – a advertência de que o silêncio do requerido poderá implicar a presunção de que é verdadeira a alegação de inadimplemento".

certifique o ocorrido e, na sequência, publique sua notificação por edital, por duas vezes, em jornal local de grande circulação[94], pelo prazo de 15 dias cada um, caso em que o silêncio será interpretado como concordância. De forma semelhante, os arts. 440-O[95] e 440-X, I e II[96], do Provimento CNJ 150/2023 autorizam a notificação do requerido por edital, caso seja incerto o desconhecido, mediante demonstração de que tenha esgotado todos os meios ordinários de sua localização.

Registre-se que o art. 440-X, § 1º, do Provimento CNJ 150/2023 reputa que será considerado em local incerto ou desconhecido, para fins de notificação por edital, "o requerido cujo endereço não conste no registro de imóveis nem no instrumento do ato ou negócio jurídico em que se fundar a adjudicação compulsória, contanto que o requerente declare e comprove que esgotou os meios ordinários para sua localização", sendo igualmente cabível sua comunicação por edital quando comprovadamente residir fora do país e não tiver procurador munido de poderes para a outorga do título de transmissão (§ 2º[97]), mandato que, por força do art. 661, § 1º, do Código Civil, deve contemplar poderes específicos.

### 3.9.4 Anuência e impugnação ao pedido

Notificado, o requerido poderá ele anuir expressamente com o pedido ou impugná-lo.

Em caso de *anuência*, o Item 466.6 do Provimento CGJ/TJSP 6/2023, do Tribunal de Justiça do Estado de São Paulo, prescreve que ela poderá

---

94 O Provimento CG 6/2023 prevê a possibilidade de notificação por edital sob forma eletrônica, segundo procedimento a ser regulamentado pelo Tribunal de Justiça do Estado de São Paulo.

95 Art. 440-O do Prov. CNJ 150/2023: "Caso seja incerto ou desconhecido o endereço de algum requerido, a sua notificação por edital será solicitada pelo requerente, mediante demonstração de que tenha esgotado todos os meios ordinários de localização".

96 Art. 440-X do Prov. CNJ 150/2023: "Infrutíferas as tentativas de notificação pessoal, e não sendo possível a localização do requerido, o oficial de registro de imóveis procederá à notificação por edital, na forma seguinte: I – o oficial de registro de imóveis, a expensas do requerente, promoverá a notificação mediante a publicação do edital, por duas vezes, com intervalo de 15 (quinze) dias úteis, em jornal impresso ou eletrônico; e II – o edital repetirá o conteúdo previsto para a notificação de que trata esta Subseção deste Código Nacional de Normas".

97 Art. 440-X, § 2º, do Prov. CNJ 150/2023: "Também se procederá à notificação por edital quando ficar provado que o requerido reside fora do país e não tem procurador munido de poderes para a outorga do título de transmissão".

ser dada *a qualquer momento* por meio de instrumento particular, com firma reconhecida, por instrumento público ou por termo a ser lavrado na presença do escrevente do ofício de imóveis encarregado da notificação (Item 466.7), dispensada a assistência de advogado para esse fim. De modo semelhante, o art. 440-Y do Provimento CNJ 150/2023 prescreve, adicionalmente, a possibilidade de expressão do consentimento "por meio eletrônico, na forma da lei", não prevista no regulamento editado pela Corregedoria Geral de Justiça do Tribunal de Justiça do Estado de São Paulo (Prov. CGJ/TJSP 6/2023).

Com o escopo de evitar acolhimento de pedidos desprovidos de amparo probatório, o art. 440-Y do Provimento CNJ 150/2023[98] dispõe que a mera anuência do requerido, desacompanhada de providências para a efetiva celebração do negócio translativo da propriedade, implicará o prosseguimento do processo extrajudicial de adjudicação compulsória. Esta regra permite ao Oficial de Registro de Imóveis dar prosseguimento ao procedimento visando melhor instrução, sobretudo quando não dispuser de elementos suficientes para, ao final, apreciar o mérito do pedido.

Havendo *impugnação*, que deverá ser ofertada pelo requerido no prazo de 15 dias úteis contados da sua notificação (art. 440-Z do Prov. CNJ 150/2023[99] e Item 466 do Prov. CGJ/TJSP 6/2023), competirá ao Oficial de Registro de Imóveis, após notificação do requerente para que sobre ela se pronuncie no prazo de 10 dias úteis (art. 440-AA do Prov. CNJ 150/2023[100]), o exame do seu mérito e decidir pela procedência ou improcedência do pedido, facultada, se reputar pertinente, a realização de mediação ou conciliação (Item 469 do Prov. CGJ/TJSP 6/2023 e art. 440-AA, parágrafo único, do Prov. CNJ 150/2023).

Nos termos do art. 440-AB do Provimento CNJ 150/2023, o Oficial de Registro de Imóveis *indeferirá a impugnação*, dentre outras hipóteses, quando (i) a matéria já houver sido examinada e refutada em casos semelhantes pelo juízo competente; (ii) não contiver a exposição, ainda que sumária, das razões

---

98 Art. 440-Y, § 2º, do Prov. CNJ 150/2023: "A mera anuência, desacompanhada de providências para a efetiva celebração do negócio translativo de propriedade, implicará o prosseguimento do processo extrajudicial".

99 Art. 440-Z do Prov. CNJ 150/2023: "O requerido poderá apresentar impugnação por escrito, no prazo de 15 (quinze) dias úteis".

100 Art. 440-AA do Prov. CNJ 150/2023: "O oficial de registro de imóveis notificará o requerente para que se manifeste sobre a impugnação em 15 (quinze) dias úteis e, com ou sem a manifestação, proferirá decisão, no prazo de 10 (dez) dias úteis".

da discordância; (iii) versar matéria estranha à adjudicação compulsória; e (iv) for de caráter manifestamente protelatório[101].

O item 471 do Provimento CGJ/TJSP 6/2023, do Tribunal de Justiça do Estado de São Paulo, também prevê como causa de indeferimento, além da apresentação de razões fundadas apresentadas pelo requerido, a constatação de "artifício ou colusão pata burlar requisitos notariais e registrais ou exigências tributárias, ou para burlar o disposto no art, 108 do Código Civil", que prescreve o emprego obrigatório da escritura pública em alienação de imóveis, cujo custo pode, eventualmente, revelar-se superior ao do procedimento extrajudicial de adjudicação compulsória, despesa que seria indevida e fraudulentamente abonada com o mero silêncio ou anuência expressa do requerido.

Note-se que o Oficial de Registro de Imóveis, em caso de dúvida ou incerteza quanto aos fatos narrados pelas partes, poderá solicitar ou realizar diligências, diretamente ou por meio de preposto, com vistas à formação do seu convencimento (Item 470 do Prov. CGJ/TJSP 6/2023)[102].

Da decisão que indefere a impugnação, cabe recurso no prazo de 10 dias úteis, notificando-se o requerente para resposta no mesmo prazo (art. 440-AC do Prov. CNJ 150/2023[103]). Sua apreciação compete à autoridade judiciária competente, que examinará as razões constantes da impugnação apresentada pelo requerido-recorrente. Se acolhê-las, determinará a extinção do processo e o cancelamento da prenotação; se rejeitá-las, determinará a retomada do processo de adjudicação compulsória extrajudicial junto ao ofício de imóveis, vedada a rediscussão da questão decidida em âmbito administrativo (art. 440-AE do Provimento CNJ 150/2023[104]).

---

101 Art. 440-AB do Prov. CNJ 150/2023: "O oficial de registro de imóveis indeferirá a impugnação, indicando as razões que o levaram a tanto, dentre outras hipóteses, quando: I – a matéria já houver sido examinada e refutada em casos semelhantes pelo juízo competente; II – não contiver a exposição, ainda que sumária, das razões da discordância; III – versar matéria estranha à adjudicação compulsória; IV – for de caráter manifestamente protelatório".

102 Item 470 do Prov. CGJ/TJSP 6/2023: "Para a elucidação de quaisquer imprecisões ou incertezas, poderão ser solicitadas ou realizadas diligências pelo oficial de registro de imóveis ou por preposto".

103 Art. 440-AC do Prov. CNJ 150/2023: "Rejeitada a impugnação, o requerido poderá recorrer, no prazo de 10 (dez) dias úteis, e o oficial de registro de imóveis notificará o requerente para se manifestar, em igual prazo sobre o recurso".

104 Art. 440-AE do Prov. CNJ 150/2023: "Com ou sem manifestação sobre o recurso ou havendo manifestação de insurgência do requerente contra o acolhimento, os autos serão encaminhados ao juízo que, de plano ou após instrução sumária, examinará

Em caso de *acolhimento da impugnação*, o Oficial de Registro de Imóveis notificará o requerente para que se manifeste em 10 (dez) dias úteis (art. 440-AD, *caput*, do Prov. CNJ 150/2023[105]), sendo que seu silêncio resultará na extinção do procedimento administrativo de adjudicação compulsória e cancelamento da respectiva prenotação à margem da matrícula do imóvel em debate (art. 440-AD, parágrafo único).

### 3.9.5 Qualificação e registro

Nos termos do Item 472 do Provimento CGJ/TJSP 6/2023, do Tribunal de Justiça do Estado de São Paulo, "estando em ordem a documentação, e não havendo impugnação, ou tendo sido afastada a que tiver sido apresentada, o Oficial de Registro de Imóveis passará nota fundamentada de deferimento e procederá ao registro da adjudicação compulsória". A exemplo da sentença que julga procedente ação judicial de adjudicação compulsória, a nota do Oficial de Registro de Imóveis substituirá a ausência de consentimento expresso da pessoa obrigada à outorga da escritura pública de compra e venda, reforçando o caráter de mero *ato devido* desprovido de qualquer conteúdo negocial.

Conforme previsto no Item 472.1 do Provimento CGJ/TJSP 6/2023, do Tribunal de Justiça do Estado de São Paulo, da decisão administrativa que *deferir* o pedido, não caberá o procedimento de suscitação de dúvida prescrito nos arts. 198 e seguintes da Lei 6.015/1973, reservado às hipóteses de indeferimento do pedido (Item 471.1 do Prov. CGJ/TJSP 6/2023) ou de formulação de exigências, via nota de devolução, pelo Oficial de Registro de Imóveis (art. 440-AF, I e § 2º, do Prov. CNJ 150/2023[106]).

---

apenas a procedência da impugnação. § 1º Acolhida a impugnação, o juiz determinará ao oficial de registro de imóveis a extinção do processo e o cancelamento da prenotação. § 2º Rejeitada a impugnação, o juiz determinará a retomada do processo perante o oficial de registro de imóveis. § 3º Em qualquer das hipóteses, a decisão do juízo esgotará a instância administrativa acerca da impugnação".

105 Art. 440-AD do Prov. CNJ 150/2023: "Acolhida a impugnação, o oficial de registro de imóveis notificará o requerente para que se manifeste em 10 (dez) dias úteis. Parágrafo único. Se não houver insurgência do requerente contra o acolhimento da impugnação, o processo será extinto e cancelada a prenotação".

106 Art. 440-AF do Prov. CNJ 150/2023: "Art. 440-AF. Não havendo impugnação, afastada a que houver sido apresentada, ou anuindo o requerido ao pedido, o oficial de registro de imóveis, em 10 (dez) dias úteis: I – expedirá nota devolutiva para que se supram as exigências que ainda existirem; ou II – deferirá ou rejeitará o pedido, em nota fundamentada. § 1º Os elementos de especialidade objetiva ou subjetiva que não alterarem elementos essenciais do ato ou negócio jurídico, se não constarem dos autos do processo de adjudicação compulsória ou dos assentos e arquivos do

Nessa linha, não impedem a formalização do registro da nota fundamentada (i) a existência de direitos reais, ônus e gravames que não impeçam atos de disposição voluntária da propriedade não obstam a adjudicação compulsória (art. 440-AG do Prov. CNJ 150/2023[107]); (ii) a indisponibilidade patrimonial do requerido, desde que não seja afastada até o momento da decisão final do Oficial de Registro de Imóveis (art. 440-AH do Prov. CNJ 150/2023[108]); (iii) a demonstração da regularidade fiscal do transmitente, a qualquer título (art. 440-AI do Prov. CNJ 150/2023[109]); (iv) a prova de quitação de obrigações condominiais de natureza comum, no caso de imóvel inserido em condomínio edilício (art. 440-AJ do Prov. CNJ 150/2023[110]); e (v) o pertencimento do imóvel a *massa falida*, desde que o ato de alienação seja anterior ao reconhecimento judicial da falência, respeitadas as regras dos arts. 129 e 130 da Lei 11.101/2005, regra também aplicável à *recuperação judicial* (art. 440-AK do Prov. CNJ 150/2023[111]).

Por fim, e nos termos do art. 440-AL do Provimento CNJ 150/2023[112], o registro da nota fundamentada de adjudicação compulsória extrajudicial demanda prévia comprovação, pelo requerente, do recolhimento do imposto

---

ofício de registro de imóveis, poderão ser complementados por documentos ou, quando se tratar de manifestação de vontade, por declarações dos proprietários ou dos interessados, sob sua responsabilidade. § 2º Em caso de exigência ou de rejeição do pedido, caberá dúvida".

107 Art. 440-AG do Prov. CNJ 150/2023: "Os direitos reais, ônus e gravames que não impeçam atos de disposição voluntária da propriedade não obstarão a adjudicação compulsória".

108 Art. 440-AH do Prov. CNJ 150/2023: "A indisponibilidade não impede o processo de adjudicação compulsória, mas o pedido será indeferido, caso não seja cancelada até o momento da decisão final do oficial de registro de imóveis".

109 Art. 440-AI do Prov. CNJ 150/2023: "Não é condição para o deferimento e registro da adjudicação compulsória extrajudicial a comprovação da regularidade fiscal do transmitente, a qualquer título".

110 Art. 440-AJ do Prov. CNJ 150/2023: "Para as unidades autônomas em condomínios edilícios não é necessária a prévia prova de pagamento das cotas de despesas comuns".

111 Art. 440-AK do Prov. CNJ 150/2023: "É passível de adjudicação compulsória o bem da massa falida, contanto que o relativo ato ou negócio jurídico seja anterior ao reconhecimento judicial da falência, ressalvado o disposto nos arts. 129 e 130 da Lei n. 11.101, de 9 de fevereiro de 2005. Parágrafo único. A mesma regra aplicar-se-á em caso de recuperação judicial".

112 Art. 440-AL do Prov. CNJ 150/2023: "O pagamento do imposto de transmissão será comprovado pelo requerente antes da lavratura do registro, dentro de 5 (cinco) dias úteis, contados da notificação que para esse fim lhe enviar o oficial de registro de imóveis. § 1º Esse prazo poderá ser sobrestado, se comprovado justo impedimento.

de transmissão de bens imóveis (ITBI) no prazo de 5 dias úteis contados da sua notificação para este fim, prazo que poderá ser sobrestado em caso de demonstração de justo impedimento. E, em caso de não recolhimento tempestivo do tributo, o processo administrativo de adjudicação compulsória será extinto.

## 3.10 EXECUÇÃO ESPECÍFICA NO DIREITO COMPARADO

### 3.10.1 Portugal

Em Portugal, a ação voltada à execução específica do contrato-promessa tem fundamento no art. 830º do Código Civil daquele país. De acordo com seu § 1º, "se alguém se tiver obrigado a celebrar certo contrato e não cumprir a promessa, pode a outra parte, na falta de convenção em contrário, obter sentença que produza os efeitos da declaração negocial do faltoso, sempre que a isso não se oponha a natureza da obrigação assumida".

Para ensejar execução específica, o contrato-promessa deverá ser irretratável. Nos termos do § 2º do referido artigo de lei, as partes podem pactuar o direito ao arrependimento, divergindo a doutrina sobre a forma de se efetivar esse acertamento. Enquanto para alguns basta que as partes pactuem arras, presumidamente penitenciais, ou multa para descumprimento[113], para outros é imprescindível manifestação clara e expressa que garanta o exercício do direito à retratação, por ser o sinal presumidamente confirmatório, sendo que esta corrente encontra maior eco na jurisprudência portuguesa[114].

---

§ 2º Não havendo pagamento do imposto, o processo será extinto, nos termos do art. 440-J deste Código Nacional de Normas".

113 Nesse sentido: "A execução específica é, no sistema da nossa lei, um efeito natural e não meramente acidental do contrato-promessa. Contudo, a norma que a estabelece tem, via de regra, natureza supletiva. Os contraentes podem afastá-la mediante 'convenção em contrário' (art. 830º, n. 1). Não se exige, inclusive, uma cláusula expressa nesse sentido. Entende-se que há convenção em contrário, se existir sinal (arts. 440º a 442º) ou se houver sido fixada uma pena para o não cumprimento da promessa (art. 830º, n. 2) Presume-se, em tais casos, que as partes quiseram que esse fosse o critério de reparação e a única consequência do inadimplemento. Trata-se de meras presunções ilidíveis (art. 350º, n. 2)" (COSTA, Mário Júlio de Almeida. **Contrato-promessa:** uma síntese do regime vigente. 8. ed. Coimbra: Almedina, 2004, p. 56).

114 Nesse sentido: "A existência de sinal no contrato-promessa faz presumir convenção contrária à execução específica (art. 830º, n. 2). Será, portanto, na presunção *iuris tantum* da lei, um *sinal penitencial*, correspectivo do direito de desistência ou retractação da promessa. Não só se presume, embora relativamente, que tem carácter de sinal toda a quantia entregue elo promitente-comprador ao promitente vendedor,

Tratando-se de transmissão ou constituição de direito real sobre edifício, ou fração autônoma dele, já construído, em construção ou a construir, os contratos-promessa dos quais servirem de objeto serão sempre irretratáveis e, como tal, admitem execução específica, nos termos do art. 830º, § 3º, do Código Civil português, sendo nula qualquer cláusula contratual que afaste a proibição legal ao direito de retratação.

### 3.10.2 Espanha

No direito civil espanhol, a base legal para a propositura da ação de execução específica reside nos termos do art. 1.451 do Código Civil: "La promesa de vender o comprar, habiendo conformidad en la cosa y en el precio, dará derecho a los contratantes para reclamar reciprocamente el cumplimiento del contrato", resolvendo-se a obrigação em perdas e danos "siempre que no pueda cumplirse la promesa de compra y venta".

### 3.10.3 Itália

O art. 2.932, § 1º, do Código Civil Italiano prescreve o instituto da *esecuzione specifica dell'obbligo di concludere um contrato*. Assim dispõe: "Se colui che *è* obbligato a concludere um contratto non adempie l'obbligazione, l'altra parte, qualora sai posible e non sai escluso dal titolo, può ottenere uma sentenza che produca gli effeti del contrato non concluso"[115]. Tal norma, segundo Vicenzo Vitalone, permite à parte adimplente o direito de obter uma

---

ainda que a título de antecipação ou princípio de pagamento do preço (art. 441º), como ainda esse sinal se presume penitencial no artigo 830º, n. 2. Não nos parece ser a melhor solução. Em primeiro lugar, porque no contrato-promessa já se admite como regra a possibilidade de as partes convencionarem a exclusão da execução específica, num claro desvio ao regime geral do artigo 809º. Consequentemente, se os promitentes querem reservar o *droit de repentir* ou direito de recesso, que manifestem *vontade inequívoca* nesse sentido. Não o fazendo, não se nos afigura boa regra ver no sinal uma presunção de *ius poenitendi*, direito que, sendo de si excepcional e anormal no nosso sistema jurídico, só por prova de sua estipulação inequívoca, a fazer pela parte que o invoca, devia poder existir. Assim, quando o sinal tenha sido constituído anda a título de antecipação ou princípio de pagamento do preço, traduzirá por regra uma vontade de *sinal confirmatório*, em conformidade com o início de cumprimento do contrato expressamente querido" (SILVA, João Calvão da. **Sinal e contrato promessa**. 11. ed. Coimbra: Almedina, 2006, p. 150-151).

115 "Se aquele que é obrigado a concluir um contrato não cumpre a obrigação, a outra parte, quando for possível e não seja excluído pelo título, pode obter uma sentença que produza dos efeitos do contrato não concluído."

sentença constitutiva que produza os mesmos efeitos do contrato definitivo não concluído[116].

Diferentemente do que sucede no direito brasileiro, a sentença de procedência transitada em julgado desde logo transfere ao autor a propriedade do imóvel que lhe foi compromissado, uma vez que, nos termos do art. 1.470 do Código Civil italiano, o contrato de compra e venda por si só transfere a propriedade do bem alienado ("La vendita é il contratto que há por oggeto il trasferimento della proprietà di uma cosa o il trasferimento di um altro diritto verso il corrispectivo di um prezzo"). No diploma civil italiano inexiste norma como a do art. 1.245 do Código Civil brasileiro, que condiciona a aquisição da propriedade imobiliária pela via derivada da inscrição do título aquisitivo no cartório de registro de imóveis, de forma que o registro do contrato preliminar imobiliário no direito civil italiano assume caráter meramente declarativo.

A sentença tem eficácia *ex nunc* e natureza constitutiva, pois é a partir do seu trânsito em julgado que o autor-adquirente tornar-se-á proprietário do imóvel que lhe foi prometido à venda. A transcrição a que faz alusão ao art. 2.643, 1º, do Código Civil italiano, portanto, não é a responsável pela constituição do direito de propriedade em favor do adquirente, porquanto já transferido quando da celebração do contrato. A inscrição tem por finalidade resguardar o direito de aquisição em face de terceiros, na hipótese, *v.g.*, de venda a *non domino*. Nesse sentido, a primeira parte do art. 2.644, responsável pela disciplina dos efeitos da transcrição, é claro em dizer que o registro em comento não produzirá efeitos com relação a terceiros que a qualquer título tiverem adquirido os direitos sobre o mesmo bem imóvel, se eles tiverem, em primeiro lugar, efetivado a inscrição do seu título[117].

Apesar do pagamento integral do preço ser condição de admissibilidade da ação de execução específica, já que não pode ser acolhida se o demandante não provar o cumprimento da obrigação que o toca, há uma hipótese no direito italiano que admite sua propositura sem que tal ocorra.

Acaso as partes tivessem pactuado o pagamento de parte do preço no ato da celebração do contrato definitivo, e uma vez constatada recusa do alienante em transferir a propriedade conforme prometido, o § 2º do art. 2.932 permite a propositura da ação, mesmo sem o pagamento desse saldo devedor restan-

---

116 VITALONE, Vicenzo. **Il contratto preliminare**. Torino: Giapiccheli, 2005, p. 37.

117 "Gli atti enunciati nell' articolo precedente non hanno effeto riguardo ai terzi che a qualunque titolo hanno acquistato diritti sugli immobili in base a um atto trascrito o iscritto anteriormente allá trascrizione degli atti medesemi."

te. Todavia, uma vez julgada procedente e transitada em julgado, a eficácia translativa da sentença subordina-se a uma condição suspensiva: o pagamento do saldo devedor restante[118]. Sem isso, a transferência da propriedade não se opera, apesar da decisão judicial ser favorável ao demandante.

Para que a ação de execução específica seja admitida, o contrato preliminar deve ser irretratável. O direito ao arrependimento pode ser pactuado entre as partes, desde que de forma expressa e por meio da *caparra penitenziale*, regulada pelo art. 1.386 do Código Civil italiano. No silêncio, elas se presumem confirmatórias (art. 1.385).

Deve, também, conter os elementos essenciais do contrato definitivo. O objeto do contrato e o preço devem ser determinados ou, ao menos, determináveis, sob pena de nulidade[119].

---

118 VITALONE, Vicenzo. **Il contratto preliminare**. Torino: Giapiccheli, 2005, p. 62.

119 VITALONE, Vicenzo. **Il contratto preliminare**. Torino: Giapiccheli, 2005, p. 39.

4

# QUESTÕES PERTINENTES AO DIREITO REAL DO COMPROMISSÁRIO COMPRADOR

## 4.1 COMPROMISSO DE COMPRA E VENDA COMO JUSTO TÍTULO PARA O RECONHECIMENTO DA USUCAPIÃO ORDINÁRIA

### 4.1.1 Usucapião ordinária

A usucapião constitui forma de aquisição da propriedade que tem por fato gerador o exercício de posse prolongada e destina-se à eliminação da incerteza que recai sobre o direito de propriedade[1]. É responsável pela pacificação das relações sociais e favorece aquele que se vale de uma coisa determinada por longo período, em detrimento de quem, por inércia, permitiu o exaurimento do direito de propriedade que outrora lhe tocava[2].

O fundamento da usucapião, portanto, é a consolidação da propriedade por meio da conjugação dos elementos *posse* e *tempo*, em que a posse constitui o fato objetivo e o tempo "a força que opera a transformação do fato em direito"[3].

Trata-se de modo de aquisição originária, via prescrição aquisitiva, por reclamar apenas a continuação da posse ou de atos possessórios durante o tempo fixado pela lei[4] e prescindir de qualquer vínculo jurídico translativo

---

1 GOMES, Orlando. **Direitos reais**. 19. ed. Rio de Janeiro: Forense, 2006, p. 185.

2 LOPES, Miguel Maria de Serpa. **Curso de direito civil:** direito das coisas, princípios gerais, posse, domínio e propriedade imóvel. Rio de Janeiro: Freitas Bastos, 1960, v. 6, p. 544.

3 DINIZ, Maria Helena. **Curso de direito civil brasileiro:** direito das coisas. 17. ed. São Paulo: Saraiva, 2002, v. 4, p. 145.

4 GATTI, Edmundo. **Teoria general de los derechos reales**. Buenos Aires: Abeledo--Perrot, 1969, p. 340.

entre o usucapiente e o antigo proprietário da coisa, já que, como adverte Pontes de Miranda, na usucapião não se adquire a propriedade "de alguém"[5].

Dentre as modalidades de usucapião previstas no direito brasileiro, merece destaque para o presente estudo a *ordinária*, hoje regulada pelo art. 1.242 do Código Civil. De acordo com seu *caput*, adquire a propriedade imóvel pela usucapião ordinária alguém que possuir a coisa como sua pelo prazo de 10 anos, com lastro em *boa-fé* (requisito subjetivo) e *justo título* (requisito objetivo), prazo que pode ser diminuído pela metade (5 anos), se o título aquisitivo for oneroso e tiver sido levado a registro imobiliário que foi posteriormente cancelado, e desde que o usucapiente tenha fixado no imóvel sua moradia ou realizado investimentos de interesse social e econômico (parágrafo único)[6]. Trata-se da figura da *posse trabalho*, contemplada pelo atual diploma civil, que favorece aquele que deu ao imóvel destinação socialmente útil e como tal merece maior tutela do direito posto, desde que preenchidos os requisitos instituídos pela norma em comento.

Importante destacar que os prazos acima mencionados não comportam aplicação automática a todas as situações de fato posteriores ao Código Civil de 2002, pois em determinadas hipóteses, o usucapiente deverá observar os prazos mais largos previstos no art. 551 do Código Civil de 1916. Nos termos do art. 2.028 do novel diploma, se na data do início de sua vigência (11.01.2003)

---

5 PONTES DE MIRANDA, Francisco Cavalcanti. **Tratado de direito privado**. 2. ed. Rio de Janeiro: Borsoi, 1955, v. 11, p. 117. Apesar de a doutrina, em grande parte, reconhecer que a usucapião constitui forma originária de aquisição da propriedade (vide, por exemplo, e além de Pontes de Miranda: RODRIGUES, Silvio. **Direito civil:** direito das coisas. 24. ed. São Paulo: Saraiva, 1997, v. 5, p. 108; GOMES, Orlando. **Direitos reais**. 19. ed. Rio de Janeiro: Forense, 2006, p. 187; LOPES, Miguel Maria de Serpa. **Curso de direito civil:** direito das coisas, princípios gerais, posse, domínio e propriedade imóvel. Rio de Janeiro: Freitas Bastos, 1960, v. 6, p. 544; DINIZ, Maria Helena. **Curso de direito civil brasileiro:** direito das coisas. 17. ed. São Paulo: Saraiva, 2002, v. 4, p. 144), há de se destacar a opinião de Caio Mário da Silva Pereira, que sustenta tratar-se de modo de aquisição derivada da propriedade, já que a propriedade do usucapiente é precedida da de outra pessoa, que a perde em favor daquele pelo decurso do prazo prescritivo previsto na lei, não obstante faltar transmissão voluntária (PEREIRA, Caio Mário da Silva. **Instituições de direito civil:** posse, propriedade, direitos reais de fruição, garantia e aquisição. 19. ed. Rio de Janeiro: Forense, 2005, v. 4, p. 138-139).

6 O Projeto de Lei 4/2025, de reforma do Código Civil, propõe a eliminação da exigência do "título oneroso levado a registro posteriormente cancelado" como requisito da usucapião ordinária, com posse trabalho por 5 anos, prescrito no art. 1.242, parágrafo único, do Código Civil, remanescendo apenas a realização de investimentos de interesse social e econômico ou moradia.

já tiver decorrido mais da metade dos prazos da usucapião ordinária prescrita no art. 551 do Código Civil de 1916 (10 anos entre presente ou 15 anos entre ausentes), esses prazos deverão ser observados para o reconhecimento da usucapião ordinária. Apenas se decorrido menos da metade deles no início da vigência do Código Civil de 2002 é que os prazos mais curtos previstos na nova regulação serão suficientes à aquisição da propriedade pela via da usucapião ordinária.

No âmbito do compromisso de compra e venda, perquire-se se ele pode ou não ser considerado justo título a fundamentar o reconhecimento da usucapião ordinária, matéria que muita controvérsia gerou. Isso porque, não obstante não se amoldar ao conceito tradicional de justo título, por não ser capaz de possibilitar em abstrato a transferência da propriedade, é certo que sua quitação confere ao adquirente a condição de credor de uma obrigação de fazer materializada pela outorga da escritura pública definitiva que, como meio de constituição do direito de propriedade mediante registro, subsume-se à definição em comento. Analisemos, pois, a questão.

### 4.1.2 Conceito de justo título

Título, conforme ensina Clovis Bevilaqua, é o fato jurídico que fundamenta a aquisição ou transferência da propriedade imóvel[7]. Levado a registro, possibilita ao adquirente o direito de propriedade do imóvel que lhe serve de objeto.

Todavia, pode ocorrer do título não produzir o efeito translativo desejado pelas partes. Carvalho Santos enumera pelo menos três obstáculos que podem ensejar a frustração da transferência da propriedade: a) venda *a non domino*, na hipótese do alienante não ser o senhor da coisa; b) venda *a domino*, mas feita por quem não dispunha de poder legal para aliená-lo (*v.g.* falta de legitimidade para vender, inalienabilidade imposta pela lei ou transferência por ato nulo); e, c) erro no modo de aquisição, a exemplo do caso de ocupação, em que o ocupante crê erroneamente que a coisa tivesse sido abandonada, quando não foi[8].

---

[7] BEVILAQUA, Clovis. **Código Civil dos Estados Unidos do Brasil comentado**. Rio de Janeiro: Francisco Alves, 1953, v. 3, p. 94-95.

[8] SANTOS, João Manuel de Carvalho. **Código Civil brasileiro interpretado principalmente do ponto de vista prático**. 11. ed. Rio de Janeiro: Freitas Bastos, 1987, v. 7. p. 437-438. No mesmo sentido: PEREIRA, Lafayette Rodrigues. **Direito das coisas**. 5. ed. São Paulo: Freitas Bastos, 1943, p. 234-235; e GOMES, Orlando. **Direitos reais**. 19. ed. Rio de Janeiro: Forense, 2006, p. 193.

Nesse contexto, surge a ideia de *justo título* que, conforme lição de Charles Aubry e Charles Rau, corresponde ao negócio jurídico representado por um documento que "considerado em si, isto é, feita a abstração de se saber se emana de um verdadeiro proprietário e de uma pessoa capaz de alienar, é apto a conferir um direito de propriedade"[9].

No Brasil, Lafayette Rodrigues Pereira conceitua justo título como "todo ato jurídico, próprio em tese para transferir o domínio, mas que, em consequência de obstáculo ocorrente a hipótese, deixa de produzir o dito efeito"[10]. Na mesma linha, Lenine Nequete, para quem o justo título vem a ser "todo ato formalmente adequado a transferir o domínio ou direito real de que se trata, mas que deixa de produzir tal efeito (e aqui a enumeração é meramente exemplificativa) em virtude de não ser o transmitente senhor da coisa ou do direito, ou de faltar-lhe o poder de alienar"[11].

Todos os conceitos acima traçados convergem no mesmo sentido: justo título é o negócio jurídico, representado por um documento, capaz de infundir a ideia de que se trata, efetivamente, de meio idôneo para a aquisição da propriedade, que, todavia, não se opera em razão de vício desconhecido pelo adquirente. É, de acordo com o Enunciado 86 da I Jornada de Direito Civil do Centro de Estudos Judiciários do Conselho da Justiça Federal, "todo e qualquer ato jurídico hábil, em tese, a transferir a propriedade, independentemente de registro".

Henri Mazeaud, Leon Mazeaud e Jean Mazeaud criticam a expressão "justo título", por levar ao equívoco de se supor que ele corresponderia ao instrumento contratual. Título, na verdade, não é o documento, mas um ato jurídico que se exterioriza por meio de um instrumento escrito e que tem por finalidade a transmissão da propriedade ou de outro direito real. E justo título aquele cuja finalidade consiste em transmitir a propriedade, mas que não a transfere: ou seja, um título de aquisição ineficaz[12].

---

9 No original: "On apelle juste titre, un titre qui considéré en soi, c'est-à-dire abstraction faite du point de savoir s'il emane du véritable propriétaire et d'une personne capable d'aliéner, est propre à conférer un droit de propriété" (AUBRY, Charles; RAU, Charles. **Cours de droit civil français**. 6. ed. Paris: Marchal & Billard, 1935, v. 10, p. 508).

10 PEREIRA, Lafayette Rodrigues. **Direito das coisas**. 5. ed. São Paulo: Freitas Bastos, 1943, p. 234.

11 NEQUETE, Lenine. **Da prescrição aquisitiva (usucapião)**. 3. ed. Porto Alegre: Ajuris, 1981, p. 173 (Coleção Ajuris, 17).

12 MAZEAUD, Henri; MAZEAUD, Leon; MAZEAUD, Jean. **Lecciones de derecho civil:** parte segunda. Trad. Luis Alcalá-Zamora y Castillo. Buenos Aires: Ediciones Jurídicas Europa-América, 1974, v. 4, p. 212.

Para aferir se é justo ou não, verifica-se se o título, em condições normais, seria apto ou não à transferência da propriedade, independente da aferição de vícios que eventualmente ostente. Nesse sentido Baudry-Lacantinerie e Tissier, para quem o título será justo quando, por sua natureza, for translativo da propriedade, de modo que se aquele do qual emana título fosse o verdadeiro proprietário e capaz de alienar, a propriedade seria transmitida ao adquirente, o qual não teria a necessidade de invocar, em seu favor, a prescrição aquisitiva[13].

Cabe ressaltar que o título somente será considerado justo se for formalmente válido e não viciado por nulidade absoluta. Nesse sentido, obtempera Orlando Gomes que ainda que a parte desconheça a existência da nulidade e tenha a convicção de que adquiriu por meio de justo título, o título nulo ou *putativo* não poderá ser considerado justo para lastrear pedido de reconhecimento de usucapião ordinária, salvo quando, "pelo jogo de outros princípios, é aconselhável aceitá-lo", a exemplo de quem adquire por instrumento particular quando a lei exige a forma pública, hipótese em que se recomenda relevar a nulidade por inobservância da forma e autorizar a aquisição pela via ordinária. Nessas situações, ao portador do título nulo restará a via da usucapião extraordinária ou, se preencher os requisitos legais específicos prescritos na lei, na modalidade especial urbana[14].

Pontes de Miranda também nega ao título nulo ou putativo caráter de justo título, pois se é nulo, tal significa que não é justo[15]. Justifica o autor: "O Código Civil exige o título existente, que não haja transferido; não lhe basta o título *in existimatione*. O título há de ser existente, posto que, para a constituição do direito real, ineficaz. Se não existe, não pode ser justo, não pode ser idôneo"[16]. Já o título anulável não obsta o reconhecimento da usucapião ordinária, pois enquanto não anulado, o negócio produz normalmente seus efeitos jurídicos.

Na Itália, Baudry-Lacantinerie e Tissier asseveram que o título nulo por defeito de forma não pode servir de base para a prescrição aquisitiva por meio da *usucapione decenalle* regulada pelo art. 1.159 do Código Civil

---

13 BAUDRY-LACANTINERIE, Gabriel; TISSIER, Albert. **Trattato teorico-pratico di diritto civile:** della prescrizione. 3. ed. Milano: Francesco Vallardi, v. 28, p. 499.

14 GOMES, Orlando. **Direitos reais**. 19. ed. Rio de Janeiro: Forense, 2006, p. 194-195.

15 PONTES DE MIRANDA, Francisco Cavalcanti. **Tratado de direito privado**. 2. ed. Rio de Janeiro: Borsoi, 1956, v. 11, p. 140.

16 PONTES DE MIRANDA, Francisco Cavalcanti. **Tratado de direito privado**. 2. ed. Rio de Janeiro: Borsoi, 1956, v. 11, p. 142.

italiano. Em hipótese alguma um ato jurídico cuja existência é subordinada a uma condição de forma pode ser considerado justo título se a solenidade prevista na lei não for obedecida pela parte pretendente. Somente o título anulável, prosseguem os autores, poderia ser reputado justo[17].

O mesmo entendimento vigora no direito civil francês. O art. 2.267 do Código de Napoleão proíbe que o título nulo seja reconhecido como justo título ("le titre nul par défault de forme ne peut servir de base à la prescription de dix à vingt ans"), restrição inaplicável ao título anulável que, por sua vez, habilita o prescribente à aquisição da propriedade pela via da usucapião por tempo breve[18].

Traçados os contornos do justo título, resta agora perquirir se o compromisso de compra e venda, embora inapto à transferência da propriedade, pode ser considerado como tal para legitimar a propositura de ação de usucapião ordinária.

### 4.1.3 Compromisso de compra e venda como justo título

No direito brasileiro, a rigor, somente a escritura pública de venda e compra levada ao registro imobiliário constitui meio de transferência da propriedade imóvel (arts. 108 e 1.245 do CC). O registro do compromisso de compra e venda, em regra, mostra-se inapto a produzir esse efeito por conferir ao adquirente apenas direito real de aquisição, fato que a princípio impediria sua subsunção ao clássico conceito de justo título como negócio jurídico capaz, em abstrato, de transferir a propriedade, que não se opera por vício desconhecido por uma ou ambas as partes.

Não obstante, não se pode ignorar que, após a quitação integral do preço nele pactuado, o compromisso de compra e venda gera ao adquirente a legítima expectativa de receber, voluntária ou judicialmente, o título aquisitivo necessário à transferência da propriedade como contrapartida do adimplemento das suas obrigações contratuais. Se nessas condições a outorga da escritura pública constitui ato devido e passível de suprimento judicial, forçoso concluir que o compromisso de compra e venda quitado deve ser considerado justo título capaz de legitimar o reconhecimento da usucapião ordinária.

---

[17] BAUDRY-LACANTINERIE, Gabriel; TISSIER, Albert. **Trattato teorico-pratico di diritto civile:** della prescrizione. 3. ed. Milano: Francesco Vallardi, 1924, v. 28, p. 507-508.

[18] PLANIOL, Marcel. **Traité élémentaire de droit civil**. 2. ed. Paris: Cotillon, 1901, v. 1, p. 489.

Mas há quem se oponha a esse entendimento. Antonio de Macedo de Campos desqualifica o compromisso de compra e venda como modalidade de justo título, pois ele "objetivamente considerado não transfere o domínio, gerando apenas uma obrigação de fazer que, descumprida, resolve-se em perdas e danos"[19]. Ainda que imbuído de boa-fé, o compromitente comprador, por não dispor de título justo, não faria jus à aquisição da propriedade pela via da usucapião ordinária.

Para Rosa Maria de Andrade Nery, apenas a escritura pública poderia ser considerada justo título, porquanto só ela é apta em tese a operar a transferência do domínio. Segundo a autora, "o alargamento que a jurisprudência vem dando ao conceito de justo título fere frontalmente a lei posta e tem autorizado a incidência cada vez maior de decisões completamente afastadas da lei"[20].

Há na jurisprudência nacional precedentes que negam ao compromisso de compra e venda a condição de justo título. O Superior Tribunal de Justiça decidiu que "não é justo título, para os efeitos do usucapião de breve tempo, o compromisso de venda por instrumento particular não registrado e não registrável, embora o preço integralmente pago"[21]. A decisão faz referência a jurisprudência do Supremo Tribunal Federal, que considera justo título apenas o "título formalizado e, pois, inscrito", excluído o compromisso de compra e venda[22].

Na Itália, o art. 1.159 do Código Civil exige para o reconhecimento da *usucapione decenalle* "um titolo che sai idoneo a trasferire la proprietà (922) e che sai stato debitamente trascritto (2.643 n. 1)"[23], regra repetida pelo art.

---

19 CAMPOS, Antonio de Macedo de. **Teoria e prática do usucapião**. 3. ed. São Paulo: Saraiva, 1987, p. 117.

20 NERY, Rosa Maria de Andrade. Caracterização do justo título para usucapião. **Revista dos Tribunais**, São Paulo, ano 14, n. 56, p. 260, out./dez. 1989.

21 "Recurso especial. Usucapião ordinário. Conceito de justo título. Justo título, aludido no artigo 551 do Código Civil, é o título válido, em tese, para transferir o domínio, mas ineficaz, na hipótese, por não ser o transmitente o titular do direito ou faltar-lhe o poder de alienar. Abonada doutrina e precedentes jurisprudenciais exigem esteja o título registrado. Não é justo título, para os efeitos do usucapião de breve tempo, o compromisso de venda por instrumento particular não registrado e não registrável, embora o preço integralmente pago. Recurso especial conhecido, com base na letra 'c' do permissivo constitucional, e provido. Ação de usucapião improcedente e ação reivindicatória procedente" (STJ, REsp 12/SP, 4ª Turma, Rel. Min. Athos Carneiro, j. 08.08.1989, *DJU* 25.09.1989, p. 14.952).

22 STF, RE 6.750, Rel. Min. Orozimbo Nonato.

23 "(...) um título que seja idôneo a transferir a propriedade (922) e que esteja devidamente transcrito (2.643 n. 1)."

1294º do Código Civil português: "Havendo título de aquisição e registro deste, a usucapião tem lugar (...)". Por condicionarem o reconhecimento do justo título a ato capaz de transferir a propriedade, tais ordenamentos excluem a possibilidade de reconhecimento da usucapião por tempo breve com base em contrato-promessa ou contrato preliminar de venda de imóvel.

Contudo, não parece ser esse o posicionamento mais adequado sobre a questão. Muito embora não seja apto à transferência da propriedade, não se pode olvidar que, no compromisso de compra e venda, o que as partes desejam é que isso venha a ocorrer quando da quitação integral do preço. Desde a sua celebração, o compromitente vendedor transfere ao adquirente a posse do imóvel, na expectativa de receber o preço integral do negócio e, posteriormente, outorgar-lhe escritura pública de venda e compra, para que a alienação do direito de propriedade, enfim, se consume. E uma vez verificada a recusa, pode o adquirente se valer da execução coativa (adjudicação compulsória), na qual o magistrado profere sentença que equivale à obrigação de fazer indevidamente recusada. E tal só acontece em virtude da especial natureza jurídica do contrato – *preliminar impróprio* – em que a transferência da propriedade após quitação do preço corresponde não a novo contrato, mas a um *ato devido*.

Nesse sentido José Osório de Azevedo Junior, para quem, apesar de contemplar expectativa futura, o compromisso de compra ostenta a qualidade de justo título, em especial quando todas as parcelas acertadas foram pagas pelo compromissário comprador e aceitas pelo alienante que, na época da celebração do negócio, aparentava ser titular dos direitos alienados[24].

Essa é a conclusão mais adequada sobre a questão, pois é inegável que, após o pagamento integral do preço, o compromissário comprador passa a ter a crença de que, a partir de então, terá direito à obtenção da escritura pública destinada à efetiva transferência da propriedade. A partir da integral quitação, passa incontestemente a exercer posse com *animus domini* e a ele resta apenas buscar a formalização da propriedade do bem imóvel alienado por meio do recebimento da escritura ou de sentença que produza os mesmos efeitos práticos desse documento.

Por outro lado, nada mais resta ao compromitente vendedor a não ser o dever de outorga da escritura pública de compra e venda, por se tratar de *ato devido* e desprovido de conteúdo negocial, todo concentrado no compromisso de compra e venda. Nesse caso, o transcurso do prazo previsto na lei faz com

---

[24] AZEVEDO JUNIOR, José Osório de. **Compromisso de compra e venda**. 4. ed. São Paulo: Malheiros, 1998, p. 78.

que esses vícios que tornam o negócio jurídico inapto à transferência da propriedade sejam sanados por meio da usucapião ordinária, como importante meio de pacificação das relações sociais.

Baseadas nessas razões, doutrina e jurisprudência, atentas ao dever de adequação do direito à realidade social, têm admitido o compromisso de compra e venda como modalidade de justo título[25]. Sob a perspectiva tridimensional, os conceitos jurídicos constantes nas normas vigentes devem se adequar à realidade social vigente num determinado contexto, de forma a conferir soluções adequadas e, sobretudo, justas, em especial no Brasil, onde a grande difusão do compromisso de compra e venda justifica a concessão de tratamento diferenciado voltado a facilitar a regularização da propriedade imobiliária.

### 4.1.4 Desnecessidade de registro para a caracterização do compromisso de compra e venda como justo título

Outra candente controvérsia que pende sobre a caracterização do justo título diz respeito à necessidade – ou não – do seu registro no cartório de imóveis. Trata-se de discussão afeta a todos os títulos que, apesar de virtualmente capazes de ensejar a transferência da propriedade imóvel, não produzem esse efeito, em razão de vícios desconhecidos pelo adquirente. Nesse passo, a questão da necessidade do registro atinge não só as escrituras públicas definitivas, como também os compromissos de compra e venda.

Muitos são os autores que exigem o registro do título aquisitivo no cartório de imóveis para que venha a ser reputado justo título[26], com destaque à lição de Serpa Lopes, para quem a usucapião ordinária corresponde à figura da *usucapião tabular* do direito espanhol, que tem por pressuposto o fato do prescribente aparecer, no registro de imóveis, como titular de um

---

25 Nesse sentido, confira-se a jurisprudência pacífica do Superior Tribunal de Justiça: "Reivindicatória. Usucapião como defesa. Acolhimento. Posse decorrente de compromisso de venda e compra. Justo título. Bem de família. A jurisprudência do Superior Tribunal de Justiça reconhece como justo título, hábil a demonstrar a posse, o instrumento particular de compromisso de venda e compra. O bem de família, sobrevindo mudança ou abandono, é suscetível de usucapião. Alegada má-fé dos possuidores, dependente do reexame de matéria fático-probatória. Incidência da Súmula n. 7/STJ. Recurso especial não conhecido" (STJ, REsp 174.108/SP, 4ª Turma, Rel. Min. Barros Monteiro, j. 15.09.2005). Ver também: STJ, REsp 32.972/SP, j. 19.03.1996.

26 CAMPOS, Antonio de Macedo de. **Teoria e prática do usucapião**. 3. ed. São Paulo: Saraiva, 1987, p. 118; NADER, Natal. **Usucapião de imóveis**. 6. ed. Rio de Janeiro: Forense, 1998, p. 21; DINIZ, Maria Helena. **Curso de direito civil brasileiro:** direito das coisas. 17. ed. São Paulo: Saraiva, 2002, v. 4, p. 152; MONTEIRO, Washington de Barros. **Curso de direito civil**. 37. ed. São Paulo: Saraiva, 2003, v. 3, p. 127.

direito que não lhe pertence[27]. O registro, portanto, seria indispensável para a caracterização do justo título, de forma que a ação corresponderia a um meio de "legitimação da aparência resultante da transcrição e ao mesmo tempo uma medida pacificadora do valor probante deste"[28].

Da mesma forma Carvalho Santos, para quem a falta de registro impede o reconhecimento do justo título, pois "sem a transcrição, o título não seria capaz de transferir o domínio, embora outro defeito não tivesse"[29].

O entendimento de que o registro era imprescindível para a caracterização do justo título era forte e reverberou na jurisprudência brasileira. Em 1975, o Supremo Tribunal Federal decidiu que "justo título para o efeito do que expressa o artigo 551 do Código Civil, é o instrumento hábil, formalizado e registrado, mas bem se vê, que manifeste aquisição *a non domino*"[30].

O julgamento baseou-se em precedente da mesma corte, em que se decidiu que "o justo título é o instrumento hábil, formalizado, registrado, mas que manifeste aquisição *a non domino*". Dessa decisão paradigma, cabe transcrever o seguinte trecho que fundamenta a necessidade do registro do título para que fosse reputado justo: "O argumento não pode prevalecer quanto ao usucapião ordinário. Este exige 'justo título', vale dizer, título formalizado, e, pois, transcrito. O 'justo título', como dizia Voecio, *est causa habilis ad dominium transferendum* (ad paud., lib. 41, tit. 3, n. 9); o que, *por sua natureza,* é translativo da propriedade (*Troplong. Presc.,* 4 ed., til II, § 873); o que legalmente basta para transferir *el domínio de derecho real de cuya prescrición se trate* (art. 192 do C. Civ. Esp., apud Alas, *De la usucapión?* p. 134); o título hábil em tese, para transferir o domínio (Lafayette). Ver mais Rodrigues Júnior, *A posse*, n. 67, p. 317 e 319: Sá Pereira, *in Manual Lacerda,* v. VIII, p. 240-243; Clovis Bevilaqua, v. 9, p. 84 etc." (STF, RE 6.750, Rel. Min. Orozimbo Nonato)[31].

---

[27] LOPES, Miguel Maria de Serpa. **Curso de direito civil:** direito das coisas, princípios gerais, posse, domínio e propriedade imóvel. Rio de Janeiro: Freitas Bastos, 1960, v. 6, p. 553.

[28] LOPES, Miguel Maria de Serpa. **Curso de direito civil:** direito das coisas, princípios gerais, posse, domínio e propriedade imóvel. Rio de Janeiro: Freitas Bastos, 1960, v. 6, p. 554.

[29] SANTOS, João Manuel de Carvalho. **Código Civil brasileiro interpretado principalmente do ponto de vista prático**. 11. ed. Rio de Janeiro: Freitas Bastos, 1987, v. 7, p. 439.

[30] STF, RE 78.881/GO, 1ª Turma, Rel. Min. Antonio Neder, j. 17.10.1975.

[31] BUSSADA, Wilson. **Usucapião interpretado pelos tribunais**. 2. ed. Rio de Janeiro: Liber Juris, 1978, p. 141-155.

No mesmo sentido, mas por maioria de votos, o Tribunal de Justiça do Estado de São Paulo: "Realmente, como *justo título* não se pode entender o contrato de compromisso de compra e venda que têm os réus. Washington de Barros Monteiro lembra que: 'Exige a lei que o título seja *justo*, isto é, se ache formalizado e devidamente transcrito, *causa habilis ad dominium transferendum*, na frase vigorosa de Voecio'; salientando, ao depois, que: 'Título não registrado não preenche a condição primacial para que seja havido como justo' – aliás, conforme farta doutrina e jurisprudência que cita em rodapé (*Curso de direito civil*: direito das coisas, v. 3/129 e 130, 14. ed., 1975, nota 20). A jurisprudência mais recente, transcrita nas razões de apelação dos autores, de fato, continua nesse entendimento ao negar *usucapião ordinário* quando o título apresentado é simples contrato particular de compromisso de compra e venda. Tem-se, ao certo, reconhecido não ser tal instrumento *justo título*, ainda mais quando, sequer, não foi registrado no cartório de imóveis competente" (TJSP, AC 74.237-1, 1ª Câmara de Direito Privado, j. 02.09.1986, m.v., *RT* 616/53-57)[32].

Todavia, importantes vozes em sentido contrário desvinculam a caracterização do justo título ao prévio registro. Pontes de Miranda entende não haver justificativa para a exigência do registro, pois "se a posse é de boa-fé e houve transcrição do título, operou-se a transferência e, assim, patente é a superafetação da ação de usucapião: seria usucapir de si mesmo", além de ressaltar que a figura da usucapião tabular, referida por Serpa Lopes para justificar a imprescindibilidade do registro para exteriorizar a existência do título, é estranha ao ordenamento jurídico pátrio e, por essa razão, nada justificaria a inclusão dos seus atributos no instituto da usucapião ordinária regulada pelo direito brasileiro[33].

Lafayette Rodrigues Pereira também entende desnecessário o prévio registro. Ao discorrer sobre os requisitos do justo título, afirma que sua transcrição tem por única finalidade fazer com que ele "possa prevalecer contra as hipotecas inscritas, constituídas no mesmo imóvel"[34], em nada se relacionando com a caracterização do justo título para efeito do reconhecimento da usucapião por tempo breve.

---

[32] O voto vencido, de lavra do eminente desembargador Renan Lotufo, dispensou o registro como requisito para caracterização do compromisso de compra e venda como justo título. A transcrição de trecho da decisão segue no corpo do texto.

[33] PONTES DE MIRANDA, Francisco Cavalcanti. **Tratado de direito privado**. 2. ed. Rio de Janeiro: Borsoi, 1955, v. 11, p. 143-144.

[34] PEREIRA, Lafayette Rodrigues. **Direito das coisas**. 5. ed. São Paulo: Freitas Bastos, 1943, p. 234.

Na doutrina estrangeira, Baudry-Lacantinerie e Tissier aduzem que, no caso em que o título aquisitivo do possuidor é submetido a registro, o cumprimento dessa formalidade não é necessária para que o possuidor possa prescrever a propriedade após dez ou vinte anos. A lei exige um título justo, e não um título transcrito, já que a transcrição é determinada para opor o negócio a terceiros[35]. Na mesma linha Marcel Planiol, ao relatar que o art. 2.265 do Código Civil francês não exige a transcrição do título para que seja considerado justo[36].

Dentre os autores modernos, José Carlos de Moraes Salles também entende desnecessário o registro para a caracterização do justo título, requisito que "acarretaria a quase impossibilidade de utilização prática da usucapião ordinária prevista no artigo 1.242 do novo Código Civil"[37]. De fato, notadamente no Brasil, em que o elevado custo do registro imobiliário constitui importante fator de inibição da regularização imobiliária, privar os titulares de títulos aquisitivos do direito de pleitear o reconhecimento da usucapião por tempo breve somente contribuiria para deixar de conferir juridicidade a situações de fato há tempos consolidada.

No mesmo sentido, Caio Mário da Silva Pereira: "Tem-se referido que o título justo deve revestir as formalidades externas e estar transcrito no registro imobiliário. Mas não nos parece se possa levar ao extremo a exigência, pois que se destina o instituto do usucapião precisamente a consolidar *tractu temporis* a aquisição fundada em título que apenas em tese era hábil a gerar a aquisição. A conceituação do justo título leva, pois, em consideração a faculdade abstrata de transferir a propriedade, e é nesse sentido que se diz justo qualquer fato jurídico que tenha o poder em tese de efetuar a transmissão, embora em hipótese lhe faltem os requisitos para realizá-la"[38].

Sem dúvida, essa é a melhor conclusão sobre o tema. A aferição da justiça do título independe do seu registro e se consuma com a constatação de que seria, em abstrato, apto à transferência do direito de propriedade, que só não ocorre em razão de vício desconhecido pelas partes. O título, por si só,

---

35 BAUDRY-LACANTINERIE, Gabriel; TISSIER, Albert. **Trattato teorico-pratico di diritto civile:** della prescrizione. 3. ed. Milano: Francesco Vallardi, 1924, v. 28, p. 513.

36 PLANIOL, Marcel. **Traité élémentaire de droit civil**. 2. ed. Paris: Cotillon, 1901, v. 1, p. 490.

37 SALLES, José Carlos de Moraes. **Usucapião de bens imóveis e móveis**. 6. ed. São Paulo: Revista dos Tribunais, 2005, p. 131.

38 PEREIRA, Caio Mário da Silva. **Instituições de direito civil:** posse, propriedade, direitos reais de fruição, garantia e aquisição. 19. ed. Rio de Janeiro: Forense, 2005, v. 4, p. 149.

constitui o negócio jurídico capaz de explicar juridicamente a posse exercida por seu titular (*justa causa possessionis*) e, consequentemente, o imprescindível *animus domini*, de forma a tornar prescindível o registro para demonstrar esses requisitos.

A dispensa dessa formalidade é objeto de reiterado reconhecimento pela jurisprudência. Em 1958, o Tribunal de Justiça do Estado de São Paulo dispensou, por maioria de votos, o registro do título para que fosse considerado justo para efeito de reconhecimento da usucapião ordinária: "A exigência da transcrição, para que se reputa justo título, fazem-se vários Doutores (Virgílio de Sá Pereira, *Manual do Código Civil brasileiro*, v. VIII/242, n. 77; Carvalho Santos, *Código Civil brasileiro interpretado*, v. VII, comentário n. 7, ao artigo 551; Washington de Barros Monteiro, *Curso de direito civil*: direito das coisas, 2. ed., p. 123). Sem razão, porém: porque, se transcrito estivesse o título, o domínio já estaria adquirido, mera superafetação – um *bis in idem*, como bem diz Odilon Bueno, citado nas contra-razões (fls.) – passando a ser a sentença declaratória do domínio pelo usucapião. Esse, aliás, o entendimento de Lafayette (*Direito das coisas*, ed. de 1922, § 68, 'c' e nota 72), a quem deram plena adesão os egrégios Pontes de Miranda (op. cit., tomo XI, §1.197, n. 4, p. 142 e 143) e Edmundo Espínola (*Posse, propriedade, condomínio, direitos autorais*, nota 136, p. 229 ibi.: 'Só o título transcrito poderá servir de fundamento para o usucapião ordinário? Claro que não, uma vez se admite o usucapião contra aquele que figura no registro como proprietário'). No mesmo sentido Josserand (*Derecho civil*, trad. arg., tomo I, vol. III, n. 1762, Planiol (*Traitté élémentaire de droit civil*, 12. ed., tomo I, n. 2.665), Baldry-Lacantinerie-Tissier (*Della prescrizione*, n. 674)" (TJSP, AC 85.175, 5ª Câmara de Direito Privado, j. 09.05.1958, m.v.).

Outra decisão digna de nota foi proferida pelo Tribunal de Justiça do Estado de São Paulo em 1970. A decisão, aliás, releva o não cumprimento de uma formalidade – não apresentação de procuração outorgada pelo compromissário comprador para quem assinou o compromisso de compra e venda a rogo – para considerar o compromisso de compra e venda quitado e não registrado como justo título capaz de autorizar o reconhecimento da usucapião ordinária. Dela se destaca o seguinte trecho: "Em suma, para a proteção dos compromissários compradores recusou-se a inscrição do compromisso já quitado e formalizado, com o que foi praticada uma gritante injustiça, da qual resultou prejuízos sem conta aos apelantes, que foram induzidos à propositura desta ação desnecessária"[39].

---

39 "Usucapião. Justo título. Instrumento particular de compromisso de compra e venda assinado a rogo do promitente comprador, sem apresentação de procuração. Confissão

Apesar de constar em voto vencido, outro importante precedente é a decisão de lavra do Desembargador Renan Lotufo, que dispensou o registro como requisito para caracterização do compromisso de compra e venda como justo título. De forma acertada, esclarece que a finalidade da inscrição é outra – atribuir ao adquirente direito real – e não qualificar o compromisso de compra e venda como justo título: "No caso dos autos, os réus tornaram-se compromissários compradores de um terreno cujos alienantes tinham área remanescente e eram efetivamente proprietários. Os alienantes, em momento posterior a tal negócio, que ensejou a imissão na posse do imóvel com título e boa-fé, buscaram destituir os procuradores, sem que se tenha notícia de que hajam promovido qualquer ação anulatória do negócio realizado com os réus. Assim, o negócio realizado e a posse obtida foram, a nosso ver, com justo título e boa-fé, como se vê, também, do monografista Pedro Nunes, em *Do usucapião*, 4. ed., Freitas Bastos, 1984, p. 40: 'No que tange ao usucapião, o conceito do justo título sofre modificação, considerando-se que este é compreendido em todo ato ou circunstância que leva uma pessoa de boa-fé à crença de que a coisa que possui ela a houve por ato legítimo de outrem (Mourlon, *Répétitions* écrites *sur le Code Civil*, v. 3, Des les prescriptions, p. 936; Pothier, *Traitté de la prescription*, n. 96), (...) 'Justo título (*justa causa possessionis*) se diz de todo e qualquer ato jurídico próprio, em tese, para transferir o domínio, mas que, em consequência de obstáculo ocorrente na hipótese, deixa de produzir o dito efeito. E a prescrição é precisamente chamada para desfazer a dificuldade e operar a transmissão'. Daí meu voto divergir para manter a r. sentença, reconhecendo que os réus tinham justo título independente de registro. Este, a meu ver, implicaria em direito real, que não se confundiria com o título simples que origem à posse de quem tem boa-fé, e na posse o termo inicial do lapso temporal suficiente a suprir vícios ou impedimentos no alcance da propriedade pelo só título suficiente à transmissão do domínio" (TJSP, AC 74.237-1, 1ª Câmara de Direito Privado, j. 02.09.1986, *RT* 616/53-57).

Moderna e especificamente sobre o compromisso de compra e venda, o Superior Tribunal de Justiça dispensou o registro do contrato para que fosse considerado justo título. Nos autos do Recurso Especial 1.584.447/MS, julgado

---

do promitente vendedor de que o preço está integralmente quitado. Ação procedente. Inteligência do artigo 551 do Código Civil. Considera-se justo título o compromisso de compra e venda por instrumento particular assinado a rogo do promitente comprador, mesmo sem apresentação da procuração, se o promitente vendedor confessa o recebimento do preço e não se nega ao cumprimento do contratado" (TJSP, AC 190.908, Rel. Des. Andrade Junqueira, j. 06.10.1970, *RT* 432/84-85).

aos 09.03.2021, assentou a tese de que "a falta de registro do compromisso de compra e venda não é suficiente para descaracterizar o justo título como requisito necessário ao reconhecimento da usucapião ordinária"[40]. E, em jul-

---

[40] "Recurso especial. Direito civil. Ação reivindicatória. Imóvel rural. Usucapião ordinária. Justo título. Compromisso de compra e venda. Registro. Desnecessidade. Prescrição aquisitiva. Interrupção. Impossibilidade. Boletim de ocorrência. Ação de imissão na posse. Terceiro. Citação. Frustrada. Extinção sem resolução do mérito. 1. Recurso especial interposto contra acórdão publicado na vigência do Código de Processo Civil de 1973 (Enunciados Administrativos nºs 2 e 3/STJ). 2. A falta de registro de compromisso de compra e venda não é suficiente para descaracterizar o justo título como requisito necessário ao reconhecimento da usucapião ordinária. 3. A interrupção do prazo da prescrição aquisitiva somente é possível na hipótese em que o proprietário do imóvel usucapiendo consegue reaver a posse para si. Precedentes. 4. A mera lavratura de boletim de ocorrência, por iniciativa de quem se declara proprietário de imóvel litigioso, não é capaz de, por si só, interromper a prescrição aquisitiva. 5. Recurso especial provido" (STJ, REsp 1.584.447/MS, 3ª Turma, Rel. Min. Ricardo Villas Boas Cueva, j. 09.03.2021). Vide, no mesmo sentido: "Processual civil. Agravo interno no agravo em recurso especial. Compromisso de compra e venda não registrado. Ausência de impugnação de todos os fundamentos do acórdão recorrido. Súmula n. 283/STF. Reavaliação do contrato e do conjunto fático-probatório dos autos. Inadmissibilidade. Incidência das Súmulas n. 5 e 7 do STJ. Decisão mantida. 1. Esta Corte Superior reconhece como justo título, hábil a demonstrar a posse, o instrumento particular de compromisso de compra e venda, ainda que desprovido de registro. A promessa de compra e venda gera efeitos obrigacionais, não dependendo, para sua eficácia e validade, de ser formalizada em instrumento público (AgInt. no REsp 1325509/PE, Rel. Ministro Raul Araújo, Quarta Turma, julgado em 15/12/2016, *DJe* 06/02/2017). 2. O recurso especial que não impugna fundamento do acórdão recorrido suficiente para mantê-lo não deve ser admitido, a teor da Súmula n. 283/STF. 3. O recurso especial não comporta exame de questões que impliquem interpretação de cláusula contratual ou incursão no contexto fático-probatório dos autos, a teor do que dispõem as Súmulas n. 5 e 7 do STJ. 4. No caso concreto, o Tribunal de origem concluiu pela inexistência de vícios no instrumento contratual. Alterar essa conclusão demandaria reexame de matéria fática, vedado em recurso especial. 5. Agravo interno a que se nega provimento" (STJ, AgInt no AREsp 202.871/MS, 4ª Turma, Rel. Min. Antonio Carlos Ferreira, j. 03.04.2018); "Direito das coisas. Recurso especial. Usucapião. Imóvel objeto de promessa de compra e venda. Instrumento que atende ao requisito de justo título e induz a boa-fé do adquirente. Execuções hipotecárias ajuizadas pelo credor em face do antigo proprietário. Inexistência de resistência à posse do autor usucapiente. Hipoteca constituída pelo vendedor em garantia do financiamento da obra. Não prevalência diante da aquisição originária da propriedade. Incidência, ademais, da Súmula 308. 1. O instrumento de promessa de compra e venda insere-se na categoria de justo título apto a ensejar a declaração de usucapião ordinária. Tal entendimento agarra-se no valor que o próprio Tribunal – e, de resto, a legislação civil – está conferindo à promessa de compra e venda. Se a jurisprudência tem conferido ao promitente

gado anterior, a mesma Corte ressaltou que se o compromitente comprador não necessita do registro do compromisso de compra e venda para interpor embargos de terceiro, nos termos da Súmula 84 desse tribunal, e tampouco para propor ação de adjudicação compulsória, pela mesma razão tal requisito seria dispensável para o acolhimento de ação de usucapião ordinária[41].

No mesmo sentido, o Tribunal de Justiça do Estado de São Paulo: "Usucapião. Justo título. Compromisso de compra e venda não registrado. Admissibilidade no caso de usucapião ordinário. Recurso não provido. Tem sido aceito o compromisso de compra e venda não registrado como justo título, hábil ao aperfeiçoamento do usucapião ordinário, desde que evidenciada a posse com ânimo de dono do adquirente" (TJSP, AC 103.675-4/São Paulo, 6ª Câmara de Direito Privado, Rel. Des. Ernani de Paiva, j. 28.09.2000, v.u.)[42].

---

comprador o direito à adjudicação compulsória do imóvel independentemente de registro (Súmula n. 239) e, quando registrado, o compromisso de compra e venda foi erigido à seleta categoria de direito real pelo Código Civil de 2002 (art. 1.225, inciso VII), nada mais lógico do que considerá-lo também como 'justo título' apto a ensejar a aquisição da propriedade por usucapião. 2. A própria lei presume a boa-fé, em sendo reconhecido o justo título do possuidor, nos termos do que dispõe o art. 1.201, parágrafo único, do Código Civil de 2002: 'O possuidor com justo título tem por si a presunção de boa-fé, salvo prova em contrário, ou quando a lei expressamente não admite esta presunção'. 3. Quando a lei se refere a posse 'incontestada', há nítida correspondência com as causas interruptivas da prescrição aquisitiva, das quais é exemplo clássico a citação em ação que opõe resistência ao possuidor da coisa, ato processual que possui como efeito imediato a interrupção da prescrição (art. 219, CPC). Por esse raciocínio, é evidente que os efeitos interruptivos da citação não alcançam a posse de quem nem era parte no processo. Assim, parece óbvio que o ajuizamento de execução hipotecária por credores contra o proprietário do imóvel, por não interromper o prazo prescricional da usucapião, não constitui resistência à posse *ad usucapionem* de quem ora pleiteia a prescrição aquisitiva. (...). 8. Recurso especial conhecido e provido" (STJ, REsp 941.464/SC, 4ª Turma, Rel. Min. Luis Felipe Salomão, j. 24.04.2012).

41 "Usucapião ordinário. Promessa de compra e venda. Justo título. conceito. Tendo direito a aquisição do imóvel, o promitente comprador pode exigir do promitente vendedor que lhe outorgue a escritura definitiva de compra e venda, bem como pode requerer ao juiz a adjudicação do imóvel. Segundo a jurisprudência do STJ, não são necessários o registro e o instrumento público, seja para o fim da súmula 84, seja para que se requeira a adjudicação. Podendo dispor de tal eficácia, a promessa de compra e venda, gerando direito a adjudicação, gera direito a aquisição por usucapião ordinário. Inocorrência de ofensa ao artigo 551 do Código Civil. Recurso conhecido pela alínea 'c', mas não provido" (STJ, REsp 32.972/SP, 3ª Turma, Rel. Min. Cláudio Santos, j. 19.03.1996, *DJU* 10.06.1996, *RT* 732/181).

42 Vide também: "Usucapião ordinária. Artigo 1.242, *caput*, do CC. Ausente vício de fundamentação na sentença. Requisito temporal atendido. Tempo de posse decorrido

Ainda no mesmo sentido, o Tribunal de Justiça do Estado de São Paulo, e com a dispensa da participação do cônjuge para caracterização do compromisso de compra e venda como justo título[43].

Havendo exercício de posse lastreada em documento que atribuiu ao usucapiente a posse justa de bem imóvel, o que ocorre independente de registro, conclui-se que a ausência de registro do compromisso de compra e venda não impede seu reconhecimento como justo título e, por consequência, legitima o reconhecimento da usucapião ordinária.

Trata-se de conclusão adequada, justa e atenta à natureza jurídica do compromisso de compra e venda, em que as partes, desde o primeiro momento, buscam possibilitar a transferência da propriedade imóvel após a quitação do preço. Todavia, não raras vezes o compromissário comprador, em virtude das mais variadas dificuldades em obter a transferência da propriedade, socorre-se da ação de usucapião para formalizá-la, realidade reconhecida pelo Superior Tribunal de Justiça na fundamentação do REsp 188.956/PE: "Salvo melhor juízo, a conclusão a que chegou o Tribunal *a quo* está a salvo de censura. Benedito Silvério Ribeiro, em sua obra *Tratado de usucapião*, ensina que: 'Segundo a melhor doutrina, quem tem apenas a posse direta não possui a coisa como sua, faltando assim o requisito do *animus domini*, para o efeito de usucapião, ficando afastados os que exercem temporariamente a posse direta, por força de obrigação, ou direito. Assim, sendo o promitente comprador possuidor direto, sua posse está subordinada à posse indireta do promitente vendedor, não possuindo o imóvel tal como se fosse proprietário (posse própria), mas sim em decorrência de um contrato celebrado com o proprietário, que tem sobre a coisa a posse indireta, esta sim posse própria (continua a possuir a coisa como sua). No entanto, deve-se levar em conta que há inúmeras hipóteses em que o promitente comprador poderá agir como sujeito ativo na ação de usucapião no tocante a imóvel objeto de compro-

---

no curso da demanda que deve ser computado. Precedentes mais recentes do Superior Tribunal de Justiça e ausência de oposição à posse do autor. Existência de justo título, consubstanciado em compromisso de compra e venda firmado pelo autor com os anteriores proprietários do imóvel. Boa-fé demonstrada. Sentença revista. Recurso provido" (TJSP, AC 0005494-68.2009.8.26.0505, Rel. Des. Claudio Godoy, j. 24.07.2023).

43 "Usucapião ordinário. Justo título. Compromisso de compra e venda quitado Caracterização. Falta de registro. Irrelevância. Ação procedente. Compromisso de compra e venda do imóvel, ou cessão de transferência de seus direitos, com ou sem presença do cônjuge, e cujo preço já tenha sido pago, considera-se justo título, para efeito de usucapião ordinário, ainda que seu instrumento não tenha sido registrado" (TJSP, AC 195.715-1, Rel. Cézar Peluso, j. 21.12.1993).

misso de compra e venda, especialmente quando não possa valer-se de ação de adjudicação compulsória à consecução do domínio. Se tiver o contrato sido cumprido totalmente, satisfeito o preço, mesmo que não conste cláusula de irretratabilidade, deverá ser considerado perfeito e acabado, até mesmo quando haja previsão de arrependimento. Não levando o documento de compromisso de compra e venda à transmissão do domínio, poderá, todavia, conduzir à transferência da posse em favor do promitente comprador, a qual, somada a outros requisitos, conduzirá à prescrição. Como anotado no capítulo referente ao compromisso de compra e venda, em ocorrendo que o documento não leve à transferência do domínio, por ausência de elementos caracterizadores e permissivos do registro imobiliário, mas desde que o possuidor se tenha mantido com *animus domini*, não há que falar no caráter da posse a partir de quando acabou de pagar o preço da coisa. Nada impedirá a contagem do prazo usucapional ordinário desde o momento em que o possuidor terminou de quitar o preço, de vez que patente a sua plenitude o exercício do *animus domini*. Da mesma forma, não estará o prescribente obstaculizado, caso tenha tempo mais amplo, de socorrer-se da prescrição extraordinária, computando-se o lapso desse mesmo termo, valendo o título como reforço' (Saraiva, v. 1, p. 271-273)" (STJ, REsp 188.956/PE, 3ª Turma, Rel. Min. Ari Pargendler, j. 10.09.2002).

Por essas razões, José Osório de Azevedo Junior, com lucidez, conclui que "essa ação precisa ser encarada pela Justiça com menor severidade do que outras ações de usucapião, porquanto se trata de posse com apoio em título regular, com pagamento do preço, de boa-fé, com prova documental evidente"[44]. Trata-se de entendimento atento às peculiaridades negociais do compromisso de compra e venda e, sobretudo, à realidade contratual brasileira, em que grande parte da população vale-se dessa modalidade contratual para adquirir o imóvel próprio e, em razão de entraves burocráticos, nem sempre conseguem formalizar a efetiva transferência da propriedade.

Com efeito, apesar da controvérsia que cerca o tema, a exigência do registro do compromisso para a caracterização do justo título constitui providência que somente contribui para a manutenção da informalidade, deixando muitos adquirentes à margem de qualquer proteção legal quanto à regularização da aquisição imobiliária, cuja transferência, desde a celebração do contrato de compromisso de compra e venda, foi desejada pelas partes. Por questão

---

44 AZEVEDO JUNIOR, José Osório de. **Compromisso de compra e venda**. 4. ed. São Paulo: Malheiros, 1998, p. 81.

de justiça e, sobretudo, coerência, deve-se dispensar o cumprimento dessa desnecessária formalidade registral, pois se a formalidade é dispensada para a propositura de ação de adjudicação compulsória e embargos de terceiro, com maior razão para conferir ao compromisso de compra e venda quitado o atributo de justo título, nos termos do que já fora pacificado pelo Superior Tribunal de Justiça.

## 4.2 COMPROMISSO DE COMPRA E VENDA E RESPONSABILIDADE PELO PAGAMENTO DAS COTAS CONDOMINIAIS

### 4.2.1 Natureza jurídica da obrigação de pagamento da cota condominial

As obrigações contemplam vínculo jurídico entre credor e devedor e têm por objeto uma prestação pessoal positiva (dar ou fazer) ou negativa (não fazer). Dirigem-se a partes determinadas que estabelecem direitos e obrigações recíprocos e que, em regra, não atingem terceiros. Trata-se de *direito relativo* que confere ao seu titular a *faculdade* de exigir da outra um determinado comportamento, no caso o adimplemento da obrigação contraída que, em regra, se manifesta por meio de uma ação.

Embora constituam modalidades de direito subjetivo, o direito de crédito decorrente das obrigações não se confunde com o direito real, que segue regime jurídico próprio inerente aos *poderes jurídicos*. Não contempla relação entre pessoas, mas entre um titular e uma coisa sobre a qual exerce um *poder* oponível *erga omnes*, desde que revestido da necessária publicidade.

Apesar da nítida distinção de regimes entre os direitos pessoais e reais, há casos em que tal dicotomia não se mostra tão evidente. Não obstante os direitos reais não gerarem obrigações a terceiros, em alguns casos impõem obrigações ao seu titular que são devidas a um credor determinado.

Nessa seara inserem-se as denominadas obrigações *propter rem*, figura híbrida e ambígua que constitui, na aparência, um misto de obrigação e de direito real. Essa terceira categoria, que não coaduna com a concepção da *obligatio* e tampouco ao *ius in re*, implica num dever oponível a uma pessoa de acordo com sua situação diante de uma determinada coisa, que é conexa ao débito. O direito real gera ao seu titular o dever de cumprir uma prestação de dar, fazer ou não fazer em favor de um credor determinado. Havendo transferência desse direito real, a obrigação que dele decorre a acompanhará e passará a obrigar o seu adquirente, a quem incumbirá satisfazer uma prestação em favor do credor respectivo[45].

Duas, portanto, são as características das obrigações *propter rem*, de acordo com a lição de Orlando Gomes: a *origem*, porquanto provém de um direito real, e a *transmissibilidade automática*, que ocorre independente da vontade das partes e impede o adquirente do direito real de recusá-la[46]. Além dessas, Maria Helena Diniz acrescenta a possibilidade de exoneração do devedor pelo abandono[47].

Distinguem-se das obrigações pessoais por permitirem a substituição do sujeito passivo, pelo que poder-se-ia dizer, figurativamente, que são dotadas de sequela, além de se submeterem ao *numerus clausus*, em razão das obrigações *in rem* serem apenas as previstas na lei como tal e, portanto, não podem ser constituídas pelos particulares com base no princípio da autonomia da vontade[48].

O regime legal do condomínio edilício impõe ao condômino um extenso rol de obrigações *propter rem*. A Lei 4.591/1964 estabelece uma série de deveres, com destaque ao de contribuição com as despesas do condomínio nos prazos previstos na convenção, inclusive quanto às obras que interessarem à estrutura integral da edificação ou ao serviço comum, nos termos do seu art. 12.

O dever de contribuição constitui um dos mais importantes encargos que tocam ao condômino. A todos interessa a manutenção e conservação das dependências do edifício e, por isso, como bem assevera Caio Mário da Silva Pereira, "é de princípio que a todos os condôminos compete concorrer, na proporção da sua parte, para as respectivas despesas"[49].

Não obstante tratar-se de obrigação *propter rem*, que a princípio comportaria exoneração por abandono, o dever de contribuição que toca ao condômino não comporta renúncia por força de norma de ordem pública. Tendo em vista o caráter antissocial daquele que deixa de colaborar financeiramente para a manutenção e administração do edifício e a necessidade de

---

45 DINIZ, Maria Helena. **Curso de direito civil brasileiro:** teoria geral das obrigações. 13. ed. São Paulo: Saraiva, 1999, v. 2, p. 10-11.

46 GOMES, Orlando. **Obrigações**. 15. ed. Rio de Janeiro: Forense, 2002, p. 21.

47 DINIZ, Maria Helena. **Curso de direito civil brasileiro:** teoria geral das obrigações. 13. ed. São Paulo: Saraiva, 1999, v. 2, p. 11.

48 GOMES, Orlando. **Obrigações**. 15. ed. Rio de Janeiro: Forense, 2002, p. 21.

49 PEREIRA, Caio Mário da Silva. **Condomínio e incorporações**. 3. ed. Rio de Janeiro, Forense, 1977, p. 142.

preservação do patrimônio comum, o art. 12, § 5º, da Lei 4.591/1964 dispõe que "a renúncia de qualquer condômino aos seus direitos, em caso algum valerá como escusa para exonerá-lo de seus encargos".

Apesar dessa exceção legal, as outras duas características inerentes a essa espécie *sui generis* de obrigação – origem e transmissibilidade automática – se mostram presentes. Seu sujeito passivo é, em linha de princípio, o titular do direito real de propriedade sobre a unidade autônoma, qual seja, aquele que figura no cartório de registro de imóveis como dono da coisa, e a transferência da propriedade ensejará a alteração automática da sujeição passiva da obrigação ao adquirente, independente da vontade das partes, ante seu caráter ambulatorial.

Porém, conforme se verá no tópico seguinte, a Lei 4.591/1964 cuidou de estender essa obrigação a outras pessoas não necessariamente titulares de um determinado direito real, merecendo destaque, para os fins deste trabalho, a condição do compromissário comprador como sujeito passivo da obrigação de pagar os encargos condominiais.

### 4.2.2 Dever de pagamento e responsabilidade do compromissário comprador

Com a grande expansão dos empreendimentos imobiliários submetidos ao regime da incorporação, não raras vezes a aquisição das unidades autônomas dá-se por meio de compromisso de compra e venda. Formalmente, o incorporador continua a figurar como proprietário da unidade compromissada, ainda que dela tenha se desfeito, fator que leva muitos condomínios a preferirem demandá-lo, em vez do compromissário comprador, por conta das cotas condominiais vencidas e não pagas após sua imissão na posse do imóvel, haja vista a virtual maior facilidade de recebimento do crédito.

Tal também ocorre nos projetos habitacionais populares promovidos pelo Poder Público, por intermédio de empresas vinculadas à Administração indireta, tais como a COHAB e a CDHU, em que os apartamentos alienados à população de baixa renda continuam em nome do alienante, enquanto não quitado o contrato particular referente à unidade autônoma. Ante a falta de recursos dos moradores desses conjuntos habitacionais, há condomínios que preferem demandar a empresa responsável pela sua implantação, em razão de formalmente ainda figurar como proprietária no registro de imóveis e, em especial, da sua maior solvabilidade.

O mesmo ocorre nas alienações, via compromisso de compra e venda, de imóvel entre particulares, já que enquanto não quitado o preço, o compromitente vendedor ainda figura como proprietário no registro de imóveis e, sob o pretexto de ainda ser titular do direito real, responderia pelas despesas condominiais pendentes, ainda que originadas em data posterior à imissão na posse do adquirente.

O entendimento de que o proprietário alienante responde pelos débitos originados pelo compromissário comprador visa exclusivamente conferir ao condomínio maior comodidade no procedimento de cobrança. Transitada em julgado a ação condenatória, poderia o condomínio proceder à penhora da unidade habitacional ainda registrada em nome do proprietário sobre a qual pende o débito condominial, com a garantia de que eventual alegação de bem de família não seria acolhida, por força da exceção prescrita no art. 3º, IV, da Lei 8.009/1990.

Mas, em contrapartida a essa facilidade, sujeitar-se-ia a eventuais embargos de terceiro opostos pelo compromissário comprador que, mesmo sem registro do compromisso de compra e venda no cartório de imóveis, pode proteger sua posse contra ato de constrição judicial promovido em execução em que não figurou como parte, nos termos do que autoriza a Súmula 84 do Superior Tribunal de Justiça.

E uma vez acolhidos os embargos, a execução prosseguiria em face do proprietário. Mas em uma situação de extrema injustiça: o alienante continuaria responsável por uma dívida a que não deu causa, e o compromissário comprador, além de nada pagar, vê seu imóvel livre da constrição judicial como prêmio por sua inadimplência contumaz, como bem aponta Rubens Carmo Elias Filho[50].

Por outro lado, não se pode deixar de reconhecer a dificuldade do condomínio de receber o crédito a que faz jus, na hipótese em que decide demandar apenas o compromissário comprador em ação de cobrança. Se não tiver outros bens, a penhora recairá sobre os direitos de aquisição que compromissário comprador ostenta, dotados de liquidez, no mínimo, duvidosa.

Nesse complexo panorama, coloca-se a questão da responsabilidade pelo pagamento das cotas condominiais quando a unidade é alienada pelo proprietário por meio de compromisso de compra e venda. Considerando que o compromissário vendedor, enquanto não outorgar e registrar a escritura pública de compra e venda, continua a figurar como proprietário no Cartório de Imóveis, dúvidas surgem sobre quem tem a obrigação de pagar as cotas condominiais em atraso: o alienante ou o adquirente?

---

[50] ELIAS FILHO, Rubens Carmo. **As despesas do condomínio edilício**. São Paulo: Revista dos Tribunais, 2005, p. 131-132.

A resposta adequada a essa indagação decorre da análise da natureza jurídica do contrato de compromisso de compra e venda e da interpretação sistemática das normas vigentes que regem o condomínio edilício, em especial as prescritas na Lei 4.591/1964 e no art. 1.334, § 2º, do Código Civil. A partir dessa leitura, repele-se a açodada opinião de que o proprietário, mesmo após se desfazer da posse do imóvel, continua a ser responsável pelo pagamento das cotas condominiais.

O alienante, desde a celebração do contrato de compromisso de compra e venda, pretende se desfazer da coisa compromissada e confere ao adquirente, desde logo, o *ius utendi, fruendi* e parte do *abutendi*, além de não poder vender ou prometer vender, de forma legítima, o mesmo imóvel a terceiros. A conservação do direito de propriedade em suas mãos dá-se apenas pela necessidade do recebimento integral do preço que, uma vez quitado, o obriga ao cumprimento do dever de outorgar escritura pública, não como novo contrato, mas como ato devido, passível inclusive de execução específica.

O adquirente, por sua vez, pretende o quanto antes exercer posse sobre o imóvel para dele tirar proveito e efetua o pagamento do preço com o único objetivo de, no futuro, tornar-se proprietário mediante o recebimento da escritura pública definitiva e posterior registro no cartório de imóveis.

O alienante, portanto, corresponde a um "quase proprietário"[51] titular, segundo Barbosa Lima Sobrinho, de mera "recordação da propriedade"[52]. E, diante do caráter limitado do seu direito e da intenção das partes de transferir a titularidade da coisa alienada, justifica-se a sua não responsabilização por despesas condominiais não pagas pelo adquirente, a partir da data da sua imissão na posse do bem compromissado.

Atribuir ao compromitente vendedor a responsabilidade por esses encargos é cegar a realidade e desconsiderar a especial natureza jurídica do compromisso de compra e venda, enquanto ato de efetiva alienação de bem imóvel. Desde o momento em que o compromissário comprador é imitido na posse do imóvel, a obrigação *propter rem* de pagamento das cotas con-

---

51 Expressão utilizada por J. Nascimento Franco, ao se referir à questão (FRANCO, J. Nascimento. **Condomínio:** administração, órgãos administrativos, assembléia geral, síndico, conselho fiscal, responsabilidades. 5. ed. rev., ampl. e atual. com a Lei 10.391/2004. São Paulo: Revista dos Tribunais, 2005, p. 293).

52 LIMA SOBRINHO, Barbosa. **As transformações da compra e venda**. Rio de Janeiro: Borsoi, 1956, p. 90.

dominiais é a ele transferida, independente da sua vontade[53], ainda que não registrado o contrato de compromisso de compra e venda, já que o ato de publicidade tem por única finalidade conferir-lhe direito real de aquisição, em face do alienante e de eventuais outros terceiros adquirentes, em nada se relacionando com o dever de contribuição para a manutenção e administração do condomínio edilício.

Atento a essas peculiaridades, o legislador inseriu no ordenamento jurídico pátrio diversos dispositivos que, de forma correta, equiparam à figura do condômino pessoas que não necessariamente o proprietário, em especial o compromitente comprador e o mero possuidor, numa clara demonstração de que o legislador pretendeu responsabilizar aquele que efetivamente usufrui o imóvel.

Nesse sentido, confira-se a Lei 4.591/1964, responsável pela disciplina do condomínio edilício e das incorporações imobiliárias. Seu art. 3º insere os titulares de direito à aquisição de unidades ou ocupantes no rol dos condôminos das áreas comuns (terreno, instalações, construções, fundações, paredes externas etc.); o art. 9º impõe aos "promitentes compradores, cessionários ou promitente cessionários", ao lado dos proprietários das unidades autônomas, o dever de elaboração da convenção de condomínio e de aprovação do regimento interno da edificação ou conjunto de edificações; o art. 10, § 2º, proíbe não só o proprietário, mas também o titular do direito real de aquisição (entenda-se, compromissário comprador) de realizar obra que modifique a fachada sem a anuência da unanimidade dos condôminos em assembleia geral; o art. 12, § 4º, obriga os compromissários compradores ao pagamento das obras que interessarem à estrutura integral da edificação ou ao serviço comum; e, por fim, o art. 20 impõe àquele que ocupa o imóvel a qualquer título "todas as obrigações referentes ao uso, fruição e destino da unidade".

Tais dispositivos têm por claro objetivo equiparar o compromissário comprador e o mero ocupante à figura do condômino e lhes impor o dever de contribuição nas despesas decorrentes do uso das facilidades existentes no condomínio. Se o mero possuidor, a qualquer título, tem essa obrigação por força do que dispõe o art. 20 da Lei 4.591/1964, com maior razão o compromissário comprador.

Tal dever se mostrou ainda mais evidente com a redação dada pela Lei 7.182/1984 ao art. 4º, parágrafo único, da Lei 4.591/1964: "A alienação ou

---

53 FRANCO, J. Nascimento. **Condomínio:** administração, órgãos administrativos, assembléia geral, síndico, conselho fiscal, responsabilidades. 5. ed. rev., ampl. e atual. com a Lei 10.391/2004. São Paulo: Revista dos Tribunais, 2005, p. 288.

transferência de direitos de que trata esse artigo dependerá da prova da quitação das obrigações do alienante para com o respectivo condomínio"[54]. E, posteriormente, a partir da vigência do art. 1.334, § 2º, do Código Civil, que, de forma expressa, equipara o compromitente comprador e os cessionários de direitos relativos a imóveis inseridos em condomínio edilício à figura do proprietário.

Dúvida não há, portanto, acerca do dever do compromitente comprador de arcar com as despesas condominiais vencidas a partir da sua imissão na posse do imóvel e, por consequência, da sua legitimidade passiva para figurar em ação de cobrança movida pelo condomínio credor. Apesar de não ser titular do direito real de propriedade, o direito posto cuidou de equipará-lo ao condômino proprietário titular de direito real, ainda que o compromisso de compra e venda não tenha sido levado a registro.

Não obstante, a jurisprudência nacional, em especial do Superior Tribunal de Justiça, cuidou de atribuir, *aprioristicamente*, responsabilidade pelo pagamento das cotas condominiais tanto ao proprietário alienante como ao adquirente, mas com liberação daquele nos casos de prova da imissão deste na posse do imóvel e ciência inequívoca da alienação pelo condomínio credor, posicionamento firmado no Tema 886 daquela Corte, que será objeto de apreciação específica nos itens seguintes.

### 4.2.3 Tema 886 do Superior Tribunal de Justiça: apreciação casuística da responsabilidade

O Superior Tribunal de Justiça, por meio do Tema 886 firmado nos autos do Recurso Especial 1.442.840/PR[55], fixou tese no sentido de que, a depender

---

[54] João Batista Lopes aduz não haver inconstitucionalidade no referido dispositivo legal por suposta ofensa do direito de propriedade (art. 5º, XXII, da CF/1988): "É que a livre disponibilidade do bem não significa dispensa do cumprimento de obrigações legais entre as quais figura, inquestionavelmente, a do pagamento das despesas de condomínio, indispensável para a própria continuidade da vida condominial" (LOPES, João Batista. **Condomínio**. 5. ed. São Paulo: Saraiva, 1996, p. 113).

[55] "Recurso especial. Civil e processual civil. Promessa de compra e venda de imóvel. Débitos condominiais posteriores à imissão na posse. Responsabilidade do vendedor e do comprador. Imputação do débito ao comprador. Caráter 'propter rem' da obrigação. Interpretação do REsp 1.345.331/RS, julgado pelo art. 543-C do CPC. 1. Controvérsia acerca da responsabilidade do promitente vendedor (proprietário) pelo pagamento de despesas condominiais geradas após a imissão do promitente comprador na posse do imóvel. 2. Caráter 'propter rem' da obrigação de pagar cotas condominiais. 3. Distinção entre débito e responsabilidade à luz da

das circunstâncias do caso concreto, tanto adquirente como alienante respondem pelos débitos condominiais que recaiam sobre imóvel compromissado à venda[56], afastada a do compromitente vendedor apenas quando demonstrado "(i) que o promissário comprador imitira-se na posse; e (ii) o condomínio teve ciência inequívoca da transação". Nesta hipótese, "afasta-se a legitimidade passiva do promitente vendedor para responder por despesas condominiais relativas a período em que a posse foi exercida pelo promissário comprador", ainda que não levado o compromisso de compra e venda a prévio registro.

O enunciado ainda prescreve que "o que define a responsabilidade pelo pagamento das obrigações condominiais não é o registro do compromisso de venda e compra, mas a relação jurídica material com o imóvel, representada pela imissão na posse pelo promissário comprador e pela ciência inequívoca do condomínio acerca da transação". E por imissão da posse deve-se entender disponibilizar acesso ao imóvel ao adquirente, o que se dá por meio da simples disponibilização ou entrega das chaves, de acordo com a jurisprudência do Superior Tribunal de Justiça[57].

---

teoria da dualidade do vínculo obrigacional. 4. Responsabilidade do proprietário (promitente vendedor) pelo pagamento das despesas condominiais, ainda que posteriores à imissão do promitente comprador na posse do imóvel. 5. Imputação ao promitente comprador dos débitos gerados após a sua imissão na posse. 6. Legitimidade passiva concorrente do promitente vendedor e do promitente comprador para a ação de cobrança de débitos condominiais posteriores à imissão na posse. 7. Preservação da garantia do condomínio. 8. Interpretação das teses firmadas no REsp 1.345.331/RS, julgado pelo rito do art. 543-C do CPC. 9. Recurso Especial desprovido" (STJ, REsp 1.442.840/PR, 3ª Turma, Rel. Min. Paulo de Tarso Sanseverino, j. 06.08.2018).

56 Tema 886 do STJ: "...b) Havendo compromisso de compra e venda não levado a registro, a responsabilidade pelas despesas de condomínio pode recair tanto sobre o promitente vendedor quanto sobre o promissário comprador, dependendo das circunstâncias de cada caso concreto".

57 "Agravo interno no agravo recurso especial. Ação indenizatória. Decisão monocrática que negou provimento ao reclamo. Irresignação recursal da parte ré. (...) 2. A jurisprudência desta Corte de Justiça é no sentido de que o promitente comprador passa a ser responsável pelo pagamento das despesas condominiais e do IPTU a partir da entrega das chaves, tendo em vista ser o momento em que tem a posse do imóvel. Precedentes. 3. O acolhimento do apelo extremo, no sentido de verificar a data da efetiva disponibilização do imóvel aos compradores, demandaria a desconstituição das conclusões a que chegou o órgão julgador, o que, forçosamente, ensejaria em interpretação de cláusulas contratuais e em revolvimento de matéria fático-probatória, atraindo os óbices das Súmulas 5 e 7/STJ. Precedentes. 4. Agravo interno desprovido" (STJ, AgInt no AREsp 1.754.623/AM, 4ª Turma, Rel. Min. Marco Buzzi, j. 20.09.2021); "Agravo interno no recurso especial. Compra e venda de

Com isto, apesar de ser possível o ajuizamento da ação de cobrança em face do compromissário comprador e do proprietário constante do registro de imóveis – o que deriva da natureza *propter rem* da obrigação – pode o proprietário/compromitente vendedor eximir-se de responsabilidade acaso demonstre, de forma inequívoca, a imissão do compromissário comprador na posse do imóvel e a efetiva ciência, pelo condomínio, do negócio jurídico translativo. Com isso, evita-se a composição arbitrária do polo passivo da ação, que evidencia enorme injustiça em casos, por exemplo, de compromissos de compra e venda celebrados em data muito anterior ao débito condominial.

Esse entendimento já havia sido externado, anteriormente, pela 2ª Turma do Superior Tribunal de Justiça, ao pacificar a tese de que a análise da responsabilidade pelo pagamento das cotas condominiais – se o proprietário ou compromissário comprador – dependeria das peculiaridades de cada caso concreto. O destaque à apreciação casuística constou de importante precedente daquela Corte nos Embargos de Divergência no Recurso Especial 138.389/MG[58].

---

imóvel. Cláusula de tolerância. Abusividade. Súmulas 5 e 7 do STJ. Atraso na entrega do imóvel. Lucros cessantes. Dano material presumido. Precedentes. Dano moral. Ocorrência. Súmula 7 do STJ. Cobrança das despesas de condomínio anteriores à imissão na posse. Impossibilidade. Súmula 83 do STJ. Agravo interno não provido. (...) 4. A efetiva posse do imóvel, com a entrega das chaves, define o momento a partir do qual surge para o condômino a obrigação de efetuar o pagamento das despesas condominiais. Precedentes. 5. Agravo interno não provido" (STJ, AgInt no REsp 1.848.775/RO, 4ª Turma, Rel. Min. Luis Felipe Salomão, j. 23.02.2021); "Civil e processual civil. Condomínio. Cobrança de taxas condominiais. Promitente comprador. Contrato não levado a registro. A palavra 'condômino', contida no *caput* do artigo 12 da Lei n. 4.591/64 (quando diz que 'cada condômino concorrerá nas despesas do condomínio'), pode ser eventualmente interpretada como sendo outra pessoa que não o proprietário em nome de quem a unidade autônoma esteja registrada no livro imobiliário. A despeito de ainda não ter sido registrado o contrato de promessa de compra e venda, cabe ao promitente comprador de unidade autônoma das obrigações respeitantes os encargos condominiais, quando já tenha recebido as chaves e passado a ter assim a disponibilidade da posse, do uso e do gozo da coisa. Recurso conhecido e provido" (STJ, REsp 660.229/SP, 4ª Turma, Rel. Min. Cesar Asfor Rocha, j. 21.10.2004). No mesmo sentido: STJ, REsp 135.122/RJ, 4ª Turma, Rel. Min. Cesar Asfor Rocha, j. 05.10.1999.

58 "Civil e processual civil. Embargos de divergência. Condomínio. Despesas comuns. Legitimidade passiva. Promitente vendedor ou promissário comprador. Possibilidade. Peculiaridades de fato. Recurso não conhecido. I. A responsabilidade pelas despesas de condomínio pode recair tanto sobre o promitente vendedor quanto sobre o promissário comprador, dependendo das circunstâncias do caso concreto. II. Em face das peculiaridades fáticas dos arestos trazidos a confronto, em relação ao acórdão

Nessa decisão, criticou-se a tese constante do Recurso Especial 194.481/SP, relatado pelo Ministro Ruy Rosado de Aguiar[59], de que seria faculdade do credor optar pelo endereçamento da ação de cobrança das cotas condominiais atrasadas em face do proprietário, do adquirente, ou ambos, escolha que em regra passa pelo crivo de conveniência de quem pagaria, com maior presteza, o débito pendente.

De acordo com o julgado, o direito de opção não merecia tamanha amplitude: "Com efeito, não se pode generalizar a escolha do devedor, pelo condomínio. Para exemplificar, mencione-se a hipótese em que se tenha comprovado a transferência da posse do imóvel ao compromitente comprador, antes de registrado o instrumento em cartório. Nesses casos, a legitimidade há de recair, com respeitosa vênia, sobre o promitente comprador, e não naquele que prometeu vender. Ao admitir-se a livre escolha pelo credor entre os que se vinculam juridicamente ao imóvel, poder-se-ia chegar à situação em que, não ocorrendo a transferência do registro, o promitente vendedor poderia ser responsabilizado pelo pagamento das despesas de condomínio, ainda que decorrido longo tempo desde o compromisso de compra e venda. (...) Em conclusão, tenho que o promitente comprador é a parte legítima para responder pelas despesas de condomínio, se a dívida se refere a período posterior à celebração do contrato de promessa de compra e venda, ainda que este não tenha sido registrado. O promitente vendedor somente seria legitimado para a causa por dívida anterior à data do compromisso de compra e venda".

Percebe-se que a determinação do polo passivo da obrigação de arcar com as despesas condominiais em atraso dependerá da apreciação das circunstâncias do caso concreto, com base nos critérios hoje definidos pelo Tema 886 do Superior Tribunal de Justiça. Havendo compromisso de compra e venda não levado a registro, a responsabilidade pelas despesas de condomínio pode recair tanto sobre o promitente vendedor quanto sobre o promissário

---

embargado, não se conhece dos embargos de divergência" (STJ, ED-REsp 138.389/MG, 2ª Seção, Rel. Min. Sálvio de Figueiredo Teixeira, j. 09.08.1999, *JSTJ* 08/359).

59 "Condomínio. Despesas. Ação de cobrança. Legitimidade passiva. A ação de cobrança de cotas condominiais pode ser proposta tanto contra o proprietário como contra o promissário comprador, pois o interesse prevalente é o da coletividade de receber os recursos para o pagamento de despesas indispensáveis e inadiáveis, podendo o credor escolher – entre aqueles que tenham uma relação jurídica vinculada ao imóvel (proprietário, possuidor, promissário comprador, etc.) – o que mais prontamente poderá cumprir com a obrigação, ressalvado a este o direito regressivo contra quem entenda responsável. Ação promovida contra o proprietário. Recurso conhecido, mas improvido" (STJ, REsp 194.481/SP, 4ª Turma, Rel. Min. Ruy Rosado de Aguiar, j. 04.02.1999, *RT* 766/214).

comprador, dependendo das circunstâncias de cada caso concreto, afastada a responsabilidade do alienante se restar comprovado que (i) o promissário comprador imitira-se na posse e (ii) o condomínio teve ciência inequívoca da transação.

Registre-se que o Tribunal de Justiça do Estado de São Paulo tem replicado o entendimento firmado pelo Superior Tribunal de Justiça por meio do Tema 886[60], a fim de permitir a composição do polo passivo com adquirente

---

[60] Nesse sentido: "Direito Civil. Agravo Interno em Recurso Especial. Despesas condominiais. Compromisso de compra e venda não levado a registro. Responsabilidade pelo pagamento. Decisão em consonância com o tema 886 do E. STJ. Desprovimento. I. Caso em exame 1. Agravo Interno contra decisão que negou seguimento a Recurso Especial, que versa sobre a legitimidade para responder por dívidas condominiais na hipótese de alienação de imóvel por meio de compromisso de compra e venda sem registro. II. Questão em discussão 2. Aplicação do regime de recursos repetitivos ao caso concreto. III. Razão de decidir 3. Ao julgar o tema 886, o E. STJ assim decidiu: 'a) O que define a responsabilidade pelo pagamento das obrigações condominiais não é o registro do compromisso de compra e venda, mas a relação jurídica material com o imóvel, representada pela imissão na posse pelo promissário comprador e pela ciência inequívoca do condomínio acerca da transação. b) Havendo compromisso de compra e venda não levado a registro, a responsabilidade pelas despesas de condomínio pode recair tanto sobre o promitente vendedor quanto sobre o promissário comprador, dependendo das circunstâncias de cada caso concreto. c) Se ficar comprovado: (i) que o promissário comprador se imitira na posse; e (ii) o condomínio teve ciência inequívoca da transação, afasta-se a legitimidade passiva do promitente vendedor para responder por despesas condominiais relativas a período em que a posse foi exercida pelo promissário comprador'. 4. Acórdão em consonância com o entendimento firmado sob o regime dos recursos repetitivos, ao decidir a matéria da legitimidade passiva, ante as peculiaridades do caso concreto. 5. Agravo que não trouxe elementos aptos à reforma da decisão. IV. Dispositivo 6. Agravo Interno a que se nega provimento" (TJSP, Agravo Interno Cível 1012419-19.2023.8.26.0361, Câmara Especial de Presidentes, Rel. Des. Heraldo de Oliveira, j. 28.03.2025); "Cobrança. Despesas condominiais. Ação de cobrança ajuizada contra a titular do domínio constante do registro imobiliário. Transmissão da posse a terceiro, por meio de programa destinado à compra de imóvel popular, vários anos antes da inadimplência. Elementos probatórios que indicam ciência do condomínio. Ilegitimidade passiva do proprietário. Processo extinto sem resolução de mérito. Art. 267, VI, do CPC. Litigância de má-fé da requerida. Inocorrência. Sentença reformada. Recurso provido. Para o deslinde do feito, basta notar que, conquanto não se desconheça que o titular do domínio de bem imóvel deva, em princípio, responder pelas despesas condominiais, verifica-se que, em caso de transmissão do bem a terceiro, por meio de compromisso de compra e venda, tal regra cede à demonstração de que o condomínio tinha ciência do negócio jurídico realizado, o que implica a responsabilização única do promissário-comprador pelos débitos condominiais constituídos depois de celebrado o contrato, tal qual tranquila jurisprudência do E. STJ" (REsp 295.304/

e alienante, mas afastando a legitimidade *ad causam* do compromitente vendedor quando demonstrada a imissão do adquirente na posse do imóvel e a ciência inequívoca da transação pelo condomínio, posicionamento que, como dito, traz como principal mérito impedir a formação arbitrária do polo passivo para exigir, do proprietário que ainda consta do registro imobiliário, despesas condominiais de fruição para as quais não concorreu ou usufruiu.

Todas as decisões aqui apontadas têm um caráter comum: a confirmação da natureza *propter rem* da obrigação de pagamento das despesas do condomínio e se mostram atentas à natureza jurídica do contrato de compromisso de compra e venda. Nessas condições, afigura-se correto o entendimento de que o proprietário é parte ilegítima em ação de cobrança que tenha por objeto mensalidades vencidas após a imissão na posse do compromissário comprador, conforme decidido pelo Superior Tribunal de Justiça no Tema 886 e, antes disso, nos Recurso Especial 425.425/SP e no Agravo Regimental no Recurso Especial 660.325/DF, em que se reconheceu a legitimidade passiva do compromissário comprador, em substituição ao compromitente vendedor do imóvel. Nestes casos, poderá o condomínio credor pleitear a penhora dos direitos decorrentes do compromisso de compra e venda para satisfação do seu crédito, conforme já decidido pelo Superior Tribunal de Justiça nos autos do Recurso Especial 1.273.313/SP[61].

---

SP, Rel. Min. Ari Pargendler, 3ª Turma, j. 13.09.2001, *in DJ* 29.10.2001, p. 203; REsp 258.382/MG, Rel. Min. Sálvio de Figueiredo Teixeira, 4ª Turma, j. 15.08.2000, *in DJ* 25.09.2000, p. 111)" (TJSP, AC 0026627-79.2010.8.26.0361, Rel. Des. Walter Exner, j. 09.02.2012).

61 "Recurso especial. Civil. Despesas condominiais. Promissário comprador. Ação de cobrança. Compromisso de compra e venda. Penhora dos direitos. Possibilidade. Constrição. Imóvel gerador da dívida. Inadmissibilidade. Princípio da continuidade. 1. Cinge-se a controvérsia a saber se, não tendo o proprietário do bem figurado na ação de cobrança de cotas condominiais, mas tão somente o promissário comprador, é possível, em execução, a penhora do próprio imóvel que gerou a dívida ou apenas a constrição sobre os direitos aquisitivos decorrentes do compromisso de compra e venda. 2. Ajuizada a ação contra o promissário comprador, este responde com todo o seu patrimônio pessoal, o qual não inclui o imóvel que deu origem ao débito condominial, haja vista integrar o patrimônio do promitente vendedor, titular do direito de propriedade, cabendo tão somente a penhora do direito à aquisição da propriedade. 3. A penhora da unidade condominial em execução não pode ser autorizada em prejuízo de quem não tenha sido parte na ação de cobrança na qual se formou o título executivo. Necessária a vinculação entre o polo passivo da ação de conhecimento e o polo passivo da ação de execução. 4. Pelo princípio da continuidade registrária (arts. 195 e 237 da Lei n. 6.216/1975), a transferência de direito sobre o imóvel depende de que este preexista no pa-

Situação distinta é a do proprietário que, apesar de alienar imóvel por meio de compromisso de compra e venda, posteriormente o desconstitui e retoma a sua posse em casos como de distrato ou resolução judicial por falta de pagamento das parcelas pactuadas. Nessas hipóteses, se houver débito referente ao período em que compromissário comprador exerceu posse, o proprietário que retoma o imóvel responde pelo pagamento da integralidade do débito perante o condomínio, respeitado o direito de regresso em face daquele que deveria pagar as cotas condominiais vencidas. Nesse sentido decidiu o Superior Tribunal de Justiça no Agravo Interno no Agravo em Recurso Especial 2.212.049/PR[62] e nos Recursos Especiais 434.555/SP[63] e 37.975/RJ[64].

---

trimônio do transferente, o que, no caso, torna inviável a penhora do próprio imóvel em virtude da ausência de título anterior em nome dos executados. 5. Recurso especial não provido" (STJ, REsp 1.273.313/SP, 3ª Turma, Rel. Min. Ricardo Villas Boas Cueva, j. 03.11.2015).

62 "Processual civil. Agravo interno no agravo em recurso especial. Ação de cobrança. Débito condominial. Compromisso de compra e venda legitimidade passiva. Responsabilidade solidária. Retomada do imóvel. Responsabilidade do promitente vendedor. Súmula n. 83 do STJ. Decisão mantida. Agravo interno desprovido. 1. O que define a responsabilidade pelo pagamento das obrigações condominiais é a relação jurídica material com o imóvel, podendo essa responsabilidade recair tanto sobre o promissário comprador quanto sobre o promitente vendedor, ou sobre ambos. 2. Em regra, o promitente comprador do imóvel é responsável pelos débitos de condomínio contemporâneos à sua posse. entretanto, tendo havido a retomada do imóvel pelo promitente vendedor, responde ele pelas despesas condominiais, ressalvado o direito de regresso. 3. Agravo interno desprovido" (AgInt no AREsp 2.212.049-PR, 4ª Turma, Rel. Min. João Otávio de Noronha, j. 19.08.2024).

63 "Condomínio. Quotas condominiais. Proprietário que readquire o bem. O proprietário que retoma em juízo os imóveis que antes prometera vender a terceiros, responde pelas quotas condominiais em atraso. Recurso não conhecido" (STJ, REsp 434.555/SP, 4ª Turma, Rel. Min. Ruy Rosado de Aguiar, j. 17.09.2002).

64 "Civil. Condomínio. Ação sumaríssima. Cotas em atraso. Título não registrado. Cobrança feita à antiga condômina (CEF). Rescisão da alienação após a sentença monocrática. Fato novo. Aplicação do artigo 462 do Código de Processo Civil pelo Tribunal Regional. Pertinência. Multa moratória convencional. Dispositivo da Lei n. 4.591/64 não prequestionado. Súmula n. 211/STJ. Honorários advocatícios. Parâmetro legal. Artigo 20, parágrafo 3º do Código de Processo Civil. I. Inexiste violação ao artigo 515, *caput* do Código de Processo Civil, no fato de o Tribunal, bem servindo-se do artigo 462 da mesma lei adjetiva, ter considerado fato novo surgido imediatamente após a sentença de 1º grau, consubstanciado na rescisão do compromisso de compra e venda, que devolveu a titularidade à ré sobre o imóvel que se achava em débito com as cotas condominiais. II. Descabe ao Superior Tribunal de Justiça apreciar a não aplicação de multa moratória estipulada em Convenção de Condomínio. Violação à Lei n. 4.591/64 não prequestionada. Incidência da Súmula

A conclusão justifica-se, mais uma vez, pela natureza *propter rem* da obrigação, uma vez que se o compromitente vendedor recupera a posse do imóvel compromissado, o direito de propriedade que lhe toca continua a servir de origem do dever de pagamento das cotas condominiais vencidas que lhe foi automaticamente repassado no momento da reaquisição do bem.

Por fim, o registro do compromisso de compra e venda, para efeito de responsabilização do compromissário comprador, constitui medida absolutamente prescindível. Não pode o condomínio optar por demandar o proprietário do imóvel com base no argumento de que a ausência de registro do compromisso de compra e venda impediu o conhecimento da transação com terceiro.

Basta que o condomínio tenha efetiva ciência de que o imóvel é ocupado por compromissário comprador para que este conste necessariamente no polo passivo da ação de cobrança, conhecimento esse que deve ser aferido casuisticamente, nos termos do já mencionado Tema 886 do Superior Tribunal de Justiça. Pode ele se dar por meio de notificação ou até mesmo do comportamento do adquirente no ambiente do condomínio, em especial quando residente no imóvel por muitos anos ou quando participa, na qualidade de condômino, das assembleias gerais.

Imagine-se o caso de um compromissário comprador que reside por décadas num apartamento e não obtém escritura por qualquer motivo. Sua presença no condomínio é notória e não pode ser desconsiderada pura e simplesmente pela falta de registro do instrumento contratual que, como já dito, tem escopo completamente diverso: constituir em favor do adquirente o direito real de aquisição a evitar novos atos de alienação indevida e opô-los a terceiros que, sobre o imóvel, reclamem o mesmo direito real. Em nada se relaciona com a necessidade de conhecimento, pelo condomínio, da alteração da titularidade do dever de pagamento das cotas condominiais, o que, aliás, pode ocorrer informalmente.

E nesse sentido o Superior Tribunal de Justiça, antes mesmo do Tema 886, já vinha decidido reiteradamente[65].

---

n. 211 do STJ. III. Não configuradas as hipóteses do artigo 20, parágrafo 4º do Código de Ritos, os honorários advocatícios devem ser fixados dentro dos parâmetros do parágrafo 3º do mesmo dispositivo legal. Sucumbência elevada a 10% sobre o valor da execução. IV. Recurso da CEF não conhecido. Recurso do condomínio autor conhecido e parcialmente provido" (STJ, REsp 37.975/RJ, 4ª Turma, Rel. Min. Aldir Passarinho Jr., j. 16.09.1999).

[65] "Civil. Compromisso de compra e venda. Cotas condominiais. Cobrança. Titularidade do promitente comprador do imóvel para figurar no pólo passivo da demanda.

## 4.3 EMBARGOS DE TERCEIRO E A DESNECESSIDADE DE REGISTRO DO COMPROMISSO DE COMPRA E VENDA

Contrato muito difundido no mercado imobiliário brasileiro, o compromisso de compra e venda constitui para muitos a única via de acesso à aquisição da propriedade imóvel, em especial aos menos abastados. Muitos deles, em virtude de dificuldades econômicas ou até desconhecimento, deixam de tomar a cautela de proceder ao seu registro no cartório de imóveis, para efeito de constituir o direito real de aquisição oponível contra todos. Chegam até mesmo a supor que a posse do contrato não registrado é suficiente à demonstração do "direito de propriedade" e capaz de impedir que terceiros reclamem para si direitos sobre ele.

Também não são raros os casos em que o adquirente, titular de contrato de compromisso de compra e venda não registrado, é surpreendido por ordem judicial, que determina a penhora do imóvel compromissado, expedida em ação de execução ou incidente de cumprimento de sentença, em que o compromitente vendedor figura como devedor. Como o contrato não se revestiu de publicidade, o credor exequente foi levado a crer que o imóvel ainda integraria o patrimônio do alienante e, por essa razão, pleiteia sua constrição para satisfação do seu crédito estampado em sentença transitada em julgado ou título executivo extrajudicial.

De fato, determinados atos judiciais podem atingir indevidamente interesses de quem não figura como parte no processo, não obstante o art. 506 do Código de Processo Civil de 2015 expressamente aduzir que as decisões judiciais não podem beneficiar e tampouco prejudicar terceiros. Essa *ultra eficácia* da atividade jurisdicional, expressão adotada por Donaldo Armelin[66], legitima o compromissário comprador, na qualidade de possuidor de bem imóvel, a propor ação de *embargos de terceiro*, regulada no direito brasileiro pelos arts. 674 a 680 do Código de Processo Civil de 2015, e que encontra disciplina idêntica no art. 619 do diploma processual civil italiano, que regula a figura da *opposizione de terzo*.

---

I. A cobrança de cotas condominiais deve recair sobre o promitente-comprador da unidade adquirida em condomínio, sendo irrelevante o fato da escritura de compra e venda não estar inscrita no cartório de imóveis. Precedentes do Superior Tribunal de Justiça. II. Recurso não conhecido" (STJ, REsp 195.309/SP, 4ª Turma, Rel. Min. Barros Monteiro, j. 23.02.1999). No mesmo sentido, os REsp 74.495/RJ, 164.774/SP, 210.193/SP, 122.924/RJ, 161.272/SP, 174.737/SP, 76.275/SP, 189.941/SP, 200.914/SP, 212.799/SP, 92.330/RJ e 40.263/RJ.

66 ARMELIN, Donaldo. Dos embargos de terceiro. **Revista de Processo**. São Paulo, ano 16, n. 62, p. 40, abr./jun. 1991.

Os embargos de terceiro, de acordo com a lição de José Rogério Cruz e Tucci, têm por finalidade "afastar a eficácia de constrição judicial, produtora de turbação ou esbulho na posse do embargante, proprietário ou simplesmente possuidor"[67]. Mas não se limitam apenas às hipóteses de perda ou perturbação da posse, porquanto admissíveis nos casos de simples ameaça, materializada, *v.g.*, por decisão judicial que determina o arresto ou penhora de um bem de terceiro antes da expedição ou cumprimento do respectivo mandado judicial[68]. Além da posse, Luiz Ambra destaca que os embargos de terceiro também servem à proteção de direitos[69], dentre eles podendo-se destacar a hipótese do credor, titular de garantia real (hipoteca, penhor e anticrese), que se opõe a ato de constrição judicial que recaia sobre o bem dado em garantia e em detrimento do direito de preferência que o toca, hipótese expressamente contemplada no art. 674, IV, do Código de Processo Civil de 2015.

Com efeito, enquanto possuidor, o compromissário comprador tem legitimidade para a propositura da ação de embargos de terceiro. Apesar de ainda não ser o proprietário do bem compromissado, o exercício de posse lastreada em contrato o autoriza a buscar proteção contra ato judicial causador ou ao menos apto a ensejar esbulho ou turbação, nos termos do art. 674, § 1º, do Código de Processo Civil de 2015.

Se o cabimento dos embargos de terceiro por iniciativa do compromissário comprador constitui questão fora de dúvida, o mesmo não se poderia dizer, nas décadas passadas, quanto à necessidade do seu prévio registro para torná-lo oponível *erga omnes* e só assim autorizar o conhecimento do mérito da ação. Muitas foram as discussões travadas até a edição da Súmula 84 do Superior Tribunal de Justiça, responsável pela dispensa do cumprimento dessa formalidade.

---

67 CRUZ E TUCCI, José Rogério. Embargos de terceiro: questões polêmicas. **Revista de Processo**, São Paulo, ano 94, v. 833, p. 56, mar. 2005.

68 DINAMARCO, Cândido Rangel. **Instituições de direito e processual civil**. 2. ed. São Paulo: Malheiros, 2006, v. 4, p. 742. Vide, também: RODRIGUES, Ruy Zoch. **Embargos de terceiro**. São Paulo: Revista dos Tribunais, 2006, p. 27. Esses autores divergem apenas quanto à possibilidade de interposição de embargos de terceiro em caso de simples indicação, pelo credor, de bem pertencente a quem não é parte na execução ou cumprimento da sentença à penhora. Enquanto o primeiro admite, o segundo entende que a mera indicação não constitui ainda ameaça suscetível de autorizar embargos, exceto quando demonstrado algum embaraço ao exercício da posse.

69 AMBRA, Luiz. **Dos embargos de terceiro**. São Paulo: Revista dos Tribunais, 1971, p. 20.

### 4.3.1 A Súmula 621 do Supremo Tribunal Federal

O Supremo Tribunal Federal, então dotado de competência para a análise de questões infraconstitucionais, nos termos do art. 114, III, *a* a *d*, da então vigente Constituição Federal de 1967, firmou entendimento do sentido de que o registro do compromisso de compra e venda era imprescindível para que o adquirente pudesse manejar embargos de terceiro.

A questão ganhou relevo na Excelsa Corte a partir dos Embargos de Divergência no Recurso Extraordinário 87.958/RJ, julgados em 17.11.1978. O recurso extraordinário que ensejou a divergência e interposto pelo compromissário comprador (RE 87.958/RJ, j. 24.11.1977[70]) foi provido com fim de desconstituir penhora que incidiu sobre imóvel compromissado à venda, mesmo sem o registro do contrato no cartório de imóveis. Como paradigma, o credor exequente indicou precedente em sentido contrário, constante no Recurso Extraordinário 73.527 (1ª Turma, Rel. Min. Djaci Falcão), que exigia o registro do compromisso de compra e venda como formalidade essencial para que os embargos de terceiro pudessem ser manejados pelo adquirente.

Ainda que por maioria de votos, prevaleceu a tese da necessidade do registro no julgamento dos embargos de divergência. Sua obrigatoriedade justificar-se-ia pelo fato de a penhora recair sobre direito real de aquisição que toca ao adquirente, que se constitui apenas por meio da inscrição imobiliária, e não sobre a posse ou qualquer outro direito pessoal. O Ministro Moreira Alves, ao proferir voto-vista quanto ao mérito da questão, aduziu que o compromissário comprador desprovido de contrato registrado é titular apenas de direito pessoal e, por lhe faltar direito real, sua posse não legitimaria o ataque ao ato constritivo, a exemplo do que sucede com o comodatário, locatário, mero possuidor ou depositário de um imóvel determinado.

Mesmo vencido, o voto proferido pelo Ministro Soares Muñoz é digno de nota por sua lucidez e atenção à natureza jurídica do compromisso de compra e venda e do direito real dele decorrente. O magistrado, que participou do julgamento do Recurso Extraordinário 87.958/RJ, dando-lhe provimento para afastar a necessidade do registro, manteve o posicionamento ali adotado, no sentido de que, por exercer posse em nome próprio, o compromissário comprador prescindiria da inscrição do contrato para manejar, enquanto

---

[70] "Embargos de terceiro senhor e possuidor. Sua procedência, nos termos do artigo 1.046 do Código de Processo Civil. A falta de registro da promessa de compra e venda não obsta a procedência dos embargos, eis que, para se opor ao ato de penhora, basta a qualidade de mero possuidor" (STF, RE 87.958/RJ, 1ª Turma, Rel. Min. Cunha Peixoto, j. 24.11.1977).

possuidor, os embargos de terceiro: "Celebrado o contrato de promessa de compra e venda através de escritura pública, o promitente comprador passou a residir no apartamento, como se proprietário fosse. Não necessitava inscrever no registro de imóveis a avença para obter a imissão na posse, porque já se acha nela, há muitos anos. De outro lado, a situação de visibilidade da propriedade resultante dessa posse confere ao compromissário legitimidade *ad causam* para propor embargos de terceiro possuidor".

Com base no entendimento firmado nos Embargos de Divergência no Recurso Extraordinário 87.958/RJ, o Supremo Tribunal Federal passou, reiteradamente, a negar ao compromissário comprador desprovido do direito real de aquisição o direito de manejo dos embargos de terceiro[71], o que culminou na edição da Súmula 621: "Não enseja embargos de terceiro à penhora a promessa de compra e venda não inscrita no registro de imóveis".

Tal posicionamento foi responsável por grandes injustiças e deixou muitos adquirentes à margem de qualquer proteção legal, em face de atos de constrição destinados à satisfação de dívidas que por eles não foram contraídas. Seu excessivo apego a aspectos puramente formais desconsiderou não só a natureza jurídica do contrato de compromisso de compra e venda, como, em especial, a realidade do mercado imobiliário brasileiro.

Desde o momento da celebração do compromisso de compra e venda, o que o compromitente vendedor pretende é se desfazer da propriedade do imóvel compromissado, ou seja, que o bem imóvel compromissado deixe de integrar seu patrimônio. A conservação da propriedade, desprovida do *ius utendi*, *fruendi* e parte do *abutendi* alienados ao adquirente, tem por finalidade apenas garantir o recebimento integral do preço pactuado, nada mais.

O adquirente, por sua vez, passa a exercer posse em nome próprio desde a sua imissão no imóvel, já que por meio do compromisso de compra e venda, busca se tornar proprietário da coisa após a quitação do preço, diferentemente do que ocorre com o locatário ou comodatário que, ao final dos seus contratos, têm o dever de restituir a coisa alugada ou emprestada. Caminha em direção à consolidação da propriedade desde o momento em que é imitido na posse do imóvel e passa a pagar pontualmente o preço acertado.

De outra ponta, muitos são os compromissários compradores que, por desaviso, incapacidade econômica ou impossibilidade jurídica, deixam ou não conseguem proceder ao registro do contrato no cartório de imóveis.

---

[71] Nesse sentido, ver os Recursos Extraordinários 105.817/PR e RE 101.237/SP, ambos julgados em 11.04.1986 e relatados pelo Ministro Sydney Sanches.

Tais fatores fazem com que muitos deles, em especial os mais carentes, suponham que o compromisso de compra e venda, por si só, seja suficiente à transferência da propriedade imóvel, já que essa é a intenção expressada pelas partes quando da sua celebração. Por outro lado, o registro, em regra muito dispendioso, afugenta aqueles que mal conseguem pagar as prestações do contrato e demais encargos que recaem sobre o imóvel, tais como impostos e condomínio e, por fim, irregularidades no parcelamento do solo urbano, defeitos no contrato ou falta de certidões negativas podem inviabilizar a efetivação do registro, notadamente num ambiente contratual em que a informalidade constitui traço marcante.

Essa realidade não poderia passar ao largo do direito e muito menos dos tribunais. A evolução das relações sociais impõe ao aplicador das normas o dever de adaptá-las a um novo contexto, com o escopo de pacificar adequadamente os conflitos sociais, sempre com os olhos voltados ao bem comum e ao interesse social, conforme determina o art. 5º da Lei de Introdução às Normas do Direito Brasileiro (LINDB). Tal papel coube ao Superior Tribunal de Justiça que, atento a essa necessidade, cuidou de eliminar a injusta exigência do registro para a interposição dos embargos de terceiro pelo compromissário comprador.

### 4.3.2 A Súmula 84 do Superior Tribunal de Justiça

Com o advento da Constituição de 1988, a competência para julgamento das questões federais infraconstitucionais foi deslocada do Supremo Tribunal Federal para o então criado Superior Tribunal de Justiça, ao qual, nos termos do seu art. 105, III, *a*, *b* e *c*, compete julgar, em recurso especial, "as causas decididas em única ou última instância, pelos Tribunais Regionais Federais ou pelos Tribunais dos Estados, do Distrito Federal e Territórios, quando a decisão recorrida: a) contrariar tratado ou lei federal, ou negar-lhes vigência; b) julgar válido ato de governo local contestado em face da lei federal; c) der à lei federal interpretação divergente da que lhe haja atribuído outro tribunal".

Por conseguinte, a questão da admissibilidade dos embargos de terceiro interpostos pelo compromissário comprador desprovido de contrato registrado passou a se submeter ao crivo do Superior Tribunal de Justiça que, atento às peculiaridades do negócio jurídico, e sobretudo à realidade do mercado imobiliário brasileiro, tornou sem efeito o enunciado da Súmula 621 do Supremo Tribunal Federal, ao dispensar o registro como requisito de admissibilidade da ação, por meio da edição da Súmula 84, que assim dispõe: "É admissível a oposição de embargos de terceiro fundados em alegação de posse advinda de compromisso de compra e venda de imóvel, ainda que desprovido do registro".

A Súmula 84 do Superior Tribunal de Justiça foi precedida de importantes precedentes daquela mesma Corte. Dentre eles, destaca-se o voto proferido pelo Ministro Athos Gusmão Carneiro no Recurso Especial 188/PR (4ª Turma, j. 08.08.1989), que pela primeira vez afastou a necessidade de registro do compromisso de compra e venda imposta pela Súmula 621 do Supremo Tribunal Federal, para a interposição dos embargos de terceiro. A decisão, pautada nas peculiaridades que contornam o ato de celebração do compromisso de compra e venda, mostrou-se atenta à realidade social, para garantir ao público usuário dessa modalidade contratual – em especial os mais carentes – justa proteção à sua posse, em caso de turbação ou esbulho derivado de ato judicial constritivo.

Seu teor merece transcrição: "Senhor Presidente, ao apreciar este tema impressiono-me, sobremodo, com as consequências, no plano social, dos nossos julgamentos. Sabemos que no nosso país, principalmente nas camadas mais pobres da população, um grande número de negócios, e até direito, a maior parte dos negócios, é efetuada de maneira menos formal, e até absurdamente informal. Compram-se e vendem-se pequenos terrenos, apartamentos e casas apenas mediante a emissão de recibos, sinais de arras e mesmo de promessas de compra e venda ou 'transferências de posse' redigidos de forma singela. E é muitíssimo comum que esses documentos não venham a ser registrados no registro de imóveis, inclusive porque com frequência os termos em que estão vazados não permitiriam o registro. Para o registro imobiliário é necessário que o contrato se revista de determinados requisitos, o que exige, frequentemente, a presença de tabelião ou do profissional do direito. Então, com extrema frequência, ocorre na vida judiciária termos alguém que é possuidor do seu terreno ou da sua casa há muitos anos, em inteira boa-fé, que já pagou a totalidade do preço há muitos anos, e de repente é surpreendido por uma penhora, em execução promovida contra aquele que lhe havia 'alienado' o imóvel; nos termos da aludida súmula, irá perder seus direitos à posse e à aquisição da propriedade. Então vemos aqui os dois pratos da balança: de um lado, temos o direito do credor, direito pessoal; do outro lado o direito, também pessoal, do possuidor e promitente comprador. Geralmente, como no caso dos autos, o possuidor já mantinha o seu direito de posse e os direitos à aquisição decorrentes de sua promessa de compra e venda desde antes do surgimento do crédito que origina a penhora. Então se pergunta: entre as duas pretensões, a do credor, direito pessoal, e a do promitente comprador com justa posse, direito também pessoal, qual é aquela que merece maior tutela, maior proteção da ordem jurídica? Tenho a impressão de que levar nosso raciocínio para o terreno do direito registral importará na aplicação das normas jurídicas dentro de um, digamos assim, tecnicismo exagerado. É certo que, num plano puramente registral, o domínio do imóvel penhorado, ainda tecnicamente, integra o patrimônio do promitente vendedor. O promitente vendedor ainda é dono do imóvel, mas o é sob aquele *minus* derivado das obrigações que assumiu, de outorga da escritura definitiva, em virtude do contrato, quitado ou não, de promessa de compra e venda. O patrimônio do cidadão não é constituído só dos seus direitos, mas também das suas obrigações. E o promitente vendedor tem a obrigação de garantir a posse transferida contratualmente ao promitente comprado, que a exerce em nome próprio".

A brilhante decisão resolve o conflito existente entre dois direitos pessoais – direito de crédito que toca ao credor exequente e direito pessoal decorrente do compromisso de compra e venda – com base no critério do *justum* prescrito no art. 5º da Lei de Introdução às Normas do Direito Brasileiro (LINDB), apesar de não fazer menção expressa ao referido comando normativo. Atento ao dever que toca ao magistrado de observar os fins sociais e o bem comum quando da aplicação da lei, o Ministro Athos Gusmão Carneiro faz sua opção: "(...) creio que conforme com as necessidades atuais do comércio jurídico, a interpretação pela qual, no choque de interesses de dois direitos eminentemente pessoais (a própria penhora não é direito real, mas ato processual executivo), direito pessoal tanto um quanto outro, deve prevalecer, na via dos embargos de terceiro, o direito daquele que está na justa e plena posse do imóvel, como seu legítimo pretendente à aquisição, face ao direito do credor do promitente vendedor, desde que no caso ausente, por certo, qualquer modalidade de fraude a credores ou à execução. Esta orientação melhor se coaduna à realidades jurídico-sociais do nosso país, e impende sejamos sensíveis a estas realidades".

Trata-se de posicionamento mais adequado e, sobretudo, justo. O direito, enquanto mecanismo de regulação das relações sociais, não pode caminhar imune da realidade, sob pena de não alcançar o fim a que se presta. Deve ele se apropriar de tudo aquilo que ocorre na sociedade, de forma a dar a cada caso concreto uma decisão adequada, tarefa que incumbe ao magistrado como aplicador do direito por excelência. Ele, ao interpretar e aplicar as normas constantes no direito posto, tem a obrigação de aproximá-las dos fatos e dos valores vigentes numa dada sociedade, sem o que o ideal de justiça preconizado no art. 5º da Lei de Introdução às Normas do Direito Brasileiro (LINDB) não se realizará.

A manutenção da exigência do registro para a defesa da posse por meio dos embargos de terceiro somente contribuiria para a instabilidade das relações sociais, já que deixaria sem qualquer proteção muitos adquirentes que exercem posse de boa-fé e em nome próprio sobre o imóvel compromissado. E, de fato, o direito de crédito que toca ao credor exequente deve sucumbir ao do adquirente de imóvel, dotado de maior relevância social em razão do imóvel que lhe serve de objeto se destinar, em regra, à sua moradia, direito humano garantido por tratados internacionais e pelo ordenamento jurídico pátrio[72].

Além disso, o registro do compromisso de compra e venda tem finalidade diversa: constituir em favor do compromissário comprador direito real de aquisição capaz de impedir que novos atos de alienação indevidamente praticados pelo compromitente vendedor se tornem eficazes, o que não se confunde com o conhecimento, pelo credor do alienante, da celebração do contrato.

A referida decisão passou a ser secundada por muitos outros julgados do Superior Tribunal de Justiça que, após constatar a pacificação desse entendimento em todas as suas turmas julgadoras, editou a Súmula 84, que hoje garante de forma pacífica o direito do compromissário comprador se valer da ação de embargos de terceiro, ainda que o contrato esteja desprovido de registro.

### 4.3.3 Embargos de terceiro e fraude à execução

Dizer que os embargos de terceiro com base em compromisso de compra e venda não registrado são admissíveis não implica a conclusão de que, no mérito, eles sempre serão procedentes. Como bem aponta Ruy Zoch Rodrigues, o que a Súmula 84 garante é o acesso à via processual dos embargos de terceiro, cuja procedência dependerá da oponibilidade do direito do promitente comprador ao credor que requereu a penhora do imóvel[73], haja vista o caráter abstrato do direito de ação que se desprende da aferição da existência ou não do direito material num dado caso concreto[74].

---

72 Sobre o direito à moradia como direito humano, vide a nota de rodapé 106.

73 RODRIGUES, Ruy Zoch. **Embargos de terceiro**. São Paulo: Revista dos Tribunais, 2006, p. 47.

74 CINTRA, Antonio Carlos de Araújo; GRINOVER, Ada Pellegrini; DINAMARCO, Cândido Rangel. **Teoria geral do processo**. 12. ed. São Paulo: Malheiros, 1996, p. 249.

Nesse contexto, merece destaque a questão da ocorrência ou não de fraude à execução, notadamente quando o ato de alienação se dá no curso da ação de execução em que ocorreu o ato judicial constritivo.

Nos termos do art. 792 do Código de Processo Civil de 2015, considera-se em fraude à execução a alienação ou oneração de bens realizadas quando: (i) o sobre o bem pender ação fundada em direito real ou com pretensão reipersecutória, desde que a pendência do processo tenha sido averbada no respectivo registro público, se houver; (ii) tiver sido averbada, no registro do bem, a pendência do processo de execução, na forma do art. 828 do diploma processual; (iii) quando tiver sido averbado, no registro do bem, hipoteca judiciária ou outro ato de constrição judicial originário do processo onde foi arguida a fraude; (iv) quando, ao tempo da alienação ou da oneração, tramitava contra o devedor ação capaz de reduzi-lo à insolvência; e (v) nos demais casos expressos em lei. A alienação, por sua vez, deve ser apta à redução do patrimônio do devedor, a ponto de torná-lo insuficiente à satisfação do crédito objeto da execução ou cumprimento da sentença, de forma que, se tiver outros bens desembaraçados, sobre eles deverá recair o ato de constrição judicial, face ao princípio da menor onerosidade da execução, prescrito no art. 805 do Código de Processo Civil de 2015.

A fraude à execução, quando verificada, conduz à ineficácia do ato de alienação ou oneração capaz de reduzir artificialmente o patrimônio do devedor e frustrar a satisfação do crédito devido ao exequente (art. 792, § 1º, do CPC/2015), sendo mandatória, antes da sua declaração judicial, a intimação do terceiro adquirente para, se assim pretender, manejar embargos de terceiro no prazo de 15 dias, sob pena de nulidade (art. 792, § 4º, do CPC/2015). É esse o elemento – a finalidade – que distingue o negócio hígido do fraudulento, já que seu conteúdo, por si só, não se mostra idôneo a evidenciar sua ilicitude[75].

Por se tratar de ato atentatório à atividade jurisdicional, há presunção absoluta do *consilium fraudis* entre o devedor alienante e o adquirente. Difere, portanto, da fraude contra credores, cujo reconhecimento depende da demonstração, pelo lesado, não só do conluio entre as partes contratantes, como do evento danoso derivado do ato de alienação, além de ensejar não a ineficácia, mas a anulação do negócio jurídico, nos termos dos arts. 158 e 159 do Código Civil.

---

75 ASSIS, Araken de. **Manual do processo de execução**. 4. ed. São Paulo: Revista dos Tribunais, 1997, p. 342.

Resta agora perquirir sobre o momento em que se consuma a fraude à execução.

A Súmula 375 do Superior Tribunal de Justiça firmou entendimento no sentido de que o registro da penhora constitui o marco temporal para aferição da ocorrência ou não da fraude à execução, a partir do qual vigorará presunção absoluta do conhecimento de terceiros. Ausente o registro, seu reconhecimento depende da prova, pela parte lesada, da má-fé do terceiro adquirente[76].

Se ausente o registro ou efetivado em data posterior ao ato de alienação, preserva-se a posse do adquirente por meio dos embargos de terceiro, em favor de quem milita a presunção relativa de boa-fé, que pode ser elidida apenas quando o credor consegue demonstrar seu conhecimento prévio e efetivo da existência da demanda em curso ou do *consilium fraudis*, que nesse caso não se presume[77]. Agora, se o compromisso tiver sido celebrado em momento posterior ao registro da penhora ou arresto, o negócio é reputado ineficaz, sendo irrelevante a alegação de boa-fé do adquirente,

---

[76] Súmula 375 do STJ: "O reconhecimento da fraude à execução depende do registro da penhora do bem alienado ou da prova de má-fé do terceiro adquirente".

[77] Nesse sentido: "Tributário. Embargos de terceiro. Execução fiscal. Fraude à execução. Alienação posterior à citação do executado, mas anterior ao registro de penhora ou arresto. Necessidade de comprovação do *consilium fraudis*. 1. A jurisprudência do Superior Tribunal de Justiça, interpretando o artigo 185 do Código Tributário Nacional, pacificou-se, por entendimento da Primeira Seção (EREsp. 40.224/SP), no sentido de só ser possível presumir-se em fraude à execução a alienação de bem de devedor já citado em execução fiscal. 2. Ficou superado o entendimento de que a alienação ou oneração patrimonial do devedor da Fazenda Pública após a distribuição da execução fiscal era o bastante para caracterizar fraude, em presunção *jure et de jure*. 3. Afastada a presunção, cabe ao credor comprovar que houve conluio entre alienante e adquirente para fraudar a ação de cobrança. 4. No caso alienação de bens imóveis, na forma da legislação processual civil (art. 659, § 4º do CPC, desde a redação da Lei n. 8.953/94), apenas a inscrição de penhora ou arresto no competente cartório torna absoluta a assertiva de que a constrição é conhecida por terceiros e invalida a alegação de boa-fé do adquirente da propriedade. 5. Ausente o registro de penhora ou arresto efetuado sobre o imóvel, não se pode supor que as partes contratantes agiram em *consilium fraudis*. Para tanto, é necessária a demonstração, por parte do credor, de que o comprador tinha conhecimento da existência de execução fiscal contra o alienante ou agiu em conluio com o devedor vendedor, sendo insuficiente o argumento de que a venda foi realizada após a citação do executado. 6. Assim, em relação ao terceiro, somente se presume fraudulenta a alienação de bem imóvel realizada posteriormente ao registro de penhora ou arresto. 7. Recurso especial improvido" (STJ, REsp 811.898/CE, 2ª Turma, Rel. Min. Eliana Calmon, j. 05.10.2006).

ante a presunção absoluta de conluio fraudulento, conforme se infere dos Recursos Especiais 670.958/PR[78], 893.105/AL[79] e, mais recentemente, pelo precedente 1.863.999/SP[80].

---

78 "Processual civil. Recurso especial. Violação ao artigo 557 do Código de Processo Civil. Falta de interesse processual. Fraude à execução fiscal. Citação realizada depois de firmado contrato de compromisso de compra e venda. Penhora não registrada. Presunção *juris tantum* de boa-fé do adquirente. 1. A alienação de bens após o ajuizamento de ação fiscal não configura fraude à execução enquanto o devedor não tiver sido citado. Outrossim, mesmo que tivesse havido citação prévia à alienação do bem seria necessário que o credor, ora recorrente, provasse a ciência do adquirente acerca da execução fiscal proposta contra o alienante para que se configurasse a fraude, e não o fez. 2. Estando o adquirente de boa-fé, somente ocorrerá a presunção absoluta do *consilium fraudis* nos casos de venda de bem penhorado ou arrestado, se o ato constritivo estiver registrado no CRI, hipótese inexistente nos autos. 3. Recurso especial provido" (STJ, REsp 670.958/PR, 2ª Turma, Rel. Min. Castro Meira, j. 05.09.2006).

79 "Processual civil. Embargos de terceiro. Admissibilidade. Súmula n. 84/STJ. Alienação de bem do executado a terceiro de boa-fé anteriormente ao registro da penhora do imóvel. Fraude à execução. Inocorrência. 1. Consoante o ditame sumular n. 84 deste Superior Tribunal de Justiça, 'é admissível a oposição de embargos de terceiro fundados em alegação de posse advinda de compromisso de compra e venda de imóvel, ainda que desprovido de registro'. 2. A jurisprudência desta Corte tem afastado o reconhecimento de fraude à execução nos casos em que a alienação do bem do executado a terceiro de boa-fé tenha se dado anteriormente ao registro da penhora do imóvel. Precedentes: REsp. n. 739.388/MG, rel. Min. Luiz Fux, *DJU*, de 31.03.2006; REsp. n. 724.687/PE, rel. Min. Francisco Peçanha Martins, *DJU*, de 31.03.2006 e REsp. n. 791.104/PR, rel. Min. José Delgado, *DJU*, de 06.02.2006. 3. Recurso especial improvido" (STJ, REsp 893.105/AL, 1ª Turma, Rel. Min. Francisco Falcão, j. 28.11.2006).

80 "Processo civil. Recurso especial. Embargos de terceiro. Fraude à execução. Alienações sucessivas. Extensão automática da ineficácia da primeira alienação às transações subsequentes. Impossibilidade. Julgamento: CPC/2015. 1. Embargos de terceiro opostos em 07/05/2018, dos quais foi extraído o presente recurso especial interposto em 19/08/2019 e concluso ao gabinete em 28/08/2020. 2. O propósito recursal consiste em dizer sobre a configuração da fraude à execução em caso de alienações sucessivas. 3. A fraude à execução atua no plano da eficácia, de modo que conduz à ineficácia da alienação ou oneração do bem em relação ao exequente (art. 592, V, do CPC/73; art. 792, § 2º, do CPC/2015). Em outros termos, é como se o ato fraudulento não tivesse existido para o credor. 4. As hipóteses em que a alienação ou oneração do bem são consideradas fraude à execução podem ser assim sintetizadas: (i) quando sobre o bem pender ação fundada em direito real ou com pretensão reipersecutória; (ii) quando tiver sido averbada, no registro do bem, a pendência do processo de execução; (iii) quando o bem tiver sido objeto de constrição judicial nos autos do processo no qual foi suscitada a fraude; (iv) quando, no momento da alienação ou oneração, tramitava contra o devedor ação capaz de reduzi-lo à insolvência (art. 593

E, acaso se trate de hipótese de desconsideração da personalidade jurídica, a fraude à execução verificar-se-á a partir da citação da parte cuja personalidade se pretende desconsiderar (art. 792, § 3º, do CPC/2015).

---

do CPC/73 e art. 792 do CPC/2015). 5. Esta Corte tem entendimento sedimentado no sentido de que a inscrição da penhora no registro do bem não constitui elemento integrativo do ato, mas sim requisito de eficácia perante terceiros. Precedentes. Por essa razão, o prévio registro da penhora do bem constrito gera presunção absoluta (juris et de jure) de conhecimento para terceiros e, portanto, de fraude à execução caso o bem seja alienado ou onerado após a averbação (art. 659, § 4º, do CPC/73; art. 844 do CPC/2015). Presunção essa que também é aplicável à hipótese na qual o credor providenciou a averbação, à margem do registro, da pendência de ação de execução (art. 615-A, § 3º, do CPC/73; art. 828, § 4º, do CPC/2015). 6. Por outro lado, se o bem se sujeitar a registro e a penhora ou a ação de execução não tiver sido averbada no respectivo registro, tal circunstância não obsta, prima facie, o reconhecimento da fraude à execução. Nesse caso, entretanto, caberá ao credor comprovar a má-fé do terceiro; vale dizer, de que o adquirente tinha conhecimento acerca da pendência do processo. Essa orientação é consolidada na jurisprudência deste Tribunal Superior e está cristalizada na Súmula 375 do STJ e no julgamento do Tema 243. 7. Desse modo, são pressupostos genéricos da fraude à execução: (i) processo judicial em curso em face do devedor/executado; (ii) registro, na matrícula do bem, da penhora ou outro ato de constrição judicial ou averbação premonitória ou, então, prova da má-fé do terceiro adquirente. 8. Em caso de alienações sucessivas, inicialmente, é notório que não se exige a pendência de processo em face do alienante do qual o atual proprietário adquiriu o imóvel. Tal exigência, em atenção aos ditames legais (art. 593 do CPC/73 e art. 792 do CPC/2015), deve ser observada exclusivamente em relação ao devedor que figura no polo passivo da ação de conhecimento ou de execução. É dizer, a litispendência é pressuposto a ser analisado exclusivamente com relação àquele que tem relação jurídica com o credor. 9. No que concerne ao requisito do registro da penhora ou da pendência de ação ou, então, da má-fé do adquirente, o reconhecimento da ineficácia da alienação originária, porque realizada em fraude à execução, não contamina, automaticamente, as alienações posteriores. Nessas situações, existindo registro da ação ou da penhora à margem da matrícula do bem imóvel alienado a terceiro, haverá presunção absoluta do conhecimento do adquirente sucessivo e, portanto, da ocorrência de fraude. Diversamente, se inexistente o registro do ato constritivo ou da ação, incumbe ao exequente/embargado a prova da má-fé do adquirente sucessivo. 10. No particular, o imóvel não foi adquirido pelos recorridos (embargantes) diretamente dos executados, mas sim de terceiro que o comprou destes. Embora tenha sido reconhecida a fraude na primeira alienação, isto é, dos executados ao adquirente primitivo, o quadro fático delineado na origem revela que a credora não havia procedido à averbação, na matrícula do imóvel, da pendência de execução, tampouco se desincumbiu de comprovar a má-fé dos adquirentes posteriores; isto é, de que eles tinham conhecimento da existência de ação capaz de reduzir o devedor à insolvência. Não há que se falar, assim, em ineficácia da alienação subsequente. 11. Recurso especial conhecido e desprovido" (STJ, REsp 1.863.999/SP, 1ª Turma, Rel. Min. Nancy Andrighi, j. 03.08.2021).

## 4.4 AÇÃO DE DESAPROPRIAÇÃO E LEGITIMIDADE *AD CAUSAM* DO COMPROMISSÁRIO COMPRADOR – DESAPROPRIAÇÃO DIRETA

Ato de intervenção estatal sobre a propriedade particular, a desapropriação, segundo Hely Lopes Meirelles, constitui "transferência compulsória da propriedade particular para o Poder Público ou seus delegados, por utilidade ou necessidade pública ou, ainda, por interesse social, mediante prévia indenização"[81].

Trata-se de modo originário de aquisição da propriedade, por não haver transferência do direito de propriedade do expropriado em favor do ente expropriante[82]. A propriedade privada é extinta e cede lugar a outra nova em favor do Poder Público ou seus agentes delegados, independente da concordância do particular quanto ao ato de constituição do direito de propriedade em favor do ente expropriante, que se dá compulsoriamente[83]. Trata-se, segundo José Afonso da Silva, de verdadeira limitação que ataca o caráter perpétuo do direito de propriedade[84].

O art. 5º, XXIV, da Constituição Federal prevê expressamente essa modalidade de ingerência pública sobre o patrimônio privado e garante ao proprietário alvo da desapropriação o direito à compensação econômica que reflita o valor real do imóvel. A norma impõe que a indenização seja prévia, justa e em dinheiro, comando inteiramente secundado pelo art. 32 do Decreto-Lei 3.365/1941.

O sujeito passivo da ação de desapropriação é, em regra, o proprietário do imóvel. Não obstante, há casos em que o ato pode vir a atingir terceiros que, não obstante não serem titulares do domínio, podem de algum modo ser passivamente atingidos pela desapropriação. Dentre eles, Rubens Limongi França destaca o caso do titular de direito real ou pessoal relacionado ao bem

---

81 MEIRELLES, Hely Lopes. **Direito administrativo brasileiro**. 19. ed. São Paulo: Malheiros, 1994, p. 508.

82 Nesse sentido, Rubens Limongi França, que atesta não haver mais controvérsia sobre o caráter originário da aquisição da propriedade pela via da desapropriação (FRANÇA, Rubens Limongi. **Manual prático das desapropriações**. 2. ed. São Paulo: Saraiva, 1978, p. 25).

83 SWENSON, Walter. Desapropriação. Aquisição do domínio. Pagamento integral do valor ou respectiva consignação judicial. **Revista dos Tribunais**, São Paulo, ano 14, v. 54, p. 242, out./dez. 1990.

84 SILVA, José Afonso da. **Curso de direito constitucional positivo**. 9. ed. São Paulo: Malheiros, 1993, p. 253-254.

expropriado[85], contexto no qual se insere o *compromissário comprador* que, apesar de não ser proprietário da coisa, caminha nesse sentido, à medida que efetua o pagamento do preço que, uma vez quitado, garante-lhe a prerrogativa de exigir a outorga da escritura pública de compra e venda como ato devido.

Não há óbice legal à inclusão do não proprietário no polo passivo da ação de desapropriação, até porque a demonstração do título de propriedade se mostra necessária apenas para efeito de levantamento da indenização, nos termos do art. 34, *caput*, do Decreto-Lei 3.365/1941, exigência aliada à apresentação de certidão negativa de débitos fiscais e publicação de editais, no prazo de 10 dias, para conhecimento de terceiros.

Por essa razão, o compromissário comprador goza de legitimidade para figurar no polo passivo de ação de desapropriação isoladamente ou ao lado do proprietário/compromitente vendedor, conforme reiterado reconhecimento pelo Superior Tribunal de Justiça, materializado no verbete 14 da sua ferramenta *jurisprudência em teses*, *verbis*: "o promitente comprador tem legitimidade ativa para propor ação cujo objetivo é o recebimento de verba indenizatória decorrente de ação desapropriatória, ainda que a transferência de sua titularidade não tenha sido efetuada perante o registro geral de imóveis". Por essa razão, Rubens Limongi França conclui que "tal seja o tipo de interesse que liga o terceiro à expropriação, não só se justifica a sua intervenção como assistente do expropriado, no processo expropriatório, mas, ainda, necessária se torna a sua citação, para que a ação seja válida"[86].

Tem, inclusive, legitimidade ativa para interpor embargos de terceiro para proceder ao levantamento do valor da indenização depositada nos autos da ação de desapropriação, ainda que o contrato não tenha sido registrado no cartório de imóveis. Nesse sentido decidiu o Superior Tribunal de Justiça[87]. Nesse caso, os embargos de terceiro poderão ser opostos até o prazo de 10

---

85 FRANÇA, Rubens Limongi. **Manual prático das desapropriações**. 2. ed. São Paulo: Saraiva, 1978, p. 39.

86 FRANÇA, Rubens Limongi. **Manual prático das desapropriações**. 2. ed. São Paulo: Saraiva, 1978, p. 39.

87 "Desapropriação. Indenização. Levantamento. Prova. Propriedade. Demonstração. Compromisso. Editais, despesas. Adiantamento. O artigo 34 do Decreto-Lei n. 3.365/41 exige a prova da propriedade para o levantamento do preço. Opondo embargos de terceiro fundados na posse, podem os compromissários compradores, ainda que o compromisso de compra e venda seja desprovido de registro, proceder ao levantamento da indenização. Inteligência da Súmula n. 84/STJ. Incumbe ao expropriante adiantar as despesas com editais. Recurso improvido" (STJ, REsp 157.352/SP, 1ª Turma, Rel. Min. Garcia Vieira, j. 23.06.1998).

dias anotado no edital de conhecimento a terceiros a que faz referência o art. 34, *caput*, do Decreto-Lei 3.365/1941[88].

Desde que o ente expropriante tenha conhecimento da existência do compromisso de compra e venda e suas respectivas cessões, a chamada do compromissário comprador é imprescindível para evitar o levantamento do valor da indenização por quem não tem direito de fazê-lo. Esse conhecimento, em regra, dá-se pelo registro no cartório de imóveis, mas podem ocorrer situações excepcionais, aferíveis casuisticamente, em que o ente expropriante toma conhecimento do ato de alienação informalmente, hipótese em que a ausência do registro mostrar-se-á irrelevante[89].

A necessidade de inserção do compromissário comprador no polo passivo da ação de desapropriação decorre da natureza jurídica do compromisso de compra e venda e das obrigações que dele decorrem. Apesar de não ser apto à transferência da propriedade, o compromissário caminha em direção a ela, à medida que efetua o pagamento das parcelas acertadas no contrato. E uma vez quitado o preço, torna-se credor de uma obrigação de fazer materializada por um ato devido, qual seja, a outorga da escritura pública, passível de substituição por suprimento judicial. Por outro lado, desde sua imissão na posse do imóvel, o compromissário comprador é quem, do ponto de vista econômico, passa a usar e fruir da coisa, além de poder alienar seu direito de aquisição, por exemplo, por meio da cessão.

Por essas razões é que o direito ao recebimento da indenização, em regra, toca ao compromissário comprador, e não ao proprietário alienante. Esse, apesar de formalmente figurar como titular do direito de propriedade no registro de imóveis, não tem por que reclamar para si o levantamento de indenização pertinente a imóvel que já alienou, notadamente quando o preço pactuado foi pago na íntegra, hipótese em que a ele nada resta a não ser o cumprimento do dever de outorgar escritura pública de compra e venda. Somente na hipótese de o preço ainda não ter sido integralizado é que caberá ao compromitente vendedor o recebimento do montante necessário

---

88 CRETELLA JUNIOR, José. **Tratado geral da desapropriação**. Rio de Janeiro: Forense, 1980, v. 2, p. 271.

89 Nesse sentido: "Promitente comprador. Chamada aos autos, mesmo sem título registrado. Desapropriação. Promitente comprador e cessionário. Conhecimento pelo expropriante. Necessidade de sua citação para o processo, ainda que não registrados os contratos. Desde que o expropriante tenha conhecimento da promessa e de sua cessão, a chamada aos autos dos contratantes se impõe e é absolutamente necessária, a fim de que pessoa que não tenha direito ao levantamento da indenização venha a receber o preço" (TJSP, AC 3.082).

à quitação do saldo devedor pendente, e o que sobejar reverterá em favor do compromissário comprador[90].

E o direito ao levantamento independe do registro do compromisso de compra e venda no cartório de imóveis. Desde que haja concordância do compromitente vendedor, que deverá integrar a lide na qualidade de parte ou assistente litisconsorcial, o adquirente tem legitimidade para levantar o depósito a que faz jus[91]. Havendo dissenso, deverão disputar o valor da indenização em ação própria, nos termos do que determina art. 34, parágrafo único, do Decreto-Lei 3.365/1941, discussão que não obsta ou suspende o prosseguimento do processo expropriatório, em especial a expedição da necessária carta de sentença para que o ente expropriante formalize a aquisição da propriedade no cartório de imóveis. Nesse sentido a Súmula 42 do extinto Tribunal Federal de Recursos: "Salvo convenção das partes, o processo expropriatório não se suspende por motivo de dúvida sobre o domínio".

### 4.4.1 Desapropriação indireta

Por se tratar de limitação ao direito fundamental de propriedade tutelado por cláusula pétrea constitucional (art. 5º, XXII, da CF), a efetivação da desapropriação deve se submeter aos princípios que norteiam o devido processo legal, em especial à regra da justa e prévia indenização em dinheiro, por expressa determinação do inciso XXIV da norma constitucional em análise.

Mas nem sempre o Poder Público atende a esse comando constitucional. Muitos são os casos em que ele se apodera do patrimônio privado sem proceder ao depósito prévio e em dinheiro da justa indenização preconizada pela Carta Magna.

Nessa hipótese, ao proprietário abrem-se duas alternativas, que são excludentes: valer-se da ação de reintegração de posse ou reivindicatória para a retomada do bem ou optar pela propositura de ação indenizatória voltada ao recebimento de compensação econômica pela perda do direito de propriedade, rotulada como *desapropriação indireta*, expressão consagrada pela doutrina e jurisprudência, apesar de ser equívoca[92].

---

90 AZEVEDO JUNIOR, José Osório de. **Compromisso de compra e venda**. 4. ed. São Paulo: Malheiros, 1998, p. 85-86.

91 Nesse sentido: "Ainda que o contrato não esteja inscrito no Ofício Imobiliário, o promitente comprador tem o direito de receber o preço do imóvel expropriado, nos próprios autos da ação de desapropriação, sempre que não houver oposição" (STJ, REsp 12.416/SP, 2ª Turma, Rel. Min. Ari Pargendler, j. 29.11.1995).

92 Joaquim de Almeida Baptista atribui ao Ministro do Supremo Tribunal Federal Orosimbo Nonato a criação da expressão "desapropriação indireta" (BAPTISTA,

De fato, não se tem na ação de desapropriação indireta genuína desapropriação. Por ter contornos nitidamente indenizatórios, é promovida não pelo Poder Público, mas por aquele que sofreu diminuição patrimonial em razão do ato oficial espoliativo. A legitimidade para o levantamento da indenização é aferida no curso da ação de conhecimento e, ao final, é atestada por sentença ou acórdão transitado em julgado, cabendo apenas sua execução por iniciativa da parte contemplada no título executivo, ao contrário do que sucede na ação de desapropriação, em que o exame da legitimidade para levantamento do depósito preconizado no art. 34 do Decreto-Lei 3.365/1941 é feito na fase de execução, ou seja, após o trânsito em julgado[93].

Consequência dessa conclusão é a inaplicabilidade da exigência da comprovação da propriedade exigida pelo art. 34, *caput*, do Decreto-Lei 3.365/1941 nas ações de desapropriação indireta, para que o seu autor proceda ao levantamento da indenização depositada nos autos. O Superior Tribunal de Justiça tem entendido que tal exigência só é admitida em casos excepcionais onde exista fundada dúvida acerca da titularidade do bem expropriado, uma vez que o exame da legitimidade para o seu levantamento já foi objeto de apreciação no curso da ação de conhecimento e referendada por decisão passada em julgado[94].

---

Joaquim de Almeida. Da não-aplicabilidade do art. 34 da Lei de desapropriações (Decreto-lei n. 3.365, de 31-6-1941). **Revista dos Tribunais**, São Paulo, ano 19, n. 80, p. 121, out./dez. 1986).

93 BAPTISTA, Joaquim de Almeida. Da não-aplicabilidade do art. 34 da Lei de desapropriações (Decreto-lei n. 3.365, de 31-6-1941). **Revista dos Tribunais**, São Paulo, ano 19, n. 80, p. 121, out./dez. 1986), p. 121.

94 Nesse sentido, confira-se: "Processual civil. Desapropriação indireta. Execução do julgado. Domínio. Dúvida fundada e objetiva. Depósito. Suspensão do levantamento. Decreto-Lei n. 3.365/41, artigo 34. Aplicação excepcional. Precedentes. A aplicação das disposições do artigo 34 do Decreto-Lei n. 3.365/41 em sede de execução de julgado exarado em ação de desapropriação indireta é excepcionalíssima, só sendo possível quando objetiva, inequívoca e superveniente a dúvida sobre o domínio da área do imóvel desapropriado. Apurada a existência de sobreposição do imóvel e promovida medida administrativa de anulação da matrícula do imóvel, tem-se por configurada fundada dúvida sobre o domínio, a justificar a suspensão do levantamento da indenização, nos termos do artigo 34 do Decreto-Lei n. 3.365/41. Recurso especial conhecido e provido" (STJ, REsp 687.713/SP, 2ª Turma, Rel. Min. Francisco Peçanha Martins, j. 14.03.2006); "Processo civil e administrativo. Agravo regimental. Recurso especial. Desapropriação indireta. Dúvida fundada sobre o domínio. Argumento afastado pelo acórdão recorrido. Súmula n. 7/STJ. Artigo 34 do Decreto-Lei n. 3.365/41. Inaplicação nos casos de desapropriação indireta. I. Após 17 (dezessete) anos de ação indenizatória em face

Presente dúvida justificada e razoável sobre a titularidade do domínio, o valor da indenização fica retido nos autos até sua solução em sede de ação própria que envolverá os pretensos credores, nos termos do que determina o art. 34, parágrafo único, do Decreto-Lei 3.365/1941, fato que, conforme já salientado, não suspende o andamento da ação e tampouco impede a expedição de carta de sentença em favor do ente expropriante.

Cabe agora perquirir acerca da legitimidade ativa do compromissário comprador para a propositura da ação de desapropriação indireta, questão intrincada pelo fato de ainda não figurar formalmente como proprietário do imóvel ocupado pelo Poder Público.

O Tribunal de Justiça do Estado de São Paulo reconheceu a legitimidade ativa do compromissário comprador para a propositura da ação de desapropriação indireta com base em contrato desprovido de registro, desde que o promitente vendedor também figure como parte no processo como autor ou assistente litisconsorcial, hipótese em que deverá ser citado para integrar a lide[95]. Trata-se, segundo a decisão, de providência imprescindível

---

de desapropriação indireta, a agravante resolveu alegar, já na fase de execução, 'dúvida fundada' da propriedade do imóvel, pretendendo, com isto, impedir o levantamento do preço. (art. 34 do Dec.-Lei n. 3.365/41). II. A questão da 'dúvida fundada', afastada pelas instâncias ordinárias, é insuscetível de verificação por esta Corte Superior, porquanto encontra óbice na Súmula n. 7/STJ, uma vez que a função uniformizadora do recurso especial interdita o seu recebimento como apelação reiterada. III. Não é possível a aplicação do artigo 34 do Decreto-Lei n. 3.365/41, em se cuidando de desapropriação indireta. Precedentes: REsp. n. 150.159/SP, rel. Min. Milton Luiz Pereira, *DJU*, de 22.11.1999 e REsp. n. 260/DF, rel. Min. Adhemar Maciel, *DJU*, de 02.03.1998. IV. Agravo regimental improvido" (STJ, Ag no REsp 734.146/SP, 1ª Turma, Rel. Min. Francisco Falcão, j. 02.08.2005); "Administrativo. Desapropriação indireta. Levantamento do preço. Do Decreto-Lei n. 3.365/1941, artigo 34. Na chamada desapropriação indireta, em que não há deposito prévio, o levantamento do preço corresponde a montante já fixado por sentença, e por isso e inaplicável o disposto no artigo 34 do Decreto-Lei n. 3.365/41; aí a prova da propriedade constitui pressuposto da legitimidade do autor para a causa, que já não pode ser posta em dúvida depois que o respectivo reconhecimento transitou em julgado. Recurso especial não conhecido" (STJ, REsp 85.519/SP, 2ª Turma, Rel. Min. Ari Pargendler, j. 20.10.1997). Ainda, no mesmo sentido: STJ, REsp 260/DF, 2ª Turma, Rel. Min. Adhemar Maciel, j. 15.12.1997; STJ, REsp 29.158/SP, 1ª Turma, Rel. p/ acórdão Min. Humberto Gomes de Barros, j. 29.03.1993.

95 "Indenização. Desapropriação indireta. Ajuizamento por compromissário comprador. Citação do compromitente vendedor, para integrar a lide, na qualidade de assistente litisconsorcial ativo. Inobservância. Anulação do processo a partir do despacho saneador. Recurso provido. O promissário comprador, na ação de indenização por

para que os alienantes "venham a dizer se tem algo a pleitear quanto ao pagamento do preço", já que, enquanto titular de uma relação jurídica, tem interesse para integrar a lide, à medida que a procedência da ação pode lhe favorecer. Na mesma linha, o Superior Tribunal de Justiça, no Recurso Especial 1.204.923/RJ[96].

A participação do compromitente vendedor no processo se mostra necessária, destarte, tanto na desapropriação direta como indireta, sob pena de nulidade, ante a justificativa de que o alienante tem o direito de levantar a parte que lhe cabe na indenização depositada pelo Poder Público, limitada ao saldo restante do compromisso de compra e venda ainda não quitado. Se o compromisso de compra e venda estiver integralmente pago, nada tem a reclamar para si. E se houver dúvida fundada sobre qual deles deve proceder ao levantamento da indenização, o montante fica retido nos autos e aos interessados cabe disputá-la em ação própria.

## 4.5 INCORPORAÇÃO IMOBILIÁRIA E PROTEÇÃO DO ADQUIRENTE DE UNIDADE HABITACIONAL

### 4.5.1 Incorporação imobiliária

Com a evolução e dinâmica das relações sociais, surgiram algumas figuras jurídicas no campo do direito imobiliário, em especial com o advento da Lei 4.591/1964, que conferiu disciplina jurídica à *incorporação imobiliária*, definida no seu art. 28, parágrafo único, como "atividade exercida com o intuito de promover e realizar a construção, para alienação total ou parcial, de edificações ou de conjuntos de edificações compostas de unidades autônomas".

---

apossamento administrativo, deve vir acompanhado do promitente vendedor, ou fazê-lo trazer ao processo, para que a indenização corresponda à integralidade da coisa" (TJSP, AC 269.476-2, 9ª Câmara de Direito Público, Rel. Debatin Cardoso, j. 09.09.1995, *JTJ* 177/74-79).

96 "Administrativo. Desapropriação indireta. Esbulho comprovado titularidade do imóvel. Promessa de compra e venda não registrada. Possibilidade de indenização. 1. Tratando-se de desapropriação indireta, a promessa de compra e venda, ainda que não registrada no cartório de imóveis, habilita os promissários compradores a receberem a indenização pelo esbulho praticado pelo ente público. 2. Possuem direito à indenização o titular do domínio, o titular do direito real limitado e o detentor da posse. Precedente desta Corte. Recurso especial improvido" (STJ, REsp 1.204.923/RJ, 2ª Turma, Rel. Min. Humberto Martins, j. 20.03.2012).

Everaldo Augusto Cambler aponta que a incorporação imobiliária pode ser encarada sob duas perspectivas[97]. Em sentido amplo, corresponde à atividade humana destinada a agregar a um terreno uma construção, que dele passa a fazer parte e que tem por ponto de partida a reunião de manifestações da vontade retratadas, em regra, em contratos inter-relacionados.

Por sua vez, em sentido estrito, o mesmo autor o conceitua como "negócio jurídico, denominado contrato de incorporação imobiliária, por intermédio do qual alguém obriga-se a promover a construção do edifício e a transferir a propriedade das unidades autônomas em que o mesmo foi dividido, cabendo à outra parte pagar o preço previamente ajustado".

O conceito *stricto sensu* melhor revela o fator econômico contido nesse negócio jurídico, uma vez que, como bem coloca Leandro Leal Ghezzi, "não há incorporação imobiliária quando se constrói sem a pretensão de alienar a terceiros as unidades autônomas da edificação"[98]. Ao cumprir a obrigação de agregar construções num determinado terreno, o que o incorporador deseja é aliená-las a terceiros, sob a forma de unidades habitacionais de uso exclusivo, por ser essa a razão da sua atividade econômica. Por sua vez, ao se unir ao incorporador por meio de contrato de compromisso de compra e venda, o que o adquirente pretende é se tornar senhor da unidade habitacional prometida, mediante o pagamento do preço pactuado. Diante dessa convergência de vontades, fica claro que ambas as partes pretendem a transferência patrimonial do imóvel que serve de objeto do contrato de compromisso de compra e venda.

Duas são as obrigações contempladas no contrato de incorporação imobiliária: uma de *fazer*, consistente no dever do incorporador de executar, coordenar e concluir o empreendimento, nos termos prometidos referentes a prazo, preço e outras condições (*v.g.*, tipo de material aplicado, padrão de acabamento etc.), e outra de *dar*, consubstanciada no dever de entrega das unidades autônomas e áreas comuns aos seus respectivos adquirentes.

Como em regra as unidades autônomas são alienadas antes do início das obras, incorporador e adquirente devem se valer do contrato de compromisso de compra e venda para alienar os direitos sobre elas incidentes, opção que se justifica pelo fato de se tratar de coisa futura e que ainda não existe fisicamente. No seu conteúdo, o incorporador, além de se comprometer à

---

97 CAMBLER, Everaldo Augusto. **Incorporação imobiliária:** ensaio de uma teoria geral. São Paulo: Revista dos Tribunais, 1993, p. 20.

98 GHEZZI, Leandro Leal. **A incorporação imobiliária à luz do Código de Defesa do Consumidor e do Código Civil**. São Paulo: Revista dos Tribunais, 2007, p. 68.

transferência da propriedade da unidade em favor do adquirente, obriga-se a concluir a obra e a cumprir todas as exigências legais pertinentes à regularidade do empreendimento, ao passo que o adquirente se compromete, dentre outras coisas, a pagar integralmente o preço pactuado. Quanto ao objeto, mencionar-se-á a fração ideal do terreno equivalente à unidade autônoma compromissada, porquanto ainda inexistente, em face da não constituição do condomínio correspondente[99].

A construção do edifício pode se dar diretamente, por empreitada ou administração, valendo-se ou não o incorporador de recursos próprios. A experiência do mercado imobiliário brasileiro tem revelado que a grande maioria dos empreendimentos é financiada por instituições bancárias, por meio de contrato de mútuo celebrado com o incorporador que, em garantia, constitui hipoteca em favor do credor, que recai sobre o terreno onde as construções serão lançadas.

Como o art. 1.474 do Código Civil de 2002, que repetiu o comando do art. 811 do Código de 1916, estabelece que a garantia hipotecária abrange não só o terreno como também todas as acessões, melhoramentos ou construções nele lançadas, a princípio pode-se concluir que a hipoteca constituída atingiria não só o terreno, como todas as construções nele inseridas, em especial as unidades autônomas que serão oferecidas a eventuais interessados na sua aquisição.

É exatamente nesse contexto que surge a questão da oponibilidade da hipoteca constituída pelo incorporador em favor de instituição financeira, em face do direito de aquisição que toca aos compromissários compradores das unidades autônomas. Isso porque, não raras vezes, o adquirente é surpreendido pela penhora da sua unidade habitacional para a satisfação de obrigação descumprida pelo incorporador, sob o argumento de que, sendo acessória ao terreno dado em garantia, estaria também abrangida pela hipoteca, ante a norma prescrita no art. 1.474 do Código Civil.

De fato, o regime geral da hipoteca conduz a essa conclusão pois, dentre outros atributos, ela é indivisível e, como tal, "subsiste por inteiro sobre todos os bens vinculados, sobre cada um deles e sobre cada uma das suas partes"[100]. Na mesma esteira, Washington de Barros Monteiro: "Enquanto não satisfeita

---

99 DINIZ, Maria Helena. **Curso de direito civil brasileiro:** teoria das obrigações contratuais e extracontratuais. 17. ed. São Paulo: Saraiva, 2002, v. 3, p. 568.

100 RUGGIERO, Roberto de. **Instituições de direito civil**. Trad. Ary dos Santos. 6. ed. São Paulo: Saraiva, 1958, v. 2, p. 491.

integralmente a dívida, subsiste o direito real, por inteiro, sobre a totalidade dos bens gravados, como sobre cada uma de suas frações, ainda que divisível a obrigação e divisível também a coisa hipotecada". O mesmo autor arremata, afirmando que "qualquer parte do imóvel garante a dívida toda"[101].

Todavia, os prejuízos experimentados pelos adquirentes instados a responder patrimonialmente por obrigação que não lhes dizia respeito sensibilizaram os tribunais e o legislador, no sentido de lhes conferir maior proteção. Afigurava-se injusto responsabilizá-los pela inércia daquele a quem cabia honrar pontualmente o financiamento contratado e submetê-los à cômoda posição da instituição financeira que, escorada no regime geral da hipoteca, vislumbrava na penhora das unidades habitacionais uma forma simples de contornar a insolvência do incorporador.

De outra ponta, impossível ignorar o fato de que os adquirentes de unidades habitacionais submetidos ao regime da incorporação, em regra, sequer tomam conhecimento da existência da hipoteca constituída. No âmbito das incorporações imobiliárias, não constitui praxe a consulta do registro do empreendimento para saber se sobre ele pende algum gravame, notadamente em razão da sua falta de conhecimento acerca das consequências decorrentes de uma execução hipotecária e, sobretudo, da confiança depositada no incorporador. Mesmo a existência de cláusula contratual expressa que ateste a existência do gravame é capaz de alertá-lo desse risco, já que sua atenção é integralmente direcionada à celebração do contrato.

Nesse contexto, a jurisprudência, em especial do Superior Tribunal de Justiça, passou a relativizar o regime geral da hipoteca e reconhecer sua ineficácia perante as unidades vendidas ou prometidas pelo incorporador e, consequentemente, impedir que fossem objeto de penhora, em ação de execução hipotecária movida por instituição financeira mutuante, entendimento que hoje se encontra cristalizado pela Súmula 308 daquela Corte: "A hipoteca firmada entre a construtora e o agente financeiro, anterior ou posterior à celebração da promessa de compra e venda, não tem eficácia perante os adquirentes do imóvel".

O legislador, por sua vez editou a Lei 10.931/2004, que inseriu o Capítulo I-A no Título II da Lei 4.591/1964 e instituiu a figura jurídica do *patrimônio de afetação*, pelo qual se destaca do patrimônio do incorporador o terreno e as acessões objeto da incorporação e, consequentemente, livra os adquirentes da

---

[101] MONTEIRO, Washington de Barros. **Curso de direito civil:** direito das coisas. 37. ed. São Paulo: Saraiva, 2003, v. 3, p. 371.

responsabilidade patrimonial pelo descumprimento de obrigações assumidas pelo empreendedor relativas a outros empreendimentos.

Analisemos separadamente cada uma dessas situações.

### 4.5.2 Súmula 308 do Superior Tribunal de Justiça e seus antecedentes

Sem dúvida, a jurisprudência do Superior Tribunal de Justiça foi decisiva para a consolidação do atual estágio de proteção do adquirente de unidade autônoma inserida em incorporação imobiliária. Sua atual orientação, bastante alargada se comparada com outros julgamentos anteriores à edição da Súmula 308, reconhece a ineficácia da hipoteca em face dos adquirentes de unidades autônomas, independente da data da celebração do contrato de compromisso de compra e venda.

Antes da edição do enunciado, o Superior Tribunal de Justiça distinguia duas situações: se o registro da hipoteca fosse *posterior* à data da celebração do compromisso, a garantia era reputada ineficaz e, por consequência, o adquirente lograva êxito na proteção da sua posse por meio da propositura de ação de embargos de terceiro, ainda que o contrato não tivesse sido levado a registro; todavia, acaso a hipoteca fosse constituída em data *anterior* ao compromisso de compra e venda, aquela prevalecia, exceto na hipótese de imóvel adquirido sob o regime do Sistema Financeiro da Habitação, regulado pela Lei 4.380/1964.

O registro do compromisso de compra e venda, para aferição da sua precedência ou não em relação à hipoteca, é irrelevante. Aferia-se a data da sua celebração – e não da sua inscrição na escrivania imobiliária – para saber se era anterior ou posterior à constituição do direito real em garantia, esse sim submetido ao regime jurídico do registro como requisito para sua regular constituição[102].

Nesse sentido, o julgado do Superior Tribunal de Justiça: "No caso de a hipoteca ter sido instituída pela empresa construtora ao agente financeiro

---

[102] Cabe indicar, contudo, a existência de um antigo julgado do Superior Tribunal de Justiça que manteve a eficácia de hipoteca anterior ao registro do compromisso de compra e venda, sob o argumento de que o direito real em garantia, além de ser precedente, prevalecia sobre o direito pessoal decorrente do contrato não levado a registro: "Compromisso de compra e venda. penhora em execução hipotecária. Não pode ser oposto o compromisso de compra e venda, aliás não registrado, contra penhora em execução por crédito hipotecário. Prevalência do direito real de garantia contra o direito pessoal do possuidor. Recurso especial não conhecido" (STJ, REsp 2.414/SP, 4ª Turma, Rel. Min. Athos Carneiro, j. 05.06.1990).

em data posterior à celebração do contrato de promessa de compra e venda, é pacífica a jurisprudência no sentido de sua nulidade (leio *ineficácia*) em relação ao promitente comprador (RESP n. 146.659/MG, rel. Min. César Asfor Rocha, *DJU*, de 05.06.2000; e RESP n. 296.453/RS, rel. Min. Carlos Alberto Menezes Direito, *DJU*, de 03.09.2001). Ao contrário, se o gravame foi constituído e registrado *antes* de firmado o compromisso de compra e venda, a validade da hipoteca está condicionada ao fato de os recursos serem próprios do agente financeiro. (...) Assim, nas hipóteses em que a hipoteca é instituída pelo vendedor do imóvel (normalmente a construtora e/ou incorporadora) em favor da instituição financeira, como forma de financiamento do próprio empreendimento imobiliário, havendo repasse de recursos do Sistema Financeiro da Habitação, prevalece o direito de propriedade do imóvel por parte do comprador que, perante a instituição financeira, só responde até o valor do seu débito" (STJ, ED-RESP 415.667/SP, 2ª Turma, Rel. Min. Castro Filho, j. 26.05.2004).

Apenas na hipótese do imóvel se submeter ao regime jurídico do Sistema Financeiro da Habitação é que a data da constituição da hipoteca – se anterior ou posterior ao compromisso de compra e venda – mostrava-se irrelevante, ante a finalidade e o interesse social que permeia o contrato, celebrado para fim de moradia[103].

Todavia, o mesmo Superior Tribunal de Justiça não conferia tratamento idêntico a situações em que a hipoteca era anterior a contrato de aquisição imobiliária não regulado pelas normas do Sistema Financeiro da Habitação. Nesses casos, prevalecia o direito real em garantia, não obstante o adquirente não ter figurado como parte no contrato de financiamento prestado em favor

---

[103] Nesse sentido: "Sistema Financeiro da Habitação. Casa própria. Execução. Hipoteca em favor do financiador da construtora. Terceiro promissário comprador. Embargos de terceiro. Procedem os embargos de terceiros opostos pelos promissários compradores de unidade residencial de edifício financiado, contra a penhora efetivada no processo de execução hipotecária promovida pela instituição de crédito imobiliário que financiou a construtora. O direito de crédito de quem financiou a construção das unidades destinadas à venda pode ser exercido amplamente contra a devedora, mas contra os terceiros adquirentes fica limitado a receber deles o pagamento das suas prestações, pois os adquirentes da casa própria não assumem a responsabilidade de pagar duas dívidas, a própria, pelo valor real do imóvel, e a da construtora do prédio. Recurso conhecido e provido" (STJ, REsp 187.940/SP, 4ª Turma, Rel. Min. Ruy Rosado de Aguiar, j. 18.02.1999). Confira-se também: STJ, REsp 431.440/SP, 3ª Turma, Rel. Min. Nancy Andrighi, j. 07.11.2002; STJ, REsp 239.557/SC, 4ª Turma, Rel. Min. Ruy Rosado de Aguiar, j. 02.05.2000.

do incorporador. Nesse sentido, confira-se o Recurso Especial 578.981/GO[104], com bem fundamentado voto vencido da Ministra Nancy Andrighi.

Com o devido respeito, a discriminação carecia de razoabilidade. Não obstante a enorme relevância da necessidade de se proteger o mutuário vinculado ao Sistema Financeiro da Habitação, em regra pessoa que busca a aquisição de imóvel destinado à sua moradia e da sua família, nada justificava a exclusão dos demais adquirentes do mesmo regime de tutela.

Assim como os mutuários titulares de contratos regulados pela Lei 4.830/1964 e as demais que a sucederam, os adquirentes de unidades autônomas inseridas em incorporações imobiliárias também não poderiam ser responsabilizados por débitos de exclusiva responsabilidade do incorporador. Atribuir ao adquirente, já onerado pelo preço de aquisição da unidade, o dever de também pagar uma dívida que não contraiu diretamente revela injustificado *bis in idem*, porquanto, além de quitar o débito decorrente do contrato de aquisição do imóvel, é instado, total ou parcialmente, a honrar dívida do incorporador inadimplente perante a instituição bancária que lhe prestou o financiamento.

Além disso, são também igualmente adquirentes de boa-fé que, independentemente de adquirirem o imóvel para fim de moradia própria, hipótese bastante frequente, também merecem proteção. E uma vez presente a mesma razão fundamental, deveria prevalecer a mesma regra de direito (*ubi eadem ratio, ibi eadem legis dispositio*).

Felizmente, nesse sentido caminhou a jurisprudência do Superior Tribunal de Justiça que, aos poucos, passou a estender essa proteção a todos os adquirentes de unidades autônomas inseridas em incorporação imobiliária, independente da sua submissão ao Sistema Financeiro da Habitação, da data da celebração do contrato e da constituição da hipoteca no registro de imóveis. Sensível ao fato de que a alienação das unidades autônomas a terceiros constitui o principal traço característico da incorporação imobiliária e que é de conhecimento comum, inclusive da instituição financeira que financia a aquisição do terreno e/ou a realização das obras, passou-se a reconhecer a ineficácia da hipoteca incidente sobre unidade habitacional compromissada

---

[104] "Direito civil. Hipoteca. Efetivação anterior à aquisição do imóvel. Eficácia. Salvo nos casos de aquisições feitas através do Sistema Financeiro de Habitação, o instituto da hipoteca deve ser prestigiado. Principalmente se o gravame é efetivado antes da aquisição. Recurso parcialmente provido" (STJ, REsp 578.981/GO, 3ª Turma, Rel. Min. Castro Filho, j. 05.10.2004).

a venda, independente da data da celebração do contrato, se antes ou depois da constituição do direito real em garantia.

Nesse sentido, a Súmula 308 do Superior Tribunal de Justiça é clara: "A hipoteca firmada entre a construtora e o agente financeiro, anterior ou posterior à celebração da promessa de compra e venda, não tem eficácia perante os adquirentes do imóvel". Desde então, a questão restou pacificada no Superior Tribunal de Justiça que, de forma tranquila, tem adotado esse entendimento em todos os casos em que o adquirente, pela via dos embargos de terceiro, busca a desconstituição de penhora levada a cabo pelo agente financiador, incidente sobre a unidade habitacional compromissada. E para a propositura da ação, dispensa-se o registro do compromisso de compra e venda, ante o teor da Súmula 84 do mesmo Tribunal[105].

Trata-se de entendimento que, de forma lúcida, deixou de lado a interpretação isolada do art. 1.474 do Código Civil para contemplar a regra de interpretação, prevista no art. 5º da Lei de Introdução às Normas do Direito Brasileiro (LINDB), que impõe ao magistrado o dever de aplicação das normas de acordo com seu fim social e as exigências do bem comum. Tendo em vista as especiais características do contrato de incorporação imobiliária, voltado à instituição de empreendimento dotado de unidades autônomas destinadas à venda para terceiros de boa-fé, mostrar-se-ia claramente injusto responsabilizá-los por débitos decorrentes de financiamento objeto de contrato do qual sequer figurou como parte contratante.

Como bem ressalta José Osório de Azevedo Junior, desde o lançamento, das primeiras vendas, do registro do memorial, o imóvel está afetado inexoravelmente à nova obra, ao novo empreendimento. O terreno dado em garantia

---

105 Confiram-se, a título de ilustração, as seguintes decisões: "Embargos de terceiro. Adquirente de unidade habitacional. Imóvel gravado com hipoteca. É admissível a oposição de embargos de terceiro fundados em alegação de posse advinda do compromisso de compra e venda de imóvel, ainda que desprovido do registro (Súmula n. 84/STJ). A hipoteca firmada entre a construtora e o agente financeiro, anterior ou posterior à celebração da promessa de compra e venda, não tem eficácia perante os adquirentes do imóvel (Súmula n. 308/STJ). Recurso especial não conhecido" (STJ, REsp 587.835/PE, 4ª Turma, Rel. Min. Barros Monteiro, j. 20.10.2005); "Agravo regimental. Recurso especial. Embargos de terceiro. Hipoteca. Súmula n. 308/STJ. 1. A hipoteca firmada entre a construtora e o agente financeiro, anterior ou posterior à celebração da promessa de compra e venda, não tem eficácia perante os adquirentes do imóvel (Súmula n. 308/STJ). 2. Agravo regimental desprovido" (STJ, Ag no REsp 581.331/PE, 3ª Turma, Rel. Min. Carlos Alberto Menezes Direito, j. 24.08.2006).

pelo incorporador a uma instituição bancária transforma-se em outra, na órbita jurídica. Deixa de ser terra nua para passar a empreendimento dotado de áreas de uso comum e exclusivo (unidades habitacionais) regido, em regra, pelo sistema da propriedade horizontal, denominado pelo legislador como condomínio edilício[106].

Com o registro dos seus atos constitutivos no registro de imóveis, cria-se realidade imobiliária que, muito embora repouse sobre terreno anteriormente desocupado, dele se distingue, porquanto dotada de atributos próprios, notadamente no que tange à criação de unidades de utilização exclusiva por seus respectivos adquirentes. Há, portanto, transformação do imóvel que outrora foi dado em garantia por meio da hipoteca.

Ressalte-se que não se trata de nulidade da hipoteca, mas da sua ineficácia perante terceiros. Em regra, ela é constituída dentro dos ditames legais, envolvendo partes capazes, objeto lícito e forma prevista na lei, no caso, escritura pública que deve ser levada a registro para a constituição desse direito real em garantia, o que impede o reconhecimento da sua invalidade com base no art. 104 do Código Civil.

Apesar de válida, sua eficácia se condiciona à não alienação das unidades autônomas a terceiros. Se elas forem vendidas ou compromissadas à venda, não poderão ser atingidas pela excussão da garantia, a ponto de responsabilizar os adquirentes pelo pagamento de dívida que por eles não foi contraída, independente do registro do contrato aquisitivo e da data do registro da hipoteca no cartório de registro de imóveis.

Cabe destacar a irrelevância da existência de cláusula contratual que imponha ao adquirente a responsabilidade pelo pagamento das prestações não pagas pelo incorporador à instituição financeira e autorizem a constrição da sua unidade habitacional para a satisfação desse débito. Se existir, será reputada nula de pleno direito, em razão de estabelecer obrigação que coloca o adquirente em desvantagem, nos termos do art. 51, IV, da Lei 8.078/1990, aplicável aos contratos de incorporação imobiliária, ante a existência de relação de consumo[107].

---

106 AZEVEDO JUNIOR, José Osório de. **Compromisso de compra e venda**. 4. ed. São Paulo: Malheiros, 1998, p. 269.

107 Haverá relação de consumo sempre que for possível identificar, nos seus polos, o consumidor e o fornecedor (NUNES, Luiz Antonio Rizzato. **Curso de direito do consumidor**. 2. ed. São Paulo: Saraiva, 2005, p. 71). Consumidor, nos termos do art. 2º da Lei 8.078/1990, "é toda pessoa física ou jurídica que adquire ou utiliza produto

José Osório de Azevedo Junior analisou com propriedade a questão: "A simples menção à existência de uma hipoteca sobre o terreno é insuficiente para esclarecer o consumidor sobre os riscos daí decorrentes. O consumidor comum não sabe o que é hipoteca, e muito menos tem condições de compreender as consequências do princípio da indivisibilidade dela. Ele, consumidor, sabe que o incorporador terá que pagar ao banco, mas nunca imagina que o apartamento adquirido possa ir parar nas mãos do credor"[108].

Com efeito, não obstante a existência de vozes contrárias ao conteúdo da Súmula 308 do Superior Tribunal de Justiça, alicerçadas no argumento de que ela enseja insegurança jurídica, por desprover o agente financiador de garantia legitimamente constituída[109], ela revela extremo senso de justiça. Tendo em vista o objeto do contrato de incorporação e intento do consumidor de adquirir unidade habitacional para si, sem qualquer empecilho externo, mostra-se mais justo garantir sua posse em face de eventual pretensão do credor hipotecário, quando exige o recebimento de crédito devido não pelo adquirente, mas pela incorporadora que lhe compromissou ou vendeu o imóvel, independente da data da constituição da hipoteca.

E para defender sua posse em face de ato judicial de apreensão, deve se valer da via dos embargos de terceiro regulados pelos arts. 672 e seguintes do Código de Processo Civil de 2015, ainda que o contrato de compromisso de

---

ou serviço como destinatário final" e fornecedor "toda pessoa física ou jurídica, pública ou privada, nacional ou estrangeira, bem como os entes despersonalizados, que desenvolvam atividade de produção, montagem, criação, construção, transformação, importação, exportação, distribuição ou comercialização de produtos ou prestação de serviços" (art. 3º da Lei 8.078/1990). Os bens imóveis, por expressa determinação do art. 3º, § 1º, da Lei 8.078/1990, se subsomem ao conceito de produto e os serviços bancários ao conceito de serviço regulado pela legislação consumerista, por força do § 2º do mesmo dispositivo legal, notadamente após o julgamento, em 07.06.2006, da ADI 2.591, promovida pela Confederação Nacional do Sistema Financeiro (Consif), que referendou a aplicação do Código de Defesa do Consumidor às relações jurídicas de natureza bancária e securitária. Vê-se, pois, que o Código de Defesa do Consumidor respalda o adquirente, não só em face do incorporador, como também da instituição financeira mutuante.

108 AZEVEDO JUNIOR, José Osório de. **Compromisso de compra e venda**. 4. ed. São Paulo: Malheiros, 1998, p. 270-271.

109 Nesse sentido: MATTOS E SILVA, Bruno. Análise crítica da súmula 308 do STJ: alcance, conclusões e perspectivas. **Jus Navigandi**, Teresina, ano 9, n. 705, jun. 2005. Disponível em: http://jus2.uol.com.br/doutrina/texto.asp?id=6869. Acesso em: 25 jul. 2007.

compra e venda seja desprovido de registro, conforme autoriza a Súmula 84 do Superior Tribunal de Justiça. Mesmo após a arrematação do bem em praça pública, admite-se a propositura de ação anulatória do ato de arrematação, no caso de o adquirente não ter manejado tempestivamente os embargos de terceiro, uma vez que sendo "quase proprietário" do bem penhorado, tem legitimidade para impugnar ato de constrição judicial destinado à satisfação de crédito que não lhe diz respeito[110].

### 4.5.3 Patrimônio de afetação e proteção do compromissário comprador

Um dos maiores riscos - se não o maior - decorrente do contrato de incorporação imobiliária refere-se à insolvência do incorporador e consequente não execução da obra prometida. A decretação, em 16.03.1999, pelo Juízo da Vara de Falências e Concordatas da Comarca de Goiânia, Estado de Goiás, da falência da construtora Encol S/A - Engenharia, Comércio e Indústria, então uma das mais renomadas construtoras do país, revelou uma grave patologia que permeava o mercado da incorporação imobiliária: a insuficiência de recursos próprios para dar andamento a cada um dos empreendimentos iniciados e comercializados a terceiros adquirentes das unidades autônomas e a incapacidade dessas empresas de arcar com os contratos de mútuo celebrado com instituições financeiras. Muitas vezes, tais empresas se valiam de novos empréstimos bancários para o pagamento de financiamentos anteriores, quase sempre garantidos por meio de hipoteca que recaía sobre terrenos destinados à construção de edifícios para posterior venda a terceiros adquirentes das unidades autônomas.

No caso específico da falência da Encol S/A, tal realidade restou comprovada. A empresa, que inicialmente figurava nos autos como concordatária, sequer dispunha de capital suficiente para arcar com seu passivo trabalhista, fiscal, com garantia hipotecária e quirografária, o que ensejou a decretação da sua quebra, o que gerou nefastas consequências aos seus credores, em especial aos milhares de adquirentes das unidades autônomas prometidas à venda e

110 Nesse sentido: "Anulatória de arrematação. Artigo 486 do Código de Processo Civil. Preclusão. Inexistência. Adequação do pedido. A circunstância de a compromissária compradora, com título registrado, não ter feito uso dos embargos de terceiro, nem do pedido de adjudicação compulsória, não a inibe de pleitear, pelas vias ordinárias, a anulação da arrematação. Agravo improvido" (STJ, Ag no Ag 638.146/GO, 4ª Turma, Rel. Min. Barros Monteiro, j. 21.06.2005).

não entregues, inseridas em cerca de 700 empreendimentos comercializados e não executados[111].

O precedente, que repercutiu por todo o território nacional, motivou o legislador a se preocupar com as mínimas garantias que deveriam ser atribuídas a esses adquirentes lesados pela repentina quebra da empresa incorporadora e impedir que viessem a ser responsabilizados patrimonialmente por dívidas que não diziam respeito à incorporação propriamente, em especial com a penhora ou arresto das partes comuns do empreendimento e das unidades autônomas compromissadas à venda.

Sob esse contexto, foi editada a Lei 10.931, de 2 de agosto de 2004, responsável pela criação do instituto jurídico do *patrimônio de afetação* e pela inserção, no Título II da Lei 4.591/1964, do art. 31, *a* a *f*, bem como alteração do texto dos seus arts. 32, § 2º, 43, VII, e 50, *caput* e § 2º. A lei sucedeu à Medida Provisória 2.221/2001, que regulava o mesmo assunto, e veio para aprimorar o regime jurídico das incorporações imobiliárias, cuja confiabilidade foi duramente afetada após a falência da Encol S/A.

Por meio da afetação patrimonial, destaca-se da incorporação uma fração determinada, para efeito de imunizá-la da responsabilidade patrimonial decorrente de obrigações que não se refiram diretamente ao empreendimento, a exemplo de débitos trabalhistas e fiscais que tenham por fato gerador outras relações jurídicas estabelecidas com terceiros, bem como de obrigações decorrentes de outros patrimônios de afetação constituídos pelo incorporador. O terreno, as construções e demais bens vinculados à incorporação somente responderão por dívidas oriundas do próprio empreendimento, respondendo o incorporador pelos prejuízos que causar ao patrimônio de afetação constituído (art. 31-A, § 2º, da Lei 4.591/1964).

Evita-se também que o patrimônio e recursos arrecadados num determinado empreendimento sejam utilizados pelo incorporador para solver obrigações pertinentes a outros que são também por ele patrocinados (art. 31-A, §§ 6º e 7º, da Lei 4.591/1964), que tanto oneram o caixa do empreendimento, a ponto de, ao menos potencialmente, comprometer sua integral execução. Nesse passo, os bens afetados somente poderão ser dados em garantia a instituição financeira se o financiamento contratado se destinar ao empreendimento submetido a esse regime (art. 31-A, § 3º, da Lei 4.591/1964),

---

111 MATTOS, Aldo Dórea. O patrimônio de afetação vai vingar no mercado imobiliário? **Jus navigandi**, Teresina, ano 10, n. 1.013, abr. 2006. Disponível em: http://jus2.uol.com.br/ doutrina/texto.asp? id=6869. Acesso em: 25 jul. 2007.

hipótese em que a alienação das unidades autônomas somente poderá ocorrer com a anuência do financiador, nos termos do que foi estabelecido contratualmente (art. 31-A, § 11, da Lei 4.591/1964).

Outra importante garantia prevista na lei diz respeito aos poderes atribuídos aos adquirentes de fiscalização do empreendimento e que conferem maior transparência à execução do contrato de incorporação imobiliária. Por meio de pessoa física ou jurídica nomeada pela *comissão de representantes*, os adquirentes podem fiscalizar e acompanhar o patrimônio de afetação constituído, por meio do acesso à documentação do empreendimento (contábil, comercial, tributária etc.), cujo manejo deve se dar com zelo, dedicação e sigilo, sob pena de ser responsabilizado civil e criminalmente (art. 31-C, § 2º, da Lei 4.591/1964). A nomeação não transfere aos adquirentes a responsabilidade pela qualidade da obra, que continua a cargo da incorporadora, a quem incumbe a obrigação de concluí-la nos termos pactuados no contrato de incorporação.

Todas essas medidas têm por principal escopo garantir o prosseguimento da obra e o recebimento, pelo adquirente, da unidade autônoma que lhe foi compromissada à venda, nos expressos termos do art. 31-A, *caput* e § 1º, da Lei 4.591/1964, inseridos pela Lei 10.931/2004.

Como bem salienta Leandro Leal Ghezzi, trata-se de comando que excepciona a regra geral de que o devedor responde com a integralidade dos seus bens para a satisfação dos seus débitos, bem como o princípio da indivisibilidade do patrimônio[112]. E de forma justificada, ante a finalidade do contrato de incorporação – construção para posterior revenda a terceiros – e a necessidade de se proteger os terceiros adquirentes de boa-fé da indevida responsabilização patrimonial por débitos que não lhes diz respeito.

Apesar do intuito protetivo da novel regulação, a constituição do patrimônio de afetação fica a critério do incorporador, tratando-se, destarte, de faculdade, nos termos do *caput* do art. 31-A da Lei 4.591/1964. Melhor seria que o legislador o impusesse em caráter obrigatório, haja vista o grande interesse social na proteção dos adquirentes das unidades autônomas em face de débitos estranhos ao empreendimento.

Nos termos do art. 31-B da Lei 4.591/1964, o patrimônio de afetação pode ser constituído a qualquer tempo mediante averbação, no registro imo-

112 GHEZZI, Leandro Leal. **A incorporação imobiliária à luz do Código de Defesa do Consumidor e do Código Civil**. São Paulo: Revista dos Tribunais, 2007, p. 197.

biliário, de termo firmado pelo incorporador e, quando for o caso, também pelos titulares de direitos reais de aquisição sobre o terreno. A Lei 10.931/2004 afastou o limite temporal previsto na Medida Provisória 2.221/2001, que autorizava a constituição do patrimônio de afetação apenas nos empreendimentos iniciados a partir de 05.07.2001, regra que vigorava no hoje revogado art. 30-G da Lei 4.591/1964. Todavia, há quem entenda que a aplicação do novo regime às incorporações já iniciadas se mostra, na prática, inviável[113].

Decretada a insolvência ou a falência do incorporador, faculta-se ao condomínio dos adquirentes uma dupla possibilidade: a continuação das obras, com a possibilidade de contratar outra sociedade incorporadora para realizá-la, ou a liquidação da incorporação, observado o procedimento prescrito no art. 31-F da Lei 4.591/1964. Em ambas as hipóteses, os adquirentes não responderão por débitos de natureza trabalhista, fiscal ou previdenciária anteriores à data da decretação da falência ou insolvência do incorporador. O terreno, as construções e os bens vinculados à incorporação submetida ao regime da afetação patrimonial, assim como os direitos creditórios, obrigações e encargos pertinentes ao empreendimento não se sujeitarão ao concurso de credores.

Optando-se pelo prosseguimento das obras, garante-se aos compromissários compradores o recebimento das respectivas escrituras de compra e venda por intermédio não do incorporador, mas da comissão de representantes que, nos termos do art. 31-F, § 3º, tem mandato irrevogável para outorgá-las aos adquirentes, ainda que eles tenham obrigações pendentes com o incorporador falido ou instituição financeira, desde que adimplentes. Nesses casos, a outorga da escritura fica condicionada à constituição de garantia real sobre a unidade autônoma, para assegurar o pagamento do débito remanescente, que reverterá em prol do prosseguimento da obra, nos termos do § 6º do mesmo dispositivo legal.

Ante o exposto, percebe-se que o regime da afetação patrimonial estabelece grande limitação ao gerenciamento do caixa das empresas incorporadoras. Ao estancar o patrimônio de cada um dos empreendimentos, estabelecendo sua incomunicabilidade, evita prática usual de se valer do aporte de um para arcar com as obrigações de outro, prática perigosa que pode levar à frustração da finalidade do contrato de incorporação: o encerramento das

---

113 Nesse sentido: MATTOS, Aldo Dórea. O patrimônio de afetação vai vingar no mercado imobiliário? **Jus Navigandi**, Teresina, ano 10, n. 1.013, abr. 2006. Disponível em: http://jus2.uol.com.br/ doutrina/texto.asp? id=6869. Acesso em: 25 jul. 2007.

obras em condições de entregar regularmente as unidades autônomas aos seus respectivos adquirentes. Evita-se, com isso, não só a inexecução de uma determinada obra, como também o atraso na entrega de um empreendimento em fase adiantada ou dentro do cronograma prometido para restabelecer o andamento de outro atrasado.

Trata-se de instituto que tem por finalidade conferir maior segurança às transações imobiliárias, por meio do respaldo conferido ao compromissário comprador nos casos de inadimplemento ou insolvência do incorporador. Ao adquirente interessa a integral canalização dos recursos do empreendimento na sua execução, bem como sua vinculação exclusiva às obrigações que apenas dele decorre, e à instituição financeira interessa receber as parcelas do contrato de financiamento sem sobressaltos, o que se garante por meio da proibição imposta ao incorporador de utilizar recursos auferidos em um empreendimento para pagamento de outras dívidas não relacionadas ao empreendimento, o que redundará na maior segurança de que o crédito hipotecário será satisfeito.

# CONCLUSÃO

Diante de todo o exposto, extraem-se as seguintes conclusões:

1. O compromisso de compra e venda, por ser essencialmente irretratável, não corresponde a modalidade de contrato preliminar na sua concepção tradicional. Contrato preliminar impróprio, tem por objeto não a celebração de um contrato dito definitivo, mas um ato devido pelo alienante materializado pelo dever de reiteração, no instrumento previsto na lei (escritura pública – art. 108 do CC), do consentimento ali já prestado no sentido de ensejar ao adquirente a transferência da propriedade do imóvel que lhe serve de objeto.

2. Da sua irretratabilidade decorre a possibilidade de substituição do ato de manifestação da vontade faltante por sentença constitutiva e a atribuição de direito real mediante registro no cartório de registro de imóveis.

3. A irretratabilidade do compromisso de compra e venda pode decorrer da vontade das partes ou de normas de ordem pública. Essas, no direito brasileiro, foram editadas após evolução legislativa voltada a eliminar o exercício desarrazoado do direito de retratação com base no art. 1.088 do Código Civil de 1916, com destaque ao Decreto-Lei 58/1937 e suas posteriores alterações, ao art. 32, § 2º, da Lei 4.591/1964 e ao art. 25 da Lei 6.766/1979.

4. A irretratabilidade do compromisso de compra e venda, no âmbito de relação de consumo que envolva alienação de unidades habitacionais em incorporação imobiliária e loteamentos urbanos em estandes de venda, sucumbe em caso de exercício tempestivo do direito ao arrependimento pelo consumidor adquirente, nos termos do art. 49 da Lei 8.078/1990, cabendo ao fornecedor proceder à devolução imediata de todas as quantias pagas, incluída a comissão de corretagem.

5. Pactuado o arrependimento, ter-se-á mera promessa de compra e venda, em que a outorga da escritura pública de compra e venda constitui ato destinado a demonstrar que as partes não se arrependeram. Todavia, o direito de retratação, necessariamente pactuado por meio de arras penitenciais ou cláusula contratual expressa, deve ser exercido dentro do prazo fixado pelas

partes ou, no silêncio, antes do início do pagamento das parcelas componentes do preço, sob pena de preclusão.

6. O contrato de compromisso de compra e venda é bilateral e oneroso. Além disso, é solene por reclamar forma escrita, pública ou privada, para sua celebração, sendo que a opção por essa última prevalece, em razão do seu menor custo e praticidade.

7. A ação cabível para a desconstituição do compromisso de compra e venda por falta de pagamento do preço é a de resolução contratual, que pode ser cumulada com reintegração de posse e reparação de danos, inclusive sob a rubrica do arbitramento de taxa de fruição mensal, e deve ser precedida de notificação do compromissário comprador, sob pena de extinção do processo sem resolução do mérito por falta de interesse processual (art. 485, VI, do CPC/2015).

8. Havendo ou não relação de consumo e independente do motivo do não pagamento do preço, pode o compromissário comprador pleitear resolução judicial do contrato de compromisso de compra e venda e formular pedido de devolução de quantias pagas e indenização por benfeitorias.

9. Exceto no caso de resolução contratual por culpa do compromitente vendedor, não tem o adquirente direito à devolução integral do que pagou ao alienante, a quem cabe o direito de reter uma parte do que foi pago a título de compensação das despesas que arcou. Apesar dos percentuais de devolução terem sido definidos pela Lei 13.786/2018 (a "Lei do Distrato"), que não retroagem a negócios jurídicos celebrados antes da sua vigência, há julgados que garantem ao adquirente devolução imediata e em única parcela de quantia superior, a depender das circunstâncias do caso concreto, em sede de controle judicial de abusividade de cláusulas contratuais à luz do Código de Defesa do Consumidor.

10. A comissão de corretagem, como regra, não integra o montante a ser devolvido ao adquirente em caso de resolução do compromisso de compra e venda, desde que prévia e claramente informada ao consumidor adquirente (Temas 938 e 939/STJ), comportando reembolso integral em caso arrependimento exercido com fundamento no art. 49 da Lei 8.078/1990 ou resolução contratual por culpa do compromitente vendedor.

11. A resolução do compromisso de compra e venda pode ser evitada em caso de reconhecimento judicial do seu adimplemento substancial, nos casos de descumprimento, pelo adquirente, de parcela de menor relevância contratual, cabendo ao alienante valer-se de meios menos gravosos para a satisfação do seu crédito, observadas as peculiaridades do caso concreto.

12. Apesar de não ser *titulus adquirendi* para a transferência da propriedade imóvel mediante registro (*modus adquirendi*), o registro do compromisso de compra e venda excepcionalmente produzirá esse efeito quando: a) tiver por objeto imóvel submetido a desapropriação por utilidade pública para parcelamentos populares do solo urbano, nos termos do art. 18, § 4º, da Lei 6.766/1979, inserido pela Lei 9.785/1999; b) contemplar negócio jurídico com valor de até 30 salários mínimos (art. 108 do CC); e c) contemplar imóvel inserido em loteamento urbano originalmente irregular e que veio a ser regularizado (art. 41 da Lei 6.766/1979).

13. O conteúdo do contrato de compromisso de compra e venda é o mesmo da compra e venda propriamente dita, apesar de produzirem efeitos distintos. A coisa que lhe serve de objeto é sempre imóvel, cuja espécie determinará qual a legislação a ele aplicável. Se inserido em loteamento urbano, a Lei 6.766/1979; se incorporação imobiliária, pela Lei 4.591/1964; se imóvel não loteado, pelos dispositivos não revogados do Decreto-Lei 58/1937 e pelos arts. 1.225, VII, 1.417 e 1.418, todos do Código Civil. O preço do compromisso de compra e venda, em regra, é parcelado, não obstante a possibilidade de ser celebrado na forma quitada, em especial quando inviável, naquele momento, a outorga de escritura pública de compra e venda por razões de ordem jurídica ou econômica; e, por fim, o consentimento que se dá por meio da subscrição do instrumento contratual.

14. O compromisso de compra e venda constitui fonte de direitos pessoal e real.

15. No plano dos direitos pessoais, o contrato de compromisso de compra e venda gera *obrigação de fazer*, consistente no dever do alienante de outorgar escritura pública de compra e venda quando da quitação pelo adquirente enquanto *ato devido*, e *obrigação de dar* ao compromissário comprador o imóvel que lhe serve de objeto, para que dele possa usar, gozar e até mesmo dispor, por meio de cessão, dos direitos de aquisição.

16. Levado a registro, atribui ao compromissário comprador direito real de aquisição sobre coisa alheia, por expressa disposição do art. 1.225, VII, do Código Civil, responsável por impedir que o compromitente vendedor, de forma eficaz, pratique novos atos de alienação com terceiros.

17. Constituem requisitos para a constituição do direito real do compromissário comprador a irretratabilidade do contrato e seu registro no cartório de imóveis, que lhe confere eficácia *erga omnes*.

18. O registro do compromisso de compra e venda confere ao adquirente direito de sequela, que lhe permite buscar a coisa onde quer que ela esteja. Além da utilização dos interditos possessórios, condicionada ao fato de ser

possuidor, pode se valer da ação reivindicatória, desde que o contrato esteja quitado e registrado, e da ação publiciana, na hipótese de ser portador de contrato registrado, mas não quitado.

19. Pode o compromissário comprador promover ação de imissão de posse ainda que o contrato não seja submetido a registro, por se tratar de prerrogativa que deriva da obrigação de dar decorrente do vínculo contratual.

20. A adjudicação compulsória, judicial ou extrajudicial, tem por fundamento o descumprimento, pelo compromitente vendedor, de *obrigação de fazer* ínsita à relação contratual (dever de reprodução do seu consentimento no instrumento previsto na lei, qual seja, a escritura pública – art. 108 do CC). Não se relaciona, portanto, com o direito real de aquisição que dele decorre, de forma a dispensar seu prévio registro, entendimento cristalizado pela Súmula 239 do Superior Tribunal de Justiça.

21. Não obstante o teor do art. 1.418 do Código Civil, continua dispensada a exigência do registro para a propositura da ação de adjudicação compulsória, ante a verificação de lacuna axiológica solucionada pelo critério do *justum* (art. 5º da LINDB) e por força do firme entendimento jurisprudencial nesse sentido, cristalizado na Súmula 239 do Superior Tribunal de Justiça, mesmo após o início da vigência desse comando.

22. A ação de adjudicação compulsória tem natureza constitutiva e é imprescritível, por contemplar ato voltado à transferência da propriedade, que é perpétuo.

23. Além dos requisitos genéricos de admissibilidade (legitimidade de parte e interesse de agir), a ação de adjudicação compulsória, para ter seu mérito conhecido, depende, como regra, da apresentação do instrumento contratual irretratável de compromisso de compra e venda e da prova da sua quitação. Se retratável, admitir-se-á a propositura da ação, caso o direito de retratação não tiver sido exercido dentro do prazo fixado pelas partes, ou, na sua falta, enquanto não iniciada sua execução, pelo pagamento das parcelas que compõem o preço.

24. A sentença na ação de adjudicação compulsória confere eficácia à manifestação da vontade das partes já retratada no contrato de compromisso de compra e venda, no sentido de ver outorgada, quando do pagamento integral do preço, a escritura pública de compra e venda. Transitada em julgado, constitui o título aquisitivo a ser levado a registro para transferência do direito de propriedade imóvel, nos termos do art. 1.245 do Código Civil, observadas as exigências registrais previstas na lei.

25. O compromisso de compra e venda quitado constitui justo título a embasar usucapião ordinária, dispensado o registro.

26. Apesar de se tratar de obrigação *propter rem*, a Lei 4.591/1964 e o Código Civil de 2002 cuidaram de equiparar o compromissário comprador ao condômino/proprietário, para responsabilizá-lo pelo pagamento das cotas condominiais pendentes da unidade autônoma compromissada.

27. A aferição dos limites da responsabilidade do compromissário comprador pelo pagamento das cotas condominiais, segundo a jurisprudência do Superior Tribunal de Justiça, depende de apreciação casuística. Em regra, tanto compromitente vendedor e compromissário comprador respondem pelas despesas condominiais, afastada a responsabilidade daquele quando demonstrada a imissão do adquirente na posse do imóvel e a ciência inequívoca, pelo condomínio, da transação (Tema 886/STJ), sendo defeso ao condomínio compor arbitrariamente seu polo passivo.

28. Em face de atos de constrição judicial que recaiam sobre o imóvel compromissado, por força de obrigações descumpridas pelo alienante que ainda figura como proprietário no registro de imóveis, pode o compromissário comprador proteger sua posse por meio de embargos de terceiro, independente do prévio registro do contrato no cartório de imóveis, nos termos da Súmula 84 do Superior Tribunal de Justiça.

29. O compromissário comprador tem legitimidade *ad causam* para figurar como parte nas ações de desapropriação direta e indireta e levantar a indenização correspondente ao imóvel desapropriado.

30. A hipoteca constituída pelo incorporador em favor de instituição financeira, independente da sua data, não é oponível ao compromissário comprador adquirente de unidade autônoma inserida em incorporação imobiliária, nos termos da Súmula 308 do Superior Tribunal de Justiça.

31. O patrimônio de afetação, instituído pela Lei 10.931/2004, que inseriu o Capítulo I-A no Título II da Lei 4.591/1964, tem por finalidade impedir que os recursos captados para a realização de um empreendimento sejam aplicados em outros, como meio destinado a evitar a não conclusão das obras e garantir a entrega das unidades autônomas compromissadas aos adquirentes.

# REFERÊNCIAS


AGUIAR JÚNIOR, Ruy Rosado de (coord.). **Jornadas de Direito Civil I, III e IV**: Enunciados aprovados. Brasília: Conselho da Justiça Federal, 2007. Disponível em: http://www.jf.gov.br. Acesso em: 15 out. 2007.

ALLENDE, Guillermo L. **Panorama de derechos reales**. Buenos Aires: La ley, 1967.

ALVIM NETTO, José Manoel de Arruda. **Comentários de Arruda Alvim aos arts. 1.196 a 1.213 e 1.224 do Código Civil (Lei 10.416/01)**. Trabalho disponibilizado no curso de pós-graduação *stricto sensu* de Direito da Pontifícia Universidade Católica de São Paulo, na disciplina "Direito civil II - desenvolvimento da posse e propriedade", 1º semestre de 2005.

ALVIM NETTO, José Manoel de Arruda. **Manual de direito processual civil**: parte geral. 7. ed. São Paulo: Revista dos Tribunais, 2001. v. 1.

AMBRA, Luiz. **Dos embargos de terceiro**. São Paulo: Revista dos Tribunais, 1971.

AMORIM, Sebastião Luiz; OLIVEIRA, Euclides Benedito de. **Inventários e partilhas**: teoria e prática. 11. ed. São Paulo: Leud, 1997.

ANDRADE, Darcy Bessone de Oliveira. **Da compra e venda, promessa e reserva de domínio**. Belo Horizonte: Bernardo Álvares, 1960.

ANDRADE, Darcy Bessone de Oliveira. **Direitos reais**. 2. ed. São Paulo: Saraiva, 1996.

ARMELIN, Donaldo. Dos embargos de terceiro. **Revista de Processo**, São Paulo: Revista dos Tribunais, ano 16, n. 62, p. 40-60, abr./jun. 1991.

ASCENSÃO, José de Oliveira. **Direito civil**: reais. 5. ed. Coimbra: Coimbra Editora, 2000.

ASSIS, Araken de. **Manual do processo de execução**. 4. ed. rev. e atual. São Paulo: Revista dos Tribunais, 1997.

AUBRY, Charles; RAU, Charles. **Cours de droit civil français**. 6. ed. Paris: Marchal & Billard, 1935. v. 10.

AZEVEDO JUNIOR, José Osório de. **Compromisso de compra e venda**. 4. ed. São Paulo: Malheiros, 1998.

BANDEIRA DE MELLO, Celso Antonio. Novos aspectos da função social da propriedade no direito público. **Revista de Direito Público**, São Paulo: Revista dos Tribunais, ano 20, n. 84, p. 39-45, out./dez. 1987.

BAPTISTA, Joaquim de Almeida. Da não aplicabilidade do art. 34 da Lei de Desapropriações (Dec.-lei 3.365, de 31.6.41) às ações de desapropriação indireta. **Revista de Direito Público**, São Paulo: Revista dos Tribunais, ano 19, n. 80, p. 121-125, out./dez. 1986.

BAPTISTA, Sonia Márcia Hase de Almeida. Legitimidade ativa do particular que adquiriu o bem após o apossamento pelo poder público. **Revista de Processo**, São Paulo: Revista dos Tribunais, ano 15, n. 58, p. 236-243, abr./jun. 1990.

BAPTISTA DA SILVA, Ovídio Araújo. **A ação de imissão de posse no direito brasileiro atual**. São Paulo: Saraiva, 1981.

BARASSI, Lodovico. **La teoria generale delle obrigazioni**: le fonti. Milano: Giuffrè, 1948. v. 2.

BATALHA, Wilson de Souza Campos. **Loteamentos e condomínios**: sistema jurídico da propriedade fracionada: loteamentos. 2. ed. rev. e atual. Rio de Janeiro: Freitas Bastos, 1959. v. 1.

BAUDRY-LACANTINERIE, Gabriel; TISSIER, Albert. **Trattato teorico--pratico di diritto civile**: della prescrizione. 3. ed. Milano: Francesco Vallardi, 1924. v. 28.

BDINE JUNIOR, Hamid Charaf. Compromisso de compra e venda em face do Código Civil de 2002: contrato preliminar e adjudicação compulsória. **Revista dos Tribunais**, São Paulo, ano 95, v. 843, p. 58-84, jan. 2006.

BEVILAQUA, Clovis. **Código Civil dos Estados Unidos do Brasil commentado**. Rio de Janeiro: Francisco Alves, 1953. v. 3.

BEVILAQUA, Clovis. **Código Civil dos Estados Unidos do Brasil commentado**. Rio de Janeiro: Francisco Alves, 1953. v. 4.

BEVILAQUA, Clovis. **Direito das coisas**: posse, propriedade, direito autoral, direitos reais de gozo sobre coisas alheias. 4. ed. atual. por José de Aguiar Dias. Rio de Janeiro: Forense, 1956. v. 1.

BEZNOS, Clovis. Desapropriação em nome da política urbana. *In*: DALLARI, Adilson Abreu; FERRAZ, Sérgio (coords.). **Estatuto da Cidade**. Comentários à Lei Federal 10.257/2001. 2. ed. São Paulo: Malheiros, 2006.

BOBBIO, Norberto. **Teoria do ordenamento jurídico**. Trad. Maria Celeste Cordeiro Leite dos Santos. 10. ed. Brasília: UNB, 1999.

BRASIL. Código Civil. **Novo Código Civil comparado**: Lei 10.406, de 10 de janeiro de 2002. Org. Norberto Oya. São Paulo: Centro de Estudos da Procuradoria Geral do Estado, 2002.

BUSSADA, Wilson. **Usucapião interpretado pelos tribunais**. 2. ed. Rio de Janeiro: Liber Juris, 1978.

BUSTOS PUECHE, José Enrique. El objeto protegido en la accion publiciana. **Revista de Derecho Privado**, Madrid: EDERSA, p. 379-417, maio 1991.

CAMBLER, Everaldo Augusto. **Incorporação imobiliária**: ensaio de uma teoria geral. São Paulo: Revista dos Tribunais, 1993.

CAMPOS, Antonio de Macedo de. **Teoria e prática do usucapião**. 3. ed. São Paulo: Saraiva, 1987.

CARVALHO SANTOS, João Manuel de. **Código Civil brasileiro interpretado principalmente do ponto de vista prático**. 11. ed. Rio de Janeiro: Freitas Bastos, 1987. v. 7.

CARVALHO SANTOS, João Manuel de. **Código Civil brasileiro interpretado principalmente do ponto de vista prático**. 12. ed. Rio de Janeiro: Freitas Bastos, 1989. v. 15.

CENEVIVA, Walter. **Lei dos Registros *Públicos comentada***. 11. ed. São Paulo: Saraiva, 1997.

CHALHUB, Melhim Namen. Compromisso de compra e venda como título de propriedade. **Revista da EMERJ**, Rio de Janeiro: Escola da Magistratura do Estado do Rio de Janeiro (EMERJ), v. 2, n. 6, p. 72-77, 1999.

CIAN, Giorgio; TRABUCCHI, Alberto. **Commentario breve al Codice Civile**. 4. ed. Padova: CEDAM, 1996.

CINTRA, Antonio Carlos de Araújo; DINAMARCO Cândido Rangel; GRINOVER, Ada Pellegrini. **Teoria geral do processo**. 12. ed. São Paulo: Malheiros, 1996.

COSTA, Dilvanir José da. Promessa de compra e venda de imóveis. **Revista dos Tribunais**, São Paulo, ano 89, v. 771, p. 740-750, jan. 2000.

COSTA, Mário Júlio de Almeida. **Contrato-promessa**: uma síntese do regime vigente. 8. ed. Coimbra: Almedina, 2004.

CREDIE, Ricardo Arcoverde. **Adjudicação compulsória**. 6. ed. São Paulo: Malheiros, 1994.

CRETELLA JUNIOR, José. **Tratado geral da desapropriação**: fase judicial da desapropriação. Rio de Janeiro: Forense, 1980. v. 2.

DE LOS MOZOS, José Luis. De nuevo, sobre la acción publiciana em el derecho español. **Revista de Derecho Privado**, Madrid: EDERSA, p. 723-742, sep. 1989.

DIDIER JR., Fredie. **Curso de direito processual civil**. 23. ed. Salvador: Juspodivm, 2021. v. 1.

DINAMARCO, Cândido Rangel. **Instituições de direito processual civil**. 2. ed. São Paulo: Malheiros, 2006. v. 4.

DINIZ, Maria Helena. **As lacunas no direito**. 7. ed. São Paulo: Saraiva, 2002.

DINIZ, Maria Helena. **Curso de direito civil brasileiro**: teoria geral das obrigações. 13. ed. São Paulo: Saraiva, 1999. v. 2.

DINIZ, Maria Helena. **Curso de direito civil brasileiro**: teoria das obrigações contratuais e extracontratuais. 17. ed. São Paulo: Saraiva, 2002. v. 3.

DINIZ, Maria Helena. **Curso de direito civil brasileiro**: direito das coisas. 17. ed. São Paulo: Saraiva, 2002. v. 4.

DINIZ, Maria Helena. **Sistemas de registro de imóveis**. 2. ed. São Paulo: Saraiva, 2000.

DINIZ, Maria Helena. **Tratado teórico e prático dos contratos**: teoria das obrigações contratuais, técnica contratual, compromisso irretratável de compra e venda, compra e venda, compra e venda internacional. 2. ed. São Paulo: Saraiva, 1996. v. 1.

DUGUIT, Léon. **Les transformations générales du droit privé depuis le Code Napoléon**. 10. ed. Paris: Félix Alcan, 1920.

ELIAS FILHO, Rubens Carmo. **As despesas do condomínio edilício**. São Paulo: Revista dos Tribunais, 2005.

ENGISCH, Karl. **Introdução ao pensamento jurídico**. Trad. J. Baptista Machado. 8. ed. Lisboa: Calouste Gulbenkian, 2001.

ESPÍNOLA, Eduardo. **Dos contratos nominados no direito civil brasileiro**. Campinas, SP: Bookseller, 2002.

FERRAZ JÚNIOR, Tércio Sampaio. **Introdução ao estudo do direito**. São Paulo: Atlas, 1991.

FIORILLO, Celso Antonio Pacheco. **Estatuto da Cidade comentado**. 2. ed. São Paulo: Revista dos Tribunais, 2005.

FRANÇA, Rubens Limongi. **Manual de direito civil**. 4. ed. São Paulo: Revista dos Tribunais, 1980. v. 1.

FRANÇA, Rubens Limongi. **Manual de direito civil**: doutrina geral dos direitos obrigacionais. São Paulo: Revista dos Tribunais, 1969. v. 4.

FRANÇA, Rubens Limongi. **Manual prático das desapropriações**. 2. ed. São Paulo: Saraiva, 1978.

FRANCO, J. Nascimento. **Condomínio**: administração, órgãos administrativos, assembléia geral, síndico, conselho fiscal, responsabilidades. 5. ed. rev., ampl. e atual. com a Lei 10.391/2004. São Paulo: Revista dos Tribunais, 2005.

FULGÊNCIO, Tito. **Da posse e das ações possessórias**. 3. ed. São Paulo: Saraiva, 1936.

GABBA, Carlo Francesco. **Nuove questioni di diritto civile**. Torino: Fratelli Bocca, 1905. v. 1.

GALGANO, Francesco. **Diritto privato**. 9. ed. Milano: CEDAM, 1996.

GATTI, Edmundo. **Teoria general de los derechos reales**. Buenos Aires: Abeledo-Perrot, 1969.

GHESTIN, Jacques; DESCHÉ, Bernard. **Traitté des contrats**: la vente. Paris: Librairie Générale de Droit et de Jurisprudence, 1990.

GHEZZI, Leandro Leal. **A incorporação imobiliária à luz do Código de Defesa do Consumidor e do Código Civil**. São Paulo: Revista dos Tribunais, 2007.

GOMES, Orlando. **Contratos**. 17. ed. Rio de Janeiro: Forense, 1997.

GOMES, Orlando. **Direitos reais**. 19. ed. Rio de Janeiro: Forense, 2006.

GOMES, Orlando. **Obrigações**. 15. ed. Rio de Janeiro: Forense, 2002.

GOMES, Orlando. Pressuposto da inscrição de promessa de venda. Execução para cumprimento de obrigação de fazer. Substituição de declaração negocial. **Revista dos Tribunais**, São Paulo, ano 63, v. 469, p. 39-44, nov. 1974.

GRECO FILHO, Vicente. **Direito processual civil brasileiro**: teoria geral do processo a auxiliares da justiça. 13. ed. São Paulo: Saraiva, 1998. v. 1.

GRECO FILHO, Vicente. **Direito processual civil brasileiro**: processo de execução, processo cautelar, procedimentos especiais. 14. ed. São Paulo: Saraiva, 2000. v. 3.

HAENDCHEN, Paulo Tadeo; LETTERIELLO, Rêmolo. **Ação reivindicatória**. 2. ed. São Paulo: Saraiva, 1981.

JHERING, Rudolf Von. **Teoria simplificada da posse**. Trad. Pinto Aguiar. São Paulo: Edipro, 1998.

KELSEN, Hans. Teoria pura do direito. Trad. João Baptista Machado. São Paulo: Martins Fontes, 1985.

LIMA, Iran de. **Direito imobiliário**. São Paulo: Revista dos Tribunais, 1980.

LIMA SOBRINHO, Barbosa. **As transformações da compra e venda**. Rio de Janeiro: Borsoi, 1956.

LOPES, João Batista. **Condomínio**. 5. ed. São Paulo: Saraiva, 1996.

LOPEZ SANTOS, Demetrio. **Derechos reales**. Lima: Sirsa, 1990.

LUCHEZI, Roberto. A insegurança jurídica da Súmula 84 do STJ. **Jus Navigandi**, Teresina, ano 11, n. 1.289, 11 jan. 2007. Disponível em: http://jus2.uol.com.br/doutrina/texto.asp?id=9379. Acesso em: 15 maio 2007.

MAGALHÃES, Vilobaldo Bastos de. Compromisso de compra e venda. **Revista dos Tribunais**, São Paulo, ano 76, v. 625, p. 32-43, nov. 1987.

MALUF, Carlos Alberto Dabus. **Teoria e prática da desapropriação**. 2. ed. São Paulo: Saraiva, 1999.

MARCATO, Antonio Carlos. **Procedimentos especiais**. 8. ed. São Paulo: Malheiros, 1998.

MARKY, Thomas. **Curso elementar de direito romano**. 8. ed. São Paulo: Saraiva, 1995.

MARMITT, Arnaldo. **Adjudicação compulsória**. Rio de Janeiro: Aide, 1995.

MATTOS, Aldo Dórea. O patrimônio de afetação vai vingar no mercado imobiliário? **Jus Navigandi**, Teresina, ano 10, n. 1.013, abr. 2006. Disponível em: http://jus2.uol.com.br/ doutrina/texto.asp? id=6869. Acesso em: 25 jul. 2007.

MAZEAUD, Henri; MAZEAUD, Léon; MAZEAUD, Jean. **Lecciones de derecho civil**. Trad. Luis Alcalá-Zamora y Castillo. Buenos Aires: Ediciones jurídicas Europa-América, 1974. v. 2.

MAZEAUD, Henri; MAZEAUD, Léon; MAZEAUD, Jean. **Lecciones de derecho civil**: parte segunda. Trad. Luis Alcalá-Zamora y Castillo. Buenos Aires: Ediciones jurídicas Europa-América, 1974. v. 4.

MEIRELLES, Hely Lopes. **Direito administrativo brasileiro**. 19. ed. São Paulo: Malheiros, 1994.

MESSINEO, Francesco. **Il contratto in genere**. Milano: Giuffrè, 1973. v. 1.

MESSINEO, Francesco. **Manuale di diritto civile e commerciale**. 8. ed. Milano: Giuffrè, 1954.

MONTEIRO, Washington de Barros. **Curso de direito civil**: parte geral. 39. ed. São Paulo: Saraiva, 2003. v. 1.

MONTEIRO, Washington de Barros. **Curso de direito civil**: direito das coisas. 37. ed. São Paulo: Saraiva, 2003. v. 3.

MONTEIRO, Washington de Barros. **Curso de direito civil**: direito das obrigações – 2ª parte. 34. ed. São Paulo: Saraiva, 2003. v. 5.

NADER, Natal. **Usucapião de imóveis**. 6. ed. Rio de Janeiro: Forense, 1998.

NEGRÃO, Theotonio; GOUVÊA, José Roberto Ferreira. **Código de Processo Civil e legislação processual em vigor**. 37. ed. atual. até 10 de fevereiro de 2005. São Paulo: Saraiva, 2005.

NEQUETE, Lenine. **Da prescrição aquisitiva (usucapião)**. 3. ed. Porto Alegre: Ajuris, 1981. (Coleção Ajuris, 17).

NERY JUNIOR, Nelson; NERY, Rosa Maria de Andrade. **Código Civil anotado e legislação extravagante**. 2. ed. São Paulo: Revista dos Tribunais, 2003.

NERY, Rosa Maria de Andrade. Caracterização do justo título para usucapião. **Revista de Processo**, São Paulo: Revista dos Tribunais, ano 14, n. 56, p. 254-260, out./dez. 1989.

NIESS, Pedro Henrique Távora. A questão do registro do compromisso de compra e venda. **Revista dos Tribunais**, São Paulo, ano 77, v. 636, p. 46-57, out. 1988.

NONATO, Orozimbo. **Curso de obrigações**. Rio de Janeiro: Forense, 1959. v. 1.

NUNES, Luiz Antonio Rizzato. **Curso de direito do consumidor**. 2. ed. São Paulo: Saraiva, 2005.

PEDRO, Rute Teixeira. Contrato-promessa. **Estudos em comemoração dos cinco anos (1995-2000) da faculdade de direito da Universidade do Porto**. Coimbra: Coimbra Editora, 2001. Número especial.

PEREIRA, Altino Portugal Soares. **A promessa de compra e venda de imóveis no direito brasileiro**. 2. ed. Curitiba: Juruá, 1997.

PEREIRA, Caio Mário da Silva. **Condomínio e incorporações**. 3. ed. Rio de Janeiro: Forense, 1977.

PEREIRA, Caio Mário da Silva. **Instituições de direito civil**: contratos, declaração unilateral de vontade, responsabilidade civil. 10. ed. Rio de Janeiro: Forense, 2000. v. 3.

PEREIRA, Caio Mário da Silva. **Instituições de direito civil**: posse, propriedade, direitos reais de fruição, garantia e aquisição. 19. ed. Rio de Janeiro: Forense, 2005. v. 4.

PEREIRA, Lafayette Rodrigues. **Direito das coisas**. 5. ed. São Paulo: Freitas Bastos, 1943.

PLANIOL, Marcel. **Traité élémentaire de droit civil**. 2. ed. Paris: Cotillon, 1901. v. 1.

PONTES DE MIRANDA, Francisco Cavalcanti. **Comentários ao Código de Processo Civil**. Rio de Janeiro: Forense, 1956. v. 15.

PONTES DE MIRANDA, Francisco Cavalcanti. **Tratado de direito privado**. 2. ed. Rio de Janeiro: Borsoi, 1955. v. 11.

PONTES DE MIRANDA, Francisco Cavalcanti. **Tratado de direito privado**. 2. ed. Rio de Janeiro: Borsoi, 1956. v. 13.

PRATA, Ana. **Contrato promessa e seu regime civil**. Coimbra: Almedina, 2001.

REALE, Miguel. **Filosofia do direito**. São Paulo: Saraiva, 1953.

RESCIGNO, Pietro. **Trattato di diritto privato**: obligazioni e contratti. 2. ed. Torino: UTET, 1995. v. 10.

RIZZARDO, Arnaldo. **Contratos**. Rio de Janeiro: Aide, 1988. v. 3.

RIZZARDO, Arnaldo. **Promessa de compra e venda e parcelamento do solo urbano**. 6. ed. São Paulo: Revista dos Tribunais, 2003.

RODRIGUES, Marcelo Abelha; JORGE, Flávio Cheim. Meios processuais para a efetivação do direito do credor titular de compromisso de compra e venda registrado e a ausência de tipicidade de ações no sistema processual brasileiro. **Revista de Processo**, São Paulo: Revista dos Tribunais, ano 26, n. 103, p. 210-222, jul./set. 2001.

RODRIGUES, Ruy Zoch. **Embargos de terceiro**. São Paulo: Revista dos Tribunais, 2006.

RODRIGUES, Silvio. **Direito civil**: dos contratos e das declarações unilaterais da vontade. 24. ed. São Paulo: Saraiva, 1997. v. 3.

RODRIGUES, Silvio. *Direito civil*: direito das coisas. 28. ed. São Paulo: Saraiva, 2007. v. 5.

ROMÁN GARCÍA, Antonio. **El precontrato**: estudio dogmático y jurisprudencial. Madrid: Montecorvo, 1982.

ROPPO, Enzo. **O contrato**. Trad. Ana Coimbra e M. Januário C. Gomes. Coimbra: Almedina, 1988.

RUGGIERO, Roberto de. **Instituições de direito civil**. Trad. Ary dos Santos. 6. ed. São Paulo: Saraiva, 1958. v. 2.

SALLES, José Carlos de Moraes. **A desapropriação à luz da doutrina e da jurisprudência**. 4. ed. São Paulo: Revista dos Tribunais, 2000.

SALLES, José Carlos de Moraes. **Usucapião de bens móveis e imóveis**. 6. ed. São Paulo: Revista dos Tribunais, 2005.

SANTOS, Gildo dos. **As ações de imissão na posse e cominatórias**. São Paulo: José Bushatsky, 1977.

SAVIGNY, Friedrich Karl von. **Le obbligazioni**. Trad. Giovanni Pacchioni. Torino: UTET, 1912. v. 1.

SERPA LOPES, Miguel Maria de. **Curso de direito civil**: obrigações em geral. 2. ed. Rio de Janeiro: Freitas Bastos, 1957. v. 2.

SERPA LOPES, Miguel Maria de. **Curso de direito civil**: fonte das obrigações, contratos. 2. ed. Rio de Janeiro: Freitas Bastos, 1957. v. 3.

SERPA LOPES, Miguel Maria de. **Curso de direito civil**: direito das coisas, princípios gerais, posse, domínio e propriedade imóvel. Rio de Janeiro: Freitas Bastos, 1960. v. 6.

SERPA LOPES, Miguel Maria de. **Tratado dos registros públicos**. 6. ed. rev. e atual. pelo Professor José Serpa de Santa Maria. Brasília: Brasília jurídica, 1997. v. 3-4.

SERRAO, Eugenia. **Il contratto preliminare**. Padova: CEDAM, 2002.

SILVA, Aghate Elsa Schmidt da. **Compromisso de compra e venda no direito brasileiro**. 2. ed. São Paulo: Saraiva, 1989.

SILVA, Bruno Mattos e. Análise crítica da Súmula 308 do STJ: alcance, conclusões e perspectivas. **Jus Navigandi**, Teresina, ano 9, n. 705, jun. 2005. Disponível em: http://jus2.uol.com.br/doutrina/texto.asp?id=6869. Acesso em: 25 jul. 2007.

SILVA, João Calvão da. **Sinal e contrato promessa**. 11. ed. Coimbra: Almedina, 2006.

SILVA, José Afonso da. **Curso de direito constitucional positivo**. 9. ed. São Paulo: Malheiros, 1993.

SILVA, Luiz Tadeu Barbosa. Da ação de adjudicação compulsória resultante do contrato preliminar e do contrato de compromisso de compra e venda. **Revista dos Tribunais**, São Paulo, ano 95, v. 845, p. 50-64, mar. 2006.

SOUZA, Eduardo Ribeiro de. A promessa de compra e venda no novo Código Civil: reflexo das inovações nas atividades notarial e registral. **Boletim Eletrônico do IRIB**, São Paulo: Instituto de Registro Imobiliário do Brasil, n. 640, p. 1-6, 2003. Disponível em: http://www.irib.org.br/biblio/boletime1640b.asp. Acesso em: 1º maio 2007.

SOUZA, Sérgio Iglesias Nunes de. **Comentários ao Código Civil**: artigo por artigo (arts. 1.414 a 1.491). *In*: CAMILLO, Carlos Eduardo Nicolleti; FUGITA, Jorge Shiguemitsu; SCAVONE JUNIOR, Luiz Antonio; TALAVERA, Glauber Moreno (coord.). **Comentários ao Código Civil**: artigo por artigo. São Paulo: Revista dos Tribunais, 2006.

SWENSON, Walter. Desapropriação. Aquisição do domínio. Pagamento integral do valor ou respectiva consignação judicial. **Revista de Direito Civil, Imobiliário, Agrário e Empresarial**, São Paulo: Revista dos Tribunais, ano 14, n. 54, p. 239-243, out./dez. 1990.

TARTUCE, Flávio. **Direito civil**: direito das obrigações e responsabilidade civil. 16. ed. Rio de Janeiro: Forense, 2021. v. 2.

TARTUCE, Flávio. **Direito civil**: direito das coisas. 16. ed. Rio de Janeiro: Forense, 2021. v. 4.

TARTUCE, Flávio. **A teoria do adimplemento substancial na doutrina e jurisprudência**. Disponível em: https://www.jusbrasil.com.br/artigos/a-teoria-do-adimplemento-substancial-na-doutrina-e-na-jurisprudencia/180182132. Acesso em: 21 mar. 2025.

TEIXEIRA, José Guilherme Braga. Exercício do juízo petitório pelo promitente-comprador de imóvel com preço integralmente pago e contrato de compromisso de compra e venda sem cláusula de arrependimento. **Revista de Direito Civil, Imobiliário, Agrário e Empresarial**, São Paulo: Revista dos Tribunais, ano 19, n. 73, p. 83-87, jul./set. 1995.

TERRA, Marcelo. Da forma nos contratos de compromisso de venda e compra de imóveis. **Revista do Instituto dos Advogados de São Paulo**, São Paulo: Revista dos Tribunais, ano 6, n. 12, p. 11-22, jul./dez. 2003.

THEODORO JÚNIOR, Humberto. Condições de procedibilidade para a execução específica do compromisso de compra e venda de imóveis. *In*: OLIVEIRA, Carlos Alberto Álvaro de. **Saneamento do processo**: estudos em homenagem ao professor Galeno Lacerda. Porto Alegre: Sergio Antonio Fabris, 1989.

THEODORO JÚNIOR, Humberto. **Curso de direito processual civil**: teoria geral do direito processual civil e processo de conhecimento. 28. ed. Rio de Janeiro: Forense, 1999. v. 1.

TORRENTE, Andréa; SCHLESINGER, Piero. **Manuale de diritto privato**. 15. ed. Milano: Giuffrè, 1997.

TRABUCCHI, Alberto. **Istituizioni di diritto civile**. 39. ed. Padova: CEDAM, 1999.

TUCCI, José Rogério Cruz e. Embargos de terceiro: questões polêmicas. **Revista dos Tribunais**, São Paulo, ano 94, v. 833, p. 54-65, mar. 2005.

VARELA, Antunes. **Das obrigações em geral**. 10. ed. Coimbra: Almedina, 2000. v. 1.

VENOSA, Sílvio de Salvo. **Direito civil**: teoria geral das obrigações e teoria geral dos contratos. 5. ed. São Paulo: Atlas, 2005.

VERDERA IZQUIERDO, Beatriz. **Los elementos definitorios de las arras en el derecho patrimonial**. Madrid: Colegio de Registradores de la Propiedad y Mercantiles de España, 2005.

VIANA, Marco Aurélio S. **Comentários à lei sobre parcelamento do solo urbano**. São Paulo: Saraiva, 1980.

VIGNALI, Giovanni. **Corpo del diritto**. Napoli: Vicenzo Pezzuti, 1856. v. 2.

VILALTA NICUESA, Aura Esther; MÉNDEZ TOMÁS, Rosa M. **Acciones sobre arras**. 2. ed. Barcelona: Bosh, 2002.

VITALONE, Vicenzo. **Il contratto preliminare**. Torino: Giapiccheli, 2005.

WALD, Arnoldo. **Direito das coisas**. 10. ed. rev., aum. e ampl. São Paulo: Revista dos Tribunais, 1995. (Curso de Direito Civil Brasileiro)

WALD, Arnoldo. **Obrigações e contratos**. 16. ed. rev., ampl. e atual. São Paulo: Saraiva, 2004.

ZACCARIA, Alessio; TROIANO, Stefano. **Gli effetti della trascrizione**. Giappichelli: Torino, 2005.

1 2 3 4 5 6 7 8 9 10
2026